한국교통사연구총서⑤

한국 역사교과서의 교통사 서술과 쟁점

조병로 외 공저

국학자료원

책머리에

  오늘날 역사교육은 국가정책과 맞물려 많은 쟁점을 생산해 내고 있다. 국정이냐 검인정이냐의 문제를 포함하여 중국, 일본으로부터의 자국 이익을 앞세운 역사적 해석을 둘러싼 역사 왜곡 문제 등이 그 이유이다.

  원래 역사교육은 '역사로써 역사를 교육'하여 역사의식을 함양하는 것이라고 흔히 말해지고 있다. '역사로써'는 사실에 입각한 역사 이해이며 '역사를'은 역사 사실에 대한 해석(재인식)을 통해 역사의식을 형성하여 바람직한 역사관을 배양하는 것이다. 여기에는 사실의 기록과 이의 선택에 따른 역사서술, 그리고 역사서술을 어떻게 하여 교육할 것인가에 대한 역사교육학적 방법론이 대두되는 것이다. 따라서 예나 지금이나 역사교육을 무엇으로써 어떻게 할 것인가에 대한 문제는 자국민의 애국심에 바탕한 국가관 형성과 오늘날의 全地球的 社會에서 세계시민 양성이라는 측면에서 본다면 다양성과 민주성, 합리성 그리고 융합적 창의성을 함양하는데 무엇보다 중요한 것이다.

  그동안 한국의 역사교육은 교육과정의 시대적 변천에 따라 교과 구성과 내용체제가 변화를 거듭하였으며 최근에는 주로 정치, 경제, 사회, 문화에 국한하여 분류사적 주제접근을 시도해 왔다. 한편 1960~70년대 산업화이후 1980~1990년대 민주화 과정을 거치면서 산업화 및 민주화 세력간의 역할 논쟁, 사료의 신발굴과 역사의 재해석에 대한 견해가 점차 다양하게 전개되고 있으며 아울러 다문화사회의 도래에 즈음하여 민족 구성 및 영역 문제, 타민족의 異文化 受容과 變容 등 역사문화의 전파와 접변과정에 나타난 역사현상에 대해 재평가와 인식의 변화를 다양하게 요구받고 있는 실정이다.

그러므로 중등학교에서의 역사교육은 이러한 시대적 추이를 반영하여 교과서 체제나 내용의 서술 구조 및 다양한 학습자료의 제공이 필요하다. 특히 사회적 변화와 수요에 따라 다양한 방법으로 역사교육 목적 달성에 충실해야 할 당위성이 있다고 본다. 이에 동국대학교 역사교과서 연구소에서는 역사교육학계의 이러한 문제의식아래 다양한 주제분석 접근방법을 통해 역사교과서의 내용서술 체계를 종합계적으로 분석, 검토하여 역사교육의 바람직한 방향을 진단하고 문제제기를 꾸준히 추진해왔다. 환경사, 불교문화사, 영토사 문제 등이 그 한 예이다.

　　이 책에서 다루고자 하는 교통사 분야 역시 이러한 역사교육의 추이를 반영하여 내용서술 체계를 분석하고 마땅한 방향을 제기하고자 시도한 것이다. 흔히 말해 지고 있듯이 교통이란 일종의 '사람과 물자의 장소적 이동'을 의미한다. 인류문명의 발전에 있어 교통의 역할은 지대하였다. 국가간, 지역간, 사람간에 필요한 정보의 교류와 재화의 교역은 인류문명사를 이해하는데 중요한 교육 영역이라고 말할 수 있다.

　　그러나 종래의 국내 역사교육계에서는 이러한 교통사에 대한 서술과 교육이 다소 소홀한 편이었다. 있다손 치더라도 집필자의 의도나 관심에 따라 제도사나 경제사 분야에 종속적, 제한적으로 서술되고 있는 형편이었다. 이에 동국대 역사교과서연구소는 한국교통사연구소와 공동으로 2014년 기획주제를 교통사로 정하고 '가칭 역사교과서의 교통사서술과 역사교육'이라는 주제로 학술세미나를 개최하여 중·고등학교에서 사용되고 있는 역사교과서, 한국사, 동아시아사, 세계사 교과서의 내용서술에 대한 검토 분석과 문제점을 발표하게 되었다. 이 책은 이를 바탕으로 한국 역사교과서의 교통사 서술과 역사 교육문제를 보다 더 총합적으로 고찰하여 역사교육자와 일반 독자들의 이해를 돕자는 취지에서 한국의 육상, 수상 및 철도사 분야의 연구동향을 추가하여 『한국 역사교과서 교통사 서술과 쟁점』이라는 단행본으로 출판하게 된 것이다.

이 책이 나오기 까지는 불모지나 다름없던 교통사에 대해 꾸준히 연구에 매진해 온 교수,학자들의 노력을 결코 간과할 수 없다. 육상교통사의 역참제도를 연구해 온 필자를 비롯하여 해양 및 수상교통사 분야의 윤명철(동국대). 한정훈(목포대) 교수님과 철도사 연구가인 김찬수 선생님 그리고 역사 교과서상의 교통사 서술 내용을 분석한 이병희, 조성운, 최진열, 박재영 집필자님들께 깊은 감사를 드립니다. 특히 '교통사 서술과 역사교육'이라는 세미나를 기획, 개최한 동국대학교 역사교과서연구소장인 황인규 교수, 역사와 교육학회 회장 강택구 교수, 그리고 편집위원장 조성운 교수(동국대 겸임교수)를 비롯하여 연구소 및 학회 관계자 여러분께 감사드린다.

또한 원고를 수합, 정리하고 수 차례에 걸쳐 교정보느라 수고가 많으신 조성운, 조견 박사외에 김찬수, 전병로, 김병희, 김형태 등의 교정위원 여러분과 어려운 출판계의 현실에도 불구하고 흔쾌히 이 책의 간행을 지원해 주신 국학자료원 정찬용 원장님과 새미대표인 정구형 사장님 및 편집위원 여러분께도 감사를 드린다. 이 책이 역사교육계의 교통사에 대한 인식 확장을 증진하는데 도움이 되길 기대한다.

조병로 외 삼가 씀

2016년 3월

차 례

■ 1부 한국 교통사 연구동향

■ 2부　역사교과서의 교통사 서술과 역사교육

1부 한국 교통사 연구 동향

한국 육상교통사 연구 동향과 과제*

조 병 로**

Ⅰ. 서론

교통은 한마디로 말하면 사람과 물자 및 정보의 공간적 이동이라고 말할 수 있다. 교통은 교통로를 따라 사람과 물자의 이동뿐만 아니라 국가간, 지역간의 경제, 문화 교류를 촉진시켰으며, 군사적 공격이나 방어에 있어서도 매우 중요한 역할을 하였다. 이 교통로의 중심적 시설이 바로 도로이다. 도로는 주지하듯이 국가 및 지역간의 지식이나 기술, 생활양식을 다른 지역으로 전파시키는 역할을 해왔다.1) 이와 같이 도로교통은 정치, 외교, 국방, 운송 및 교류를 포함한 인류생활 진보에 커다란 기여를 한 사회간접 자본이자 문명발달 체계의 하나이다.

그리하여, 인간은 교통로상에 사람, 물자의 통행을 위한 제도(驛站, 津

---

* 이 논문은 필자가 2012년 5월 일본 교통사학회에서 발표후 ≪交通史硏究≫ 80~82(2013 · 2014)에 게재된 것임을 밝힌다.
** 경기대학교 사학과 교수, 한국교통사연구소 소장
1) 崔永俊, 『嶺南大路－韓國古道路의 歷史地理的 硏究－』, 高麗大學校 民族文化硏究所, 1990. p.11.

渡, 漕運)나 숙박시설(院, 酒幕, 客館) 및 교량을 건축하여 편의를 제공하였고 운송 수단으로서 가마나 말, 수레 및 선박 등을 제작하여 이용하였다. 특히, 한국 교통사의 입장에서 본다면 육상 교통로상에 驛站制度를, 수상 교통로에는 漕運制度를 운영함으로써 중앙집권적 국가체제를 유지하는 동맥 구실을 하였다. 그러나 한반도에서는 東高西低의 자연지형이 발달함으로써 교통로를 개설하고 구축하는데 장애 요인이 많았다. 험한 산지가 국토의 70%이상 차지하여 육상 교통로를 개척하는데 많은 어려움을 주었고 해안지역 역시 해안선이 길고 島嶼가 밀집한 다도해이며 조수간만의 차이가 심해 수심이 일정하지 않을 뿐만 아니라 암초도 많아 연안항해도 매우 어려웠다.2)

따라서 삼국이후 고려, 조선을 거쳐 중앙집권적 통치체제를 공고히 유지하고 재정을 확보하며 나아가 외국과의 교류를 위해서는 육로와 수로를 통한 교통제도의 확립이 치국의 우선 과제였던 것이다.

이와 같은 교통제도에 대한 종래의 연구는 고고학적 측면에서는 古道路 遺構에 대한 조사, 발굴 자료의 분석3), 역사지리적 측면에서는 驛站 및 交通路의 분포, 驛과 산성·읍치와의 관계나 경관에 대한 연구가 진척되었으며 그리고 제도사적 측면에서는 郵驛(또는 驛站)에 대한 제도, 驛道. 驛路 노선과 성격 및 기능, 驛馬와 驛屬層의 신분에 관한 연구가 주류를 이루고 있다. 그리고 도로나 역제 및 교통로에 대한 연구 동향에 대한 분석도 미흡한 편이었다. 분야별로 趙炳魯, 鄭枺根, 崔永俊, 徐榮一4)의 분석

2) 韓禎訓,「高麗時代 險路의 交通史的 의미」,『歷史와 談論』55, 2010. p.2. 참조.
3) 이진주·장순자·고용수,「慶南.釜山.蔚山地域의 古代道路에 대한 一考察」,『馬山 中里遺蹟』, 우리문화재연구원, 2007. 및 朴相銀 外,「道路遺構에 대한 分析과 調査 方法」,『野外考古學』7, 2009.
4) 趙炳魯,『韓國近世驛制史硏究』,國學資料院,2005. 鄭枺根,『高麗·朝鮮初의 驛路網 과 驛制硏究』, 서울대 博士學位論文, 2008. 崔永俊,『嶺南大路-韓國古道路의 歷史 地理的 硏究-』, 高麗大學校 民族文化硏究所,1990. 徐榮一,『新羅陸上交通路 硏究』,

이 극히 제한적으로 진행되었을 뿐, 한국 교통사 전체를 통합적 입장에서 고찰한 것은 유감스럽게도 아직 없다고 생각된다.

따라서, 본 논문에서는 한국에서의 육상 도로교통사 연구 현황을 삼국 시대부터 조선시대까지를 범위로 하여 그간의 연구 자료를 조사·분석하되, 도로 유구와 교통로 및 역참제도를 중심으로 고찰하여 향후 연구 과제를 전망해 보고자 한다. 단, 북한지역이나 일본, 중국 및 해외에서의 한국 교통사에 대한 연구는 제외하였음을 첨언한다.

Ⅱ. 삼국시대의 교통사 연구동향과 과제

1. 도로유구 발굴과 연구 현황

삼국시대 교통에 대한 연구는 중앙과 지방간의 통치, 왕경(도성)의 街路區劃 조성과 도로 유구의 발굴 그리고 지방 교통로와 산성 등 關防과의 관계를 중심으로 많은 연구가 축적되었다. 부연하면 고고학적 측면에서는 1980~2000년대에 걸쳐 신라 王京과 백제 都城에서의 도로 유구에 대한 발굴조사가 축적됨으로써 교통사 연구에 대한 인식이 더욱 확대되었으며, 제도사적 측면에서는 郵驛의 조직과 기구 및 기능에 대해서, 교통로 측면에서는 중앙과 지방 州治, 山城 등의 행정, 군사 노선과 역할에 대한 분석이 주류를 이뤘다고 해도 과언이 아니다.

첫째, 고구려의 도로 유구에 대한 연구는 국내성과 평양성에서의 발굴 결과를 분석하였다. 국내성의 도로 유구에 대해서는 金希宣[5]이 국내성의

學研文化社, 1999.
5) 金希宣,「高句麗 國內城 硏究」,『白山學報』87, 2010.

도성 구조를 고찰하면서 2000~2003년 발굴 결과6)를 토대로 第一 幼兒園址에서 北東과 南西방향의 담장을 따라 노폭 1.5m 소도로와 측구 등이 발굴되었다고 소개하였다. 그리고 평양성의 도로 유구에 대해서는 일찍이 일제시기 關野 貞7), 龜田 博8)의 조사 이후 북한학자9)들의 발굴 조사 및 연구 결과를 소개한 閔德植10)의 연구에서 확인할 수 있다. 그는 평양성의 도시 형태와 안학궁성 南門~大同江 木橋까지의 남북도로와 淸岩洞 土城 東門의 동서도로 유구 분석을 통해 里坊制에 의한 田字形 分割制에 의해 가로구획과 도로가 발달하였음을 소개하였다. 이어서 金希宣11)은 고구려 長安城의 도로와 배수로 및 가로 구획을 분석하여, 고구려 長安城과 신라 王京, 일본 藤原京의 도로가 각각 大路, 中路小路로 유형화, 도로의 규모의 유사성, 수레바퀴 함몰 흔 그리고 차도와 인도의 분할, 坊의 분할과 노폭의 地割 및 주작대로의 도로 체계 등 가로구획 방식에 있어서의 연관성을 고찰한 결과 중국과 일본의 도성에서도 마찬가지 양상이었던 것으로 파악하였다.

둘째, 백제의 도로 유구에 대해서는 한성시기와 사비시기의 고고학적 발굴 결과에서 알 수 있다. 한성시기 도로 유구에 대해서는 金起燮12)이 한성시기 몽촌토성 내부에는 서로 교차하는 듯한 도로 흔적이 남아있지만, 남 – 북 자오선을 강조하거나 條坊을 구획한 자취는 찾을 수 없다고

6) 吉林省文物考古研究所.集安市博物館編著, 『國內城』, 文物出版社, 2004.
7) 關野 貞, 「高句麗の平壤城及び長安城に就いて」, 『朝鮮の建築と藝術』, 岩波書店, 1941.
8) 龜田 博, 『日韓古代宮都の 研究』, 學生社, 2000.
9) 한인호 · 리호, 「안학궁터 부근의 고구려 리방에 대하여」, 『조선고고연구』4, 1991. 한인호, 「안학궁 부근의 고구려 수도 도시면모에 대한 복원」, 『조선고고연구』2, 1998. 최희림, 『고구려 평양성』, 1978. 리화선, 「고구려 평양성 외성안의 리방의 형태와 규모, 그 전개에 대하여」, 『력사과학』1, 1989 등 참조.
10) 閔德植, 「高句麗 平壤城의 都市形態와 設計」, 『高句麗研究』15, 2003.
11) 金希宣, 「6~7世紀 동아시아 都城制와 高句麗 長安城 –都城의 街路區劃方式을 中心으로–」, 『韓國古代史研究』43, 2006.
12) 金起燮, 「百濟 漢城時期의 都城制 成立과 夢村土城」, 『百濟文化』38, 2007.

보았으나 풍납토성[13]에서 확인된 도로 유구 연구 결과 남―북을 관통하는 노폭 8m 정도의 도로와 교차하는 폭 5m의 동―서 방향도로이며, 남북도로는 노면 기반층을 얕게 굴착하여 다진 후 잔자갈을 폭 4.5~5m, 두께 20cm 정도로 중앙부를 볼록하게 깔고 그 위에 고운 흙과 모래를 덮어 조성하였으며 양측면의 배수가 용이하게 하도록 한 구조라고 추정하였다.

한편, 사비시기 도성의 도로 유구에 대해서는 官北里[14], 軍守里[15], 宮南池[16], 雙北里[17], 구아리[18], 동남리[19], 佳塔里[20] 등 많은 도로 유구가 발굴되었다. 이에 대한 자세한 분석은 정현용[21]의 연구가 있다. 그리고 朴相銀[22]의 연구에 따르면 궁남지 유적 도로는 동―서 방향으로 노면 폭 10m 내외이며 노면에 특별한 포장 시설은 하지 않았으나 내부에서 다수의 중복된 수레바퀴 자국이 확인되었고 수레축 사이의 폭은 120~130cm이다. 또 관북리 유적은 남―북대로의 노면 폭은 8.9m이나 측구의 폭을 포함하면 10.75m이며 동―서 小路는 노면 폭이 3.9m이다. 또 사비 나성 내부에서 확인된 쌍북리는 배수시설인 석재 측구와 석조 암거 시설이 설

---

13) 國立文化財研究所, 『風納土城 發掘調査報告書』, 2006. 및 朴相銀 外, 「道路遺構에 대한 分析과 調査方法」, 『野外考古學』 7, 2009.
14) 忠南大學校 博物館, 『扶餘官北里百濟遺蹟發掘報告(Ⅱ)』, 1999.
15) 忠南大學校 百濟研究所, 『泗沘都城―陵山里 및 軍守里地點 發掘調査報告書―』, 2003.
16) 國立文化財研究所, 『年報』, 2001.
17) 朴泰祐.鄭海濬.尹智熙, 「扶餘雙北里 280―5番地 出土木簡報告」, 『木簡과 文字研究 Ⅱ』, 주류성 출판사, 2009.
18) 한얼문화유산연구원, 『扶餘 文化.觀光型市長 調査事業敷地內 扶餘舊衛里432番地 遺蹟略報告書』, 2010.
19) 부여군문화재보존센터, 『扶餘 東南里225―5番地 個人住宅地 文化財試掘調査報告書』, 2008.
20) 부여군문화재보존센터, 『扶餘―論山間 道路擴張 및 鋪裝工事區間(가탑리152―11번지일대)文化遺蹟發掘調査略報告書』, 2008.
21) 정현용, 『扶餘舊衛里.官北里 田字型 道路網 形成時期 研究―泗沘都城 方形區劃說에 對한 檢討―』, 京畿大學校 大學院 建築工學科, 2010. pp.72~85. 참조.
22) 朴相銀, 앞의 논문, pp.96~97.

치되었다. 사비시기 부여 궁남지·관북리·왕궁리 유적의 도로 특징은 노면을 포장하지 않고 사용했으며 노면 양측에 측구 시설을 설치한 점이라고 하였다. 朴淳發[23]은 사비도성의 공간구획에 대하여 5部－5巷으로 구획되었음을 밝히고 1982~1992년에 걸쳐 발굴조사된 도로 유구를 분석, 부소산 남쪽 현 부여문화연구소 남쪽의 관북리 일대를 조사한 결과, 남북도로와 동서도로가 直交하고 있으며 배수로와 암거를 설치하였음을 분석하였다.

반면에 이병호[24]는 사비 도성과 지방 도시 즉, 웅진 및 익산지역의 도시적 면모를 고찰한 다음 사찰이나 왕릉 및 산성 등의 방어 시설을 확인하였으나 사비도성과 달리 정연한 도로 구획이 없다고 분석하였다. 그러나 미륵사 창건 설화에 나타나듯이 수레의 사용이나 지방도시에로의 행행, 왕릉 및 사찰 참배와 관련하여 일정한 도로교통이 발달하였을 것으로 추정하였다.

셋째로, 신라의 도로 유구 연구는 1980~90년대이후 신라왕경과 지방도로에 대한 고고학적 발굴조사가 축적됨으로써 활발하게 되었다. 신라왕경의 도로와 교통에 대해서 朴方龍[25]은 신라 왕경과 주변 지역의 교통로를 중심으로 경주지역의 도로 유적 발굴 자료를 토대로 왕경 내부의 도로 구조에 대한 분석뿐만 아니라 주변 성곽(月城, 明活山城, 南山新城, 西兄山城, 富山城, 北兄山城) 및 역원(沙里驛, 阿火驛) 기록을 분석하여 경주지역의 신라 官道[26]를 추정하였다.

---

23) 朴淳發, 「泗沘都城의 構造에 대하여」, 『百濟研究』31, 2000.
24) 李炳鎬, 「百濟 泗沘時期의 都城과 地方都市」, 『地方史와 地方文化』6－1,2003.
25) 朴方龍, 「新羅王都의 交通路－驛.院을 中心으로」, 新羅王京研究, 新羅文化祭學術發表論文集16, 1995. 「新羅都城의 交通路」, 『慶州史學』16, 1997. 『新羅 都城 研究』, 東亞大 博士學位論文, 1997.
26) 新羅의 官道에 대해서는 『三國史記』卷3, 新羅本紀3, 炤知麻立干條, "九年(487)…三月 始置四方郵驛 命所司 修理官道"라는 기록으로 보아 487년(炤知王 9)이전에 官道가 어느 정도 완비되었음을 알 수 있다.

황보은숙[27]은 경주분지의 자연·지리 환경이 왕경 형성에 끼친 영향을 주목하여 시기별로 도로 유구 발굴유적지인 仁旺洞, 皇龍寺址, 芬皇寺, 月城垓字, 隍城洞 등의 도로 유구를 중심으로 도로폭, 노면의 토층, 배수로, 수레바퀴 흔 및 출토 유물을 분석하고, 이어서 6세기 중반 월성을 중심으로 형성되기 시작한 도로 유구와 왕경 유적이 7세기 후반을 기점으로 東川洞·隍城洞·龍江洞 지역으로 확산되면서 도로가 개발되었을 것으로 추정하였다. 金正萬[28]은 신라 왕경의 성립과 확장을 중심으로 20여 개의 도로유구와 건물지를 분석하여 왕경의 형성 시기를 6부제 시행, 적석목곽분 조성, 條坊制 도입과 도로 구획이 시작되는 6세기 중반으로 보았다.

양정석[29]은 1986년 황룡사지 남북도로 및 동서도로 유구 조사부터 월성 지역, 황성동, 황남동, 동천동, 서부동, 인왕동, 국립경주박물관 전시부지 동−서 도로 유구에 대한 노폭과 노면 구조, 측구 시설, 석열 등을 분석하였다. 이한상[30]은 국립경주박물관 부지에서 발굴된 남북도로는 안압지와 황룡사 사이를 통과하여 남북으로 연결된 도로로 최대 너비 23.7m 이고, 동서도로는 너비 15m정도로 추정하여 8~9세기에 조성된 것으로 분석하였다.

張容碩[31]은 이미 조사,발굴된 신라의 도로 구조와 성격을 왕경도로 19곳 유적과 지방도로 11곳 유적으로 나누어 분석하였는데, 왕경도로의 특징을 1) 도시계획에 의해 직선형의 바둑판식 도로망과 규격화된 坊의 조사 2) 보수 및 개축을 통한 지속적 사용 3) 도로 너비는 대체로 5~16m 정

27) 황보은숙,「新羅王京의 都市的 發達」,『新羅文化』32, 2008.
28) 金正萬,「新羅王京의 成立과 擴張에 관한 硏究−道路遺構와 기와 建物址를 중심으로−」, 慶州大學校 大學院 文化財學科 碩士學位論文, 2007.
29) 梁正錫,「新羅王京硏究와 慶州의 開發」,『新羅文化祭學術發表論文集』27, 2006.
30) 李漢祥,「慶州 月城 東南쪽 王宮遺蹟 調査의 成果−'南宮'의 景觀 復原을 위하여−, 國邑에서 都城으로,『新羅文化祭學術發表論文集』25, 2005. 오현덕, 신종우,「慶州 月城 地下遺構에 대한 GPR 探査資料의 考古學的 解釋」,『物理探査』7−4, 2004.
31) 張容碩,「新羅道路의 構造와 性格」,『嶺南考古學』38, 2006.

도 4) 축조방식은 5~10㎝ 자갈 깔고 황갈색 점토와 사질토,황색마사토 포장 5) 배수로(측구) 설치 6) 수레바퀴 흔적 등이며, 지방도로의 경우는 1) 일정한 형태의 규격화된 坊 이나 格子型 도로망 미확인 2) 자갈이나 할석 및 점토와 마사토를 섞어서 축조한 포장도로와 그렇지 않은 비포장도로로 나뉘며 3) 포장도로의 너비는 대개 4~8m 정도이며 4) 산지의 발달로 평야 또는 구릉이나 하천지역을 통과하는 노선이 많다고 추정하고 이와 같은 중앙 및 지방도로를 통해 왕권의 강화와 지방지배 체제의 안정을 도모할 수 있었다고 분석하였다.

그리고 지방도로에 대해서는 朴相銀[32]은 대구 · 울산 · 밀양 등의 도로 유적을 중심으로 영남지역의 지방 도로 유구의 분류와 노면 구조 및 기능 그리고 출토 유물 등을 고찰하여 신라 통일이후 왕경과 지방을 연결하여 물자수송과 지방지배와 통합수단으로서 기능하였다고 분석하였다.

이외에, 古道路의 공학적 구조와 시공 방법에 대해 蘇培慶,[33] 도로유구 분석과 조사 방법에 대해서는 朴相銀 · 손혜성[34] 그리고 역사지리학적 측면에서는 영남대로를 연구한 崔永俊[35]의 연구를 들 수 있다. 특히 최영준은 역사지리학적 방법론을 한국 고도로에 적용, 영남대로의 지리적 배경과 교통로 발달, 교통양식과 노변취락, 경관 변화 및 기능을 분석하여 한강 유역과 경상도 지방간의 교역 및 문화 전파에 중요한 역할 등 고도로 연구의 이정표를 제시하였다.

---

32) 朴相銀, 「嶺南地域 古代 地方道路의 研究」, 嶺南大學校 大學院 碩士學位論文, 2006.
「嶺南地域 古代 地方道路의 構造」, 『大丘史學』94, 2009.
33) 蘇培慶, 「古道路의 工學的 側面에 관한 研究」, 慶南大學校 大學院 碩士學位論文, 2008.
34) 朴相銀 · 손혜성, 「道路遺構에 대한 分析과 調査方法, 『野外考古學』7, 2009.
35) 崔永俊, 『嶺南大路─韓國古道路의 歷史地理學的 研究─』, 高麗大學校 民族文化研究所, 1990.

2. 郵驛 및 交通 機構의 연구 현황

삼국시대 우역에 대한 연구는 일찍이 劉善浩[36]가 우역과 교통로를 중심으로 우역의 설치와 관리기구 및 기능 그리고 교통로를 분석하고 있다. 그는 삼국의 우역 설치와 도로 개설은 고대국가로의 발전과정에서 영토확장 및 군사적 진출 그리고 정복지 지배를 위해서 중앙 및 지방 군현간의 정치,군사적 필요에서 비롯되었음을 밝히고 진평왕대에 설치된 船府, 乘府 및 경덕왕 때의 京都驛 설치 등을 언급하였다.

趙炳魯[37]는 고구려 국내성 도읍기의 교통로인 南道.北道 문제 그리고 평양성 천도 이후 국내성과 평양성 17驛의 존재를 통해 우역제의 실태를 설명하였으며, 신라의 왕경에서의 京都驛과 5通−5門驛의 위치. 小國의 병합과 州治와의 교통 발달에 대하여 개괄적으로 언급하였다. 최근에 趙法鍾[38]은 고구려의 국내성 시기의 우역제와 교통로에 대해서 고찰하여, 前燕 慕容皝의 고구려 공격로에 언급된 '北置'를 국내성으로 연결된 北道 (北路)의 關門으로 설정하고, 국내성에서 평양성까지 거론된 17역의 고증 (國內城−滿浦鎭−江界−開平−魚川−寧邊−安州−平壤), 고구려가 南燕에 보낸 千里馬와 千里人의 실체 등을 분석하여 종래보다 진일보한 연구를 수행하였다.

특히 국내성과 졸본까지의 교통로를 고구려 성곽과 北溝關隘. 七個頂子關隘 · 老邊墻關隘 · 望波嶺關隘 등의 關隘를 연결시켜 관애가 우역의 기능을 수행하였다고 추정한 점이 주목된다. 그는 고구려의 교통로는 초기 고분 및 평지성, 산성 유적 등과 긴밀히 연결된 교통로로서 이들 관련

---

36) 劉善浩,「三國時代의 郵驛과 交通路」,『京畿工業開放大學論文集』26, 1987.
37) 趙炳魯,『韓國驛制史』, 韓國馬事會.馬事博物館, 2002.
38) 趙法鍾,「高句麗의 郵驛制와 交通路 −國內城時期를 中心으로−」,『韓國古代史研究』 63, 2011.

유적군들의 연결선이 교통로이며 우역제적인 사회기반으로 자리하였다고 파악하였다.

그리고, 신라의 우역에 대한 연구는 朴方龍[39])이 신라 왕경과 주변 지역의 교통로를 경주지역의 도로유적 발굴 자료를 토대로 왕경 내부의 도로구조와 주변 성곽 및 역원(沙里驛,阿火驛) 기록을 분석하여 경주지역의 신라 官道[40])를 추정하였다. 그는 沙里驛을 중심으로 북쪽의 安康驛, 동남쪽의 朝驛과 仇於驛, 남쪽의 奴谷驛・仍甫驛, 서쪽의 车良驛・阿火驛, 서남쪽의 義谷驛의 위치를 비정하고, 고려시대의 活里驛인 沙里驛을 京都驛이 있었던 장소로 추정하였다.[41]) 이어서 경도역과 오문역, 오통의 관계에 대해서 乾門驛은 고려시대의 知里驛(義谷驛), 坤門驛은 仇於旦驛, 坎門驛은 阿弗驛, 艮門驛은 安康驛, 兌門驛은 仍巴驛으로 비정하고 北海通은 艮門驛, 鹽池通은 乾門驛, 東海通은 坤門驛, 海南通은 兌門驛, 北傜通은 坎門驛으로 추정하였다.

그러나 신라의 오통・오문역에 대해서는 일찍이 井上秀雄[42])의 연구이후 李道學[43])은 종전의 井上秀雄이 추정한 오통─오문역간 교통로의 오류를 지적하여 北海通→ 東海通, 鹽池通→ 北傜通, 北傜通→ 北海通, 海南通→

39) 朴方龍,「新羅王都의 交通路─驛.院을 中心으로」, 新羅王京硏究, 新羅文化祭學術發表論文集16, 1995.「新羅都城의 交通路」,『慶州史學』16, 1997.『新羅 都城 硏究』, 東亞大 博士學位論文, 1997.
40) 新羅의 官道에 대해서는『三國史記』卷3, 新羅本紀3, 炤知麻立干條, "九年(487)… 三月 始置四方郵驛 命所司 修理官道"라는 기록으로 보아 487년(炤知王 9)이전에 官道가 어느 정도 완비되었음을 알 수 있다.
41) 朴方龍,「新羅王京과 流通」, 新羅王京의 構造와 體系, 新羅文化祭學術發表論文集27, 2006. p.84에서 沙里驛의 위치를 慶州市 九皇洞 月城 東南側 舊驛마을로 推定하였다. 그러나 沙里驛의 위치에 대서「新羅王都의 交通路─驛.院을 中心으로」,『新羅文化祭學術發表論文集』16, 1995. p.106에서는 慶州市 仁旺洞 舊驛 마을로 추정한 바 있다.
42) 井上秀雄,『新羅史の基礎硏究』, 東出版, 1974.
43) 李道學,「古代國家의 成長과 交通路」,『國史館論叢』74, 1997.

鹽池通, 東海通→ 海南通으로 수정할 것을 주장하였으며, 韓禎訓[44]은 오통은 신라통일기 전역을 연결하는 육상 교통망이라고 전제하고, 東海通은 乾門驛에서 蔚山,釜山방면, 海南通은 兌門驛~洛東江 이서의 智異山~武州방면, 鹽池通은 乾門驛~智異山(六十嶺, 八良峙)~秋風嶺~百濟方面, 北偋通은 坎門驛~雞立嶺,竹嶺~漢州 방면, 北海通은 艮門驛에서 동해안을 따라 井泉郡, 渤海의 신라도 방면으로 연결되는 교통로로 추정하고 있다. 특히 그는 오통 · 오문역과 9주 5소경의 거점을 추정하여 東海通은 良州 · 金官京, 海南通은 康州 · 武州, 鹽池通은 南原京 · 武州 · 全州 方面과 西原京 · 漢州, 北偋通은 尙州 · 中原京 · 北原京 · 朔州, 그리고 北海通은 溟州와 연결된 교통로로 추정 하고 있어 주목된다.

한편, 徐榮一[45]은 오통과 5소경 및 9주의 治所와 관계를 고찰하여 井上秀雄이 비정한 北偋通은 鹽池通으로 수정하고, 北偋通은 中原小京 · 北原小京 방면, 鹽池通은 西原小京방면으로 통하는 교통로로 추정해야 한다고 주장하였다. 최근에 鄭枖根[46]은 왕경과 주치 및 소경간의 간선교통로를 분석하여, 종래의 오통－오문역의 위치비정을 중심으로 왕경과 지방 교통로를 추정한 것에 의문을 제기하고 五通－五門驛 대신에 왕경 6路와 6畿停(中畿停, 西畿停, 南畿停, 北畿停, 莫耶停, 東畿停) 및 주치와 소경과

---

44) 韓禎訓, 「新羅統一期 陸上交通網과 五通」, 『釜大史學』27, 2003에서 五通은 신라통일기 전역을 연결하는 육상교통망이라고 전제하고, 東海通은 乾門驛에서 울산,부산방면, 海南通은 兌門驛~낙동강 이서의 지리산~武州방면, 鹽池通은 乾門驛~지리산(六十嶺,八良峙)~추풍령~백제방면, 北偋通은 坎門驛~雞立嶺,竹嶺~漢州 방면, 北海通은 艮門驛에서 東海岸 따라 井泉郡,渤海의 新羅道방면으로 연결되는 交通路로 추정하고 있다.

45) 徐榮一, 「新羅 五通考」, 『白山學報』52, 1999에서 五通과 5小京 및 9州의 治所와 관계를 고찰하여 井上秀雄가 比定한 北偋通은 鹽池通으로 修正하고, 北偋通은 中原小京.北原小京 방면, 鹽池通은 西原小京방면으로 통하는 교통로로 추정해야 한다고 주장하였다.

46) 鄭枖根, 「統一新羅時期의 幹線交通路－王京과 州治.小京間 連結을 中心으로－」, 『韓國古代史研究』63, 2011.

의 관계를 고려하여 신라의 간선교통로를 제안하여 기존 연구보다 진일
보한 견해를 표명하였다.

한편, 신라 교통기구에 대해서는 韓禎訓[47])의 연구가 있다. 그는 6~7세
기 신라의 교통관부의 발달을 중심으로 고찰하여 炤知麻立干 시기 우역
설치 및 관도 수리, 시사 개장, 訥祇麻立干 시기의 牛車 사용 등 우거와 선
박을 통한 교통의 증대를 도모하고 眞平王이후의 왕실 內廷의 정비를 거
쳐 尻驛典 · 苜蓿典 · 供奉乘師 및 御龍省 외에 乘府 · 船府署가 설치되면
서 供奉乘師 · 尻驛典 · 苜蓿典은 乘輿 등의 왕실 교통 업무를, 乘府 · 船府署 ·
京都驛 등은 중앙행정의 교통기구로 정비되었다고 보았다. 그리고 이들
교통관부는 국가의 조세 재정 확보 및 통일이후 새로 편입된 영토에 대한
통치와 물류 수송을 위해 점차 발달하게 되었다는 견해를 피력하였다.

3. 삼국의 交通路 연구 현황

1) 高句麗의 교통로

고구려의 교통로 연구 동향은 주로 대중국 교류와 관련하여 남도—북
도 교통로와 삼국간의 영토 확장과 방어를 위한 산성 축성을 중심으로 연
구가 진척되었으며, 또한 국내성 및 평양성 천도이후 교통로 연구가 많았
다. 또 최근에는 압록강~두만강의 水路와 주변 산성관계나 禮成江 · 臨
津江, 漢江 및 錦江 지역 진출에 따른 교통로 연구로 확대되었다.

먼저 李道學[48])은 古朝鮮, 衛滿朝鮮 및 扶餘 교통로, 그리고 삼국시대의
성장과 교통로 개척문제를 종합적으로 고찰하여 고구려의 경우 국내성을

---

47) 韓禎訓, 「6.7세기 新羅交通機構의 整備와 그 性格」, 『歷史와 境界』58, 2006.
48) 李道學, 「古代國家의 成長과 交通路」, 『國史館論叢』74, 1997.

중심으로 北夫餘路, 東沃沮路, 北沃沮路, 遼東路 개척과 영토 확장 및 교역을 분석하였다. 특히, 요동로는 남도와 북도[49]라는 2개의 교통로가 개발되었음을 고찰하고 또 평양천도이후 남진 경영에 따라 남한강 유역과 원산~동해안로 확보 등을 고찰하였다.

余昊奎[50]는 남도를 遼東－渾河－蘇子河－渾江－新開河－國內城으로 연결되는 교통로, 북도는 渾河 上流－柳河－渾江上流－葦沙河－老嶺－集安으로 연결되는 교통로로 비정하고, 동해로 및 요동 지역의 혼하 연안을 장악하고자 新城을 축조하였으며, 고구려는 교통로를 매개로 지방통치조직을 정비, 초기의 城, 谷이나 교통 요충지에 宰, 守, 太守 등 지방관을 파견하였다고 분석하였다. 또 압록강 중상류 연안의 고구려 성곽과 동해로[51]를 고찰하여 압록강 하류 방면의 성곽은 관애 형태로 축조되어 상류 지점이나 국내성으로 향하는 교통로를 控制하던 군사 방어성으로서 압록강 수로를 관리하는 기능도 수행하였다고 보았다. 이 연구는 압록강 중상류의 수로와 주변 성곽을 연결하여 국내성 중심의 교통로를 분석한 점에서 주목할 만하다고 하겠다.

徐榮一[52]은 故國原王이후 廣開土大王, 長壽王의 남진에 따른 예성강 및 한강과 금강 상류 진출로를 중심으로 고구려의 백제 공격로를 고찰하였다. 그리하여 고구려의 남진 교통로는 慈悲嶺路·防垣嶺路·載寧路를 중심으로 전개되었으며 또 長壽王의 한성 공격과 충주 등 금강 상류로의

---

49) 佟達, 「關于高句麗南北交通道」, 『博物館研究』3, 1993에서 南道는 渾河－蘇子河－富爾江－渾江－新開河 연결도로, 北道는 渾河 下流－柳河－輝發河－渾江－葦沙河로 연결되는 도로를 설정하고 있는데 李道學도 이 견해에 동의하고 있다. 그러나 남·북도의 경유지에 대해서는 다양한 견해가 있다. 拙著, 『韓國驛制史』, 韓國馬事會 馬事博物館, 2002. p.58 참조.

50) 余昊奎, 「3세기 후반~4세기 전반 고구려의 교통로와 지방통치조직－南道와 北道를 중심으로」, 『韓國史研究』91, 1995.

51) 余昊奎, 「鴨綠江 中上流 沿岸의 高句麗 城郭과 東海路」, 『歷史文化研究』29,2008.

52) 徐榮一, 「高句麗의 百濟 攻擊路 考察」, 『史學志』38,2006.

진출로 한강 및 남한강 수로와 교통로를 확보하고 이를 방어하기 위하여 山城을 축조하였다고 보았다.

정원칠[53]은 고구려의 요동 진출과 관련하여 前燕과 대립하고 있던 시기 주요 교통로였던 남도와 북도에 대해서 산성 축성과 관련하여 고찰하였다. 그는 고구려 산성은 일반적으로 교통로에 멀지 않은 인근에 주로 축조되는 경향성을 보이고 있으며 고구려 남도와 북도의 교통로에 대한 종래의 견해에 대해 당시 요동 상황과 新城의 소재 및 산성의 분포를 바탕으로 비판하면서 기존의 남도를 북도로 보는 이설을 제시하였다. 또 고구려의 산성은 山頂式 유형 외에 包谷式·馬鞍式 산성이 축성된 것으로 보아 군사적 기능뿐만 아니라 지방통치를 위한 거점으로서의 역할을 함으로써 산성과 도읍을 연결하는 교통로가 발달하였다고 분석하였다.

한편, 白種伍[54]는 임진강 유역의 성곽과 하천 및 교통로의 유기적 관계를 중심으로 분석하였다. 그는 임진강 유역은 고구려의 남진정책이후 공격과 방어의 중요한 배후지였으며 임진강 북안의 漣川 隱垈里城·堂浦城·瓠蘆古壘과 남안의 坡州 阿未城·七重城과 漣川 大田里山城 등의 철저한 지형 분석을 통한 관방 체계가 설계되었으며, 新川路·干坡川路·雪馬川路·文山川路·抱川川路 등 5개의 하천 교통로와 연계되어 효율적인 관방 체계가 구축되었다고 고찰하였다. 북한강 유역의 교통로에 대해서는 琴京淑[55]은 신라의 구원과 평양천도이후 中原지역을 지나 鳥嶺과 竹嶺까지 영토를 확장한 고구려가 한반도 중부지역으로 진출하기 위해서는 북한강 수계에 의하여 진출하였을 것이라고 생각하고 북한강 중상류 유역

---

53) 정원칠, 「고구려 南道·北道와 고구려 山城의 築城」, 『東國史學』50, 2011.

54) 白種伍, 「南韓地域 高句麗 關防體系 -臨津江流域을 中心으로-」, 『先史와 古代』 26, 2007.

55) 琴京淑, 「高句麗 領域으로서의 北漢江 流域 -靺鞨 문제와 관련하여-」, 『韓國史學報』11, 2001. 「北漢江 流域의 古代社會」, 『江原文化史硏究』4, 1999.

의 平康—金華—春川—洪川—橫城—原州를 지나 남한강으로 진출하는 교
통로를 분석하였다.

2) 百濟의 교통로

백제 교통로 연구는 한성백제 시기의 도성 및 북방 교통로, 웅진천도
이후 남방 교통로, 서남해안 해상 교통과 남한강 및 금강 그리고 낙동강
유역 진출과 관련한 분석이 많았다.

먼저 李道學[56]은 백제의 경우 東濊, 靺鞨 및 樂浪과의 북방 교통로 개
척, 鹽 산지 확보와 운송을 위한 서해안 교통로 개척[57] 및 한강 수로를 이
용한 중부 내륙지방 운송로를 분석하여, 백제를 중심으로 소금 교역로의
확대가 자원의 지역적 재분배를 촉진하고 문물의 교류를 초래하였다고
주장하였다. 또 소금 교역로를 보호하기 위하여 한강 연변에 관방시설인
성곽을 축조하였다고 분석하였다. 또 공주 천도이후 영산강 유역 진출에
따른 남방 교통로의 개척을 통하여 도로망이 확장되었다고 보았다. 그의
연구는 백제 교통로가 소금 교역망 형성과 확대에 따라 수상 및 육상 교
통로가 개척되었다는 견해를 피력하고 있어 시사하는 바 크다.

이어서 백제 한성시기 都城制에 대해 검토하여[58] 河南 慰禮城의 위치
를 몽촌토성으로 비정하면서 離宮인 풍납토성과 삼성동 土城 그리고 阿旦
城(阿旦山城)의 방어 체계와 몽촌토성의 도로[59]에 대해 언급하였다. 그리고

---

56) 李道學, 「古代國家의 成長과 交通路」, 『國史館論叢』74, 1997.
57) 李道學, 「伯濟國의 成長과 소금 交易網의 確保」, 『百濟硏究』23, 1992.
58) 李道學, 「百濟 漢城時期의 都城制에 관한 檢討」, 『韓國上古史學報』, 9, 1992.余昊
  奎, 「漢城時期 百濟의 都城制와 防禦體系」, 『百濟硏究』36, 2002. 金起燮, 「百濟 漢
  城時期의 都城制 成立과 夢村土城」, 『百濟文化』38, 2008에서 漢城의 도성 구조에
  대해 南城(王城)을 夢村土城, 北城을 風納土城으로 추정하고 있다.
59) 夢村土城에서의 道路遺構에 대해서는 夢村土城發掘調査團, 『夢村土城發掘調査報
  告』, 1985. pp.53~54에서 說明되고 있다.

마한시기부터 웅진·사비시기까지의 교역체계[60]를 분석하여 中國·倭· 伽倻 등과의 교역을 고찰하였다. 서남해안의 지형적 특질을 통해 중국대 륙과 일본열도를 잇는 해상 교통로를 개척하고 낙동강 유역에 진출하여 狗邪韓國(本伽耶)이 장악하였던 교역 중개지로서의 위치를 독점함으로써 교역이 촉진되었다고 파악하였다. 그러나 이러한 교역망의 형성은 교통 로를 개척하였을 것으로 보이나 이에 대한 자세한 언급은 없다.

徐榮一은 [61] 백제가 樂浪과 靺鞨과의 전투 등 북방에 대한 지배력을 장 악하기 위하여 먼저 북방 교통로를 개척할 필요가 있었다고 보고 그 결과 로 防垣嶺路, 慈悲嶺路, 載寧路 등 3가지 교통로를 추정하였다. 그리고 백 제와 말갈사이에 전투가 전개된 樂浪路는 兎山—朔寧—漣川 방면으로 추 정하고 또 고구려와의 전투로 水谷城까지는 漣川—朔寧—兎山 방면으로 진출, 平山부터는 慈悲嶺路를 이용하여 평양으로 진출하였고 분석하였다.

이를 좀더 구체적으로 吳康錫[62]은 백제 한성기의 교통로와 성곽 관계 를 검토하여 관방 체계를 분석하였는데, 풍납토성을 중심으로 남의 夢村 土城, 서의 三城洞土城, 북의 阿且山城, 동의 二聖山城까지 4방위성에서 시작된 교통로가 북쪽으로 慈悲嶺路와 防垣嶺路, 抱川川路, 서쪽으로 載 寧路, 남쪽의 삼남대로 그리고 동쪽으로 남한강로,영남대로로 이어진다 고 추정하였다.

그리하여 교통로의 결절지에 성곽이 배치되었다고 분석하고 이들 교 통로는 말갈·낙랑 및 고구려의 남진로와도 연결된다고 하였다. 그 결과 교통로를 따라 형성된 방어 체계는 從心防禦體系에서 衛星防禦體系로 변 화하였다고 고찰하였다.

---

60) 李道學, 「百濟의 交易網과 그 體系의 變遷」, 『韓國學報』63, 1991.
61) 徐榮一, 「漢城時代의 百濟 北方交通路」, 『文化史學』21, 2004.
62) 吳康錫, 「百濟 漢城期 關防體系 檢討」, 『先史와 古代』26, 2007.

그리고 徐榮一[63]은 한성 백제시기의 남한강 수로 개척과 경영을 고찰한 결과 3~4세기에 걸쳐 백제는 原州지역의 法泉里古墳[64] 축조 세력의 지원을 받아 嶺西지방의 말갈 세력을 통제하고 남한강 수로를 개척하였으며, 5세기 중반에 고구려가 충주에 國原城을 설치한 이후 남한강 상류 지역은 고구려의 군사적 지배를 받게 되었다고 분석하여 남한강 수로교통의 군사적,경제적 기능을 주목하였다.

郭長根[65]은 백제 웅진시기 섬진강 유역을 중심으로 錦江과 長水, 萬頃江, 東津江, 榮山江, 南江 및 南海岸을 연결해 주는 내륙의 간선교통로와 고갯길(嶺·峙)과 지석묘 또는 古塚 그리고 산성·봉수 등과의 밀접한 상호관계를 분석하였다. 그리하여 백제는 섬진강 유역의 내륙 교통로를 장악하여 영산강 유역의 마한 세력과 가야 세력이 연대하는 것을 차단하려는 정치적 목적으로 이 지역의 교통로를 관할하였다고 분석하였다. 또 금강 상류 지역의 교통로[66]를 섬진강 유역 교통로와 연계하여 분석하였다.

3) 新羅의 교통로

신라의 교통로는 도성과 지방 9州 5小京 등 州治와의 관계, 한강유역 진출과 관련한 嶺路 연구, 五通－五門驛과 지방 교통로 관계, 그리고 교통로와 산성 등의 문제를 중심으로 고찰되었다.

申瀅植[67]은 신라의 국가적 성장을 영토 확장 과정으로 보고 추풍령, 죽령, 가야 방면으로의 진출이 신라 교통로 발전의 기본축이라는 견해를 표명하고 지방 통치조직과 연결하여 분석하였다. 鄭永鎬[68]는 金庾信의 백

---

63) 徐榮一,「漢城 百濟의 南漢江水路 開拓과 經營」,『文化史學』20, 2003.
64) 國立中央博物館,『法泉里Ⅰ』, 古蹟調査報告31冊, 2000.
65) 郭長根,「百濟 幹線 交通路의 再編成과 그 意味」,『百濟文化』39, 2008.
66) 郭長根,「錦江上流地域 交通路의 組織網과 再編過程」,『韓國上古史學報』66, 2009.
67) 申瀅植,「新羅軍主考」,『白山學報』19, 1975.

제 공격로를 연구하여 永同, 沃川, 金山 일대의 산성 분포와 교통로와의 상관관계를 중심으로 군사 작전로를 파악하였다. 李道學[69]은 慶州－三陟－江陵을 잇는 동해안로 개척, 甘文國 · 沙伐國 · 召文國 등 소국 정벌에 따른 교통로 확보와 소백산맥을 연결하는 雞立嶺路, 竹嶺路, 赤城路 개척 및 경주와 6停(上州停 · 貴幢停 · 新州停 · 比列忽停 · 悉直停 · 下州停)과의 간선도로 등을 고찰하였다.

한편, 朴相佾, 車勇杰, 鄭永鎬 등은 산성의 분포와 입지를 중심으로 고대 교통로를 분석하였다.[70] 대개 영남과 중부지방을 연결하는 소백산맥의 추풍령, 계립령, 죽령 등의 古城址를 중심으로 교통로와 밀접한 관련을 규명하였다. 그러나 산성과 교통로와의 상관성을 어느 정도 규명한 점은 인정되지만 소백산맥에 국한된 점, 정치 · 경제 · 문화 교류 등에 대한 역점이 미진한 점을 들 수 있다. 그러나 徐榮一[71]은 6세기 신라의 북진정책에 따른 북진로가 추풍령 방면을 이용, 군사적 운영과 대중국 교통로의 기능을 분석하였다.

조효식[72]은 삼국시대 영남지역 산성 분포와 교통로 및 방어 체계를 분석하여 청동기시대에는 소하천과 구릉을 잇는 연결선상에서 교통로가 형성되었고 원삼국시대에는 대하 유역을 중심으로, 그리고 삼국시대에는 내륙의 고갯길이 추가로 활용되었으며 그 결과 소백산맥 및 섬진강, 금강 상류 그리고 낙동강 지역이나 영남 내륙 지역의 산성과 교통로가 밀접하게 연결되었음을 논증하였다.

68) 鄭永鎬, 「金庾信의 百濟攻擊路研究」, 『史學志』6, 1972.
69) 李道學, 앞의 논문, 1997.
70) 朴相佾, 「小白山脈地域의 交通路와 遺蹟」, 『國史館論叢』16, 1990.
　　車勇杰, 「竹嶺路와 그 附近 竹嶺 沿邊의 古城址 調査研究」, 『國史館論叢』16, 1990.
　　鄭永鎬, 「尙州 方面 및 秋風嶺 北方의 古代 交通路 研究」, 『國史館論叢』16, 1990.
71) 徐榮一, 「6世紀 新羅의 北進路와 淸原飛中里石佛」, 『史學志』20, 1997.
72) 조효식, 「遺蹟分布圖를 活用한 嶺南地域 三國時代 交通路와 防禦體系 檢討」, 『지역과 역사』26, 2010.

韓禎訓73)은 오통 · 오문역의 기능을 분석, 오통은 신라통일기 전역을 연결하는 육상 교통망이라고 전제하고, 동해통은 乾門驛에서 蔚山, 釜山 방면, 해남통은 兒門驛~洛東江 以西의 智異山~武州방면, 염지통은 乾門驛~智異山(六十嶺, 八良峙)~秋風嶺~百濟방면, 북요통은 坎門驛~雞立嶺, 竹嶺~漢州 방면, 북해통은 艮門驛에서 東海岸 따라 井泉郡, 渤海의 新羅道 방면으로 연결되는 교통로로 추정하고 있다. 특히 그는 오통. 오문역과 9주 5소경의 거점을 추정하여 동해통은 良州 · 金官京, 해남통은 康州 · 武州, 염지통은 南原京 · 武州 · 全州 方面과 西原京 · 漢州, 북요통은 尙州 · 中原京 · 北原京 · 朔州, 그리고 북해통은 溟州와 연결된 교통로로 추정하였다.

한편, 徐榮一74)은 오통과 5소경 및 9주의 치소와 관계를 고찰하여 井上

---

73) 한정훈,「新羅統一期 陸上交通網과 五通」,『釜大史學』27, 2003에서 五通은 신라통일기 전역을 연결하는 육상 교통망이라고 전제하고, 東海通은 乾門驛에서 울산,부산방면, 海南通은 兒門驛~낙동강 이서의 지리산~武州방면, 鹽池通은 乾門驛~지리산(육십령,팔량치)~추풍령~백제방면, 北徭通은 坎門驛~雞立嶺,竹嶺~漢州 방면, 北海通은 艮門驛에서 東海岸 따라 井泉郡,渤海의 新羅道방면으로 연결되는 交通路로 추정하고 있다. 특히 그는 五通 · 五門驛과 9州 5小京의 거점을 추정하여 東海通은 良州 · 金官京, 海南通은 康州 · 武州, 鹽池通은 南原京 · 武州 · 全州 方面과 西原京 · 漢州, 北徭通은 尙州 · 中原京 · 北原京 · 朔州, 그리고 北海通은 溟州와 연결된 교통로로 추정하고 있어 주목된다.

74) 徐榮一,「新羅 五通考」,『白山學報』52, 1999에서 五通과 5小京 및 9州의 治所와 관계를 고찰하여 井上秀雄이 比定한 北徭通은 鹽池通으로 修正하고, 北徭通은 中原小京 · 北原小京 방면, 鹽池通은 西原小京방면으로 통하는 교통로로 추정해야 한다고 주장하였다. 그리하여 東海通은 경주—울산—양산—동래—김해(金海小京)—마산—진주—하동방면, 北海通은 경주—포항—영덕—울진—삼척—강릉(溟州)—양양—고성—안변—덕원, 海南通은 경주—청도—창녕—합천—거창—팔량치—남원(南原小京)—곡성—담양—광주(武州)—영암—해남, 北徭通은 경주—영천—의성—아농—영주—죽령—충주(中原小京)—이천—하남(漢州)—양주—적성—개성—패강진과 충주—원주(北原小京)—횡성—홍천—춘천(朔州)—철원—안변, 鹽池通은 경주—영천—대구—선산—상주—추풍령—보은—청주(서원소경)—진천—직산—평택—남양만과 보은—옥천—대전—공주(熊州)—청양—보령 또는 진천—안성—이천으로 연결되는 교통로로 추정하고 있다.

秀雄이 비정한 北傜通은 鹽池通으로 수정하고, 北傜通은 中原小京 · 北原小京 방면, 鹽池通은 西原小京 방면으로 통하는 교통로로 추정해야 한다고 주장하였다. 이어서 그는 신라 교통로[75]에 대한 勞作에서 고대 산성의 지표 및 발굴조사 결과를 수용하여 경주에서 한강 유역에 이르는 신라의 육상교통로를 秋風嶺路 · 竹嶺路 · 鷄立嶺路를 중심으로 살펴보고 국가의 성장과 교통로의 상호 관계를 분석하였다. 그는 산성의 분포와 성격을 통해 삼국간의 역학 관계의 변화, 영역의 팽창과 감소 외에 고대 도로망의 추정이 가능하다고 전제하고 추풍령로의 경우 6세기 중엽에 尙州−報恩(三年山城, 屈山城)−米院(琅城山城)−曾坪(謳羅山城; 九女山城))−鎭川(都堂山城, 大母山城)−利川(望夷山城, 雪城山城, 雪峯山城)−河南(二聖山城)−서울에 이르는 교통로와 산성과의 관계를 추정하였다. 그러나 고대 국가의 도성과 주치간의 교통 및 경제적 문제 등을 다루지 못하였다는 한계점을 갖고 있다.

최근에 鄭枃根[76]은 왕경과 주치 및 소경간의 간선교통로를 분석, 종래의 오통 · 오문역의 위치 비정을 중심으로 왕경과 지방 교통로를 추정한 것에 의문을 제기하고 그보다는 왕경 6路와 6畿停 및 주치와 소경과의 관계를 고려하여 신라의 간선교통로를 제안하였다. 부연하면 그는 왕경 주변의 자연지리적 여건을 고려하여 종래의 5통 · 5문역 대신에 王京西路, 王京北路, 王京南路, 王京東南路, 王京東路, 王京東北路의 왕경 6로를 제안하고 이 왕경 6로가 9주의 주치와 5소경 등 중요 거점을 연결하는 간선교통로로 발달하였다고 추정하고, 왕경 주변의 6畿停(中畿停, 西畿停, 南畿停, 北畿停, 莫耶停, 東畿停)과 地方의 10停 관계를 고찰하여 王京 6路, 6畿停, 5小京, 10停 및 州治를 연결하는 교통로를 제시하여 기존 연구보다 진일보한 견해를 표명하였다.

---

75) 徐榮一, 『新羅陸上交通路 硏究』, 學硏文化社, 1999.
76) 鄭枃根, 「統一新羅時期의 幹線交通路−王京과 州治 · 小京間 連結을 中心으로−」, 『韓國古代史硏究』63, 2011.

4) 渤海의 교통로

발해의 교통로에 대해서는 중국에서 李建才,[77] 王俠,[78] 方學鳳[79]의 연구가 대표적이라고 할 수 있으며, 이어서 일본의 河上 洋[80]의 연구를 번역하여 국내에 소개한 林相先[81] 등의 연구가 있다.

金恩國[82] 8~10세기 동아시아 속의 발해 교통로를 고찰하여 중앙아시아 소그드인(소그드계 突厥)과의 교류 및 실크로드와의 연결, 5京 15府 62州 행정제도와 5교통로를 설치하여 신라 · 일본 · 거란 · 중국 등과 활발한 대외교류를 전개함으로써 발해의 개방성 즉, 대륙과 해양으로 진출할 수 있는 교통로를 이용하였음을 파악하였다. 또 金昌錫[83] 은 8세기 발해의 대일 항로를 중심으로 발해 사절단의 南路 및 北路 항로를 통한 平城京과 蝦夷와의 교류 관계를 분석하고 특히, 일본정부가 北路航海를 금지했는데 이것은 일본이 복속 대상으로 삼은 蝦夷가 발해와 연결되는 것을 차단하고 혼슈 북부와 홋카이도를 중심으로 이뤄지던 渤海, 蝦夷사이의 교역체제에 일본이 간여하고 이를 자신에게 유리하게 통제하려는 의도가 작용했던 것으로 파악하였다.

이어서 윤재운[84]은 발해 대내외의 교통로와 5경의 입지를 중심으로 분

---

77) 李建才,「渤海中京和朝貢道」,『北方論叢』, 1982－1.
78) 王俠,「琿春的渤海遺址與日本道」,『學習與探索』1982－4.
79) 方學鳳,『渤海의 主要交通路 研究』, 延辺人民出版社, 2000에서 渤海 5京과 交通路인 朝貢道 · 營州道 · 日本道 · 新羅道 · 契丹道에 대하여 역사지리 및 산성과 출토유물을 분석하고 이어서 24개 돌유지의 발굴 결과 이 돌 유지를 발해의 驛站으로 比定하였다.
80) 河上 洋,「渤海の交通路と五京」,『史林』72－6, 1989에서 五京에 대한『遼史』지리지 검토와 교통로상의 西京압록부 등 五京이 교통로의 據點 役割을 하였다고 분석하였다.
81) 林相先,「渤海의 交通路와 五京」,『國學研究』3, 1990.
82) 金恩國,「8~10세기 동아시아 속의 渤海 交通路」,『韓國史學報』24, 2006.
83) 金昌錫,「8세기 渤海의 對日 航路와 蝦夷」『아시아文化』26, 2010.
84) 윤재운,「渤海의 5京과 交通路의 機能」,『韓國古代史研究』63, 2011.

석하여 도성의 입지조건으로는 수류교통이 편리하고 농경에 적합한 河谷
평지나 분지 등이 선택되어 농경 지역에 대한 통치 기능과 유목 지역에
대한 외교적 기능을 수행하기 위한 곳으로 인식하였다. 그리고 발해 교통
로의 특색은 우선 河谷地帶에 연하여 수로와 육로를 병행하고 있다는 점,
육로와 해로와의 결합이 보인다는 점, 그리고 농경 지역에 대한 통치기능
과 유목지역에 대한 외교적, 정치기능을 수행하기 위해 교통로가 설치되
었다고 파악하고 발해 문화의 다양성[85)]이 교통로와 연계되었다고 이해
하였다.

4. 삼국시대 교통사 연구의 과제

이상의 고찰을 통해서 삼국시대의 교통사는 도성과 지방의 도로유구,
우역의 설치 및 교통기구, 도성과 主治와의 교통로 그리고 교통로와 산성
과의 관계 등의 규명을 통해 어느 정도 해명이 되었다고 본다. 그러나 교
통에 대한『삼국사기』등 사료의 한계, 고고학적 발굴의 지역적 한계로
말미암아 향후 규명되어야 할 과제도 많다고 생각된다.

첫 번째, 삼국 및 발해의 교통사 연구는 각국 도성의 도로 유구를 추가
로 발굴(특히 고구려 국내성 시기, 백제 웅진시기 및 신라의 지방 主治 등)
하여야 하며, 도성의 街路區劃이 지방 主治에서는 어떻게 반영되었는지
의 문제 그리고 도성과 산성외에 왕릉과 사찰의 왕래에 따른 교통로 및
이들 도로 유구에 대한 발굴과 분석이 필요하다.

---

85) 渤海文化의 多樣性에 대해서는 宋基豪,「渤海文化史의 研究現況과 課題」,『韓國史
研究』122, 2003. 및 宋基豪,『渤海 社會文化史研究』, 서울 大學校 出版部, 2011. 林
相先,「渤海‘東京’地域의 高句麗 文化要素」,『高句麗研究』25, 2006 등 참조.

두 번째, 교통의 기능 및 성격과 관련하여 종래의 연구는 행정, 군사적 측면이 지배적이었다고 본다. 일부 소금(鹽) 유통로, 대외교역 차원에서의 경제적 교류나 유통에 대해 언급이 전혀 없는 것은 아니지만 무엇보다도 국가 운영에 있어서 가장 필요한 조세나 공공물자 및 군량미 등의 수송에 대한 운송사적 측면의 연구가 필요하다고 본다. 또 국가 공공의 운송에 부가하여 민간 필수품의 운송과 이동은 어떻게 이뤄졌는지에 대한 연구는 당시의 도로 유구에 나타난 수레바퀴 흔이나 고분벽화에 보이는 수레(車)의 보급, 우마 및 마정 정책과 연계하여 살펴봐야 할 것이다.

세 번째, 현재 삼국의 우역제의 실시와 관련하여 신라에 비해 고구려나 백제의 우역과 교통조직 등에 대한 사료는 전무하다고 해도 과언이 아니다. 삼국이 고대국가로 발전하면서 중앙과 지방 통치에 따른 왕명의 전달과 사신왕래 및 세곡의 수송을 위해서는 제도와 인적 조직이 편성되었어야 하는데 신라를 제외하고 알 수 없는 실정이다. 예를 들면 일본의 大和政權시기 백제계 도래인의 토목기술 전수와 관련하여 路子匠의 존재, 馬飼部·車持部의 설치 그리고 신라계의 조선기술 장인과 관계가 깊은 猪名部의 설치[86]를 통해서 볼 때 백제에도 도로관련 기구의 설치를 추정해 볼 수 있기 때문이다. 따라서 고구려, 백제 및 발해의 우역제도에 대한 복원작업이 선행되어야 할 것이다.

넷째, 앞으로 육상 교통로와 수상 및 해상 교통로와의 연계, 하천과 교량 가설, 도로 건설에 따른 力役 그리고 해상을 통한 대외 교역로 등에 대한 연구 폭이 더욱 확장되어야 할 것이다.

---

86) 兒玉幸多, 『日本交通史』, 吉川弘文館, 1992. pp.8~12.

Ⅲ. 고려시대 교통사 연구 동향과 과제

1. 道路 遺構 발굴 및 연구 현황

고려시대의 도로 유구가 남한에서 단독적으로 확인되는 예는 많지 않은 편이며 대개 삼국시대나 통일신라시기 축조된 도로를 계승하여 이용된 발굴 사례가 많다. 예를 들면 馬山 中里 유적과 鎭東 유적, 大邱 鳳舞洞 유적 I , 統營 안정리유적, 蔚山 屈火里 유적 그리고 羅州 長山里 유적 등을 들 수 있다.[87]

그 중에서 馬山 鎭東遺蹟은 鎭東灣과 내륙의 咸安을 연결하는 도로로서 노면은 설치가 정교하여 지면을 정지한 후 하부는 다량의 대형 割石을 적석하여 축조하고 상면은 川石과 잔자갈, 砂質土 등을 깔아 조성하였다. 배수시설은 없으나 노면 상면을 주변 지형보다 높게 조성하여 자연 배수가 이뤄지도록 축조하였다. 그런데 馬山 中里遺蹟은 삼국시대 도로가 지속적으로 사용된 도로와는 축조 방법이 다르다. 배후 습지를 기반으로 하는 자연퇴적층에 측구 부분인 양 가장자리만 굴착하여 구축하고 노면은 30~70㎝크기의 川石과 割石으로 석재의 반듯한 면이 바깥쪽을 향하도록 外列을 맞추어 縱平積과 橫平積을 혼용하여 3~4단 쌓았다. 바닥 기저부는 경계석을 쌓고 내부에 점토·모래·잔자갈 등을 혼합하여 반복적으로 다짐처리 하였으며 측구는 川石과 割石으로 석재의 반듯한 면이 측구 안쪽을 향하도록 들여쌓고 후면은 자갈로 채웠다.

그리고, 大邱 鳳舞洞 遺蹟 I 의 도로 2호는 溝狀형태의 긴 竪穴을 굴착하고 조성한 도로이며 수레바퀴 홈이 확인되고 너비는 200㎝ 내외이다.

---

87) 朴相銀 外,「道路遺構에 대한 分析과 調査方法」,『野外考古學』7, 2009, pp.103~104. 참조.

중앙부 바닥을 잔자갈로 깔았으며 바퀴홈 내부 토층에서 수레바퀴 자국이 중복되어 확인되고 있다.

한편, 고려시대 驛址로 추정되는 통영 安井里遺蹟[88]은 고려시대~조선 초기까지 설치되었던 春原驛으로 추정되는 驛址遺蹟으로 파악된다. 원래 춘원역은 고려시대 고성과 거제를 연결하는 山南道에 속한 역로에 위치하였는데 조선 초기에 馳墟驛이 신설되어 召村道로 驛道가 개편됨으로써 폐지된 역이다. 이 안정리유적은 1호에서 21호에 이르는 건물지와 출토 유물, 도로 유구 및 우물, 담장지 그리고 석열 등이 발굴되어 驛舍 건물지 또는 驛村이 아닌가 추정된다. 이외에 최근에 발굴된 나주 長山里遺蹟[89]은 구릉 하단부를 따라 남동–북서 방향으로 위치하고 있으며, 노면은 자연지형의 완사면부를 수평으로 깎은 후 기반토를 이용하였으며 도로 양쪽으로 수로 시설과 수레바퀴 자국이 중복되어 나타나고 있으며 노폭은 4~5m 규모의 小路에 해당된다고 추정되었다.

2. 郵驛制의 연구 동향

고려시대의 우역에 대해서는 일찍이 內藤雋輔[90]의 연구가 그 단서를 열었다. 그는 고려 역제의 조직과 기능을 비롯하여 驛戶身分을 部曲 등 군현제와 관련시켜 분석하고 각 역의 위치 비정을 역사지리적 측면에서 고찰한 점이 특색이다. 또 江原正昭[91]는 역의 기능과 기구 및 역의 부담을 중심으로 고찰하여 역의 공동체적 성격을 규명하는데 치중하였다.

---

88) 慶南考古學硏究所, 『統營安井里遺蹟－高麗驛址調査報告書』, 2002.
89) 馬韓文化硏究院, 『羅州長山里遺蹟』, 2008.
90) 內藤雋輔, 「高麗驛傳考」, 『歷史と地理』 34~45, 1934.
91) 江原正昭, 「高麗時代の驛について」, 『鎭西學院短期大學紀要』 創刊號, 1970.

한편, 呂恩暎[92]은 고려의 驛道체계가 6과 체계에서 22역도 체계로 발전되어 가는 과정으로 이해하고 그 이유로 서경을 중심으로 한 북방 개척과 관련짓고 있다. 또한 군현제상의 역의 위치 및 역의 族的 배경으로서 驛姓을 분석하여 소속 읍의 土姓[93]과 밀접한 족적 배경 아래 놓여 있었다는 것으로 추측하였다.

그 뒤 姜英哲[94]은 6과와 22도를 중심으로 고려 역제의 성립과 변천에 대해 언급하였으며 또한 고려 역제의 구조를 지방조직 즉, 郡·縣·部曲·鄕·所·浦·鎭·津 등과의 관련 속에서 고찰한 뒤 역의 경제기반과 역의 운영을 중심으로 역리의 생성과 신분 그리고 기능을 서술하였다.

이후 劉善浩[95]는 중앙집권적 왕권 강화와 전국의 통일적 지배를 위한 통치조직 정비 차원에서 역로 체계를 지방 군현제 성립과 연계하여 6과 체계와 22역도 체계로 나누어 분석하고 아울러 우역의 관리와 운영 및 경제 구조 그리고 抹弊策에 대하여 종합적으로 분석하였다. 그는 우역을 전명체계로서의 기능과 군현제 하부조직 구성 요소 및 지방통치 체제의 구조와 특질을 파악하기 위한 수단으로써 우역 연구 필요성을 제기하고, 특히 종래 제기되어 온 6과와 22역도 체계의 성립 및 선후관계에 대해서는 군현 이름의 변천을 통하여 우역제의 형성과 변천 시기를 추정하는 데는 신중을 요하는 문제라고 전제하고, 역도 뒤에 附記된 읍명의 기준에 일관성이 없다는 점, 일정 시기의 읍명을 사용하지 않고 있다는 점을 들어 22역도의 성립시기를 江東 6州의 설치와 10道制를 시행한 成宗 14년(995)부터 顯宗 9년(1018)사이로 보았다. 그리하여 고려의 역도는 외관이 파견

---

92) 呂恩暎, 「麗初 驛制形成에 대한 小考」, 『慶北史學』5, 1982.

93) 李樹健, 「高麗前期 土姓研究」, 『大丘史學』, 14, 1978. 및 「高麗後期「土姓」研究」, 『東洋文化』20~21, 1981.

94) 姜英哲, 「高麗驛制의 成立과 變遷」, 『史學研究』38, 1984 및 「高麗驛制의 構造와運營」, 『崔永禧先生華甲紀念論叢』, 1986.

95) 劉善浩, 『高麗郵驛制研究』, 檀國大 博士學位論文, 1992.

된 주현과 주군중심으로 구성하여 간선과 지선을 기록하고 속현과 속군 간의 도로표시는 하지 않았으며 6과 체계는 개경과 서경 및 북부 지역인 東界와 北界에 鎭·防禦使州를 설치, 북방 민족에 대비하여 군사적, 행정 적으로 지방통제를 강화하기 위하여 교통로를 정비하였다고 보았다.

반면에, 鄭枖根96)은 成宗~顯宗시기 역로망과 운영체제의 정비 및 22 역도의 성립에 대해 연구한 결과, 劉善浩의 입장과 달리 6과 체계는 江東 6州 설치 이후 成宗 15년(996)부터 長州에 축성한 顯宗 3년(1012)사이에 성립되었다고 추정하고 契丹침입 이후 북계 방면의 군사, 외교적 필요에 서 6과 체계가 정비되었다고 보았다. 또 22역도는 顯宗 10년 이후 역의 운영체제는 대외적 요인보다는 내치적 성격이 강하여 州·府·郡·縣의 吏와 鄕·部曲·驛의 吏를 구분하고, 지방의 諸道館驛使, 중앙의 供驛署 설치 등으로 전국적인 역도를 관리하는 체제로 발전하였다고 보았다.

그리하여 6과 체계와 22역도 체계의 선후에 대해 그는 6과 체제에서 22 역도 체제로 발전하였다고 보고 양자는 서로 별개의 제도로서 이후 시기 까지 변화 없이 유지되었다고 추정한 반면, 劉善浩의 6과 체계가 전쟁시 편성된 임시적 제도라고 보는 견해를 반박하였다. 이러한 諸氏의 연구를 통해 고려시대의 역의 구조와 운영에 대해서는 어느 정도 개괄적인 정리 가 이루어진 셈이다.

이후 鄭枖根97)은 고려전기 역의 인적구성과 지방 행정단위로서의 측 면을 파악하여 고려전기의 역속층을 신분적 측면에서 驛吏, 驛丁戶, 驛白 丁, 驛奴婢 등으로 구분하였다. 그 중에서 驛丁戶層은 急走나 轉運 등 역 의 실무를 담당하였던 驛役의 핵심 담당층이었으며98), 사실상 驛吏層도

---

96) 鄭枖根, 「高麗前期 驛制의 整備와 22驛道」, 『韓國史論』45, 2001. 및 『高麗.朝鮮初 의 驛路網과 驛制研究』, 서울대 博士學位論文, 2008. 참조.
97) 鄭枖根, 「高麗前期의 驛屬層과 地方 行政單位로서의 驛」, 『震檀學報』101, 2006.
98) 急走나 轉運(奴婢)가 高麗時代에 설치되었다는 사료는 아직 찾을 수 없다. 急走.轉 運奴婢는 朝鮮初期에 이르러 구체적인 驛奴婢로 出現하고 있다(拙著, 『韓國近世 驛

驛丁戶層의 上部層으로 간주되었다. 이 역속층은 지역 공동체적 기반 위에 존재하였다. 한편, 역은 영역적인 측면에서 소재하는 上位郡縣에 예속되어 있었다. 上位郡縣은 역속층에 대한 호구안 작성의 권한을 가지고 있었고, 전조나 공물의 납부, 유사시 군역의 동원 등을 통해 역속층을 통제하고 간섭할 수 있었다. 각 역은 역도를 단위로 館驛使의 관할하에 놓여 있었으며, 館驛使의 권한이나 기능 및 관할 범위는 도제 등 군현제의 행정체계와는 구별되는 독자적인 체계를 갖추고 있었다. 고려전기 개별 역에 대한 상위군현과 관역사의 이중적 통치 체제는 국초 이래의 역의 지역공동체적 성격을 온존시키면서 역의 기능을 효율적으로 작동하도록 하는 고려전기 지방 통치방식의 주요한 측면으로 이해할 수 있다고 파악하였다.

또한 鄭枎根99)은 원 간섭기 역 이용의 수요 급증과 역로망 운영에 대한 원의 개입 문제를 고찰하여 이 시기 공백상태에 놓인 역참 연구를 심화시켰다. 그는 일본원정과 원의 대도 왕래 등으로 원과의 관계가 밀접해지면서 고려의 역 이용수요는 급증하여 고려 조정의 역로망 통제력을 약화시키고 역역 담당층의 역역 이탈을 야기하는 등 역로망의 안정적인 운영에 심각한 장애를 초래하였다고 보고, 역 이용수요를 억제하는 법규를 강화하거나, 按廉使 등이 외관의 역 이용자에 대한 감시기능을 확대하기도 하였다. 또한 22역도제로 대표되는 기존의 역로망 운영에도 변화를 수반하여 관역사를 대체하는 정역별감 등이 각 역도에 파견되었다.

한편 원 간섭기 이후 역역 담당 인원의 확보 방식은 驛丁戶와 驛白丁을 중심으로 한 기존의 역역 담당층 확보방식 대신에, 역의 외부로부터 驛 인근 거주자, 征東行省 및 賊臣 소속의 人戶, 유이민 등 새로운 인원을 역역에 투입하는 방식이 적극적으로 추진되었다고 분석하였다.

制史硏究』, 國學資料院, 2005. pp. 213~221. 참조.).

99) 鄭枎根, 「元干涉期 驛 利用需要의 急增과 그 對策」『韓國史學報』32, 2008 및 「高麗驛路網 運營에 대한 元의 介入과 그 意味」, 『歷史와 現實』64, 2007.

그는 또 양계 및 5도 지역의 역의 분포를 분석하여[100] 양계 지역과 5도 지역과의 不均等性을 규명, 고려 역제의 성격을 파악하였다. 그리하여 양계 지역의 조밀한 역 분포는 契丹 및 女眞과의 군사적 필요성에 의해서였고 반면에 楊廣道나 西海道 지역은 다른 지역에 비해 유독히 밀도가 낮았다. 그러나 원 간섭기 이후 중국과의 외교관계로 말미암아 양계 방면의 역로망은 대중국 외교를 지원하는 성격으로 점차 변화하였으며 특히, 왜구의 창궐과 군현제의 개편으로 서해도를 포함한 5도의 역 분포가 균등화하게 되었다고 분석하였다.

한편, 韓禎訓[101]은 고려시대 顯宗 전후 역도의 형성 과정과 특징 및 기능을 분석하여 고려전기 역도의 발달 과정을 태조대 역도 정비의 필요성 인식 단계, 성종대 전국적인 역도망 지향 단계 그리고 현종대 22역도망의 형성 단계로 나누어 고찰하였다. 또 역도가 교통기능 뿐만 아니라 공물.조세의 운송로이면서 민간에서의 다양한 수송 활동의 통로였다고 인식하고 결국 고려의 22역도는 중앙정부~지방 뿐만 아니라 각 지역간을 연결함으로써 이후 고려사회가 발전할 수 있는 원동력을 제공하였다고 파악하였다.

또 韓禎訓[102]은 양계의 역도 및 교통운영 체계와 운송 권역을 분석하여, 양계 지역의 교통, 운수사적 특징에 대해서 1) 성종대 북방민족과의 군사적 방어체계를 지원하기 위해서 6과체제 및 大·中·小路의 구분에 따른 驛丁을 배속하고 현종 말엽에 22역도가 성립하였다는 점, 2) 양계의 역도(興化道, 雲中道, 朔方道) 명칭은 興化鎭·雲中鎭·朔方鎭 등의 군진과 같은 명칭을 사용하고 북방 변경과의 연결을 중시하는 역 분포망을 보여준다는 점, 3) 양계의 산지지형을 극복하고자 岊嶺·鐵嶺·孟州峴 등의 嶺路를 개척하였으며 양계의 원거리 군량 운송은 해운에 의존하였다는

---

100) 鄭枃根,「高麗時代 驛 分布의 地域別 不均等性」,『地域과 歷史』24, 2009.
101) 韓禎訓,「高麗前期 驛道의 形成과 機能」『韓國中世史硏究』12, 2002.
102) 韓禎訓,「高麗 前期 兩界의 交通路와 運送圈域」,『韓國史硏究』141, 2008.

점, 4) 양계의 西京, 寧州, 登州 외에 서북계의 博州 및 宣州와 元興鎭 · 鎭 溟縣 등의 교통 거점을 중심으로 연결된 교통로를 따라 운송권역의 설정 을 추정하였다.

뿐만 아니라 韓禎訓은 고려시대의 22역도와 漕倉을 중심으로 한 수륙 교통망103)을 분석하였다. 특히 그는 고려시대 조세의 운송체계를 역도와 60浦制 및 13漕倉制와 연결관계를 고찰함으로써 성종대의 6과 체제와 60 浦制를 거쳐 현종대 22역도 13漕倉制度가 성립하여 수륙 교통망에 의한 조세운송 체계가 정비되었다고 파악하여 수상 교통사 연구의 범위를 크 게 확장시켰다는 점에서 의의가 크다고 본다.

이외에 金蘭玉104)은 고려시대의 역제 및 驛人의 사회신분을 중심으로 고찰하여 驛吏는 郡縣吏에 비해 차등적인 대우를 받았으며 일반 양인보 다 신분적 상위에 있는 계층이었으나 그들의 役이 천역시될 정도로 고역 이었으므로 이른바「身良役賤」적인 존재로 파악하였다.

3. 交通路 연구 동향

고려시대 교통로에 대해서는 개경105) 및 남경106)의 도성 건설에 따른 가로 구획과 御街 등에 대한 일부 연구가 있으나107) 본격적인 도성의

---

103) 韓禎訓,『高麗時代 交通과 租稅運送體系 硏究』, 釜山大學校 大學院 博士學位論文, 2009.
104) 金蘭玉,「高麗時代 驛人의 社會身分에 관한 硏究」,『韓國學報』70, 1993.
105) 朴龍雲,『高麗時代 開京硏究』, 一志社,1996에서 開京의 宮闕 및 官衙 施設과 坊里 制 實施 그리고 御街의 配置에 대해 설명하고 있다. 그 외 韓國歷史硏究會 開京史 硏究班,『高麗의 皇都 開京』, 創作과批評社,2002 및 朴鍾進,「高麗時期 開京史 硏 究動向」,『歷史와 現實』34, 1999. 참조.
106) 崔惠淑,『高麗時代 南京硏究』, 景仁文化社, 2004. 金甲童,「高麗時代의 南京」,『서 울학연구』18, 2002.
107) 申安湜,「高麗時期 開京都城의 範圍와 利用」,『韓國中世史硏究』28, 2010에서 開

도로 유구에 대한 조사보고서나 연구는 북한에서의 발굴을 제외하면 미흡한 실정이다. 따라서 개경을 중심으로 나성과 사찰 및 왕릉 그리고 지방 읍치간의 교통로에 대한 역사지리학적, 고고학적 연구가 필요하다.

羅恪淳[108]은 고려시대 남경의 도시 시설을 설명하면서 개경 靑郊驛에서 綠楊驛(見州)까지의 靑郊道 속역의 역참로 편성과 沙平渡, 漢江渡 등의 津渡에 관한 내용을 소개하였다.

金秉仁[109]은 고려시대 稷山(成歡)의 弘慶寺, 峰城(坡州)의 惠陰寺, 湍州(長湍)의 仰岩寺, 開京의 天壽寺 · 開國寺, 泰安의 安波寺와 같은 寺院[110]의 교통 기능과 배경을 분석하여 行旅者의 편의 제공, 영빈 송객 및 관문의 역할과 명승지의 거점과 수로 교통의 편의를 제공하였다고 이해하고 그 배경을 불교의 積善報恩과 布教 및 社會福祉(貧民救濟, 疾病治療), 그리고 盜賊 폐해와 虎患 방지, 유민의 안집 외에 교역의 중심지였다고 판단하였다.

鄭枤根[111]은 경기북부 지역의 長湍渡路에 대한 분석을 통하여 삼국통일기 이래 고려 전기까지 한반도 중서부 일대 간선교통로의 위치와 그 시대적 변천 과정을 추적하고 그 변화와 지방통치 방식 사이의 관계에 대하여 살펴보았다. 그리하여 개경 이남의 한강과 임진강 유역은 삼국시대부터 치열한 격전지였으며, 한반도 서북방과 동남방을 연결하는 교통로가 구축되어 있었다고 보았다. 통일신라기에는 '漢州(廣州) – 漢陽郡(楊州) – 來蘇郡(見州) – 重城縣(積城) – 長湍縣 - 臨江縣 - 牛峰郡 - 永豊郡(平州)'

京의 山勢와 水勢에 따른 市街地 境界와 東西南北 道路 형성 배경 및 橋梁 건설을 분석하였다.
108) 羅恪淳, 「高麗時代 南京의 都市施設」, 『成大史林』12 · 13, 1997.
109) 金秉仁, 「高麗時代 寺院의 交通機能」, 『전남사학』13, 1999.
110) 고려시대 寺院에 대해서는 韓基汶, 『高麗 寺院의 構造와 機能』, 民族社, 1998. 李炳熙, 「高麗後期 寺院經濟의 硏究」, 서울대 박사학위논문, 1992. 鄭東樂, 「高麗時代 對民統治의 側面에서 본 寺院의 役割」, 『民族文化論叢』18.19, 1998. 참조.
111) 鄭枤根, 「7~11世紀 京畿道 北部地域에서의 幹線交通路 變遷과 '長湍渡路'」, 『韓國史硏究』131, 2005.

로 이어지는 교통로가 지역 간선로로서 기능을 하였다고 보았다. 그 결과 고려의 개창이후 이 교통로의 노선은 개경을 지나는 것으로 약간 수정되어 개경으로부터 남쪽 방면으로 향하는 核心幹線路로 편성되어 長湍渡路가 성립하였다고 보았다. 그러나 11세기 중반을 지나면서 長湍渡路의 중요성은 점차 감소하고 서쪽에 위치한 臨津渡路가 개경과 남방을 연결하는 제1의 간선로로 성장하였다. 이는 국초 이래로 개경이남 지역 개발이 서서히 성과를 나타내고 중심거점인 남경이 양주로부터 서쪽으로 移置되면서 나타난 현상이라고 분석하였다.

이어서 임진도로의 부상과 주변 지역의 군현제 변동사이의 상관관계를 고찰하여[112] 특정 교통로의 성장과 해당 지역에 위치한 군현들의 영속관계나 邑格의 변화가 어떠한 관련성을 지니고 있었는지를 파악하고자 11세기 중반이후 임진도로가 개경으로부터 남방으로 향하는 핵심간선로로서 위상을 굳히게 되는 과정을 살펴보고, 임진도로의 성장이 지방제도 및 역제의 운영에 어떻게 반영되고 있는지 고찰하고 있다. 임진도로가 종래의 장단도로를 제치고 개경과 남방 군현들을 잇는 핵심 간선로로 성장할 수 있었던 요인으로는 임진도로가 장단도로에 비해 거리상으로 유리했고 임진도로 일대의 본격적인 개발로 인해 인구와 물산이 풍부해진 점과 문종대 남경의 移置였다고 보았다. 그리하여 남경의 중시와 임진도로의 성장은 경기와 남경일대의 지방제도 및 역제의 정비에도 적지 않은 영향을 끼쳤다고 파악하였다.

그리고, 후삼국시기 고려의 남방진출 교통로에 관한 연구[113]를 통해 지방 유력자의 존재 및 그들의 고려 조정에의 협력 유무를 위주로 후삼국시기 지방거점의 성장과 존속을 설명하던 기존의 연구 경향을 보완하는

---

112) 鄭枓根, 「高麗 中·後期 臨津渡路의 浮上과 그 影響」, 『歷史와 現實』59, 2006.
113) 鄭枓根, 「後三國時期 高麗의 南方進出路 分析」, 『韓國文化』44, 2008.

방법론이 될 수 있다고 전제하고, 후삼국시기 고려의 남방경략 양상과 서남 방면(충청도), 동남 방면(경상도), 서남해상과 남해 방면의 교통로와 연결시켜 고찰하였다. 그리하여 고려는 경상도 방면에서의 세력확장에 있어서 竹嶺路와 尙州의 확보라는 형태로 나타나고 있었으며 雞立嶺에서 尙州로 이어지는 루트와 竹嶺으로부터 慶州로 이어지는 루트의 안정적 확보를 중요시 하였다. 또, 충청도 방면에서는 靑州 · 熊州 · 雲州 등 세 거점 고을의 확보를 위한 전투의 연속으로 이해할 수 있으며 서남해안 및 남해안 방면의 경략은 충청도 및 경상도 방면의 배후지역을 장악하여 충청도와 경상도 방면 공략을 보조하는 의미를 지녔다고 분석하였다.

한편, 韓禎訓[114]은 고려시대의 육상의 嶺路와 수상의 險路에 대한 특징과 성격을 고찰하여 1) 영로와 역도 관계를 분석하여 영로상의 險阻處인 고개(嶺,峙,峴)는 행정구역과 역도의 경계선이자 교통의 요충지였다는 점, 2) 영로 주변에는 彌勒院, 觀音院처럼 원[115]이 밀집, 분포하고 있다는 점, 3) 영로는 지세를 이용하여 岊嶺, 鐵嶺처럼 외적을 방비하는 요해처였다는 점, 4) 영로는 도적의 출몰과 약탈,호환 등으로 행인의 왕래에 많은 제약이 있었다고 분석하였다. 그리고 수로상에의 險阻處인 해남의 鳴梁項,영광의 七山梁, 소태현(泰安)의 安興梁, 옹진의 長山串,남한강의 大灘과 같은 곳은 漕渠의 굴착이나 碧波亭(珍島), 安興亭(安興梁), 慶源亭(紫燕島)과 같은 客館을 설치하여 수로 교통의 애로를 극복해 나갔다고 분석하였다.

---

114) 韓禎訓,「高麗時代 險路의 交通史的 의미」,『歷史와 談論』55, 2010.
115) 고려시기 院에 대해서는 李炳熙,「高麗時期 院의 造成과 機能」,『靑藍史學』2, 1998. 鄭枡根,『高麗.朝鮮初의 驛路網과 驛制研究』, 서울대 박사학위논문, 2008. 참조.

4. 고려시대 교통사 연구의 과제

위에서 언급한 바와 같이 고려시대 교통에 대한 연구는 도로 유구의 발굴, 우역제도에 대한 6과 체계 및 22역도 체계 형성시기와 성격, 중앙과 지방을 연결하는 교통로를 중심으로 연구되었음을 확인하였다. 그러나 고려시대 교통에 대한『고려사』,『고려사절요』등 사료의 한계, 고고학적 발굴 자료의 부족을 극복하면서 향후 규명되어야 할 과제도 많다.

1) 개경과 남경의 도성건설에 따른 가로 구획과 사찰116), 왕릉 그리고 나성을 포함한 주변 산성과의 방어를 둘러싼 교통로에 대한 연구와 도로 유구의 발굴이 지속적으로 추진되어야 한다. 예를 들면 개경과 남경 순행의 교통로상에 있었던 파주 惠陰院址의 발굴117)과 통영 安井里遺蹟의 春原驛址 발굴118)은 시사하는 바가 크다고 본다.

2) 고려시대 우역의 驛舍 건물구조나 지역공동체적 요소를 지닌 역촌의 편성과 역인들의 신역 형태에 대한 구체적 실태가 규명되어야 할 것이다.

3) 원 간섭시기 站赤의 설치는 고려의 우역제와 어떤 관계인가? 어떤 영향을 주었는가? 다시말하면, 고려 우역 기반위에 설립된 것인가 아니면 원의 참적제도에 기반하여 站戶와 같은 인적, 물적 조직이 어떻게 구축되었는가에 대한 문제이다. 그리고 개경과 원의 大都와의 왕래 교통로 및 사신 왕래에 따른 역참의 접대, 숙박편의는 어떻게 제공되었을까? 하는 과제가 규명되어야 할 것이다.

4) 鄭枃根의 원간섭기 연구가 원 대도와 개경간 교통로의 신설, 耽羅~鴨綠江口 水驛 설치 등 역참 운영 연구의 범위를 확장해 왔다는 점에서 높

---

116) 朴鍾進,「高麗時期 開京 절의 位置와 機能」,『歷史와 現實』38, 2000. 이기운,「高麗 開京 寺刹 設立意義와 信行」,『국제고려학회 서울지회논문집』8, 2006.

117) 檀國大學校,『坡州惠陰院址 發掘調査 中間報告書』, 檀國大 出版部, 2003.

118) 慶南考古學研究所, 앞의 책, 2002.

이 평가할 수 있으나, 운수 종사자나 운송 수단 및 교통조직 기구 등 대한 상세한 연구 과제가 추후 진행되어야 할 것이다.

IV. 조선시대 교통사 연구 동향과 과제

1. 道路遺構 발굴과 연구 현황

14세기말 개경에서 한양으로 천도한 조선은 새로운 도성 건설과 함께 도로를 정비하였다. 1393년(太祖2) 도성의 공사를 시작하여 종묘, 사직, 궁궐 및 시장터와 도로의 터를 정하게 하였다. 또 1405년(太宗 5)~1410년(太宗14)에 걸쳐 昌德宮 건립, 惠政橋~昌德宮 방면, 鐘樓~南大門, 崇禮門 방면의 시전 행랑의 완공으로 시가지가 형성되었다. 1414년(태종14) 10월에 도로의 거리에 따라 堠子를 설치하고 10리마다 小堠, 30리마다 大堠를 설치하여 이정표 제도가 확립되었다. 또, 1426년(世宗8)에 도성의 도로폭은 大路는 7軌, 中路는 2軌, 小路는 1軌로 결정되었으나 성종대의 『경국대전』에서는 대로 넓이 56尺, 중로 16尺, 소로는 11尺으로 하고 도로 양측의 水溝는 각 2尺으로 확정하였다.119)

한편, 지방 도로망은 중앙과 지방의 치소, 군현간 또는 감영 · 병영 및 수영 외에 진보 등과의 상호연락과 사행 및 온행 그리고 물자수송을 위해 도로가 발달되었다. 중요 도로망은 9大路(『增補文獻備考』), 10大路(『大東地志』), 6大路(『道路攷』) 등으로 구분하여 이용되었다. 그러나 이상과 같은 조선시대의 도로 구조가 어떤가에 대한 고고학적 조사 연구는 매우 미진한 편이다.

---

119)『經國大典』권6, 工典 橋路條.

조선시대 도로 유구에 대해서는 朴相銀[120]의 연구에 일부 소개되고 있을 뿐이다. 이에 따르면 지방도로의 경우 2004~2009년 사이 대구 鳳舞洞遺蹟[121], 밀양 佳仁里遺蹟[122] 울산 屈火里遺蹟[123] 청도 陽院里遺蹟[124] 함안 鳳城里遺蹟[125] 등이 발굴되었다. 이들 유적의 특징은 대구 봉무동유적의 경우 기반층은 20~40㎝ 굴착하고 노면은 할석과 천석을 깔고 그 위에 회황색 모래를 깔아 조성하였으며 유구의 가장자리와 중앙부에 밀집된 형태의 柱列이 있다. 청도 양원리유적은 기반층인 사질점토층을 굴착하여 축조하고 하층 바닥에 잔자갈을 깔아 노면을 조성하고 그 위에 할석을 깔아 노면으로 사용하였다. 또 2차 노면 상부에는 황갈색 사질점토가 10㎝ 정도 퇴적되어 있고 그 상부에 15㎝ 이상의 할석을 이용하여 노면을 조성하였다. 청도와 밀양 유적에서는 수레바퀴 자국과 측구시설이 확인되었다.

한편, 서울 도성의 도로 유구는 2008년 한강문화재연구원[126]에서 세종로 광화문광장 조성사업 부지내 발굴조사 결과, 1차 조사지역의 지하 토층에서 조선초기의 6曹거리 유구와 분청사기, 백자, 청화백자 및 기와 등의 유물이 출토되었다. 또, 이듬해 2차 조사지역에서는 조선시대 중앙도로였던 6曹거리를 층위별로 발굴한 결과,[127] 1차 도로면부터 5차 도로면의 유구와 白磁底部片, 蓋瓦片, 粉青沙器片 등 다양한 유물이 출토되었다.

---

120) 朴相銀 外,「道路遺構에 대한 分析과 調査方法」,『野外考古學』7, 2009. pp. 105~106. 참조.
121) 嶺南文化財研究院,『大邱鳳舞洞 發掘報告書』,2006.
122) 密陽大學校博物館. 慶南考古學研究所,『佳仁里遺蹟 發掘調査報告書』, 2004.
123) 蔚山文化財研究院,『蔚山屈火里 생기들 遺蹟 發掘報告書』, 2008.
124) 嶺南文化財研究院,『淸道 서상-陽院間道路擴張 區間內 遺蹟發掘報告書』, 2009.
125) 慶南發展研究院 歷史文化센터,『咸安 鳳城里遺蹟』, 2005.
126) 漢江文化財研究院,「서울 光化門廣場 造成事業敷地內 文化財精密 發掘調査 指導委員會 會議資料」, 2008. 10. 15.
127) 漢江文化財研究院,「서울 光化門廣場內 世宗大王銅像建立敷地 文化財發掘調査 指導委員會 資料」, 2009. 6. 5.

이에 따르면 육조가로는 하천의 영향을 받은 자연퇴적층을 보강한 후 조
성하였으며, 노면은 초기에는 자연퇴적층 위에 粒子가 고운 회색점질토
와 동물 뼈, 자기편 등을 섞어 다진 후에 사질토를 깔고 암회색 사질점토
로 축조하였으며, 중기에는 회색 점질토와 갈색 사질토를 번갈아 지정하
여 조성하였고, 후기에는 초기와 유사하나 각층을 두껍게 조성하였음을
확인하였다. 이외에 부산 智士洞 遺蹟[128]이 있다.

2. 驛站制度의 연구 동향

조선시대의 역참은 津渡 및 漕運과 함께 중추적인 교통기관이다. 조선
의 역제는 고려의 제도를 개편하면서 41역도−543속역의 전국적인 역로
조직을 확립하였으며 조선후기까지 대부분 그대로 존속되었다. 임진왜란
이후 군사정보를 전달하는 擺撥制度[129] 가 등장함으로써 역참은 파발과
보완관계를 유지하면서 조선왕조 국가체제를 공고히 하는 기반이 되었
다. 조선시대의 역참에 대한 연구를 분야별로 나누어 서술하고자 한다.

첫 번째, 제도사 측면에서 許善道[130]는 조선의 역제의 형성과 성격, 그
리고 察訪制 성립에 대해 간략히 서술하고, 조선 역제의 성격에 관해 근대
적 의미의 민간통신의 기능보다는 전근대적인 중앙집권적 관료국가에서
지방통치를 원활하게 하고 외적의 침구에 대한 방비를 강화하는 기능을
가진 것으로 파악하였다. 군사통신의 입장에서 南都泳[131]은 봉수와 더불
어 파발제에 대해 고찰, 파발의 등장을 임란 이후 마비된 봉수의 기능을

---

128) 慶南發展硏究院 歷史文化센터, 『釜山新港背後鐵道區間(粉節古墳群) 試掘調査報
    告書』, 昌原, 2007.
129) 南都泳, 「朝鮮時代 軍事通信組織의 發達」, 『韓國史論』 9, 國史編纂委員會, 1981.
130) 許善道, 『韓國軍制史−近世朝鮮前期篇−』, 陸軍本部, 1968.
131) 南都泳, 「朝鮮時代 軍事通信組織의 發達」, 『韓國史論』 9, 1981.

대신하여 변경의 急報나 軍命을 전달하는 수단으로서 파발이 성립되었다고 규명하였다. 金昌洙[132)는 역참은 육로에 의한 운송수단이 발달하지 못하였기 때문에 사회경제상의 산업도로서의 기능보다는 군사행정의 기능을 지닌 것으로 보고 운수 수단으로서는 오히려 漕運이 더 중시되었음을 밝힌 바 있다. 최근에 鄭枾根[133)은 역로망을 중심으로 고려의 역제와 조선의 역제간의 연속성과 차별성을 분석하고 군사적 기능에서 대외교류적 기능변화와 교통로의 재편을 분석하였다. 특히, 驛役에 새로이 투입되는 일반 양인,노비계층의 증대로 驛役 담당층 내부에서의 신분 분화 및 갈등을 주목하였다.

두 번째, 역사지리학적 측면[134)에서는 주로 역의 분포와 지역과의 관계, 역참 취락의 입지론, 고도로 대한 입지,경관과 기능 등을 분석하였다. 특히 崔永俊[135)의 연구는 고도로에 대한 역사지리학적 접근방법을 사용하여 영남대로를 중심으로 지리적 배경, 도로와 교통양식, 도로의 경관과 기능 및 역촌취락 등을 고찰하여 도로교통사 연구의 방향타 역할을 하였다.

세 번째, 사회신분사적 측면의 연구는 조선시대 신분사 연구의 고조에 따라 역민의 신분 형성과 지위에 대한 관심에서 비롯되었다. 먼저 驛吏의 신분이 중인이냐 양인이냐 하는 문제로 집중되었는데 李成茂[136)는 여말

132) 金昌洙,「交通과 運輸」,『韓國史』10, 國史編纂委員會, 1981.
133) 鄭枾根,『高麗.朝鮮初의 驛路網과 驛制 研究』, 서울대 大學院 國史學科 博士學位 論文,2008.
134) 李聖學,「韓國歷史地理研究−陸上交通 (主로 驛站制를 중심으로)에 관한 고찰−」, 『慶北大學論文集』12, 1968.
    崔永俊,「朝鮮時代의 嶺南路研究 −서울~尙州의 경우−」,『地理學』11, 1975.
    洪慶姬 · 朴泰和,「大東輿地圖에 나타난 驛站의 分布와 立地」,『教育研究誌』23, 1981.
    李厚錫,「新葛地域의 新興聚落에 關한 研究」, 東國大 碩士學位 論文, 1981.
    鄭璋鎬,「韓國의 交通發達」,『地理學會報』3, 1971.
135) 崔永俊,『嶺南大路 −韓國古道路의 歷史地理的研究−』, 高麗大 民族文化研究所, 1990.
136) 李成茂,「朝鮮前期의 身分制度」,『東亞文化』13, 1976, 179~183쪽 및「朝鮮前期

선초 양반지배층의 양분화 과정에서 도태된 鄕吏·土官·庶孽·胥吏·
將校·驛吏 등을 중인층이라고 보았고, 반대로 劉承源[137]은 良賤制說에
입각하여 역리를 양인이라고 보았고, 게다가 세습적인 賤役者로 분류하
여 고역의 세전으로 말미암아 역리를 有役雜類로서 현실적인 身良役賤
계층으로도 분류하였다. 그리하여 그는 양천제하에서 역리의 신분적 지
위를 양인으로서 '身良役賤' 계층이라고 인식하였다.[138]

그러나 역리의 신분적 지위를 이해하는 데는 당시의 사회변동을 종합
적으로 이해해야만 한다. 왜냐하면 여말선초 사대부의 계층 분화로 인하
여 不服한 武班 사대부 세력을 驛吏로 정속하거나 作罪人이 벌을 받아 定
役되는 사례가 많으며,[139] 또한 16~7세기 사회신분 변동으로 공노비가
역리로 되는가 하면 반대로 역리가 세가의 노비로 전락함으로써 역리·
졸의 混淆 현상이 나타나고 있기 때문이다. 또한 혼인율에 따라 출생 신
분 귀속이 바뀌고 軍功이나 赴擧 등으로 상승이 되는 경우도 허다하기
때문이다.[140]

이에 필자는 역리의 형성과 신분 및 立役을 중심으로 고찰하고 양인 신
분임을 지적한 바 있으며 입역 형태의 분화로 입역하는 역리와 납공하는
역리로 존재하여 立役驛吏는 '衙前'으로서의 역할을 하고 있다고 파악한
바 있다.[141] 역리외에 역정을 감독하는 역승과 찰방[142]과 잡역에 종사하

中人層의 成立問題」, 『제7회 東洋學術會議講演抄』, 1978, 27~28쪽.
137) 劉承源, 「朝鮮初期의 驛吏의 身分的 地位」, 『朝鮮初期身分制硏究』, 乙酉文化社, 1987.
138) 劉承源, 「朝鮮初期의 身良役賤－稱干稱尺을 中心으로」, 『韓國史論』1, 1973.
139) 졸고, 「朝鮮初期의 驛吏에 對한 一考」, 『素軒南都泳博士華甲紀念 史學論叢』, 1984.
140) 졸고, 「朝鮮後期의 驛誌分析(1)－關西驛誌를 中心으로」, 『東國史學』18, 1984.
141) 졸고, 「朝鮮後期 驛民의 編成과 立役形態－嶺南驛誌事例를 中心으로」, 『龍巖車文
      燮博士華甲紀念 朝鮮時代史硏究』, 1989.
142) 楊萬雨, 「驛丞考」, 『全州敎大論文集』1, 1966. 朴洪甲, 「朝鮮前期 察訪」, 『史學硏
      究』40, 1989. 任先彬, 「朝鮮初期 外官制度 硏究」, 韓國精神文化硏究院 博士學位
      論文, 1997. 拙文, 「朝鮮後期 察訪의 交遞實態와 察訪解由文書에 대한 一考－自如
      道 및 幽谷道를 중심으로－」, 『歷史와 敎育』10, 2010.

는 역노비143)의 형성과 신분 및 입역에 대해서도 많은 연구가 축적되었다.

이와 같은 역민의 신분에 대해서는 驛村의 분석을 통해서도 많은 연구가 진척되었다. 崔虎144)는 역촌의 인적 구성에 대하여 최초로 모델을 제시해준 점은 평가할 수 있으나, 역촌의 성격에 대하여 역역을 부담하고 있는 역인층의 동질적인 동족부락라고 규정하고 있다. 그러나 다양한 비역인층 및 新戶의 증가에 의한 촌락의 인적 구성이 점차 다양화되고 있다는 경우를 고려하면 역촌의 구성과 성격 규정에 대한 재해석과 역리의 입역 분화, 출생에 의한 신분귀속 변화 등 신분 세습성의 약화에 대한 실증적인 연구가 부족하다고 본다.

韓基範145)은 개념과 논리에 있어서 '驛戶驛屬人'의 용어문제, 역리와 역졸이 동일 신분층으로부터 평행이동이 가능한 직역이 아니라는 점, 그리고 역리와 역졸을 동일한 신량역천으로 단정하는 등 애매하게 인식하고 있다는 점을 지적할 수 있다.

裵基憲146)은 역촌의 사회적, 인적 구성에 대해서 驛吏·館軍·驛女·驛日守·驛奴婢·書員 등의 연대기적 자료에 의한 분석에 그칠 뿐 구체적 호적대장에 대한 분석 결과가 제시되지 못한 한계를 드러내고 있다.

한편, 호적대장을 중심으로 역민의 신분 연구는 竹腰禮子의 연구147)가 주목된다. 그는 일본의 개인(蓬萊公平)이 소장하고 있는 金泉道·松羅道의 形止案을 중심으로, 역민의 男女別, 年齡別, 職役別 및 婚姻關係 등 신분 변동에 대하여 역민호구대장을 최초로 분석하였다. 그러나 역민의 신

---

143) 拙著,『韓國近世驛制史硏究』, 國學資料院, 2005.
144) 崔虎,「朝鮮後期 驛村에 대한 一考察-丹城縣 戶籍臺帳을 중심으로」,『中央史論』4, 1985.
145) 韓基範,「17世紀驛屬人의 身分的 地位 - 丹城戶籍分析을 중심으로」,『大田實專·中京工專論文集』13, 1984.
146) 裵基憲,「朝鮮後期 驛村에 대하여」,『大邱史學』43, 1992.
147) 竹腰禮子,「朝鮮後期驛民の身分變動について-金泉道·松羅道形止案の分析を中心に-」,『待兼山論叢(史學篇)』25, 大阪大學, 1991.

분 상승과 관련하여 納粟, 軍功, 赴擧, 逃亡, 婚姻關係에 관한 편년 기록과 형지안의 심층적 분석이 요구되며, 金泉道와 松羅道의 성격, 역노비의 감소문제에 대한 인식은 오류를 범할 가능성이 높다고 본다. 그의 연구는 역민 개개인의 구체적인 직역 변동에 의한 신분변동을 분석하지 않고 오히려 편년 기록에 의한 추이만을 고찰한 것에 그치고 있어 한계가 있다고 말하지 않을 수 없다.[148] 이후 필자는 김천도[149]와 송라도[150]의 형지안 분석을 통해 역민의 구성과 신분변화를 고찰하였다.

끝으로 井上和枝[151]의 연구는 學習院大學 소장의 晋州戶籍大帳의 召村驛을 분석한 것으로 역촌 연구에 많은 시사점을 던져주고 있음에도 불구하고 驛舍와 人吏廳 문제, 召村里 戶口 변화의 추세를 자연적 추이보다 官側 또는 民間側의 의도적 편성 결과라고 하는데 이는 召村里 역리의 强固性과 持續性과 어떤 관계가 있는지 그리고 驛吏, 驛奴婢의 혼인에 따른 신분 귀속과 어떻게 연계되어 있는지에 대해서 보다 세밀한 분석이 요구된다.

최근에 禹仁秀[152]는 경상도지방의 『自如道形止案』[153]을 분석하여 자여도 역인의 구성과 특징을 분석하여 驛吏 · 日守 · 驛奴 · 驛婢 · 保人의 구성 및 역리의 姓貫 · 居住地 · 年齡別 分布를 고찰하여 역호구대장을 통

---

148) 이에 대한 상세한 論考는 졸고, 「朝鮮後期 『金泉道形止案』을 통해 본 驛民의 構成과 職役變化」, 『慶州史學』 22. 2003. 참조.

149) 졸고, 「조선후기 『金泉道形止案』을 통해 본 역민의 구성과 직역 변화」, 『경주사학』 22, 2003.

150) 졸고, 「조선후기 松羅道 驛民의 가족구성과 혼인에 의한 신분변동 연구」, 『역사와 교육』 20, 2015.

151) 井上和枝, 「19세기 戶籍大帳에서 보는 驛村 사람들의 存在樣態－晋州 召村里를 中心으로－」, 『大東文化研究』 42, 2003.

152) 禹仁秀, 「19世紀初 自如道 驛人의 構成과 그 實態－自如道形止案의 分析을 中心으로－」, 『歷史學報』 201, 2009.

153) 『自如道形止案』은 禹仁秀의 조사에 따르면 현재 京都大學 附屬圖書館에 所藏된 것으로 1804년(純祖4)에 作成되었다고 한다. 屬表紙名은 '嘉慶九年 月日 自如道甲子式形止案'으로 되어 있다.

한 역촌의 인적 구성과 신분 변동을 연구하는데 많은 시사를 주었다.

네 번째, 역의 경제적 기반과 재정에 대한 연구는 金玉根[154]이 주로 조선후기 驛田의 지목인 馬田·副長田·急走田 및 田結給復에 대해 간략히 언급하고 마위전의 경영에 대해서 고찰하였으며, 필자는 조선전기 역전의 분급과 경영 관계에 대해 고찰한 결과[155] 역전은 公須田·馬位田·有役人田(人位田)·衙祿田·官屯田 등으로 구성되었다고 보고, 공수전은 역의 공공재원을 확보하기 위해 지급된 廩給田으로서 各自收稅地로서의 민전의 성격을 띤 토지이며 軍資田이나 革去寺社田 또는 民田의 절급을 통하여 확보되었다고 보았다. 또, 마위전은 역마 사육자인 역리·관군·조역인 등에게 지급된 것으로 平民田·軍資田·科田을 분급하였으며, 경영 형태는 自耕無稅地로서 自耕에 의한 경작이 원칙이었지만 借耕 즉, 소작제 경영이 병행되기도 하였다고 분석하였다. 그리고 有役人田은 역역 부담의 반대급부로서 驛吏·館軍·驛奴婢 등에게 口分田·所耕田의 형태로 분급되었다고 파악하였다.

반면에 李景植[156]은 토지분급제와의 관련에서 역전의 지급과 경영원칙을 검토하고 역전에서의 역리와 농민 사이의 대립과 人位田의 各自收稅化의 의미, 마위전에서 병작경영 추세를 농민의 사적 소유권의 성장속에서 인식하였다. 한편, 李章雨는 아록전·공수전[157] 및 역전[158]의 연구에서 선초에 전제개혁론자들의 통치체제 확립에 따른 역전의 정비 과정을 분석하여 아록전과 공수전이 民田 위에 설정된 지방관청의 수세지였다고 전제하고 역공수전 역시 민전 위에 설정된 수세지라 하였다. 뿐만

---

154) 金玉根,「朝鮮時代 驛田論考」,『經濟史學』4, 1980.
155) 拙稿,「朝鮮前期 驛吏에 대한 一考」,『素軒南都泳博士華甲紀念 史學論叢』, 1984.
156) 李景植,「朝鮮前期의 驛田의 經營變動」,『邊太燮博士華甲紀念史學論叢』, 1986.
157) 李章雨,「朝鮮初期의 衙祿田과 公須田」,『李基白古稀紀念韓國史學論叢(下)』, 一潮閣, 1994.
158) 李章雨,「朝鮮初期의 驛田」,『歷史學報』142, 1994;『朝鮮初期 田稅制度와 國家財政』, 一潮閣, 1998.

아니라 驛吏位田·轉運奴婢·急走奴婢·館夫 등에게 절급해 준 구분전[159)]
과 마위전도 역시 민전 위에 설정된 수세지로 파악하였다. 그리고 역전의
소유·경작관계에 대해서 公須田·驛吏位田·轉運·急走奴婢·館夫의
□分田과 馬位田은 원칙적으로 역에 소속한 有役人들의 所耕田 위에 설정
된 수세지였다고 결론지었다.

그러나 이러한 초기의 역전이 원칙적으로는 역 소속 유역인들의 소경
전 위에 설정된 수세지였지만 경국대전 편찬과정에서 역공수전과 여러
유역인들에게 절급된 전지는 민전위에 설정된 各自收稅田으로, 마위전은
自耕無稅의 公田으로 전환되었다고 파악하였다. 앞으로 역전의 문제는
지급대상이 역리 등을 포함한 역민 개개인에게 지급한 것이냐 아니면 驛
戶 단위로 절급되었느냐 하는 것과 收租者와 耕作者 및 納稅者의 상호관
계를 파악하기 위해 구체적인 量案 분석이 필요하다고 본다.

3. 交通路 연구 동향

조선시대 도로에 대한 인식과 개선 방안, 그리고 중앙과 지방의 교통로
및 읍치공간에서의 교통문제를 중심으로 고찰하겠다. 먼저 도로에 대한
인식과 개혁론에 대해서 鄭演植[160)]은 조선시대의 도로의 일반적 조건, 즉
노폭, 노면의 포장 상태 등과 아울러 도로의 연장선상에 있는 교량을 다

---

159) 이에 비해 有井智德은「李朝初期における公的土地所有としての公田」(『朝鮮學報』
 74, 1975)에서 轉運奴婢의 □分田만 自耕하는 公田이나 民田으로 남게 되고 急
 走奴婢의 □分田만 各自收稅田으로 載錄되었다고 파악하였다. 반면에 洪英基는
 『朝鮮初期 □分田에 대한 一考察』, 『高麗末·朝鮮初 土地制度史의 諸問題』, (西江
 大學校出版部,1987) 에서 有井智德의 見解를 비판하여 □分田은 國有地 위에 설
 정된 토지로 轉運·急走奴婢 館夫에게 단지 耕作權만 주어졌다고 주장하였다.
160) 鄭演植,「朝鮮時代의 道路에 관하여」, 『韓國史論』41.42, 1999. 「朝鮮朝의 탈것에
 대한 規制」, 『歷史와 現實』27, 1998.

루면서 조선시대 도로의 낙후된 상황에 대해 알아보고 그 원인에 대해 살피고 있다. 조선시대의 대규모 운송은 바다를 통해 이루어지고 있었기에 도로사정은 열악했다고 보고, 이러한 열악한 도로 사정은 상업 발달을 늦추고 상업 발달이 늦춰짐으로써 도로의 발달도 늦어질 수밖에 없었다고 분석하였다. 崔完基[161]는 실학자들의 개혁안을 중심으로 조선시대 도로 정책의 개황과 그 문제점을 검토, 도로 정책은 집권체제 수립을 위한 하나의 방편으로 역참 구축으로 집약되었으며, 시대의 변화에 따라 정치, 군사적 기능 이외에도 경제, 문화적인 기능으로 바뀌어 갔다고 보았다.

임란이후에는 역로의 수송로화, 사신의 왕래에 따른 진상품의 수송과 문화의 교류 현상을 이해하였다. 그러나 도로의 상태는 수레의 이용이 곤란하게 되어 육로 운송을 발달시키지 못하였다고 파악하였다. 실학자들의 주요 관심은 도로의 기능을 民의 이용성과 편의성에 개혁의 방향을 두었다고 보았다.

필자는 실학자 柳馨遠의 驛制改革論[162]에 주목하여 역의 이설과 역도 재편, 역호의 확보, 역마이용의 개선, 화폐유통을 위한 站店 · 鋪子의 설치 그리고 도로 수치와 수레(車) 이용을 중심으로 분석하였다. 특히 도성과 지방의 도로폭을 大 · 中 · 小路로 나누어 규격화하고 大車 · 田車 및 兵車를 제작, 보급하여 군사, 교통상의 이점을 강조하였음을 파악하였다. 류명환[163]은 申景濬의 『道路考』에 수록된 「6大路」를 분석하고, 그 중 동래 제4로의 상세한 분석을 통해 「6대로」의 특성을 밝히고 있다. 「6대로」「9대로」 「10대로」로 구분된 대로의 기능과 어떤 원칙으로 노선을 정하였는지 밝히면서 『도로고』에 담긴 신경준의 지리사상을 분석하였다.

---

161) 崔完基,「朝鮮王朝의 道路政策과 實學者의 道路觀」,『典農史論』1, 1995.
162) 趙炳魯,「磻溪 柳馨遠의 驛制 改革論」,『朝鮮時代史學報』, 3. 1997.
163) 류명환,「旅菴 申景濬의 『道路攷』 硏究 -「六大路」를 中心으로 -」, 釜山大學校 敎育大學院 碩士學位論文, 2005.

高丞嬉[164)는 조선후기 평안도의 남북간 직로를 중심으로 도로 방어시설의 정비와 관리 실태를 고찰하였다. 정묘호란과 병자호란 이후의 변화된 관방도로 정책의 방향을 개괄한 후 평안도 지방의 도로를 內陸直路, 江界直路, 義州大路로 나누어 각 도로의 정비 과정과 운영 실태를 정리하였다. 이를 통해 18세기 말부터 군사적 목적하에 관리되던 평안도지역 도로가 군사적 목적보다는 잠상을 단속하는 것으로 바뀌었으며 지역주민의 생활 편의를 위해 규제를 완화하는 등의 변화를 보였다고 분석하였다.

한편, 교통로에 대해서 李惠恩[165)은 조선시대 교통로 중 가장 중요한 것의 하나인 義州路에 대한 변천과 운영 및 기능을 살펴보고 타 도로와의 차이점을 고찰하였다. 의주로는 중국으로 통하는 중요한 도로이며 교통통신의 기능을 지녔으며 지방통치, 중국과의 관계 그리고 국방상의 문제 등으로 경제적 기능보다는 정치, 군사적인 기능이 더 강하였다. 그리하여 의주로에서는 행정중심지가 곧, 交通의 요지가 되었다고 파악하였다. 또 조선초기의 교통망과 교통수단[166) 을 분석하고 조선초기의 교통망은 조운보다는 육상 교통을 중심으로 이루어졌으며 도보에 의한 이동이 가장 보편적이었으며, 교통 수단은 동물에 의한 이동 보다는 인간의 힘을 이용한 이동이 일반적이었다고 서술하고 있다.

劉善浩[167)는 조선 초기 역제를 우선 한양 천도와 영토 확대에 따른 역로의 재편성과 그 특징, 그리고 정부에서 역제의 효율적 운영을 위해 시도한 역도-속역의 구분과 관리, 이어서 直路의 실체에 대해 고찰하였다. 元永煥[168)은 조선에서 중요시한 서북로와 동북로를 중심으로 교통로와

---

164) 高丞嬉, 「朝鮮後期 平安道地域 道路 防禦體系의 整備」, 『韓國文化』34, 2004.
165) 李惠恩, 「朝鮮時代의 交通路에 대한 歷史地理的 研究 - 漢城~ 義州間을 事例로-」, 梨花女大 地理學科 博士學位論文, 1976.
166) 李惠恩, 「朝鮮初期 交通網과 交通手段에 관한 研究」, 『國史館論叢』80, 1998.
167) 劉善浩, 「朝鮮初期의 驛路와 直路」, 『歷史敎育』70, 1990.
168) 元永煥, 「朝鮮時代 交通路와 驛·院制의 考察」, 『鄕土史研究』7, 1995.

驛・院을 고찰한 결과 서북로는 중국과 조선의 사신들이 왕래하는 교통로로서, 동북로는 군사로 및 여진인들의 진상로, 무역로로서 중요시되었다고 보았다.

林承奎169)는 영남대로의 일부인 槐山—延豊일대 교통로의 형성 과정과 교통취락 경관의 복원, 그리고 이들 교통로와 교통취락의 변천 과정을 고찰, 槐山—延豊路가 조선초에 성립하여 聞慶—陰竹間의 捷路로 발전하였음을 확인하였다. 또한 괴산—연풍로가 지방통제의 성격에서 점차 상업기능이 강화되어 정치・상업기능으로 변모하였음을 보여주는 사례로서 의미가 크다고 하였다. 이외에도 교통로 연구는 사행무역과 사행로170), 도성에서의 국왕의 거동과 행행171), 지방 온행 및 능행, 강무에 따른 온행로172), 능행로173) 등의 연구도 축적되었다.

鄭技範174)은 영남대로 중 陰城地域 교통로의 정치・사회・지리적 조건과 도로의 이용 형태, 관방시설과의 관계, 간선도로와 지선도로, 소도로의 발달 과정, 驛과 院, 店과 酒幕 등의 형성 과정을 살펴보고 노변취락이 지방교통로의 요지와 행정・경제・문화의 중심지로 발달해가는 과정을 규명하였다.

金鍾赫175)는 『東國文獻備考』의 기록을 통해 1770년경의 한강 유역 장

169) 林承奎,「朝鮮後期 '槐山—延豊路'의 成立과 交通聚落의 景觀變化」, 公州大學校 教育大學院 碩士學位論文, 1991.
170) 백옥경,「朝鮮前期의 使行 密貿易 研究—赴京使行을 中心으로—」,『歷史文化研究』 25, 2006.
171) 김지영,「朝鮮後期 國王 行次와 거둥길」,『서울학연구』30, 서울학연구소, 2008.
172) 李旺茂,「朝鮮時代 國王의 溫幸 研究」,『國史館論叢』, 108, 2006.「조선후기 國王의 扈衛와 行幸」,『藏書閣』7, 2002.「朝鮮後期 純祖의 擧動과 行幸에 대한 연구」, 『淸溪史學』18, 2003.
173) 졸고,「朝鮮後期 顯隆園 園幸과 驛站」,『水原學研究』21, 水原學研究所, 2005.
174) 鄭技範,「朝鮮後期 忠北 東北部의 道路와 聚落—陰城地域을 中心으로—」, 淸州大學校大學院 碩士學位論文, 2002.
175) 金鍾赫,「『東國文獻備考』(1770)에 나타난 漢江流域의 場市網과 交通網」,『經濟史

시망이 교통로와 어떠한 연관성이 있는가를 파악하였으며, 金井昊[176]는 옛길을 통치수단으로서가 아니라 지역사회에 끼친 교역의 기반으로서 호남대로와 영남대로를 답사하여 영남대로는 倭 貿易路, 호남대로는 進貢馬路로서의 성격을 갖는다고 주장하였다.

나연숙[177]은 『增補文獻備考』와 李奎遠이 쓴 『鬱陵島檢察日記』[178]에 나타난 기록을 『新增東國輿地勝覽』, 『道路考』, 『大東地志』 등의 고문헌과 비교, 平海路를 고찰하여 삼척포 등 평해의 진보에 수군 보급로와 같은 군사적인 역할도 있었다는 점, 조선후기 소몰이꾼이나 보부상의 이동에도 중요한 길이었다는 점 등을 확인하였다.

그리고 도성 및 읍성의 공간 구조와 교통로에 대해서 金東旭[179]은 경복궁이 창건이후 광화문과 6조대로를 연구, 정치와 행정의 중심지만이 아니라 왕실의 행사나 왕의 행렬을 관람할 수 있는 열린 공간이었다고 하였으며 權寧祥[180]은 한성부의 도시공간에 대하여 주요 시설과 도로 체계를 분석하였다.

지방 읍성의 교통로에 대해서 轟博志[181]는 경상도의 71개 읍치를 사례로 하여 전근대 육상 교통로와 읍치가 어떠한 형태로 연결되었고, 시대적 배경이 무엇인가를 살펴보고 읍치에서는 간선도로가 필수적인 구성요소

學』30, 2001.
176) 金井昊, 「漢陽 가던 옛길 踏查 小考－湖南大路와 嶺南大路를 中心으로－」, 『鄕土史研究』7, 1995.
177) 나연숙, 「朝鮮時代 平海路 硏究－『鬱陵島檢察日記』에 나타나는 記錄을 中心으로－」, 東國大學校 敎育大學院 碩士學位論文, 2007.
178) 『鬱陵島檢察日記』는 李奎遠(1833~1901)이 1881년(고종18)에 鬱陵島 檢察使로 任命되어 平海路를 따라 울릉도에 도착하여 日本人들의 不法伐木 事實를 記錄한 日記.
179) 金東旭, 「朝鮮初期 景福宮의 空間構成과 6曹大路－光化門 앞의 行事와 그 意味－」, 『建築歷史研究』17-4, 2008.
180) 權寧祥, 『朝鮮後期 漢城府 都市空間의 構造－主要施設과 道路體系를 중심으로－」, 서울대학교 大學院 博士學位論文, 2003.
181) 轟博志, 「朝鮮時代 邑治와 官道의 連結 類型에 따른 交通路의 象徵性」, 『韓國歷史地理學會誌』11-3, 2005.

가 아니었고 오히려 지방도시에서 중앙권력의 상징은 客舍라는 점에 주목하여 도로는 객사를 중심으로 한 상징축에 종속되었다고 파악하였다. 韓再洙[182]는 寧越郡의 역사문화적 균형 발전과 역사경관 보존과 관련하여 영월군의 원형과 정체성을 확인하고자 읍치인 府內面이 객사와 중앙시장 사이 동서축 도로를 중심으로 남북으로 이원화되었으며, 두 개의 교통 節點을 동서로 지니고 있었음을 확인하였고, 楊普景[183]은 경상도 永川邑城을 역사지리학적 방법으로 분석, 영천읍성의 중심시설인 객사나 동헌은 십자형 도로의 교차지점에 위치하며, 성내지역을 大邱指路와 京畿指路~延日指路의 동서도로를 중심으로 上部와 下部로 나뉘어졌으나 일제 강점기를 거치면서 전통적인 도시구조가 파괴되었음을 밝혔다.

전종환[184]은 충청도 內浦地域의 읍치 경관과 구성상의 특성, 그리고 그것의 근대적 변형 과정을 고찰, 조선시대 읍치 공간은 중앙 권력의 거점이자 촌락 거주 사족에게는 하급 관료의 근거지로서 멸시의 공간이었다. 내포의 읍치는 4개의 성문을 가지면서 배후의 객사군과 전면의 아사군으로 이루어지고 있는데, 이는 방위와 길흉의 연관성에 대한 전통적 관념이나 권력의 자연화 전략을 반영하는 것이었다고 보았다. 이외에 우승완·남호현[185]은 조선후기 光陽邑城의 훼철에 수반되어 나타나는 물리적, 공간적 변화를 고찰한 결과 광양 읍성은 지형적 약점을 극복하기 위해 숲(林藪)을 조성하였고, 다른 소규모의 읍성과 같이 북문이 없으며, 'T형 도로망'을 갖추고 있음을 확인하였다.

---

182) 韓再洙, 「古地圖를 통해 본 조선후기 寧越都護府 都市空間 構造 硏究」, 『大韓建築學會聯合論文集』, 13-3, 2011.
183) 楊普景·민경이, 「慶尙北道 永川邑城의 空間構造와 그 變化」, 『文化歷史地理』16-3, 2004.
184) 전종환, 「內浦地域 邑城 원형과 邑治景觀의 近代的 變形－邑城聚落의 社會空間的 再編과 近代化」, 『大韓地理學會誌』39-3, 2004.
185) 우승완·남호현 「光陽邑城의 空間 構造에 관한 硏究」, 『湖南文化硏究』46, 2009.

4. 운송 수단 및 津渡 연구 동향

기타 운송 수단으로서의 수레(車),馬車 그리고 津渡에 대해서 간단히 언급하겠다. 박권수[186]는 조선시대의 기본적 교통 수단으로 도보와 마차 문제를 언급하고 朴齊家의 수레 이용론을 비판하여 박제가는 수레라는 특정한 기술만을 보았을 뿐이지 그 기술을 적용하기 위한 사회적, 공학적 시각들을 결여하고 있었다고 평가하였다. 金世奉[187]은 金堉이 실시하고 자 한 정책들을 검토하여 用錢·設店問題와 用車論과 水車의 제조 및 보급 등에 대해서, 安大會[188]는 다산 정약용의 제자 李綱會의 선박과 수레의 제작법에 대해 船說과 車說을 인용하여 그의 선진적 문물의 수용과 상공업의 촉진, 편리한 생활을 위한 물품의 제작 및 기술 교육, 적극적인 국토개발과 혁신적 정책의 추진을 주장하였다고 보았다.

鄭演植[189]은 조선시대에 수레의 사용이 어떻게 주장되었고, 어떻게 시도되었으며, 또 어떤 이유로 지속될 수 없었나를 개략적으로 살펴보고 大車 외에 세종대 杠輴를 제작, 보급하여 북부지역에서 활발하게 수레가 통용되었다고 보았고 또 경상도의 安東, 義城과 黃海道의 長淵 등에서도 사용되고 있음을 논거하였다.

한편, 崔完基[190]는 한강을 중심으로 편성된 조선왕조의 津渡制가 정치사적·사회사적으로 어떠한 의미를 갖는지에 주된 관심을 갖고, 특히 조선초기 위정자들이 왜 그렇게 진도의 활성화에 주력했는지를 살펴보았

---

186) 박권수,「朝鮮時代의 長距離 陸上交通 手段과 朴齊家의 수레론」『工學敎育』17-3, 2010.
187) 金世奉,「金堉의 社會經濟政策 硏究」『史學志』21, 1988.
188) 安大會,「茶山 제자 李綱會의 利用厚生學 - 船說·車說을 中心으로- 」『한국실학연구』10, 2005.
189) 鄭演植,「조선시대의 수레에 대하여」,『인문논총』6, 1999.
190) 崔完基,「朝鮮初期 漢江 津渡制의 整備와 運營」,『史學硏究』71, 2003.

다. 조선왕조의 위정자들은 운송로로서의 한강의 순기능을 최대한 활용하여 국가의 지향점을 중앙집권화로 설정하고 나루를 국가의 제도권으로 편입, 국가적으로 관리하면서 국가적 목표를 달성하려고 했다고 분석하였다. 金鍾赫191)은 조선 전기의 한강 유역과 수로의 자연 조건과 사회경제적 배경, 그리고 진도의 분포망을 분석하여 진도의 특징으로써 주요 육로를 잇는 지점에 거의 예외없이 설치되었다는 점, 읍치를 중심으로 진도의 밀도가 높았다는 점, 상업적 수운이 발달하기 전까지는 상류지역의 읍치 주변에 진도가 밀집되었다는 점을 파악하였다. 주요 육로와 街巷 수로의 結節點에 입지한 진도는 오래전부터 지역간 소통을 담당한 교통요지였으며, 조선후기에는 대부분 상업포구로 성장하여 지역내의 장시망과 연결되어 유통거점으로 기능하였다고 보았다.

5. 조선시대 교통사 연구의 과제

이상 고찰한 내용을 토대로 조선시대 교통사 연구에 대한 향후 과제를 전망하고자 한다.

첫째, 한양천도이후 고려시대 驛制가 조선시대로 계승, 발전되면서 왕조변화에 따른 연속성과 차이성이 무엇인지 포괄적으로 규명되어야 한다. 예를 들면 고려시기 驛戶로 구성된 역민들이 존속되면서 새로운 역역층(助役人, 作罪人)이 투입되거나 충원되는 과정에서의 신분 지위 및 입역 형태문제 등이다.

둘째, 도성 및 지방 읍치 등의 도로 건설에 관한 규정이나 필요한 도구, 지속적인 도로유구의 발굴로 도성과 지방도로의 유사성과 차별성을 규

---

191) 김종혁, 「朝鮮前期 漢江의 津渡」, 『서울학연구』23집, 2004.

명해야할 것이다. 조선초기에 기본적인 도로 건설 규칙이『經國大典』이나『朝鮮王朝實錄』에 산견되나 공조 및 한성부 등에서의 구체적인 사례가 보이지 않고 있다. 또『朝鮮王朝實錄』에 의하면 '記里鼓車'라는 도로측량 도구가 개발되어 운영되었다 한다는 점도 참고할 만하다.

셋째, 현존하는 '驛形止案'(金泉道 · 松羅道 · 自如道, 沙斤道)외에 지속적으로 국내외에 있을 역민호적대장의 조사, 분석이 수행되어야 하며, 조선후기의 경우 각 驛誌에 나타나고 있는 다양한 驛屬들이 역민호구대장에는 역리, 역노비 등을 제외하고는 거의 나타나지 않은데 이유가 무엇인지, 또 일반 호구대장과의 기재방식이나 대상이 차이가 있는데 이에 대한 규명이 필요하다. 그리고 역민호적대장 분석을 통해서 역민(驛吏 · 驛奴婢 · 日守 등)들의 결혼양태나 그에 따른 신분귀속, 직역 세습 및 변동, 거주 형태와 그에 따른 입역 실태 등도 고찰하여야 할 것이다.

넷째, 驛舍 건물지의 발굴과 驛誌 및 察訪解由文書에 나타난 公廨(관아 건물)와의 비교를 통해 역참 건물을 복원하는 문제이다. 최근에 문경 幽谷驛址 시굴조사나 청주 栗峯驛址 발굴조사는 향후 역사 건축물 구조나 기능을 연구하는데 많은 시사를 제공해 주고 있다. 현재까지 발굴된 대부분의 역터는 찰방이 거주하였던 本驛이었다. 향후 본역 외에 屬驛(또는 外驛)의 역사 건물에 대해서도 규명되어야 한다.

다섯째, 운송 수단 및 운송사적 측면에서의 연구 부진을 극복하는 일이다. 조선시대는 다른 시대에 비해 비교적 자료가 많은 편이다.『朝鮮王朝實錄』,『承政院日記』,『備邊司謄錄』,『日省錄』등의 연대기 외에도 奎章閣, 藏書閣 소장도서가 많다. 예를 들면 도성에서의 공공물자(木材, 陶磁器, 生必品, 稅穀, 進上品 등)나 賑恤穀, 軍糧米 및 민간인 생활물자의 운송은 어떻게 이뤄졌는지 궁금하다. 실제, 도성안에는 다양한 운송 종사자들이 坊役 또는 雇立에 의해 생계를 꾸려가고 있었다. 車子契 또는

車契나 馬契 · 貰馬契 · 運負契 그리고 도성의 도로수치와 관련된 燻造契 貢人 등 다양한 貢契人들의 운송활동에 주목할 필요가 있다. 또 각 역참 에서의 역마 사육에 필요한 馬草 생산과 운송, 司僕寺 소속의 목장마 등 에 필요한 마초(穀草와 生草) 확보 및 운송체계에 대한 규명도 중요한 과 제이다.

V. 결론

지금까지 언급한 바와 같이 한국교통사에 대하여 고대 삼국부터 조선 시대까지 개괄적으로 도로 유구, 우역제도 및 교통로 측면을 중심으로 그 간의 연구 동향을 분석해 보고 과제를 전망해 보았다. 필자는 한국 근세 역제사 전공자로서 교통사 전 분야에 대한 시각이 편협할 수도 있을 것이 며, 시간적으로 연구자료 수집의 한계나 북한이나 외국에서의 연구논문 이 분석 대상에서 제외되어 더욱 한계가 있음을 시인하지 않을 수 없다. 제한적이나마 총체적으로 종합하여 향후 교통사 연구 과제를 전망함으로 써 결론에 대신하고자 한다.

첫 번째, 도로 유구 부분이다. 삼국이후 조선에 이르기까지 도로 건설 에 대한 자세한 규정이 남겨지지 않은 실정에서 보면 도성 및 지방도로 유구의 지속적 조사, 발굴은 도로의 노면 상태나 노폭 및 측구, 암거 등의 구조를 이해하는데 큰 도움이 될 것이다.

두 번째 한국 역제의 제도사적 측면의 연구는 많은 부분에서 해소되었 다고 볼 수도 있으나, 고려의 역제와 조선 역제와의 연관성과 차별성에 대한 분석 그리고 역도 및 속역의 분포가 교통로 발달과 어떤 사회경제적 및 군사행정적 상호관계가 있었는지에 대한 후속적인 분석이 요구된다.

세 번째, 교통로 연구는 역도의 개편과 역참의 신설,이동 그리고 읍치의 설치와 변동 관계를 고려하여 중앙과 지방(監營, 邑治)과의 행정, 군사(兵營, 水營, 鎭堡) 및 외교(對中國, 日本 등), 그리고 운송(稅穀, 進上·歲幣, 官需物資, 生必品, 馬草 등), 행행(陵幸, 園幸, 巡幸, 溫幸 등) 등과 연계하여 추진되어야 할 것이며 제반 교통로상의 왕래에 따른 숙박 편의 제공이나, 접대 문제 등에 대해 각 지방민(읍민)이 어떻게 부담하고 있는지 초기의 부역제적 측면과 후기의 고립제적 측면에서의 양상도 비교, 고찰되어야 할 것이다.

네 번째, 교통로 및 수단의 이용 주체에 대한 문제이다. 교통로와 수단(가마, 수레 등)은 기본적으로는 官의 용도를 위한 것이다. 국왕과 사객, 중앙 및 지방관리가 중심체이다. 따라서 역참의 이용이나 馬牌의 발급, 숙박편의 제공, 군사도로 등은 공공성을 위한 것이었다. 그렇다고 민간인들의 도로 이용에 대한 규제나 다른 교통수단의 사용에 대한 자세한 제한 규정은 보이지 않는다. 신라의 경우나 조선에서의 가마 및 마필 이용에 대한 부분적인 제한이 있지만 민간인의 도로 통행이나 민간물품의 교환과 상업활동에 수반하여 나타나는 교통 이용 주체의 문제도 새로운 시각에서 주목되어야 할 과제라고 생각된다.

다섯째, 교통시설의 하나인 院, 酒幕(酒店)에 대한 고고학적 조사, 발굴 및 건축학적 구조 연구, 그리고 역참, 진도 및 장시와 연결된 상업활동에 대한 연구도 포구상업 발달과 연계하여 천명되어야 할 것이다.

한국 해양 교통사 연구 방법론과 항로*

윤 명 철**

I. 서언

한국의 근대 역사학이 한민족의 역사상을 파악하고 이해하는데 몇 가지 문제점이 있다. 그 가운데 하나는 공간에 대한 과학적이고 실증적인 접근이 부족하다는 점이다. 특히 역사의 공간을 정치적인 의도가 작동된 소위 '한반도'라는 공간에 한정시켰을 뿐 만 아니라, 그것조차도 해양에 대한 인식이 없었다는 점이다. 따라서 전통역사학에서는 물론이고 근대 역사학에서도 '해양사'라는 독립된 학문 분야가 없었을 뿐만 아니라 해양 활동을 단순하게 서술한 연구 성과도 미미했었다.

최근에 들어서 해양과 연관된 연구가 비교적 활발하게 진행되고 있다. 하지만 해양을 주제와 소재로 차용하면서 과학적이고 이론적인 접근을

---

* 이글은 교통사연구논총의 주제를 고려하여 필자의 연구 성과를 거시적인 틀 속에서 재정리한 것임을 밝힌다. 따라서 필자의 연구 성과가 주로 반영되었으므로 연구사의 소개가 부족하다.
** 동국대 교수, 동국대 유라시아 실크로드 연구소장.

하는 경향에서 머물고 있다. 육지적인 관점과 비과학적인 추론에 근거한 문제점들이 있다.

해양활동 가운데에서 교통로와 연관된 연구는 매우 중요하다. 교통로는 주민과 문화 산업 등 모든 분야를 연결하는 매개체이다. 특히 전근대 사회에서 '항로' 등은 '조선술'·'항해술' 등의 기술력, 국력 등 육로와 또 다른 의미에서 절대적인 영향력을 지니고 있다. 특히 대부분의 국제교류가 해양을 통해서 이루어지는 동아시아 역사와 한민족의 역사는 항로의 쟁탈전이 치열하게 벌어졌다. 그런데 항로는 단순하게 설정하는 것이 아니라 자연환경과 해양의 메카니즘을 구체적으로 이해하고, 자연과학의 연구성과를 수용해서 재구성해야 한다. 이 글은 한국의 해양교통을 주제로 삼고, 그 핵심인 교통로에 해당하는 '航路'를 살펴보는 것이다.

필자는 해양사를 본격적으로 첫 시작한 연구자로서 연구 성과 및 실체험을 토대로 해양사 연구와 연관된 다양한 이론을 만들고, 연구방법론을 제시해 왔다. 따라서 본 이 글에서 해양의 메카니즘과 연구 방법론을 서술하고, 시대별로 국가별로 구분하여 사용되었던 항로들을 서술한다. 2장에서 해양교통사 연구의 현상을 간략하게 살펴보고, 3장에서는 연구방법론을 검토하며, 이어 4장에서 해양문화와 역사상을 살펴본다. 그리고 본문격인 5장에서는 동아지중해에서 사용되었던 대부분의 '항로'를 유형화시켜 구체적으로 살펴본다. 이 글은 연구논문이 아니고, 그동안의 연구를 토대로 해양교통사 연구의 현황을 살펴보고, 해양사 발전을 위한 제언을 하는 글임을 밝힌다.

II. 해양 교통사 연구의 현상

東아시아는 아시아 대륙의 동쪽 하단부에 자리하면서 중국이 있는 대륙, 북방으로 연결되는 대륙의 일부와 한반도, 일본열도로 이루어져 있다. 한반도를 중심핵(core)으로 하면서 한반도와 일본열도 사이에는 광대한 넓이의 동해와 비교적 폭이 좁고, 넓지 않은 남해가 있고, 중국과 한반도 사이에는 황해라는 내해(inland-sea)가 있다. 그리고 한반도의 남부(제주도 포함)와 일본열도의 서부(규슈지역), 그리고 중국의 남부지역(양자강 이남에서 복건성 지역을 통상 남부지역으로 한다.)은 이른바 동중국해를 매개로 연결되고 있다. 지금의 연해주 및 북방, 캄차카 등도 동해 연안을 통해서 우리와 연결되고 있으며, 타타르해협을 통해서 두만강 유역 및 연해주지역과 건너편의 사할린·홋카이도 또한 연결되고 있다. 즉 多國間 地中海(multinational-mediterranean-sea)의 형태와 성격을 지니고 있다.

황해는 38만㎢인데 한반도와 요동반도 중국 대륙을 연결하고 있다. 발해는 7.7만 평방km인데, 선사시대에는 해안선이 지금보다 더 내륙으로 들어갔다. 남해는 대마도를 사이에 두고 한반도와 일본열도 사이에 있는 협수로이다. 동해는 남북 길이가 1700 km, 동서 최대 너비 1000여 km, 면적이 107만 km²로서 3분의 1을 차지하고 있다. 여기에는 우리의 인식이 못 미치는 타타르해협(Tatar-strait)까지 포함한 것이다.

필자는 이러한 인식을 갖고 문화적인 특성과 역사상을 구체적으로 설명할 목적으로 '東亞地中海(EastAsian-mediterranean-sea)' 라고 명명한 모델을 설정해서 동아시아 역사를 해석해 왔다.[1] 필자가 설정한 동아지중해는 총 면적이 3,400,000km²이다.[2] 우리가 활동한 역사 영역은 대륙과

---

1) 동아지중해의 자연환경에 대한 검토와 이론 등은, 윤명철, 「해양조건을 통해서 본 고대 한일관계사의 이해」, 『일본학』 14, 동국대 일본학연구소, 1995; 「황해의 地中海的 성격 연구」, 『한중문화교류와 남방해로』, 국학자료원, 1997. 등 참고.

바다가 만나는 海陸的 環境의 터이다. 필자는 1985년도부터 '韓陸島'라는 조어를 만들어 사용하고 있다.[3] 현재도 한반도는 대륙과 해양을 공히 활용하며, 동해·남해·황해·동중국해 전체를 연결시켜줄 수 있는 유일한 나라이다. 특히 모든 지역과 국가를 전체적으로 연결하는 '海陸 교통망'은 우리만이 가지고 있다.[4]

그러므로 한민족은 해양활동이 활발하였을 뿐만 아니라 국가발전의 핵심으로 해양을 활용하는 정책들을 입안하고 추진하였다. 그럼에도 불구하고 해양의 역할 사실 등에 대해서는 알지 못할 뿐만 아니라 해양활동이 활발했었다는 사실에 대해서는 의구심을 갖고 있었다. 특히 교통로인 航路(sea-lane)에 대해서는 인식이 되지 않았을 뿐만 아니라 최근에 관심을 갖는 연구자들조차 해양의 메카니즘을 오해하는 경향이 많다.

또한 해양사 및 강좌가 없다. 최근까지 발간된 중고등학교 검인정 교과서들을 분석하면 해양과 연관된 서술이 전무에 가깝다.[5] 첫 장에서도 우리의 역사공간을 陸地中心으로 기술하여 海洋을 구체적으로 서술하지 않았다. 소위 '고조선'시대는 물론이고, 고구려·백제·신라·가야가 발전하는 과정을 서술하면서 해양과 연관된 사실은 거의 없었다. 신라 선단의 조선술 및 항해술 등을 언급하지는 않았고, 발해의 해양 활동도 주목하지 않고 기술하지 않았다.[6]

---

2) 이 타타르해협을 중국·일본·러시아 학자 및 일부 한국학자들이 역사 및 고고학 논문 등에서 일본해라고 표기하고 있다. 한편 '南中國海(South China Sea)는 3,589,100 (나머지 세 영해인 발해와 황해·동중국해를 합친 면적의 3배)이다.

3) 한반도를 극복하는 개념으로서 남북국 시대 까지 우리민족의 활동 무대를 정확하게 설정할 목적으로 만든 조어이다. 만주일대의 역사적인 성격은 북방이 아니라 우리와 관련성이 깊은 동방의 한 부분으로 포함한 개념이다.

4) 윤명철, 『광개토태왕과 한고려의 꿈』,삼성 경제연구소, 2005; 기타 저서와 논문에서 '해류사관', '해류문명론', '해류교통망' 등의 이론을 전개하였다.

5) 윤명철, 「海洋史觀으로 본 한국 고대사의 발전과 종언」, 『한국사연구』, 123호, 한국사연구회, 2003.

6) 윤명철, 「국사교과서에 반영된 해양관련 서술의 검토와 몇 가지 제언」, 『고조선단

그렇다면 왜 이러한 현상들이 있었을까? 필자는 이것을 몇 가지 관점에서 분석한 적이 있다.

첫째, 史觀의 문제이다. 우리 역사를 해석하는 데는 몇 가지 오류가 있었다. '主體'의 문제, 時間의 문제,[7] 空間의 문제[8] 그리고 역사운동 문제 등이다. 본고와 연관이 깊은 것은 공간의 문제이다. 인간은 생존 및 생활과 직결되어있는 공간을 범주화하고 개념화시키는 일을 현실적으로 수용했다. 우리 역사 공간을 왜곡시키는 작업은 中華圈의 영향권에 편입된 이후, 또한 일본에 의해 만들어지고 체계화된 근대역사학의 초기부터 치밀하고 조직적으로 행해졌다.

둘째, 조선조의 '성리학적 역사관' 및 '植民史觀'의 연장이다. 조선시대에는 관념적이고 靜的이며 농경문화 위주로 편향적인 해석을 해왔다. 특히 육지와 토지라는 한정된 시각과 통념에 사로잡혀 해양이라는 중요한, 의미깊은 장르를 소홀히 했다. 일본인들은 유기적인 역사공간을 분할하여 역사활동의 범주를 한반도로 국한시켜왔다. '朝鮮半島'라는 용어와 개념을 계승하여 사용하는 '한반도(Korean peninsula)'는 지리적인 용어일 뿐 역사적으론 매우 부정확한 개념이다. 언어는 개념을 규정하고, 개념이 인식과 실천을 규정할 수 있다.[9]

이러한 반도사관의 잔재는 연구 주제와 소재의 편협함, 몰가치성을 지속시켰다. 특히 공간적으로는 동아시아 및 우리 역사를 연구하고 이해할 때 육지를 위주로 삼고 해양은 무시하거나 부용된 존재로 파악하는 內陸

군학』, 32, 2014.

7) 역사에서 시간의 문제는 윤명철, 「역사해석의 한 관점 이해-시간의 문제」, 『한민족학회 17차 학술회의』, 한민족학회, 2010. 11. 26.

8) 역사에서 공간의 문제는 윤명철, 「역사해석의 한 관점 이해-공간의 문제」, 『한민족학회 18차 학술회의』, 한민족학회, 2010. 12. 18.

9) 이러한 현상들이 지리에서 나타나는 예는 김순배; 류제헌, 「한국지명의 문화정치적인 연구를 위한 이론의 구성」, 『대한지리학회지』43(4), 대한 지리학회, 2008.

史觀, 半島史觀으로 일관해 왔다. 또한 만주에 터를 둔 거란사 · 선비사 · 여진사 등을 비롯하여 북방지역에 해당하는 몽골사 · 유목사 등에 대한 연구가 부족했다. 고구려사와 부여사에 관한 연구가 상대적으로 부족했으며, 심지어 발해사는 2003년도까지 연구자가 거의 없었으며, 그리고 해양에 관한 연구는 전무하다시피 하였다.

셋째, 역사연구의 방법론 때문이다. 연구의 주제를 국내정치의 권력관계 조직 등 역학 관계에 한정시켰고, 역동적이고 복합적인 국제관계를 소홀히 취급한 측면이 다분히 있다. 그리고 농경적인 세계관을 전 역사과정에 일방적으로 투영시켜 마치 농경일변도의 생활체계 속에서 정주적인 운동양식과 때로는 쇄국적이고 교조적인 세계관을 가진 것처럼 주장했다.

하지만 우리 문화에는 靜적인 농경과 함께 動적인 유목, 그리고 더욱 動적인 해양적인 특성이 함께 있다. 역동적인 문화와 운동방식 · 세계관 등을 갖고 있었다.

필자의 용어로 표현하면 '動中靜' · '動和靜'의 문화, 'mo-stability'문화이다. 또한 '실증주의 사학'에 대한 오해와 함께 교조적인 학문태도로 인하여 분석의 도구를 지극히 제한하여 한자를 압도적인 우위로 하는 연구방법론을 채택하였으며, 그것도 특정분야의 문헌을 위주로 하였다. 그러므로 총론적인 접근이 아닌 각론적 접근에 치중하고, 거시적인 관점보다는 미시적인 관점에 사로잡혔다. 당연히 동아시아와 한민족의 역사공간에서 해양을 인식하지 못했다. 만주일대와 해양이라는 역사의 현장을 조사하지 않았거나 기피한 탓에 우리 역사를 半島的 視覺이나 一國史的 視覺에 매몰되게 하였다.

이러한 차이점들이 있으므로 해양 활동과 해양 역사상을 이해하려면 해양공간의 본질과 체계에 대한 이론적인 접근이 우선되어야 한다. 또한 해양문화의 메카니즘을 과학적으로 이론적으로 분석하고 규명해야 한다.

해양문화가 지닌 고유의 메카니즘을 이해하지 못한 채로 연구를 진행하면 오류를 범할 확률이 높아진다.

III. 해양사 연구 방법론의 검토

1. 해양사 연구의 이해

인간은 다른 무엇과 관계를 맺고 자신을 전달하고 사건과 현상을 해석하기 위해서는 반드시 기호를 필요로 한다. 사관이란 역사를 효율적으로 해석하는 독특한 기호를 말한다. 그래서 일정한 집단에게 있어서 史觀의 존재와 성격 및 그것을 축으로 한 역사활동의 해석과 유형화 작업은 매우 중대한 의미를 갖고 있다.[10] 특히 동일집단으로서 內的 統合性을 유지한 채 장기간 지속되어온 집단에게 있어서는 더욱 그러하다.

역사는 한 집단의 存在理由와 存在過程을 재현시켜주고 있으며 사관은 존재자체의 문제, 즉 存在方式을 생산한 內的論理를 설명하여주기 때문이다.[11] 사관은 역사를 재료로 한 유형화 작업인 만큼 역사활동에 대한 다양한 구성요소의 분석과 복합성에 대한 이해가 없이는 불가능하다.

일정한 시대의 역사가 全體史를 대표할 수는 없다. 고려 이전 시대의 우리 역사적 공간은 소위 한반도 지역과 대륙의 일부, 그리고 광범위한 해양이었으며, 역사적 시간 역시 그러하고 세계관 또한 그러하다. 우리의

---

10) 필자가 전개하는 사관의 개념과 이해에 관하여는 윤명철, 「근대사관 개념으로 분석한 壇君神話」, 『경주사학』 10집, 1991; 윤명철, 『역사는 진보하는가』, 온누리, 1992. 2장 사관이란무엇인가, 참조.
11) 사관의 순기능과 역기능에 관한 설명은 윤명철, 위와 같은 책, 온누리, 1992, 2장 – 사관이란무엇인가, 참조.

역사상을 정확히 이해하려면 육지와 해양이란 두 가지 관점에서 동시에 접근해 들어가는 '海陸史觀'이 필요하다. 즉 대륙과 반도 해양을 하나의 역사단위로 보는 시각이 필요하다.

우리 역사 전체를 한반도라는 고정된 틀과 육지위주의 질서 속에서 역사를 해석한다면 이는 사실성과 논리성, 그리고 자연적인 당위성을 결여한 결과를 낳을 수 있다. 적어도 고대사에 관한 한 우리의 역사 영역을 그대로 인정하고, 해양과 대륙 그리고 반도를 하나의 역사권으로 파악하는 海陸史觀으로서 역사상과 역사기록을 해석할 필요가 있다. 그러면 지역적이었던 우리 역사를 통일적으로 이해할 뿐 아니라, 자체의 완결성과 복원력을 지닌 유기체로서의 우리 역사를 파악하면서 母秩序인 朝鮮의 계승성을 주장할 수 있다. 뿐만 아니라 민족국가 혹은 민족역사 혹은 민족문화 등을 설정하면서 계통화 작업을 원활하게 추진할 수 있다. 또한 동일하지 않으면서도 유사하고 상호 존중하고 교호하면서도 다른 독특한 문명권의 설정이 가능하고, 무엇보다도 우리는 대륙에 부수적인 반도적 존재가 아니며 역사발전도 周邊部가 아닌 中核에서 자율적으로 진행시켜 왔다는 사실을 확인할 수 있다. 특히 고구려는 우리 역사에서 이러한 중핵역할을 가장 잘 실천한 나라였음을 확인하면서 중국의 전통적인 역사인식 및 동북공정을 극복할 수 있다.

우리의 역사터였던 한반도와 남만주 일대는 東亞地中海의 중핵에 있으면서 북으로는 육지와 직접 이어지고, 바다를 통해서 모든 지역들과 연결되는 지역이다. 그러므로 동아시아의 역사상과 한민족의 역사상은 대륙과 반도, 해양이라는 자연을 통일적이고 유기적인 하나의 단위로 보는 시각, 海陸的인 관점, 즉 해양의 위치와 역할을 재인식하는 '海陸史觀'과 '海陸文明'이라는 틀 속에서 볼 필요가 있다.[12] 김정호의 역사지리적인 인식

---

12) 윤명철, 「한국역사를 해석하는 틀인 해륙(海陸)사관」, 『식민사학 극복과 한국고대

은 당시 조선 영토에 머물렀지만, 기본적으로는 활동 터전을 강을 포함한 해륙적인 관점에서 보고 있음을 알려준다. 그래서『대동여지전도』는 등고선지도가 아니라 '山系水系圖'이다.[13] 申景濬이 제작한『山經表經』[14]이나 다산 정약용이 집필한『大東水經』은 조선조 뿐만 아니라 우리 민족이 산과 물을 어떻게 인식하고 있는가를 잘 보여준다.[15] 만주와 한반도와 바다를 유기적으로 작동하는 통일된 역사터로 보는 '해륙사관'과 인식의 맥락이 닿고 있다.

海陸史觀은 해양과 육지라는 공간의 문제만은 아니다. 시간의 문제, 주체의 성격문제, 사물과 역사의 체계 및 관계, 그리고 의미와 목적의 문제까지 수렴한다. 공간적으로는 자연 환경을 놓고 볼 때 동아시아의 역사상을 대륙과 반도, 해양이라는 자연을 통일적이고 유기적인 하나의 단위로 보는 시각이다. 우리 역사와 연관시키면 고대사에 관한 한 우리의 역사영역은 해양과 대륙 그리고 반도를 하나의 역사권으로 파악하고, 기록하고 해석하는 작업이다. 실제로 원조선과 고구려 발해는 만주와 한반도 중부 이북 그리고 바다를, 즉 海陸을 하나의 통일된 영역으로 인식하였고, 활동하였다.

동아시아라는 '一地域的인 관점'과 '汎아시아'라는 '汎공간적인 관점'에

사 재정립」, 동아시아역사 시민네트워크, 2011, 8; 윤명철, 『해양사 연구방법론』, 학연문화사, 2012.

13) 이형석 저, 『한국의 강』, 홍익재, 1997, p.4; 이존희도「서울의 자연과 입지조건」, 『서울역사강좌』, 서울특별시사편찬위원회, 2004 글에서 '조선 후기 자연에 대한 인식체계는 '산'과 '강'을 중심으로 이루어졌다.'고 말하고 있다.

14) 신경준(1712~1781) 제작. '輿地便覽'은 2권 2책으로 구성되어 있는데 乾책이 바로 '山經表'이며 坤책은 '程里表'이다. 『山經表』에서는 한반도내의 모든 산줄기에 位階性을 부여하여 大幹(백두대간 1개)·正幹(장백정간 1개)·正脈 (13개)등 15개의 산줄기로 나누고, 백두산을 국토의 중심으로 생각하여 한반도 내 모든 산줄기의 출발점으로 인식하였다. 이존희, 위와 같은 논문, 『서울역사강좌』, 서울특별시사편찬위원회, 2004, p.28.

15) 이존희, 위와 같은 논문, 『서울역사강좌』, 서울특별시사편찬위원회, 2004, p.2.

서 우리 역사를 바라 볼 필요가 있다. 문화적으로도 고유성을 가진 문화권들의 유기적인 만남으로 다양성을 확보하면서, 각각 개별문화의 존재도 인정하고 相生하는 관계로 파악할 수 있다. 실제로 우리 역사는 반도와 대륙과 해양이 만나고, 북방과 남방이 모여들며, 다양한 종족들이 직접충돌하면서 이합집산을 하고, 자연환경도 다양한 것이 만나고 있으며, 문화 또한 독특한 성격을 지닌 것들이 관련을 맺어 왔다. 만약에 해륙사관으로 해석한다면 우리는 대륙에 부수적인 반도적 존재가 아니며 역사발전도 주변부가 아닌 중핵에서 자율적으로 진행시켜 왔다는 사실을 확인할 수 있으면서 우리 역사의 위상을 회복할 수 있다.

필자는 해양사 연구 분야를 몇 가지로 분류하였다. 첫째는 '해양 활동과 해양문화의 이해'이다. 해양문화의 정의와 성격 내용 등을 구체적으로 이해해야 한다. 특히 해양과 연관된 다양한 분야를 거론하고, 보다 긴밀한 관계망을 설정해야 한다. 둘째는 '해양 활동과 국제질서의 이해'이다. 동아시아 공간에서 해양 활동은 국제적인 교류를 의미한다. 따라서 해양력을 비롯하여 외교 및 군사 활동 등은 국제질서와 직접 관련이 있다.

셋째는 '해양 활동과 국제항로의 이해'이다. 넷째는 '해양방어 체제와 강변방어체제'이다. 육지와 마찬가지로 바다로부터 이루어지는 적의 공격을 방어하고, 격퇴하기 위해서는 군사적인 방어 체제들을 구축하였다. 해양방어 체제는 육상방어체제와 구축 및 활용 시스템이 다르다. 그리고 '해양역사상과 항구도시들'이다. 해양세력의 특성 가운데 하나는 독립적인 정치세력의 생성이고, 도시와 국가는 항구의 역할과 깊은 연관성이 있다.16) 그 밖에도 연구 분야는 많다고 판단된다.

---

16) 윤명철,『윤명철 해양논문선집』8권, 학연문화사, 2012; 즉 1권,『해양활동과 해양문화의 이해』; 2권,『해양활동과 국제질서의 이해』; 3권,『해양활동과 국제항로의 이해』; 4권,『해양방어체제와 강변방어체제』; 5권,『해양역사상과 항구도시들』; 6권,『역사활동과 사관의 이해』; 7권,『고구려와 현재의 만남』; 8권,『해양역사와

2. 해양 문화의 체계적 특성

공간에 바탕을 둔 歷史와 文化 또는 文明은 인문환경뿐만 아니라 생태와 풍토 문제 등 자연지리의 개념과 틀을 포함하면서 이해해야 한다. 이러한 맥락에서 판단하면 바다나 해안가에서 생활하는 사람들 (해양인 및 어렵인)과 내륙에서 살아가는 사람들(농경인, 유목인, 수렵인)은 역사활동의 기보요소인 주체, 공간, 시간, 단위에 대한 견해가 동일하지 않다. 문화의 차이, 문명의 차이를 넘어서 그 이상의 문제가 발생할 수 있다. 그러므로 '海洋人(sailer)' 또는 해양을 터전으로 가꾼 사람들의 역사를 제대로 이해하려면 해양문화의 체계적인 특성을 이해해야 한다.

해양문화는 몇 가지 체계적인 특성이 있다. 첫째, 생성과 발전을 담당하는 주체 문제이다. 해양문화의 주체인 海洋人[17]들은 漁民(fisher men) · 航海者(sailer)들을 주력으로 하면서, 商人(merchant) · 海賊(pirate) 등의 다양한 성분으로 구성되었다. 이들은 경제적으로 유리한 환경에 놓여있으며, 특히 海商(sea-trader)[18]들은 공식적 비공식적인 무역을 통해서 富를 축적할 수가 있다. 반면에 신분적으로는 소외된 사람들이다.

특히 조선시대에는 士農工商에도 속하지 못한 직업적 계단구조의 최하층인 직업군이며, 상민 또는 그 이하의 신분에 해당됐다. 하지만 해양인들은 豪族性이나 無政府性을 지니면서 중앙정부에 귀속되지 않고 자체세력들로서 정치력을 행사하고자 한다. 張保皐를 비롯하여, 후삼국시대에 우후죽순처럼 등장한 집단들은 대부분이 해양과 직접 연관이 있었다.

미래의 만남』 등이 있다.
17) 필자는 농경민 해양민 유목민 대신에 농경인 해양인 유목인이라고 사용해오고 있다. 민(民)이 지닌 신분적이고 계급적인 분류보다는 본질에 의미를 두는 인(人)이 필자의 역사관을 더 정확하게 반영하기 때문이다.
18) 松浦章,『中國の海商と海賊』, 山川出版社, 2003. 주로 중국의 해상과 해적의 성격을 논하고 있다.

王建 · 甄萱 등은 대표적인 해양호족세력이다.

둘째는 문화의 생성과 발전이 일어나는 '터'인 공간의 문제이다. 역사공간의 성격과 운영방식에 따라서 관리방식 · 운영방식이 달라지며, 문화의 내용과 종류가 달라진다. 해양인들은 연안어업이나 근해어업에 종사했으므로 '漁場'으로 표현되는 바다의 面을 중요시했다. 반면에 원양어업이나 무역 또는 주민의 이주 등 다른 공간과 교류를 할 때는 특정한 지역들을 연결하는 교통로인 '航路(sea-lane)'가 중요했다. 그런 면에서 해양문화는 '線'을 중요시한다.

그런데 항해인들이나 어렵인들은 해류 · 조류 · 계절풍, 바다의 상태같은 해양환경에 철저하게 의존할 수밖에 없다. 그러므로 자연환경은 '조선술' · '항해술'은 물론이고 '항로' · '항구' · '도시' 등의 문화요소가 만들어지는 틀과 성격에 결정적인 영향을 끼쳤다. 그들은 교역과 어업에 적합한 지역을 중심거점으로 이동하는 據點性을 갖고 있다. 그런 면에서는 수렵인처럼 點을 중요하게 여긴다. 그런데 해양인들의 '線'은 유목인들과 달리 不連續的이고, 流動的이다. 또한 '點'은 끊임없이 주위와 교류하는 '開放性'과 '相互互換性'을 지녔다. 해양문화의 점은 결국 항구나 도시로 발전할 수밖에 없다. 이것이 移住(settle)나 植民活動(colony)을 낳고, 때로는 정치력과 결탁하여 약탈과 정복활동을 초래한다. 이렇게 볼 때 일률적으로 적용할 수는 없지만 농경문화는 '面의 문화', 유목문화는 '線의 문화' 수렵문화는 '點의 문화', 그리고 해양문화는 點이 불연속적 · 多重的으로 연결된 '點線의 문화'이다.

셋째, 문화의 생성과 발전이 일어나는 성격, 즉 '運動性' 문제이다. 운동의 종류와 질에 따라서 인간의 存立與否 혹은 생물체계가 결정되어지므로 역사의 발전과 문화의 성격이 생성되는데 중요한 요소로 작동한다.[19)]

---

19) 윤명철, 「역사활동에서 나타나는 운동성의 문제」, 『역사는 진보하는가』, 온누리, 1992.

해양인들은 '항해인'들과 '어렵인'들로 유형화시킬 수 있다. 어렵인들은 거점을 토대로 단기간씩 이동하면서 어렵생활에 종사하고, 때로는 원양어업을 나간 경우도 어류의 이동을 따라서 회귀하는 '回遊性(migratory)'을 지녔다. 반면에 항해인들은 필요성과 목적에 따라서 예측불허의 불확실한 공간을 목표로 먼 거리를 이동한다. 때로는 상륙지인 항구에 새로운 거점을 확보해서 回遊 또는 歸還을 거부하고 定着하는 경우도 있다. 따라서 해양문화는 공간의 활용방식, 즉 이동방식이나 거리 상황 등이 농경문화나 유목문화 수렵문화와 비교할 때 불안정적이고 불가측성이 강하다. 즉 據點性과 비정형화된 移動性을 공유한 문화이다. 일종의 '流動性 문화'라고 판단된다.

넷째, 인간 및 문화의 전파와 수용의 방식 문제이다. 해양문화는 체계상 '非組織性', '不連續性'을 띠고 있다. 항해방법은 까다로울 뿐 아니라 항해시기 또한 불가측성이 강했다. 또한 표류현상이나 불가피한 상황 등으로 인하여 우발적이나 수동적으로 항해가 이루어진 경우가 많았다. 그러므로 이동과 교류의 규모 또한 소규모일 수밖에 없었고, 비조직적이며, 불규칙적이므로 연속성이 떨어졌다. 그 때문에 역사의 초기단계에는 자율적인 이동인 移住(settlement) 형태가 주를 이루었다. 하지만 문명이 발달하고 고대국가가 건설되면서 새로운 양상을 띠웠다. 특별한 정치세력과 기술자 집단의 연합에 의해서 주도되면서 해양개척과 植民地(colony) 건설 등이 이루어졌다.

여섯째, 해양문화 생성에 실질적이고 토대가 되는 技術力 문제이다. 한 시대(단위시대)마다 한 공간(단위공간)마다 거기에 적합하고 가장 유용한 기술력이 있다. 필자는 이것을 '時代精神'과 마찬가지로 '時代體系', '時代技術'이라고 분류하고 있다. 해류·조류·바람 등의 자연현상은 물론이고, 바다에서도 물의 색, 냄새, 운동방식, 하늘의 상태와 구름의 형태, 해의 상태와 별 그리고 달의 움직임 등 이러한 것들이 다 기술력의 대상이다. 그 외에도 다양한 기술이 필요하다. 造船術이란 고도의 기술력이다. 그럼에도 '模倣性', '共有性'이 강하다는 점이다. 다른 지역이나 나라, 문화간에 접촉이 비교적 자유로운 환경이고, 또 경제적인 이익을 위해서도 해양인들 간에는 교류가 빈번할 수 밖에 없다. 또한 항해에 필수조건인 해류, 조류, 바람, 해상상태 등에 대한 지식과 경험이 공통적이므로 해양인들 사이에는 기술과 경험을 공유하는 일이 필요하다. 이러한 시스템 속에서 신앙, 설화, 체제운영 방식 등도 유사해진다.

일곱째, 다른 문화와 관계를 맺는 방식의 문제이다. 해양문화는 '多樣性'과 '開放性'을 지니고 있다. 담당주체들이 거주하는 공간이 넓고 다양하며, 신분이나 계급이 비교적 유연하다. 또한 정치체제나 문화양식과는 무관한 사람들이 공동으로 생성하기도 한다. 해안가의 거점 또는 대양 가운데 섬을 중심으로 삼아 放射狀으로 뻗어나간 多數點 또는 多數面들과의 동시교류가 가능하므로 多重複合的인 교류형태이다. 그러므로 문화가 다양성을 지니고 있으며, 다른 문화에 대해 개방적인 인식과 수용체계를 갖추고 있다.

여덟째, 문화의 계승성과 보존문제이다. 해양문화는 활동의 무대가 해양 또는 해안가이므로 활동의 흔적들이 구체적으로 드러나는 경우가 많지 않다. 또한 담당자가 해양인 또는 지방세력인 경우가 많으므로 자신의 행적과 성격에 대해서 문자기록이나 유물 등의 흔적을 능동적으로 남기는 경우가 드물다. 또한 유물·유적들이 바다 속에 있으므로 흔적을 확인하기 어렵다. 이러한 성격 때문에 근대 이전의 해양문화는 '不保存性'이라는 특성이 있으며, 특히 우리 해양문화는 더 심각하다.

아홉째, 문화를 영위하는 방식인 經濟運用 방식의 문제이다. 해양문화는 어업도 중요하지만 상업과 진출, 약탈경제도 활용한다. 이외에도 몇 가지 독특한 특성들이 있다. 이러한 특성과 체계를 충분하게 이해하지 못하거나 경시할 경우에는 근대 이전의 해양 역사가 어떠했는가를 이해하는 일은 물론이고, 복잡한 문화의 성격을 해석하는 데에도 혼란을 초래한다.

IV. 한국의 해양문화와 역사상[20]

역사의 초창기부터 해양은 인간의 실생활 영역에서 강렬한 영향을 끼쳤다. 그리고 점차 어업이나 상업이라는 생활의 터전이라는 단계를 넘어 정치 · 경제 · 문화 · 군사 등 전방위에 걸쳐서 중요한 자원이 되었으며, 문명의 발달에 결정적인 역할을 담당하였다. 따라서 국가들은 해양을 중시하는 정책을 추진하였고, 본격적인 교류는 물론이고, 운명을 건 외교전과 전쟁에 해양을 활용하는 정책을 채택하였다.

동아시아의 3지역 간에는 7000년을 전후한 시기부터 해양 교류가 있었던 증거들이 많이 발견됐다. 한반도 남부와 對馬島를 비롯한 일본열도[21], 遼東반도와 山東반도[22], 요동반도와 압록강 하구 등은 해양 교류가 있었다.[23] 그 밖에도 지역 간에도 교류가 있었다는 가능성을 거론하고 있다. 또한 경상남도 창녕군 비봉리에서 8000년 전에 사용한 목선을 발굴하였다. 울산광역시의 반구대 암각화, 천전리 암각화[24] 등은 신석기시대부

20) 4장은 윤명철, 『한국해양사』, 학연문화사, 2003. 참고.
21) 윤명철, 「海路를 통한 先史時代 韓. 日 양지역의 文化接觸 可能性 檢討」, 『韓國上古史學報』 2집, 한국상고사학회, 1988; 윤명철, 「海洋條件을 통해서 본 古代韓日 關係史의 理解」, 『日本學』 15, 동국대 일본학연구소, 1995.
22) 윤명철, 「渤海 유역의 역사문화와 동아시아 세계의 이해－'터(場, field) 이론'의 적용을 통해서」, 『동아시아 고대학』, 17집, 2008.
23) 윤명철, 「黃海의 地中海的 性格 硏究」, 『韓中文化交流와 南方海路』, 국학자료원, 1997.
24) 윤명철, 「迎日灣의 해양환경과 岩刻畵 길의 관련성 검토」, 『韓國 岩刻畵硏究』, 한

터 청동기시대에 걸쳐 동해를 이용한 원거리 항해와 포경업이 성행했음을 입증한다.[25]

1. 동아지중해권의 발아

우리 역사상에서 최초의 국가인 고조선(원조선-필자)은 황해북부해안을 끼고 발전하였는데, 특히 요동반도와 서한만, 대동강 하구지역을 중심으로 해서 해양문화가 발달하였다. 고조선(원조선-필자) 문화의 지표 유물인 고인돌은 일종의 內海(inland-sea)인 황해연안을 따라서 북으로는 요동반도에서 남으로는 제주도에 이르기까지 環狀形으로 분포되었다. 고조선(원조선-필자)은 春秋戰國시대에 산동의 齊(나라임) 등과 교역을 하였다. 『管子』에는 조선이 文皮를 수출하였다고 기록하였다. 기원전 2세기에는 위만조선과 漢나라간에 격렬한 대규모 전쟁이 벌어졌다. 이 전쟁은 黃海北部 해상권을 둘러싼 전쟁, 즉 역학관계의 재편을 목적으로 한 전쟁이었으며, 전투는 해류 양면전으로 장기간 펼쳐졌다. 이후 우리 민족과 한족을 비롯한 중국지역은 황해의 해양권을 놓고 쟁패전을 벌였다. 정치적으로, 군사적으로, 문화적으로도 물론이지만 특히 경제적으로 매우 중요했기 때문이다.

한편 한반도의 남쪽에는 三韓의 소국들이 있었다. 이 소국들은 三國志·後漢書 등의 기록에 의하면 해상활동이 활발했다. 소국들은 중국 지역 및 일본열도의 소국들과도 정치적, 경제적으로 교섭하였는데, 이는 물론 해양교섭이었다. 이 소국들은 대부분 해안 또는 강 하구에 위치한 일종의

국암각화학회. 2006.
25) 윤명철, 「동해문화권의 설정 검토」, 『동아시아 역사상과 우리문화의 형성』, 한국학중앙연구원 동북아고대사연구소, 2005.

海港 또는 河港 도시국가이다. 일본열도의 청동기문화와 철기문화에 해당하는 彌生(야요이)문화(B.C 3C~A.D 3C까지)는 무덤양식이나 토기 · 농기구 · 무기 등으로 보아 한반도 남부에서 건너갔음을 알 수 있다.

2. 동아지중해권의 생성 – 삼국시대

고구려는 그 시대에 해양활동이 가장 활발했으며, 그것을 국가와 사회 발전에 효율적으로 활용하여 성공한 나라이다. 황해 사단항로를 활용해서 동천왕 때(233년) 양자강 하구 유역인 建康(현 남경)의 吳나라와 교섭한 이후 황해를 남북으로 오고가며 중국의 남 · 북조 국가들과 활발한 교섭을 하였다. 미천왕 고국원왕은 해양 군사외교를 실천한 인물이다. 광개토대왕 시대에는 수륙 양면작전을 구사하여 한강을 직공하고 경기만을 장악하였으며, 400년 경에는 완전하게 요동만을 장악하고, 그후 두만강 하구와 연해주 남부일대, 동해 중부 등을 장악하여 동아지중해 중핵 조정 역할을 실현시켰다. 장수왕 때는 황해의 중부 이북과 역시 동해의 중부 이북의 해양권을 장악한 해륙국가로서 이를 활용하여 정치 · 외교적으로 중핵(core)역할을 하여 강국이 되었다.

또 바닷길을 이용하여 문화를 주고 받으면서 다양하고 풍요롭게 하였으며, 특히 무역이나 중계무역을 활발하게 전개하여 경제적으로도 부유하게 만들었다. 6세기 중반에 이르러 일본열도와 본격적인 해양외교를 전개하였다.

백제는 沸流와 溫祚의 정착과정도 해양과 관련이 깊다.[26] 또한 전기 수도였던 하남 위례성(풍납토성으로 추정) 등은 일종의 '河港도시'였다.[27]

---

26) 윤명철, 「沸流集團의 移動過程과 定着에 대한 검토」, 『상고시대 인천의 역사탐구』, 9회, 가천문화재단 학술발표회, 2000.

초기부터 해양활동 능력을 기반으로 나라를 발전시켰으며, 해외에 적극적으로 진출하였다. 특히 4세기에 들어와 황해 중부의 해상권을 장악하였고, 마한을 정복하고 서해 남부지역을 완전히 장악함으로써 본격적으로 일본열도로 진출하였다. 황해 남부는 물론 남해에서도 활발하게 활동하였다. 제주도를 영향권 아래에 넣었으며, 해상으로 일본열도에 적극적이고 조직적으로 진출하였다. 한편 錦江 하구에서 황해를 횡단하여 산동반도 해역권에 진입한 다음에 남행하여 양자강 하구로 들어가거나, 직접 황해 남부를 사단하여 양자강 하구로 들어가 중국의 宋·齊·梁·陳 등 남조국가들과 활발하게 교섭하여 정치적 지위를 향상시키고 문화의 전성시대를 이루었다. 일본열도로의 진출은 더 활발해져 일본에서 고대국가가 성립하고 불교 등 문화가 발달하는데 결정적인 역할을 하였다.[28]

신라는 초기에는 해양문화가 발달하지 못했다. 수도인 慶州는 내륙의 분지에 고립된 산간도시가 아니라 바다로 이어진 일종의 海港都市였다.[29] 하지만 초기부터 바다를 건너 공격한 倭와 해상에서 火攻戰까지 벌이고, 가야와도 해전을 벌인다. 신라가 뒤늦게 중요성을 깨닫고 해양능력을 강화시키는 정책을 추진하였다. 512년에는 동해를 건너 우산국을 정벌했고, 낙동강 하구를 장악하였으며, 6세기 중반에 들어와 경기만을 차지하였고, 이것을 이용하여 중국지역과 교섭을 빈번하게 하였다.

신라는 583년에 船付署라는 관청을 두어 본격적으로 선박 관리를 했다. 해양력이야말로 정치력을 강화시키고, 외교활동을 활발하게 할 수 있는 실질적인 토대였고, 수준 높은 학문과 국제적인 문화가 결집된 불교를

---

27) 윤명철, 「백제 수도 한성의 해양적 연관성 검토1」『위례문화』11·12합본호, 하남문화원, 2009; 윤명철, 「서울지역의 강해도시적 성격 검토」, 『2010.동아시아 고대학회 학술발표대회』, 동아시아 고대학회, 2010.06, 05; 윤명철, 「한민족 歷史空間의 이해와 江海都市論 모델」, 『동아시아 고대학』, 23, 2012.
28) 윤명철, 「백제의 역사 속에 함축된 해양문화적 요소」, 『충청학과 충청문화』, 11권, 충청남도 역사문화연구원, 2010.
29) 윤명철, 「경주의 해항도시적 성격에 대한 검토」, 『동아시아 고대학』, 20집, 2009.

수입하는데도 절대적이었다. 교섭은 오로지 바닷길 밖에 없었기 때문이다. 신라는 초기부터 일본열도의 특별한 지역과 교섭을 하였다.

加耶는 일찍부터 일본열도로 진출하였고, 가장 적극적인 나라였다. 김해지역은 중국지역과 한반도, 일본열도를 이어주는 동아지중해의 가장 좋은 교통의 요지였다. 가야제국들은 철제무기로 무장한 기마군단을 보유한 채 함선을 거느리고 바다를 건너 일본열도를 정복해간 것이다. 그후에 힘의 공백을 한반도 남부 내륙에 남긴 채 많은 수가 일본열도로 건너가고, 결국은 역사에서 사라졌다. 일본국가가 성립되는 과정에서 유물과 건국신화 등에는 가야적 요소가 많이 있다.

한편 제주도 또한 해양문화가 발달하여 동아지중해에서 일정한 역할을 담당하였다. 제주도는 서남해안 지역과 연계성을 지니면서 주변지역과의 교류에 매우 중요한 역할을 하였다. 일본은 초기에는 해양문화가 발달하지 못하였고, 주로 우리 지역의 영향을 받거나 경유해서 중국지역과 교류하였다.

이처럼 동아지중해 전역에서 모든 나라들은 발달된 해양문화를 바탕으로 정치외교적인 활동을 하였고, 교역과 교류를 활발하게 하면서 점차 상호연관이 깊은 관계를 이루어 갔다. 우리가 흔히 말하는 신라의 삼국통일도 '동아지중해 국제대전'의 한 과정으로서, 이는 황해의 해양권을 비롯한 동아지중해의 종주권을 둘러싸고 벌어진 고구려와 隋 · 唐 세력 간의 싸움이 확대되는 과정에서 나타난 결과이다.[30] 70여 년 동안 지속된 이 전쟁은 해양질서와 불가분의 관련을 맺고 있으며, 곳곳에서 본격적인 해양전이 벌어졌다. 최후의 전쟁인 삼국통일 전쟁은 나당 동서동맹과 고구려 · 백제 · 일본으로 연결된 남북동맹간의 대결이었고, 이 과정에서 외

---

30) 윤명철, 「高句麗 末期의 海洋活動과 東亞地中海의 秩序再編」, 『國史館論叢』, 第52輯, 국사편찬위원회, 1994.

교전을 비롯하여 군사전은 해양과 불가분의 관계를 맺고 있었다.

이 시대에 전개된 동아지중해의 해양문화는 3지역, 즉 우리 지역, 중국 지역, 일본열도 지역은 전반적으로 해양문화가 발달하였다. 조선술과 항해술이 발달하여 정치·경제·군사·문화 등에 적절하게 이용하였다. 우리 지역은 고구려·백제·신라·가야가 각각 해양능력을 활용하여 국력을 신장시키고, 특히 외교활동에 적극적으로 활용하였다. 고구려는 중국지역과 해양외교·군사외교를 하였으며, 남북조를 대상으로 동시 등거리외교를 펼쳤다. 또한 경기만을 장악하여 백제·신라·가야·왜 등이 중국지역과 교섭하는 것을 차단하였다. 고구려를 비롯하여 다른 국가들은 해양을 통해서 일본열도에 진출하여 각각 정치적인 영향력을 확대하였다.

3. 동아지중해권의 완성 – 남북국시대[31]

동아지중해 국제대전이 끝난 이후에 동아시아의 신질서가 편성되는 과정에서 해양활동의 역할은 더욱 강화되었다. 황해가 정치적으로 안정되고 해양문화가 비약적으로 발달되면서 신해양질서가 구축되고, 그 힘은 北方의 돌궐·말갈 등으로 연결되는 유목을 주된 생활형태로 삼는 대륙질서에 견제역할을 하였다. 또한, 항로를 이용해서 당과 통일신라·발해·일본을 연결시키는 환황해문화가 활발해졌다.

통일신라는 국제적인 나라로서 초기부터 대외적으로 해양활동이 빈번했고, 넓은 지역과 광범위한 무역을 활발하게 하였다. 전기에는 주로 당나라와 산동반도의 등주항을 통해서 교역을 활발하게 하였다. 또한 일본

---

31) 윤명철, 「8세기 東아시아의 國際秩序와 海洋力의 상관성」, 『8세기 東아시아의 역사상』, 동북아재단, 2011,8.

과 긴장관계에 있었다. 양쪽이 대규모의 해전을 염두에 두고 선박 건조 · 해양방어체제 구축 등 각종 정책들을 펼쳤다. 하지만 무역은 활발했고, 특히 민간인들은 물건들을 사고 팔았다. 신라는 일본무역을 거의 독점하였기 때문에 당나라나 서역, 아라비아 등에서 일본으로 들어오는 물품들도 역시 신라를 거쳐야 했다.

한편 당에서는 이른바 '在唐新羅人'들이 상업적으로, 때로는 외교사절의 역할까지 하면서 동아시아의 바다를 장악하였다. 그들은 중국의 대운하의 주변에 정착하여 운하경제를 활성화시켰다.[32] 특히 장보고는 독특한 존재로서 단순한 해양활동가가 아니라 동아시아에서 새로운 형태의 해양문화와 활동의 메카니즘을 만들었다. 즉 '在唐新羅人', '本國新羅人', 그리고 일본열도에 거주하는 '在日新羅人'들, 소위 '汎新羅人'들을 인적네트워크화시키고, 동아지중해의 전체 항로를 장악하여 해양을 군사와 정치의 場일 뿐만 아니라 경제와 문화의 場이 되게 하였으며, 갈등과 대결의 장소가 아니라 화합과 공존의 장소로 변화시켰다.[33]

발해[34]는 건국 초기인 732년에 張文休가 수군을 거느리고 발해만을 건너 당나라의 등주를 점령하는 등 갈등관계에 있었으나 점차 교역을 하는 등 공존관계를 유지하였다. 겨울에 동해항로를 이용해서 일본과 220여년 동안 무려 35차례에 달하는 교섭을 벌였다. 초기에는 신흥국가로서의 외교적 배경과 신라를 압박하기 위한 정치적인 목적이 주를 이루었다. 하지만 갈등이 해소되는 등 국제질서의 상황이 변하면서 무역활동을 주목적으로 삼으면서 경제적으로 막대한 이익을 얻었다.

---

32) 윤명철, 「범신라인들의 해상교류와 중국강남지역의 신라문화」, 『8~9세기 아시아에 있어서의 신라의 허상』, 한국사학회, 2000.
33) 윤명철, 「장보고의 해양활동과 국제관계」, 『해양정책 연구』, 16, 한국해양수산개발원, 2001.
34) 윤명철, 「渤海의 海洋活動과 東아시아의 秩序再編」, 『高句麗硏究 6』, 학연문화사, 1998.

동아지중해는 10세기에 이르러 고려와 송을 주축으로 더욱 발달하면서 동아시아의 정치와 경제 및 문화에 상당한 영향을 끼쳤다. 전기에 동아시아의 역학관계는 북방의 遼, 중국지역의 宋, 그리고 高麗로 3분되었으며, 西夏, 女眞, 日本 등의 주변 국가들이 있었다. 복잡해지는 국제관계 속에서 효율적인 동시 등거리외교와 중계무역을 하였는데, 역시 지정학적인 환경과 항로를 효율적으로 활용한 결과이다. 송나라, 아랍인인 大食國 상인들이 많이 왔다. 馬八國(印度), 暹羅斛國(泰國), 交趾國(베트남) 등의 국가들과도 교역을 하였다. 일본과 무역을 하였으며, 현재의 오키나와인 琉球國과도 교섭이 활발했다.

후기에 들어서 몽골의 침입을 받아 江華島 등에서 바다를 근거지로 항전했다. 후에 三別抄 정부는 珍島·濟州道 등에 세운 일종의 해양왕국이었다. 동아시아의 해양문화는 활발했고, 동아지중해의 해양 주역은 우리였다. 다만 조선시대에 들어와 해양을 약화시키면서 임진왜란을 당하고 근대에 이르면서 해양력의 약화로 인하여 굴욕을 당하였고, 국권마저 상실하였다.

V. 교통로의 메카니즘과 사용된 航路

1. 항로의 메카니즘 이해

항로의 체계와 특성을 알기 위해서는 먼저 항해술의 메카니즘을 이해할 필요가 있다.

항해의 종류에는 沿岸航海, 近海航海, 遠洋航海가 있다. 연안항해는 바닷가를 따라 비교적 안전성을 확보하면서 이루어지는 항해이다. 목적지와 자기위치 항로 등을 관측하면서 항해할 수 있으므로 비교적 안정적이고 용이하다. 하지만 연안은 육지의 각종 영향을 받아 환경이 불안정하고 불규칙하다. 또한 남해안, 서해안, 중국의 동해안, 일본열도의 세토내해 등은 해안선이 복잡해서 조류의 흐름을 측정하기 어려울 뿐 아니라 이용하기 힘들다. 그러므로 항로 주변환경을 숙지한 경험자나 정치집단의 협조가 필요하다. 때문에 이 해양세력들을 장악하려는 시도들을 끊임없이 추진한다. 특히 해협 등 물목에 해당하는 해역들은 항로의 설정과 연관하여 절대적이다.

近海航海는 해안선과 12해리 정도 떨어져 항해하는 방법을 말한다. 조류의 방향이나 조석의 높이, 육지풍의 영향 등 해안의 국부적인 환경에 영향을 덜 받으며, 해양 자체의 영향도 덜 받기 때문이다. 또한 먼 거리에 있는 육지나 높은 산을 바라보면서 항해하므로 자기 위치를 확인하는 지문항법을 활용할 수 있다. 반면에 육지에서는 선박을 관측할 수 없으므로 비교적 안전한 상태에서 항해할 수 있다. 조선능력이 현저하게 향상되고, 성능이 뛰어난 나침반의 발명으로 항해술이 발달하기 이전에는 대체로 이러한 근해항해를 선호하였다. 遠洋航海는 중간에 육지나 物標 등이 없이 대양의 한 가운데를 항해하는 것이다. 소위 동아지중해에는 완벽한 의미의 대양항해 구역이 넓지 않았다. 원양항해라고 해도 근해항해 및 연안항해로 전환될 수 있을 정도의 항해였다.

수 천년 전부터 황해와 동해를 사이에 두고 지역들 간의 교섭흔적이 나타나는 사실은 이미 원양항해가 이루어졌음을 입증한다. 당연히 천체나 태양의 움직임을 관찰하고, 기구를 이용해서 위치와 항로를 측정하는 천문항법을 해야만 한다. 해양인들은 경험이나 자연현상에 대한 소박한 관측을 통해서 이러한 한계를 극복하거나 부분적으로 해결할 능력이 있었다.

바다길은 형태가 복잡할 뿐 아니라 예측불허의 상황으로 인하여 교통로인 항로가 수시로 변한다. 자연환경에 철저히 의존해야 하는 선사시대나 고대에는 접촉과 교류가 반드시 일정한 場所에서 일정한 時期에 그것도 일정한 형태로 이루어질 수밖에 없었다. 동아지중해에서 몇몇 알려진 특정한 곳을 중심으로 외래문화들을 받아들이고, 꼭 지정된 지역에서만 외국으로 출발할 수 있는 현상은 정치·사회적인 배경과 함께 해조류의 흐름과 계절풍이라는 해양환경 때문이다.

계절풍에 관한 지식은 중국의 기록에 따르면 戰國시대 이전까지 소급해 올라간다. 燕과 東晉이 교섭할 때에도 계절풍을 이용한 사례가 나타나고 있다. 고구려·신라·백제·통일신라·발해는 철저하게 계절풍을 활용했다. 신라가 보낸 견당사에는 전문 승조원들이 있었다. 총괄자인 海師와 船工, 柁師, 挾抄, 그리고 물길을 지도하고 안전을 기원하는 卜人이었다.[35] 발해배에는 天文生이라는 천체를 관측하는 선원이 타고 있었다. 해양문화에서도 기술력은 다양한 관점에서 필요했다. 해류·조류·바람 등의 자연현상은 물론이고, 바다에서도 물의 색, 냄새, 운동방식, 하늘의 상태와 구름의 형태, 해의 상태와 별 그리고 달의 움직임 등 이러한 것들이 다 기술력의 대상이다. 그 외에도 다양한 기술이 필요하다.

항로를 설정하는 데는 몇 가지 유의사항이 있다. 첫째, 출발 항구는 반드시 하나가 아니다. 首都나 큰 도시에서 출발할 경우에 대부분 강을 통해서 바다입구까지 나간 다음에 출발한다. 때문에 출발지인 河港都市나 海港都市와 실제로 바다로 출발하는 항구는 꼭 동일한 것이 아니다.[36] 더

---

35) 權惠永, 『古代韓中外交史』, 일조각, 1997, p.132. 참조.
36) 이러한 예는 고대나 현대를 막론하고 쉽게 찾아볼 수 있다. 그리이스의 도시국가인 아테네는 피레우스라는 외항을 갖고 있다. 미케네나 트로이도 바로 해안가에 위치한 도시가 아니었다. 독일의 함부르크, 한자동맹의 도시들, 말레이시아의 쿠알라룸프르 등은 바다에서 내륙으로 들어와서 형성된 곳에 항구를 가진 도시들이다. 즉 강해도시들이 이러한 예에 속한다.

구나 바람을 절대적으로 이용해야 하는 고대항해는 일단 바다, 혹은 원양으로 나가기 직전에 항해에 적합한 바람과 좋은 날씨를 기다리면서 피항할 수 있는 외항에 대기하였다. 이 외항은 주항 가까이 있거나 그 연결선상에 위치한 경우도 있지만, 먼 곳에 있는 경우도 적지 않다.

둘째, 출발항이라고 언급한 곳이 곧 항로의 기점은 아니다. 항로는 직선으로 이어지는 것은 절대 아니다. 해양환경에 따라 연안항해, 근해항해, 원양항해를 상황에 맞춰서 골고루 사용한다. 외항을 출발하였다 해도 원양으로 나가는 해역은 그곳과 전혀 다른 곳일 경우가 많다. 그러므로 실제 사용된 항로를 찾기가 매우 힘들다. 셋째, 사료에 표현된 항로들은 추상적이고 일정한 기준이 없다. 역사적인 성격이 담겨 있으므로 '交涉路'라는 표현은 가능할지라도 '航路'나 '海路'라고 표현하기에는 부적합하다. 항로를 정확히 파악해야 교섭의 성격 또한 깊게 이해할 수 있다. 또한 사신들에 의한 공식적인 항로뿐만 아니라 교역선 혹은 민간인들에 의한 항로도 있다. 이러한 몇가지 점과 현실적인 어려움을 전제로 하면서 항로를 파악해야 한다.

2. 동아지중해의 국제항로[37]

동아지중해의 항로들은 해양의 특성상 상호 유기적인 연결망을 구축하고 있다. 하지만 해역들은 자기의 고유한 메카니즘과 항로들을 갖추고 있었다. 따라서 해역을 몇 개로 구분하고, 각 해역에서 사용된 교통로를 알아보는 방식을 취하고자 한다.

---

37) 윤명철, 「海路를 통한 先史時代 韓・日 양지역의 文化接觸 可能性 檢討」, 『韓國上古史學報』 2집, 한국상고사학회, 1989.

1) 황해권

황해는 한민족사는 물론이고 중국 역사나 일본열도의 역사발전에 중요한 영향을 끼친 터였으므로 다양한 항로가 발달하였다.

(1) 환항해 연근해 항로

환황해 연근해 항로38)는 황해의 서쪽인 중국의 남쪽 절강성의 해안에서부터 산동반도를 거쳐 요동반도로 북상한 다음에 압록강 유역인 서한만에 진입한 후 대동강 하구, 경기만을 지나 계속 남하하여 서남해안, 남해안의 일부, 대마도, 규슈 북부로 이어진 긴 항로이다. 크게 보면 4개 구역으로 이루어졌으나 기본적으로는 環狀形의 항로이므로 특정한 출발지와 도착지가 없고 다만 경유지가 있다.

이 항로는 거리가 멀고 중간에 적대집단의 방해와 약탈 등이 있는 등 위험부담이 다소 있으나, 항해 자체로서는 가장 안전한 항로이다. 비록 처음과 끝이 일률적으로 연결되지 않고, 중간 중간의 거점을 연결하는 불연속적인 항로이지만 역사의 초창기부터 이용됐다.『新唐書』권43 地理志에 인용된 賈耽의 道理記에는 이 항로에 대한 상세한 묘사가 있다. 즉 '登州東北海行 過大謝島 龜歆島 末島 烏湖島 三百里 · 泪江口 椒島 得新羅西北之長口鎭 又過秦王石橋 麻田島 古寺島 得物島 千里之鴨綠江 唐恩浦口 東南陸行 七百里至新羅王城.'가 그것이다. 그런데 이 기사 때문에 마치 신라인들이 사용한 중요한 항로처럼 인식하고 있다.

---

38) 이 용어에 관해서는 연구자에 따라 약간의 차이가 있으나 항로나 항해범위 등은 대체로 일치하고 있다. 동일한 지역 내에서의 이동이나 짧은 거리에서는 연안항해가 가능하다. 그러나 먼거리이면서 선박이 크고 또 우호적이지 못한 집단이 영향혁을 행사하는 해역을 통과할 때는 근해항로를 택해야 한다. 따라서 엄격하게 말하면 연안항로가 아니라 연근해항로라고 해야한다. 국제항로로써 많이 사용되었다.

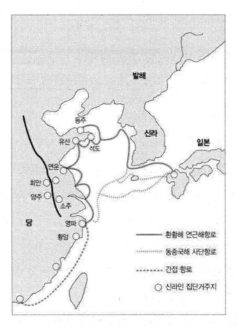

그림 1. 환황해 연근해 항로

(2) 황해 북부 연안 항로

鴨綠江 河口인 西安平, 大同江 河口인 南浦를 비롯하여 강령만, 해주만
등이 있다. 특히 大同江口는 政治·外交·文化의 중심지였고 오래전부터 對
中國交通路의 출발점이었다는 장점이 있다. 주변에는 남북으로 灣들이
발달되어 있고 강 하구에는 섬들이 있어 방어에 용이하고 지형이 복잡한
탓으로 潮流의 흐름도 빠르고(약 3노트) 潮流의 방향은 漲潮시 北 내지 北
東쪽으로 흐르며, 落潮시는 南 내지 南西쪽으로 흐른다.[39]

황해 북부 연근해를 이용하는 항로는 2가지로 나눌 수 있다.

---

39) 大韓民國 水路局, 『韓國海洋環境圖』, 1982, p.33.

a항로 ; 大同江을 출발한 후에 서해 북부 근해안을 타고 북상하여
요동반도 남쪽해역을 항해한다. 그리고 다시 남단을 돌아
渤海灣으로 깊숙히 들어가서 沿岸을 타고 내려가다가 山東
半島의 북부 해안, 아니면 막바로 天津이나 黃河 입구 등의
港口로 接岸하는 항로이다.

b항로 ; 大同江에서 출발하여 압록강 하구유역을 거쳐 遼東半島의
끝까지는 點으로 연결된 廟島群島를 따라 산동반도의 북부
인 봉래, 혹은 끝으로 接岸하는 항로로서 이른바 老鐵山航
路이다.[40]이 航路는 廣開土大王 때 南燕과 교섭할 때 사용
했고, 北朝와 교섭하는 데에도 활용하였다.[41] 이후 발해인
들이 제나라 및 당과 교류하는데 사용했다.

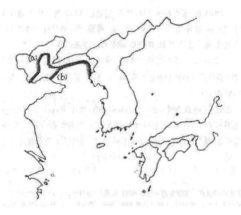

그림 2. 황해 북부 연안 항로

---

40) 老鐵山 航路에 대해서는 『唐書』卷43 下 地理志의 賈耽이 쓴 『道里記』 '登州海行入
高麗渤海道'에 露呈과 地名, 距離數 등이 상세하게 기록되어 있다.

41) 고구려와 북위와의 교섭은 육로를 통한 경우도 있었지만 해로를 이용한 경우도 많
이 있었다. 『海東高僧傳』에 나타난 승려들의 통교는 海路를 사용한 예를 보여준다.
또한 魏가 北燕을 멸하기(436년) 전에 있었던 양국의 교섭은 해로를 사용할 수 밖
에 없다. 高句麗와 北魏의 첫 교섭은 長壽王 13년(425)인데 北魏가 北燕을 멸망한
것은 長壽王 24년(436)이기 때문이다.

(3) 황해 북부 사단 항로

북부 해역에서 출발하여 요동반도의 남쪽 해역과 묘도군도의 근해를
부분적으로 이용하면서 산동반도의 해역권에 들어온 다음에 근해권을 이
용하여 양자강 하구유역까지 남진해 가는 항로이다. 고구려시대에는 항
해 현실과 국제관계로 보아 남조국가로 가는 항해에는 이 항로가 손쉽게
이용됐을 것이다. 근해항해의 잇점을 최대로 살린다면 항해의 안전성을
기할 수가 있고, 적으로 부터 공격을 받아 비교적 안전한 것이 바로 황해
북부 사단 항로의 이용이다.

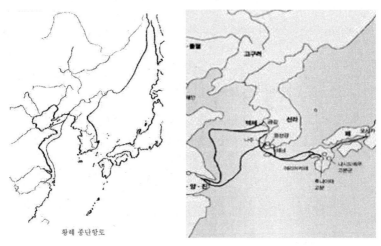

그림 3. 황해 북부 사단 항로   그림 4. 5~6세기 백제의 항로도

(4) 황해 중부 횡단 항로

황해 중부에 해당하는 한반도의 중부지방, 즉 경기만 일대의 여러 항구
에서 횡단성 항해를 하여 산동반도의 여러 지역에 도착하는 항로이다. 그
런데 황해 중부 횡단 항로는 1개가 아니라 2개로 분류된다. 첫째는 황해

도를 출발하여 산동반도의 동단 혹은 북단에 도착하는 항로이다. 황해도의 육지에서 산동까지는 직선거리로 약 250km이다. 고구려 전성기, 백제 전기, 그리고 고려 전기에 활용한 항로이다.

또 하나는 남양만이나 그 이하에서 출발할 경우에는 횡단하여 등주 지역이나 그 아래인 청도만의 여러 항구로 도착하는 항로이다. 늦봄에 부는 남풍계열의 계절풍을 이용하면 甕津半島 끝에서 직횡단하는 것보다 시간은 더 걸릴 수 있는 반면에 효율적이고 안전하게 항해할 수 있다.

또한 직횡단하면 역시 남풍계열 혹은 동풍계열의 바람을 이용하여 산동반도 남단 안쪽의 청도만으로 진입할 수 있다. 고려시대 때 도착한 밀주의 판교진(당시에는 膠西)이 있다. 고구려 전성기, 백제의 웅진시대, 신라, 통일신라, 고려 중기 등에 골고루 사용한 항로이다.

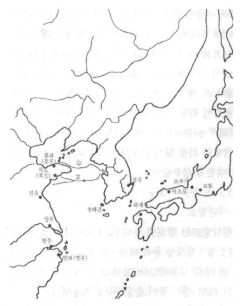

그림 5. 황해 중부 횡단 항로

(5) 황해 남부 사단 항로

황해 남부 사단 항로는 충청남도 하단과 전라도 등의 해안에서 출발하여 사단으로 항해하여 강소성 및 절강성 등의 해안으로 도착하는 항로이다. 중국지역의 남부로 가는데 주로 사용이 되었다. 한반도에서 중국지역으로 항해하는 것은 왕복항로가 다르다. 이는 해류와 계절풍의 메카니즘 때문이다. 백제가 사용하였고, 후에는 신라, 통일신라, 고려 등이 활발하게 사용하였다.

그림 6. 황해 남부 사단 항로

(6) 동중국해 사단 항로

절강성 이남 해역을 출항하여 동중국해의 북부해역과 황해 남부, 제주도 해역을 거쳐 한반도로 들어오는 항로이다. 이 항로의 일부는 남중국과 일본열도가 교섭하는 데에도 사용됐다. 중국 측의 주요한 출발항구는 항주(鹽館), 明州港(寧波)이다. 경유지는 주산군도, 흑산도 등이며, 주요한 도착지점은 전라남도 해안의 항구들이다. 동중국해 사단 항로는 항해거리가 멀고 중간에 지형지물이 없어 고난도의 천문항법을 해야하는 해역이 넓다. 통일신라와 고려 중기 이후에 주로 사용하였다. 이 항로와 관련해서 중요한 것은 제주도의 존재와 제주도를 중간거점으로 하는 또 하나의 항로 가능성이다.42) 일본의 견당사선들이 사용한 소위 남로가 그것이다.

2) 남해권

남해를 활용한 항로에는 어떤 것들이 있을까?

(1) 남해 동부 – 대마도 경유 – 규슈 북부 항로

남해의 특정 해역을 출항하여 쓰시마를 경유하거나, 또는 통과물표로 삼으면서 규슈 북부 해안에 도착하는 항로이다. 대마도까지는 거리가 55km로서 가장 가깝고, 시인거리 안에 있으므로 항해 도중에도 물표의 확인이 가능하고 심리적인 안정감도 크다. 그러나 물길을 이용하는 방식에 문제가 있다. 대한해협을 통과하는 해·조류 및 바람의 기본적인 특성을 구체적으로 고려하면 남해 동부 해안에서 고대 항로의 기점으로서 바람직한 조건을 갖춘 곳은 거제도이다. 기본적으로 북동진하면서 북동향하는 해류와 落潮時에 북동진하는 조류의 흐름을 유효적절하게 활용할 경우, 거제도나 그 서쪽에서 출발한다면 정상적인 항해에 실패했을 경우에도 1차적으로 대마도의 북단에 걸릴 확률이 많으며, 2차적으로는 표류일망정 일본열도에는 도착할 수 있다.43) 고대 국가의 초기에는 가야인들이 사용했고, 후에 신라인들이 사용했다.

---

42) 이 부분에 대해서는 윤명철, 「제주도를 거점으로 한 고대 동아지중해의 해양교섭에 관한 연구」, 『제2회 법화사지 학술대회』 제주불교사회문화원, 2000에 상세하게 언급하고 있다.
43) 윤명철, 위의 논문, 『제2회 법화사지 학술대회』, 제주불교사회문화원, 2000, p.111.

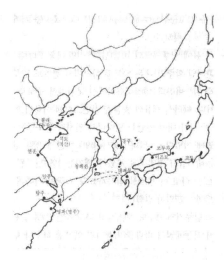

그림 7. 동중국해 사단 항로

(2) 남해 서부 – 규슈 서북부 항로

해남 강진을 포함한 남해 서부, 또는 영산강 하구와 서해 남부를 최종적으로 출항하여 동남으로 항해한 후에 규슈 서북부의 해안에 도착하는 항로이다. 특히 서해 남부와 남해 서부를 출항하여 제주도를 우측으로 바라보면서 동진을 하다가 해류와 바람 등을 이용하여 자연스럽게 규슈의 서북부 해역에 진입할 수 있다. 한편 고토열도의 남쪽으로 동진하면 아리아케해(有明海)라는 넓은 만과 만나 그 곳으로 이어진 나가사키(長崎)나 구마모토(熊本) 해안에 상륙한다. 이 항로는 백제인들이 주로 사용했다.

(3) 제주도~일본열도 항로

제주도 동남쪽을 출항하여 쓰시마 혹은 고토(五島)열도를 경유지로 삼아 규슈까지 가는 직접 항로이다. 『日本書紀』에서 보이듯 탐라국은 때때로 일본열도의 국가와 독자적으로 교섭을 하였다. 또 『隋書』에는 일본을 오고가는 사신들은 남으로 제주도를 보면서 항해하였다고 하였다. 그것은 일본과 당나라를 오고가는 사신들도 마찬가지였다. 항법상 북동진 하는 해류와 바람·거리 등의 해양조건을 분석해보면 양 지역 간에는 역사시대의 이전부터도 항로가 있었을 것이다. 탐라는 일본열도와 일찍부터 교섭이 있었다.

그림 8. 남해 항로

(4) 제주도 - 오키나와(琉球) 항로

제주도와 현재 오키나와 제도 사이를 오고가는 항로이다. 갈 때와 올 때가 항로에 차이가 있다. 항상 동북상하는 쿠로시오와 봄철에 북쪽으로 부는 남서계절풍을 활용하면 오키나와에서 제주도로 오는 것은 어려운 편이 아니다. 반면에 해류를 역행하는 관계인 북풍계열의 바람을 잘 활용하면 가능하였다. 『고려사』, 『조선왕조실록』 및 각종 표류기에는 오키나와 지역과 교섭한 사실들이 많이 나타난다. 이는 해양환경이 그것을 가능하게 했기 때문이며 항로가 개설되었음을 반증한다.

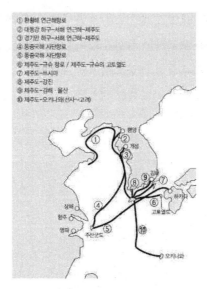

① 환황해 연근해항로
② 대동강 하구-서해 연근해-제주도
③ 경기만 하구-서해 연근해-제주도
④ 동중국해 사단항로
⑤ 동중국해 사단항로
⑥ 제주도-규슈 항로 / 제주도-규슈의 고토열도
⑦ 제주도-쓰시마
⑧ 제주도-강진
⑨ 제주도-김해·울산
⑩ 제주도-오키나와(선사~고려)

그림 9. 제주 항로

3) 동해권

그렇다면 동해를 무대로 활동한 항해인들이 사용한 항로는 어떤 것들이 있을까?

(1) 동해 남북 연근해 항로

연안 항해 혹은 근해 항해를 통해서 동해의 연안과 근해를 남북으로 오고가는 항로이다. 항구 거점지역은 북으로 흑룡강 하구가 만나는 연해주의 북부 해안 일대에서 남부 해안, 두만강 하구, 동해의 북부와 중부 해역을 거쳐 동해 남부의 포항, 울산 등의 여러 지역과 이어지는 항로이다.44)

---

44) 연해주 일대에서 선사시대부터 역사활동이 있었으며, 해양과 직접·간접으로 관계를 맺었을 것이다. 하지만 그 역사와 문화유적들이 우리 문화와 해양을 매개로 어떻게 연결될 수 있는지에 대해서는 아직 살펴볼 수가 없다.

이 항로는 선사시대부터 토기문화를 비롯해서 고래잡이 집단 및 암각화 제작 집단 등의 이동에 사용됐다. 역사시대에 들어오면 옥저·읍루를 비롯하여 고구려·발해 및 말갈인 등이 사용했으며, 고려시대에는 여진 해적(刀伊賊)들이 남하한 길이고 고려 해군이 북상한 길이기도 하다.

(2) 동해 북부 횡단 항로

그림 10. 동해 북부 횡단 항로

나진·청진 등 두만강 하구와 그 위인 연해주 남부의 포시에트만 사이의 항구에서 출발하여 동해 북부를 횡단한 다음에 일본의 동북지방인 越後 이북의 出羽國인 아키타(秋田), 能代 등의 항구에 도착하는 항로이다. 돛을 활용하여 바람을 사선으로 받고 동으로 항진한다면 出羽지역에 자연스럽게 도착할 수 있다. 고구려인들이 이 지역에 도착한 사실은 현재까지 확인되지 않는다. 발해인들은 727년에 첫 사신이 도착한 이후 13차 항해까지 도합 6회 이상에 걸쳐 이 출우지역에 도착하였다. 그러나 쉬운 항해는 아니어서 많은 사신선들이 침몰하고 있다.[45]

---

45) 연해주 일대(두만강 하구 포함)와 홋카이도 및 동북지역과 맺은 문화교섭의 증거

(3) 동해 북부 사단 항로

원산 이북인 발해의 南海府 지역에서 북으로 두만강 하구를 지나 포시에트만 지역까지의 여러 항구를 출발하여 동해 북부를 사단하여 열도의 후쿠이(福井)현의 쓰루가(敦賀), 호쿠리쿠(北陸)인 이시카와(石川)현의 加賀, 노토(能登)반도, 니가타(新潟)현 사도섬 등에 도착하는 항구이다. 북풍 내지 북서풍을 이용할 경우에는 함경남도의 북청 이북선이 최종라인이다. 그 이하에서 출항하면서 노토반도에는 도착하기가 힘들다.

항해 도중에는 지형지물이 없으므로 유일한 섬인 울릉도와 독도를 左右로 보면서 방향을 측정해야 한다.[46] 그 다음에 다시 일본 쪽으로 붙어 강한 북서풍을 이용하여 직항하거나 아니면 아래로 내려갔다가 북상하는 흐름을 택해 혼슈 중부의 여러 지역에 도착했다. 동해 중부 이북의 해상에서 출발할 경우에는 노토반도를 가운데 둔 北陸지방에 도착할 확률이 제일 많다. 고구려인, 발해인들이 주로 사용하였다. 발해 사신선들은 34회 가운데에서 12번이 이 지역에 도착하였다. 『일본서기』의 기록을 근거로 삼는다면 숙신인들도 사용했다.

(4) 동해 종단 항로

이 항로는 동해에 면한 여러 항구를 출발해서 사선으로 종단해서 내려오다가 山陰지방인 돗토리(鳥取)현의 但馬, 伯耆, 시마네(島根)현의 出雲와 隱岐, 그리고 그 남쪽인 야마구치(山口)현의 長門 등 여러 지역에 도착

들은 아래 논문에서 해당 연구자들의 글을 이용해서 다루고 있다. 윤명철, 「동해문화권의 설정 검토」, 『동아시아 역사상과 우리문화의 형성』, 한국학중앙연구원 동북아고대사연구소, 2005; 윤명철, 「연해주 및 동해북부 항로에 대한 연구」, 『이사부와 동해』, 창간호, 한국 이사부학회, 2010. 2. 참고.

46) 필자의 계산에 의하면 측정하는 눈높이를 10m로 했을 때 울릉도의 시인거리는 133km이고, 독도는 63km 이다.

하는 항로이다. 포시에트만이나 두만강 하구에서 직항하여 남쪽으로 산은의 남부지방에 도착하는 항로도 동해 종단 항로이다. 포시에트와 山陰은 경도상으로 거의 직선에 가깝다. 해류의 영향을 감안하지 않고 강한 북풍을 활용한 항해이다. 발해인들이 후기에 주로 사용한 항로이다.

그림 11. 동해 북부 사단 항로

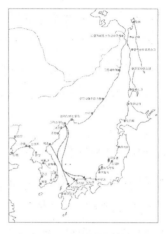
그림 12. 동해 종단 항로

그림 13. 발해 1300호도 항로도

(5) 동해 중부 사단 항로

이 항로는 원산 등 동해안 북부 항구에서 출발했을 경우에는 일단 연안 근해 항해를 해서 남쪽 해역까지 내려온 다음에, 그림처럼 三陟 혹은 그 이하의 해역에서 먼 바다로 나가 사단으로 일본열도 혼슈 중부이북지방 으로 항진했을 것이다. 중간에는 망망대해이므로 지형지물이 없기 때문 에 鬱凌島와 獨島를 좌우로 보면서 위치와 방향을 측정했을 것이다. 고구 려는 장수왕 시대에 흥해 지역까지 남진하였으므로 신라의 접경해역에서 출발하는 동해 남부 항로를 사용했을 것이다. 그러나 발해는 중부까지 남 진할 수 없었으므로 이 항로를 이용할 수는 없었다.

(6) 동해 남부 횡단 항로

경상북도의 浦港, 甘浦, 경상남도의 蔚山 등 동해 남부의 해안을 출항하 여 횡단한 다음에 일본열도의 혼슈 남부지역인 돗도리(鳥取)현의 但馬, 伯耆, 시마네(島根)현의 出雲, 隱岐, 야마구치(山口)縣의 長門 등에 도착하 는 항로이다. 동해를 사이에 두고 경상남도 울산이나 포항지방과 위도상 (북위 35,5도)으로 보아 거의 비슷한 위치에 있다. 이렇게 도착한 다음에, 목적에 따라 연안 또는 근해 항해를 이용하여 북으로는 후쿠이(福井)현의 敦賀(쓰루가)지역으로, 남으로는 규슈지역으로 다시 들어가기도 했다. 한 편 일본에서는 한반도 동해 남부와 이즈모 지방 사이에는 항로가 2개 있 었다고 한다.[47)

---

47) 中田 勳,『古代韓日航路考』, 1956년, 倉文社, pp.123~127.

그림 14. 동해 남부 횡단 항로

(7) 연해주 항로(남부 항로, 북부 항로)

북부 항로와 남부 항로로 구분한다. 출항지역은 북으로는 아무르강(黑龍江)의 하구인 니콜라예프부터 중간의 하바로브스크와 비교적 가까운 항구인 그로세비치, 사마르가(강과 만나는 지역), 그리고 남으로는 나홋카 블라디보스토크 등에 이르는 沿海洲 지역이다. 이들 지역에서 출항하여 타타르 해협을 도항한 다음에 사할린(高項島)의 최북단인 오카, 사카린, 오를보, 코름스크, 그리고 남으로는 홋카이도(北海道)의 와카나이(海內), 오타루(小樽) 등 남단에 이르는 장소로 도착하는 항로이다.

그런데 이 항로는 북서풍이 불어오는 겨울이 아니라 남서풍이 불어오는 봄·여름을 사용하는 항로라는데 주목할 필요가 있다. 선사시대 이래 고아시아 계통의 주민들이 사용하였으며, 후에는 주로 읍루·말갈·여진 등 주로 퉁구스 계통이 사용하였다.

(8) 울릉도 거점 항로

　동해는 남북 길이가 1700 km, 동서 최대 너비는 1000여 km, 면적이 107만 km²로서 동아지중해 총면적의 3분의 1을 차지하고, 중간에는 항법상으로 도움을 받을 만한 섬들이 거의 없다. 앞에서 언급한 동해의 해양환경을 고려한다면 고구려와 발해가 일본열도와 교류할 때 울릉도와 독도는 항로상에서 중간 정거장 구실을 할 수 있다. 원양항해를 할 때에 自己位置를 파악할 수 있게 해주고, 항로를 설정하는 유일한 지표의 역할도 할 수 있다. 물론 일본측 해안에도 오키제도를 비롯하여 크고 작은 섬들이 있지만 그것은 일본 연근해에서 유용한 것이지 실제 천문합병이 이루어지는 대양에선 의미가 없다. 아래 그림은 해양환경을 고려하여 울릉도를 활용한 항로를 추정한 것이다.

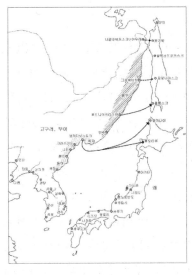

그림 15. 연해주 항로

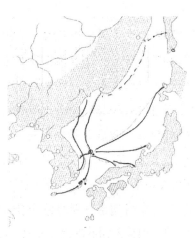

그림 16. 울릉도 거점 항로

3. 내륙수로 교통로

동아지중해처럼 해륙적인 환경 속에서, 또한 국가가 해양을 중요시하는 정책을 취할 경우에는 陸路交通도 중요하지만 內陸水路交通, 그리고 해양교통에도 적합해야 한다. 동아시아에서 강은 내륙과 바다를 연결하는 통로이면서 매개체의 역할을 하는 제3의 존재이다.[48]

1) 강의 성격과 體系

중요한 것은 交通網[49]의 역할이다. 강은 산ㆍ평야와 더불어 육지를 구성하면서 유기적인 상호보완 관계를 이루고 있다. 뿐만 아니라 산과 호수ㆍ초원ㆍ평원 등으로 분리되고, 막혀있는 내륙의 내부지역들을 자연과 역사적인 측면에서 연결하고 있다. 또한 강은 육지와 해양을 연결하는 매개체 역할도 담당한다. 육지와 해양은 '面ㆍ對ㆍ面'으로 직접 접촉하면서 관계를 맺기도 한다. 그러나 강은 길고 깊숙하게 뻗은 線(line)을 이용하여 육지의 안쪽 깊숙한 곳과 해양을 직접 연결한다. 형태는 線이지만 실재는 面의 기능을 하며 더욱 많고 다양한 면과 마주치는 것이다.

동시에 강은 육지와 해양의 직접 마주치지 않은 각각 다른 공간들도 이어줄 수 있다. 예를 들면 경기만의 북쪽인 海州灣의 내륙지역과 남쪽인 南

---

48) 필자는 강이 역사에서 가진 의미와 우리 역사상에서 행한 역할에 대한 이론을 전개하고 있다. 윤명철, 「백제 수도 한성의 해양적 연관성 검토1」, 『위례문화』, 11ㆍ12 합본호, 하남문화원, 2009; 윤명철, 「한민족 歷史空間의 이해와 江海都市論 모델」, 『동아시아 고대학』, 23, 2012; 윤명철, 「서울지역의 강해도시적 성격 검토」, 『2010 동아시아 고대학회 학술발표대회』, 동아시아 고대학회, 2010. 06. 05.; 윤명철, 「동아시아 문명의 생성과 강의 연관성」, 『강과 동아시아』, 동아시아 고대학회 42회 발표회, 2010. 12. 04.
49) 路와 網은 체계와 역할 의미가 다르다.

陽灣의 내륙지역을 이어주며 한강 河系網을 통해서 간접적으로 이어진다. 또한 해주만과 한강 중류지역을 연결시켜 준다. 일종의 '連水陸路 시스템'으로서 동해와 서해, 남해와 서해도 연결이 가능해진다. 이처럼 전근대 사회에서 내륙과 강하구의 연결, 내륙과 해안을 연결하는 교통망으로서 강의 역할은 절대적이었다. 무역일 경우에는 航路 港口선정, 정치체제(국경검문소, 관세징수 등)의 메카니즘으로 인하여 외국에서 들어오는 물자들은 강하구에서 1차적으로 집산된 다음에 강을 역류하여 내륙으로 들어왔다. 이러한 수로 교통망은 곧 물류망의 기능을 했으므로, 강 주변에는 항구와 시장, 창고 그리고 촌락과 도시들이 형성되었다. 따라서 항해업과 造船業에 종사하는 집단들도 있었다.[50]

이러한 체계와 역할을 하는 강은 우리 역사터에서 어떤 모습으로 존재하고 작동하고 있을까? 江의 중요성을 언급한 사람들은 많다. 申景濬이 제작한 『山經表經』[51]이나 다산 정약용이 집필한 『大東水經』은 조선조뿐만 아니라 우리 민족이 산과 물을 어떻게 인식하고 있는가를 잘 보여준다.[52] 정약용은 『大東水經』에서 하천의 중요성을 강조하면서 사람들이 하천을 따라 생활권이 형성되고 있으니, 하천을 단위로 자연을 인식하는 자세가 필요하다고 역설하고 있다. 『新增東國輿地勝覽』에서는 한강 · 낙동강 · 금강물이 나뉘어지는 三分水에 대하여 기술하고 있다.[53] 金正浩가 지은 『大東輿地全圖』[54]를 살펴보면 일반적으로 접하는 등고선지도가 아

---

50) "물이 있어야 사람이 살고 정기도 모인다. 큰 물가에 부유한 집과 큰 마을이 많은 것도 물이 재화를 상징하기 때문"이라고 적었다. 이형석 저, 『한국의 강』, 홍익재, 1997. p.16.

51) 신경준(1712~1781) 제작. '여지편람'은 2권 2책으로 구성되어 있는데 乾책이 바로 '山經表'이며 坤책은 '거경정리표(서울과 각지역 간 거리 표기)이다.

52) 이존희, 앞의 논문, 『서울역사강좌』, 서울특별시사편찬위원회, 2004. p2.

53) 이형석 저, 『한국의 강』, 홍익재, 1997.p 15. 동국여지승람에는 한강 · 낙동강 · 금강물이 나뉘어지는 三分水에 대하여 기술하고 있다. 필자는 이 부분을 보면서 유기적인 체계로 인식했음을 인식했다.

니라 '山系水系圖'인 것이다.[55] 필자가 제기하는 '터이론'과 만주와 한반도와 바다를 유기적으로 작동하는 통일된 역사터로 보는 '해류사관'은 이러한 인식과 맥락이 닿고 있다.[56]

2) 우리 역사터의 강과 수로망

만주지역에는 60개의 크고 작은 강들이 흐르고 있다. 그 가운데에서 우리 역사와 연관 깊은 몇 개의 강이 있다.

(1) 松花江 수로

송화강은 전체 길이가 1900km이다. 유역면적이 52만 평방 km로서 만주 일대의 8분의 5를 차지하고 있다.[57] 2개의 강으로 구분한다. 즉 백두산에서 발원하여 북류하다 눈강과 합수할 때까지는 제2송화강이라고 부르고, 그 후 동류하다가 동강과 만날 때 까지는 동류송화강, 즉 제1송화강이라고 부른다. 수로망을 설명하면 다음과 같다. 제2송화강은 백두산 달

---

54) 이존희, 앞의 논문, 『서울역사강좌』, 서울특별시사편찬위원회, 2004. p.28; '16세기부터는 백두산을 중시하여 국토의 '조종 · 뿌리'로 생각하기 시작하였고, 한양을 우리 민족의 '수도'로 보는 이원적(二元的) 사고체계가 형성되어 갔다. 그리하여 이 시기에 편찬되는 모든 지도에 백두산을 크게 그려 강조하였고, 한양으로 뻗은 산줄기를 뚜렷하게 표시하여 백두산과 한양이 조선 산천체계의 중심으로 자리잡게 되었다.
55) 이형석, 앞의 책, 홍익재, 1997. p.4. 이존희도 위의 글에서 '조선 후기 자연에 대한 인식체계는 '산'과 '강'을 중심으로 이루어졌다'고 말하고 있다.
56) 윤명철, 「고구려 문화형성에 작용한 자연환경의 검토—'터와 多核(field & multi-core) 이론'을 통해서」, 『한민족』, 4호, 2008; 「渤海 유역의 역사문화와 동아시아 세계의 이해—'터(場, field) 이론'의 적용을 통해서」, 『동아시아 고대학』, 17집, 2008; 「한민족 형성의 질적 비약단계로서의 고구려 역사」, 『한민족 연구』, 제5호, 2008.
57) 명칭은 만주어로 松戛烏拉에서 나온 것인데 뜻은 天河이다. 북위 때는 速末水 당시대에는 粟末, 요나라때에는 押子河, 금나라 · 원나라 · 명나라 초기에는 宋瓦라고 불리웠으며 그후에 송화강이 되었다.

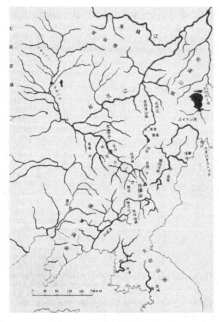

그림 17. 만주 지역을 흐르는 강
(이형석 자료 재인용)

문(天池)에서 발원하여 북쪽으로 흐르다가 남만주 일대의 산간계곡에서 발원한 柳河 輝發河 등과 만나면서 흘러 현재의 吉林市에 오면 큰 물줄기를 형성한다. 길림은 河港都市이다.[58] 계속해서 서북으로 흘러들다가 飮馬河를 만나고 장춘시 근처에서 북류하는 伊通河와 만난다. 이어 부여시에 이르러 북상하다가 大安에 이르러 남으로 흘러 내려온 嫩江과 대안에서 만난다. 이 구간을 북류 송화강 또는 제2송화강이라고 부른다. 송화강은 이곳에서 방향을 틀어서 동류(東流 松花江, 제1송화강)하다가 (통항거리가 1890km 물론 겨울에는 운항할 수 없다.)하는 송화강은 랍림하와 만난 후 중간에서 현재의 하얼빈시내를 통과한다.[59] 이어 길림성 동쪽 일대와 흑룡강성 남부지역을 거치면서 동북상하다가 목단강을 만나고 이어 同江시에서 동강에서 흑룡강과 만난다.

(2) 嫩江 수로

嫩江은 송화강 최대의 지류이다, 伊勒呼里山에서 발원하는데 전장

---

58) 여진어로 '河岸'이라는 뜻이다.
59) 6세기 무렵 북부여의 후예인 豆莫婁가 있었던 지역이다.

1170km이다. 홍안령 지구는 江, 河, 호수, 늪지가 발달하여 대홍안령 입구
에만 7146개의 천이 있다. 대안지구는 수량이 풍부하며 해발 120m～
250m로서 지세가 낮다.[60] 이른바 松嫩평원의 일부이다.[61] 눈강의 可航거
리는 매우 크다. 이 곳은 세석기문화와 청동기문화가 일찍부터 발달했다.
앙앙계는 치치하얼에서 서남쪽으로 25km 지점에 위치하고 있다.

(3) 牧丹江 수로

牧丹江은 길림성 돈화현 목단령 동북쪽에서 발원하여 전장 666km에
달하는 강이다. 張廣才嶺과 老爺嶺 사이를 뚫고 지난다. 鏡泊湖를 忽汗河
라고 하는데, 신당서에는 奧婁河라고 하였다.[62] 남에서 목단강은 흑룡강
성의 동남부 구릉 지대와 크고 작은 분지들을 경유하다가 依蘭市 부근에
서 송화강으로 흘러 들어간다. 목단강은 물의 유속이 급하고 강 바닥에는
암초가 많아서 항해하는데 위험하다. 확장된 송화강은 길림성 동쪽 일대
와 흑룡강성 남부지역을 거치면서 동북상하다가 同江시에서 흑룡강과 합
수한다. 이때까지 길이가 1927km이다. 綏芬河는 길림성의 汪淸縣境에서
발원하여 東寧縣 경유 러시아 경내를 통과한 후 블라디보스토크 부근에서
동해로 들어간다.[63] 신석기시대 유적은 주로 湖泊 부근 및 강 양쪽 언덕의
대지상에 분포하였고, 어업이 활발하였으며, 평원은 농사에 적합하다.

---

60) 王承禮 저, 송기호 역, 『발해의 역사』, 한림대학 아시아문화연구소, 1988, p.106.
61) 두막루는 송화강의 북쪽, 눈강 중·하류 동쪽의 송눈평원에 있었다. 지두우는 대체
   로 유목하기 적합한 쿨룬호 남부 일대의 초원에 있었다. 수나라 때 실위 부락은 동
   쪽으로는 눈강 유역에 이르고, 동남쪽으로는 말갈과 이웃하며, 서쪽으로는 에르구
   네하와 흑룡강 상류지역에 이르러 투르크와 인접했다.
62) 忽汗河라고 하는데, 『신당서』에는 奧婁河라고 하였다; 王承禮 저, 송기호 역, 『발
   해의 역사』, 한림대학 아시아문화연구소, 1988, p.105.
63) 이 지역의 고고학적인 발굴성과는 潭英杰·孫秀仁·趙虹光·干志耿, 『黑龍江區域
   考古學』, 中國社會科學出版社, 1991. pp.21～22. 참고.

(4) 黑龍江(아무르)[64] 수로

　黑龍江은 퉁구스어로 '검은 강'이라는 의미를 지닌 '아무르강'으로 불리운다.[65] 지류가 무려 200여 개이다. 시베리아 남동쪽과 중국 동북쪽의 국경 부근을 흘러 오호츠크해로 빠져나가는 강으로 전체 길이가 4,730km이다.[66] 발원지는 크게 두 지역으로 본다. 흑룡강은 黑河市 주변을 지나 동남으로 흐르다가 남만주에서 북상한 송화강과 합류한다. 이어 동북쪽으로 흐르다가 러시아의 연해주에 있는 興凱湖에서 발원하여 연해주 남부를 훑으며 북상한 우수리강과 하바로프스크에서 합류한다. 여기까지가 중류에 해당한다. 무르강(흑룡강)은 계속해서 동북상하다가 타타르해와 오호츠크해가 만나는 해역에서 바다와 만난다. 총 4730km[67])에 달한다. 전체를 고려하면 6400km에 달한다.

(5) 烏蘇里강 수로

　烏蘇里강 유역에는 산간곡지가 조금 있으며, 綏芬河도 농경지가 발달하였다.[68] 또한 목축업도 발달하여 발해시대에는 이곳 솔빈부에서 말을 키웠다.[69] 전체적으로는 산지가 발달하여 소나무·자작나무·백양나무 등 각종 침엽수들이 삼림을 이루고 있었다.

---

64) 吳文衡,『明代黑龍江民族分布及其社會經濟狀況』, 黑龍江民族叢刊, 1989(1), 總十六期. p.69.
65) 編寫組 編,『航運史話』, 中國科學技術出版社, 1978. 12. p.70. "黑龍江古名黑水, 因黑綠色的江水在彎曲如龍的河床中奔流, 故又名黑龍江".
66) 김추윤·장산환 공저,『中國의 國土環境』, 대륙연구소, 1995. 하지만 흑룡강의 길이는 약간씩의 차이가 있다;『航運史話』p.70. 참조.
67) 20,860km로 말하는 경우도 있다.
68) 王承禮 저, 송기호 역, 앞의 책, 1988, pp.105~106.
69) 王承禮 저, 송기호 역, 앞의 책, 1988, p.105.

(6) 遼河 수로

요동반도는 遼河를 사이에 두고 요동, 요서라고 나누고 있다. 水系가 발달하였고, 대부분의 수계는 遼河로 연결된다. 내몽골지역에서 발원한 시라무렌하(西拉木倫河)와 老哈河가 합수한 강이 西遼河이다.[70] 그 외에도 대릉하·난하 등 크고 작은 강이 錦州灣·連山灣 등의 작은 만을 거쳐 발해로 흘러 들어간다.[71] 소위 '遼河文明'의 발상지(발해문명) 역할을 하였다. 동요하는 太子河가 本溪에서 백암성을 거쳐 요양 앞을 통과한 다음에 해성을 거쳐 온 물길과 만나 다시 남쪽으로 내려오다 곧바로 혼하를 거쳐 내려온 대요하와 만나 최종적으로 營□에 모인 다음에 발해의 요동만으로 들어간다. 전 장이 325km인데 瀋陽·遼陽(요동성)·海城(안시성) 盖州(건안성) 등은 내륙항구도시이다. 요하는 강상수운에도 활용되었다. 후대의 상황을 기록한 것이지만 거란은 이 강에서 일찍부터 독특한 배를 사용하여 운송에 활용하였고,[72] 심지어는 군사작전에도 활용하였다.[73] 한편 요동반도의 동쪽에는 大洋河, 碧流河, 贊子河, 沙河 등이 황해 북부로 흘러 들어가고 있다.

(7) 鴨綠江 수로

압록강[74]은 백두산에 출발하여 내려오면서 크고 작은 강들과 만나 황해로 접어든다. 중류에서는 북쪽의 渾江이 남쪽으로 흘러오면서 합류하고,

---

70) 「魏志」「선비전」에서는 "그 땅의 동쪽은 요수에 접하고 서쪽은 서역(西域)에 이른다. 매년 봄철이 되면 작낙수[作樂水 : 후한서에는 饒樂水라고 기록]에서 크게 모인다" 고 기재한다.
71) 남북이 550km이고, 동서는 330km로서 면적은 7.7만 평방km에 달한다.
72) 馮繼欽·孟古托力·黃風岐 著, 『契丹族文化史』, 黑龍江人民出版社, 1994. p.125.
73) 馮繼欽·孟古托力·黃風岐 著, 위의 책, 黑龍江人民出版社, 1994. p. 127.
74) '대동수경'은 압록강을 大總江으로 부른다. 菉水, 靉河, 古津江이 총합하여 흐르기 때문이라고 한다.

이어 하구인 단동시 외곽에서 靉河 등과 만난다. 한편 남쪽에서는 禿魯江과 만난다.[75] 이렇게 해서 수심이 깊어지고 배들이 다닐 수 있는 水路인 通航거리가 750km이다. 강 하류에는 河上島嶼가 많이 있고[76] 끝나는 곳에는 灣이 발달되어 황해로 접어든다.[77] 압록강과 두만강 두 강의 연안은 총 3,673리인데, 鴨綠江의 상류인 惠山江에서 동쪽으로 豆滿江 상류까지의 거리는 120리이다. 渾江은 龍南山에서 발원하여 압록강으로 유입된다.

(8) 豆滿江 수로

두만강은 길이 610.75km의 강이다. 명칭은 고려강을 비롯해서 圖門江, 徒們江, 土們江, 統們江 등으로[78] 다양하다. 백두산 산록인 함경북도에서 발원하였는데 수량이 부족하여 얕을 뿐 아니라 수심이 불규칙한데다가 수로가 험악하여 해양과의 접근성이 좋지 않다. 하구에는 琿春 防川(지금은 준설하여 항구도시가 되었다.)·핫산(우리가 붙인 下山) 등이 있다. 훈춘은 해양으로 진출하는 전진기지로서 발해의 동경성이었으며, 일종의 강해도시였다.

강은 한반도 내부로 들어오면 더 특별한 의미를 지닌다. 한반도는 육지의 70%가 노년기의 산악지형이다. 백두대간[79]에서 비롯한 산맥들은 동

---

75) 『고려사』 지리지 참고; 『신증동국여지승람』 義州牧, 압록강은 "馬訾 또는 靑河 또는 龍灣이라고도 한다. 서쪽으로 遼東都司와 거리가 5백 60리며, 그 근원은 滿洲 땅의 백두산에서 나오고, 수백 리를 남으로 흘러서 江界와 渭源의 지경에 이르러 禿魯江과 합치고…" 라고 되어 있다.

76) 『신증동국여지승람』, 義州牧 에 따르면 於赤島 蘭子島 黔同島 威化島 蘭子島 등이 있다.大總江, 菉水, 靉河, 古津江 등으로 불리워진다.

77) 『漢書地理志』卷 28, 地理志 第8下 1에는 황해 북부로 흘러들어가는 강들에 대해서 본문과 주를 통해서 상세하게 설명하고 있다. 특히 玄兎郡 西盖馬縣 註에 "馬訾水 西北入監難水 西南至西安平 入海 過郡二 行二千一白里"라 하여 압록강에 대하여 상세하게 설명하고 있다.

78) 이형석, 앞의 책, p.73.

쪽에 치우치면서 바다와 붙어있어 동해가에는 사람들이 모여 살만한 터가 부족했다. 반면에 서쪽은 지형이 낮기 때문에 멸악산맥, 마식령산맥, 차령산맥, 노령산맥 등이 뻗어 내리면서[80] 자락이 넓고 물길 또한 서해안으로 흘러 들어가며 河系網을 만들고 있다.

(9) 淸川江 수로

청천강은 길이 207km이다. 평안남도 雄魚水山에서 발원하여 중간에 태천이 있는 대령강 등과 합류하면서 영변 · 개천 · 안주 등의 강변도시들을 형성한다.

(10) 大同江 수로

대동강은 길이가 441.5km에 달하는 결코 짧지 않은 강이다. 상류에는 비류강이 흘러 성천시를 이루고 순천을 거쳐 평양 주변지역으로 오면 합장강 · 장수천 등이 대동강과 합류한다. 普通江과 만나 평양지역을 에워싸며 돈 다음에 하류로 흐른다. 대동강은 북으로 淸川江이 있고, 남쪽으로는 禮成江, 臨津江, 漢江이 하계망을 구성하면서 서해 중부로 흘러들어가 경기만을 구성한다.[81] 지류가 많다. 또 바깥의 南浦灣 · 大東灣 · 甕津灣 · 海州灣 · 京畿灣 등과 이어지면서 해안을 장악하여 한반도 중서부 지방을

---

79) 1769년에 편찬된 輿地便覽의 山經表에 따르면 대간 · 정간 · 정맥 등으로 구분하고 있다. 또한 산과 물을 하나의 유기적인 시스템으로 보는 관점이다.

80) 이형석 저, 『한국의 강』, 홍익재, 1997. p.18에서 동경제국대학의 이학박사 고토 분지로가 1900년부터 1902년 사이에 2회에 걸쳐 우리나라를 방문, 14개월간 전국을 답사 · 연구한 이론(산맥의 명칭과 개요)을 아무런 검토없이 그대로 따르고 있는 실정이다. 우리나라 산맥은 1900년대 초, 일본의 지리학자들이 연구한 결과로, 주로 밑의 지질구조에 따라 산맥을 분류하여 실제로 지표면의 산세와 맞지 않는다.

81) 河系網의 이론에 대해서는 權赫在, 『地形學』, 법문사, 1991, pp.108~117, 참조.

통합하는 계기를 마련하기에 유리하다. 해양항로를 통해서 대내교통과 국제교통에 적합하다. 대동강 하구에서 南行하면 경기만의 해역권으로 들어가고, 북행하면 청천강 하구의 해역권으로 들어간다.

(11) 禮成江

예성강은 수로가 187km이다. 황해도 수안군 대각산에서 발원하여 산성·신계·남천·금천 등을 경유하여 개성에서 30리 떨어진 예성항인 벽란도에 닿는다. 可航거리가 하구에서 약 64km이고, 수로의 종점(가항종점)은 금천 북쪽의 한포였다. 이어 강화도와 만나 서해로 빠져 나간다. 태백산·장수·해주만까지도 연결할 수 있는 환경을 갖추고 있다.

(12) 漢江

그림 18. 조선국지리도 소재   그림 19. 동사강목
　　　팔도총도(八道總圖)

한강은 수로가 481km이고, 유역면적이 압록강 다음으로 넓다. 한강은 사서에서 '帶水', '漢水', '阿利水(광개토대왕릉비)'등으로 불리워졌는데, 모두 큰 강이라는 뜻을 담고 있다. 백두대간 중간부분의 산과 골짜기에서

발원하여 천으로 내려온 물들은 강을 이루고, 중간에 북한강의 인제·춘천·가평 등의 도시들, 그리고 영월·단양·제천·여주·이천 등의 도시들을 경유하여 각각 흘러오다가 경기도의 양수리에서 합쳐져 본류를 이룬다.[82] 한강하류는 남·북한강이 양수리 부근에서 서로 합류하여 팔당을 지나 龍山의 남쪽을 흘러 서해로 들어가는 부분을 말한다.[83] 파주 교하면에서 한탄강과 합류한 임진강과 만나 하구로 빠져 나간다. 다산은 특히 한반도를 흐르는 여러 강 가운데에서 한강이 가장 으뜸이라고 강조하고 그 가치의 중요성을 들고 있다.

(13) 錦江

금강은 수로가 401km로 전라북도 장수군의 신무산에서 발원하여 중간에 전라북도의 南大川과 합류하고 충청북도의 천들을 만난다. 이어 충청남도 부강에서 美湖川과 합류한다. 이어 공주·부여·강경 등을 거쳐 군산 앞 서해 바다로 들어간다. 노년기 지형에다가 충적평야가 발달하였으므로 물길이 느린 탓에 수로교통이 발달하였고, 조수의 영향이 부조군 규암면 규암리까지 미친다. 밀물 때 큰 배가 부여까지 운항되고 작은 배는 부강까지 운항되는 등 활발하였었다. 필자는 79년도에 뗏목으로 항해할 때 부여의 다리 밑에까지 조수의 영향이 있는 것을 알았다.

더구나 하구에서 萬頃江이 합세하고 있으며, 현재의 군산지역은 상당한 부분이 바다였을 것으로 추정된다.[84]『大東輿地圖』를 보면 하구가 내륙 깊숙하게 들어왔음을 알 수 있다. 만과 포구가 발달하고, 강력한 해상세력이 있었을 가능성이 매우 높다. 따라서 금강 하구로 연결된 수로를

---

82) 서울特別市史編纂委員會,『漢江史』, 1985, pp.28~29.
83) 盧道陽,『서울의 自然環境』, 서울六百年史, 第1卷, 1977. pp.53~54.
84) 이 지역의 지리지질적 조사와 유적은 김중규,『잊혀진 百濟,사라진 江』, 신아출판사, 1998. pp.74~80.

통해서 全北일대 및 忠南일대 전체까지 깊숙히까지 교통이 가능하다. 따라서 물자의 교역 및 운송에 적합하다.[85]

(14) 萬頃江

만경강은 수로가 81.75km이다. 전라북도 완주군 동상면의 산록에서 발원한 후에 중간에서 삼례를 경유한 후에 전주를 지나온 추천과 만나고 익산에서 益山川을 합류한다. 다시 탑천강과 만난 후에 만경 등을 거쳐 서해로 들어간다. 익산지역은 항로상의 중계지 역할뿐만 아니라 水路를 통해서 내륙으로 연결되는 교통의 요지였다. 조선 중기에 삼례 부근의 갯벌을 간척하였다는 기록이 있다. 밀물 때 배가 익산시 춘포면 대장촌리까지 올라갔으며, 보다 하류에도 선착장들이 발달하였다. 東津江을 통해서 井邑 · 金堤 · 高廠 등 내륙의 평야지대로 쉽게 연결된다. 海倉은 동진강과 만경강이 만나면서 서해와 직접 연결되는 포구이다. 구전에 따르면 일본과 당나라에 이르는 교역항로로써 반드시 통과해야 했다고 한다.[86]

(15) 榮山江

영산강은 길이가 115.8km이다. 전라남도 담양군 월산면 병풍산에서 발원하여 고막원천 · 함평천 · 시종천 · 영암천 등과 합류하여 나주를 거쳐 서해로 들어간다. 평야가 발달하지 못했으나 대신 수로교통이 발달하였다. 조수의 영향은 영산포 부근까지 미쳤었다. 밀물 때에 40여 km에 달하는 영산포까지 큰 배가 올라갈 수 있었다. 영산강 하구댐이 만들어지기 전에는 삼포천 · 영암천 등이 독립된 강이었다. 『大東輿地圖』 · 『靑邱圖』

---

85) 羅燾承, 「錦江水運의 變遷에 關한 地理學的 硏究」, 『公州教大論文集』, 16, 1980. pp.74~80.
86) 『청해진 이주민의 벽골군 정착과정 및 김제시 개발 기본계획』, 군산대학교지역개발연구소, 2000. pp.17~18.

등을 보면 매우 넓은 해역이었음을 알 수 있다. 이처럼 영산만은 해상로를 통제할 수 있는 물목을 장악할 수 있고, 해양세력이 장기간 웅거할 수 있고 활동할 수 있는 넓은 공간이 있으므로 강력한 해양세력이 성장할 만하다. 더구나 복잡한 리아스식 해안을 이루고, 크고 작은 만과 반도가 잘 형성된 전남 해안과 직접 연결되었다.

(16) 蟾津江

蟾津江은 수로가 212.3km이다. 전라북도의 진안군 팔공산에서 흘러 나오면서 보성강 등과 합류하다 광양만을 통해 남해로 흘러간다. 중간 중간에 하동·송정리·화개 등이 있었는데 가항종점은 구례이다. 하지만 강 해도시에 해당하는 도시는 하동이다.[87] 섬진강 하구 해역은 순천만·광양만 일대를 포괄적으로 말한다.[88] 순천은 순천만·보성만·광양만·사천만과 직접·간접으로 연결되고, 섬진강·보성강 나아가 금강과도 연결될 수 있는 내륙 하계망이 발달한 해항도시이다.

(17) 洛東江

낙동강은 길이가 525.15km 이다. 백두대간의 중심부인 강원도 태백산 록인 黃池에서 발원하여 중류의 금호강·황강 등과 류하고 하류에서 밀양강·양산천 등과 합류하여 남해로 들어간다. 고대부터 수운이 발달하였다. 태화강은 길이가 41.5km로 비교적 짧다. 경상남도 高獻山에서 발원하여 중간에 언양 등을 지나고 울산을 통과해 곧장 동해로 흘러 들어간다.

---

87) 충청남도역사문화연구원,『백제의 기원과 건국』, 충청남도역사문화연구원, 2007. pp.26~37.
88)『신증동국여지승람』, 권40, 순천도호부에 따르면 광양군과 15리, 서쪽은 樂安군과 31리, 남쪽은 바닷가까지 35리이다.

이렇게 살펴본 대로 만주와 한반도는 내륙의 곳곳을 수 없이 많은 대소 강과 천들이 흘러가면서 산악과 초원 숲과 평원 등을 연결시켜 주었다. 그리고 이러한 강들은 어김없이 서해 · 남해 · 동해 · 타타르해까지 흘러 들어가 모든 육지 지역들을 직접 · 간접으로 연결 시켰으며, 바다 건너 일본열도와 중국지역과 교류할 수 있는 조건을 조성하였다. 동아지중해 역사공간은 육지영역과 삼면의 해양영역, 그리고 실핏줄처럼 이어진 강들이 유기적으로 이어져 하나의 역사권을 운영해왔다. 그리고 그 정치 · 경제 · 문화 등의 중심핵인 수도와 대도시들은 강 및 바다와 밀접하게 연관성을 맺을 수밖에 없었다.

4. 표류로의 이해

1) 표류의 성격

해양활동과 해양의 메카니즘을 이해하는데 또 다른 요소로서 '漂流'가 있다. 표류란 바다, 강, 넓은 호수에서 특별한 이유로 배가 방향을 잃고 위험한 상태에서 움직이는 비일상적인 상황을 의미한다. 사료에서는 漂流 외에 '漂着'(발해사신과 관련한 일본기록) 또는 '漂沒', '漂到' 등의 용어로 사용되었다. 엄격하게 말하면 성격 · 형태 등에 약간의 차이가 있으나 기본적으로는 거의 유사하다. 따라서 이 글에서도 이러한 현상 일반을 '표류'라고 규정한다.

표류의 주체는 2종류가 있다. 첫째는, 바다라는 자연공간에서 일상적으로 활동하는 선원, 어민, 해적 등을 비롯한 해양인들이고, 둘째는 일시적이나 특정한 목적으로 바다를 항해하는 사람들, 즉 商人 · 僧侶 · 官人 · 軍人 등이다. 이들은 각각 특정한 목적을 가진 채 목표지를 향해 항해를 시작했지만, 도중에 기상이변, 선체 파손, 내부 혼란, 적대집단의 습격 같은 비일상적인 상황으로 인하여 정상 항로를 이탈한 채 자연현상에 맡겨졌다 표류한 것이다. 또한 항해자들은 해양과 항해의 메카니즘상 불가피하게 사용할 수밖에 없는 시기와 항로가 있었으며, 이러한 시스템 속에서 표류가 발생한 경우도 적지 않았다. 표류는 일상적인 해양활동은 아님에도 불구하고 해양문화와 역사상에 또 다른 방식으로 적지 않은 영향을 끼쳤다.

첫째, 표류는 항로의 발견과 계발을 촉진시킨다. 고대에도 표류현상은 많았다. 연오랑과 세오녀의 설화와 석탈해 설화는 항로를 발견하는 전형적인 예이다. 고려의 역사를 기록한 『고려사』에 보면 1076년에서 1174년까지 약 100년 동안에만도 송나라에 표류하였다가 돌아온 고려인들의 이야기가 12차례나 기록되어 있다. 고려배들은 오늘날 상해 아래인 영파 해안에 많이 도착한다. 물론 반대의 경우도 가능하다. 제주도 근해나 전남 다도해의 사람들이 바다에서 북동풍을 만나 표류하면 남쪽으로 밀리다가 쿠로시오(흑조)의 저항을 받아 대체로 舟山群島 해역에 표류한다. 이 표류로는 황해 남부 사단 항로나 동중국해 사단 항로와 거의 일치했다.[89]

한반도 남해 동부의 東三洞 및 朝島, 동해 남부의 西生浦 등과 대마도 및 큐슈지역과의 교류는 약 7000년을 전후한 시기부터 있었다. 이 시기에 사용되기 시작한 항로는 우발적인 표류를 통하거나, 가장 초보적인 표류성 항해를 통해서 발견되고, 점차 항로로 고정됐을 것이다.

아래의 표류 도표는 비록 조선 중기 이후에 남해와 동해의 일부에서 일본열도로 표류한 선박들의 상황을 표현한 것이지만 역사상의 항로와 표류의 상관성을 이해할 수 있다.[90] 신라인들은 동해의 남부 해역을 서서히

---

89) 윤명철, 「동아지중해호의 탐사와 한중해양교섭적 의미」, 옛목 동아지중해호 탐사 2주년 기념 학술회의, 중국절강대학교 한국연구소(절강성 주산시 주가첨지구) 1998. 8.에 발표하였으며, 중국에서 金健人, 『中韓海上交流往史探源』, 學苑出版社(北京), 2001. 12.로 편집되어 출판되었다.

한국 해양 교통사 연구 방법론과 항로 119

그림 20. 표류도-1962~1840년 사이 조선에서 일본에 표류한 선박들의 길.(시바다게이시 · 손태준 작성)

횡단하여 물길을 타고 바람을 잡아가면서 혼슈(本州) 남부의 해안지방인 야마구치(山口)현, 시마네(島根)현, 돗토리(鳥取)현, 후쿠이(福井)현에 상륙하였다. 그리고 물길에 밀리면 더 북쪽의 니가타(新潟)현까지도 올라갔다. '연오랑 · 세오녀 설화', '천일창 신화' 등은 이러한 상황과 연관이 깊다. 물론 반대의 경우도 가능하다. 박혁거세 시대의 재상인 호공(瓠公)의 신라에 온 것이나 석탈해를 싣고 온 궤짝(櫃) 등이 아진포에 도착한 것은 해양환경과 연관된 표류와 관련이 깊다.

고구려도 동해 북부 해안에서 출항하여 동해를 가로질러 혼슈지역의 여러 해안에 도착하였다. 위로는 北陸인 노토(能登)半島의 북쪽으로부터[91] 니가타(新潟), 쓰루가(敦賀)를 거쳐 남으로는 이즈모(出雲)까지였다. 『日本書紀』에는 고구려인들의 교섭상황이 기록되어 있다.[92] 고구려인들의 도착지점은 대체로 현재의 쓰루가(敦賀)를 중심으로 한 지방이었다. 동해를 사선으로 종단하여 혼슈 남부 해역에 도착하는 발해인들의 항로

---

90) 이 부분에 대해서는 윤명철,『동아지중해와 고대일본』, 청노루. 1996. pp.41~60에서 지역별로 정치세력과 관련하여 기술하였다.

91) 森浩一,『古代日本海文化の源流と發達』, 大和書房, 1985, pp.185~186; 森浩一,「越の世界と豪族」,『古代史 津津浦浦』, 1979, pp.66~67; 上垣外憲一,「高句麗使と惠便法師」, 中西 進 外,『エミシとは何か』, 角川書店, 1993, p.102.

92) 齊藤忠,「高句麗と日本との關係」, 金達壽 外,『古代の高句麗と日本』, 學生社, 1988, pp.22~23의 도표 참조;『日本書紀』권17, 繼體 천황 10년;『日本書紀』권19 欽明 천황 원년.

는 앞에서 '발해 1300호'의 표류로와 일치했다. 이러한 역사상은 선사나 고대의 항해가 표류의 길, 즉 가장 자연스런 길을 활용하면서 이루어졌음을 입증한다.

둘째, 표류는 漂着 해역 및 지역에 대한 정보를 취득하는 계기가 됐다. 표류는 양국이 서로의 입장과 이익을 조정하고 이루어진 공적인 교섭이 아니라 민간인들 또는 관리들에 의한 우발적인 교류가 많다. 전근대사회에서 표류와 표착이 정보수집의 기능을 인식하였음은 蘇東坡가 고려 사신들에 대하여 비판적인 태도를 취하면서[93] 哲宗에게 몇 번이나 올린 奏狀에서 나타난다. 그는 심지어는 고려 사신들이 군사적 허실을 살피므로, 잠재적인 위협을 끼친다고까지 하였다. 반면에 송나라도 1258년의 예처럼 표류자들을 대상으로 정보를 취득했다.[94]

성종 연간인 1488년에 錦南선생 崔溥는 영파 해역에 표착한 이후에 요동을 거쳐 귀국하기까지 명나라의 해안과 지형·방어체제·도시 풍습 등등을 샅샅이 기록하였다. 그가 펴낸『표해록』은 燕行錄이 담을 수 없었던 중국 남방지역에 대한 정보를 가득 충실하게 기록한 책이다.[95] 조선시대에 張漢喆이 쓴『표해록』과 柳大用이 저술한『琉球風土記』는 표류기는 유구국에 대한 정보를 상세하게 전하고 있다. 이지항은 1756년 음력 4월 부산을 출항해서 표류하다 홋카이도에 표착한다. 대우를 받고 부산으로 귀환한 그는 자신의 경험을 표주록(漂舟錄)이라고 지어 펴냈다. 반대로 표류자가 우리 지역의 정보를 서양세계에 전달한 경우도 있었다. 1653년 8월 제주도 산방산 앞바다에 표류해 온 하멜은 13년 만에 탈출하여 표류기(하멜 표류기)를 기술했다.[96] 우발적인 표류가 가진 이러한 정보취득

93) 鮑志成,「蘇東坡와 高麗」,『한중문화교류와 남방해로』, 국학자료원, 1997. p.89.
94) 全善姬,「明州古方志所見宋麗交流史事札記」(한글판),「明州 옛 '지방지'에 보이는 麗 宋 交流史 札記」,『中國의 江南社會와 韓中交涉』, 집문당, 1997. p.237.
95) 최부 저, 서인범·주성지 옮김,『표해록』, 한길사, 2004.

기능 때문에 각 나라들은 표류민들을 몹시 엄격하게 다루었다. 더구나 倭寇가 창궐하면서 이러한 면은 더욱 심해졌다.97)

셋째, 표류의 빈번한 발생은 자연스러운 민간인의 移住(settlement)를 낳고 이어 植民活動(colony)으로 발전하는 경향이 있다. 일본의 창세신화 및 건국신화 또한 항해 및 표류와 깊은 관련이 있다. 집단이주, 정치세력화, 토착인들과의 갈등 등이 묘사된 것이다. 쓰시마에서 발견되는 표류의 흔적들은 이주의 상황을 표현한 것이 적지 않다. 8~9세기에는 신라농민들이 흉년 등 사회적인 요인으로 인하여 바다를 건너가는 사람들도 많았다. 『삼국사기』와 『구당서』에는 816년에 굶주림을 못 견뎌 170여명이 절강지방으로 건너갔다는 기록이 있다.98)

넷째, 우발적인 표류와 표착은 진출과 정복이라는 정치적인 목적을 달성하는 계기로 활용되기도 했다. 표류와 표착은 몇 차례의 과정을 반복하면서 1차적으로 航路의 發見으로 이어진다. 다시 상황의 변화에 따라서 경제적인 목적을 지닌 항해의 성격으로 전화하고, 이어 조직적인 진출을 추진하면서 정치적으로 정복을 한다. 그밖에도 표류와 표착은 국제질서의 변화를 가져오는 변수역할도 하였다. 살펴본 것처럼 표류는 해양문화의 생성과 발전은 물론이고, 정치 · 군사 · 무역 등 국제관계에서도 변수이상의 역할을 담당하였다.

---

96) 신복룡 역주,『하멜표류기 등 합본』집문당, 2005. 특히 효종을 알현하는 모습 등은 조선 핵심부의 모습을 그린 것이다. 그러나 해제자의 말과 같이 네덜란드는 이를 가치있는 자료로 활용하지 못했다.
97) 표류와 관련해서는 이훈,『조선후기 표류인과 한일과제』, 국학자료원, 2000. 참조.
98) 이 항로와 관련된 재당신라인들의 활동과 거점, 그리고 고려시대 양 지역 간의 활발한 교섭 등에 대한 기록과 연구성과들이 있다. 김문경, 「9~11세기 신라사람들과 강남」,『장보고와 청해진』, 혜안, 1996.

V. 맺음말

이 글은 한국의 해양교통사 연구의 방법론과 사용된 항로를 살펴보는 것이다. 한민족의 역사가 진행된 공간은 한반도와 대륙 그리고 해양을 포함한다. 그리고 소위 한반도를 해양이 둘러싸고 그 해양을 다시 여러 나라의 육지가 둘러싸고 있는 다국간 지중해적 형태이다. 필자는 이러한 자연환경과 인문환경, 그리고 역사상을 토대로 '동아지중해'라는 모델을 설정했다. 전근대에 이 공간에서 모든 지역과 국가들을 연결하는 중요한 교통로는 '항로'이다. 심지어는 만주 일대에서도 수로가 중요했고, 동만주 공간은 수로망이 절대적인 역할을 담당했었다.

그러므로 해양활동은 매우 활발했었고, 민족 내부의 국가들 간에는 국제항로 등을 둘러싼 경쟁이 치열했고, 국가 간의 경쟁에도 해양력과 항로는 절대적인 역할을 담당했다.

그럼에도 불구하고 전통역사학에서는 물론이고 근대 역사학에서도 해양사 연구는 거의 없었다. 이유는 첫째, 육지 중심, 성리학적 세계관, 식민사관의 문제와 깊은 연관이 있었다. 둘째는 주제 선정, 소재 설정, 연구방식 등 연구방법론의 문제이다. 이러한 문제점들을 해소하는 몇 가지 방법론이 있지만, 근본적인 것은 해양문화의 메카니즘을 이해하고, 이것을 과학적이고 구체적으로 적용하는 일이고, 다양한 연구분야를 개척하는 것이다. 실제로 한국의 역사상을 살펴보면 해양문화 및 해양력과 깊은 상관성이 있었다. 선사시대부터 항로를 이용하여 해양문화가 발달했으며, 특히 고대에는 삼국간의 경쟁이 치열하면서 국제관계가 복잡하였기 때문에 항구 확보와 항로 사용 등은 국가의 생존과 직결되었다.

동아지중해에서 사용되었던 항로는 시대와 지역, 국가의 정치체제 및 국제질서에 따라서 약간의 변동은 있었으나 자연환경의 영향을 절대적으로 받았기 때문에 거의 유사하였다. 그리고 비록 황해권·남해권·동해권 등으로 크게 유형화 시켰지만, 육지와 달리 해양은 전 해역이 유기적인 관계망을 구성하고 있음을 이해해야 한다. 추후 동아시아의 역사상, 특히 '韓日關係'·'韓中關係'를 정확하게 파악하려면 해양활동과 함께 항로의 메카니즘과 사용 사례들을 정확하게 이해하는 일이 필요하다.

한국 근대 철도사 연구 현황과 과제

김 찬 수*

Ⅰ. 머리말

2016년 올해는 1899년 경인선 철도가 개통된 지 117년, 수도권의 도시 철도가 개통된 지 42주년, 그리고 경부고속철도(KTX)가 개통된 지도 12주년이 되는 해이다. 2004년 우리나라는 일본, 독일, 프랑스, 스페인에 이어 세계에서 다섯 번째로 경부고속철도를 개통하여 '꿈의 실현', '비전의 실현'을 보게 되었다.[1]

현재 우리나라의 철도는 총 거리 3,866㎞(고속철 596㎞, 일반철 3,269), 여객 운송 연 630,296,000명(2015. 6. 30 기준), 직원 27,981명의 거대 조직으로 발전하였다.[2]

---

* 경기대학교 강사.

[1] 한국철도시설공단,『꿈의 실현, 고속철도 시대를 열다』, 도서출판 중심, 2004, 21~23쪽. 서선덕 외,『한국철도의 르네상스를 꿈꾸며』, 삼성경제연구소, 2001, 2~3쪽.
[2] 한국철도공사(KORAIL) 홈페이지 정보공시 참조(http://info.korail.com/mbs/www/index.jsp). 민영화된 옛 국철 JR(Japan Rail)만도 20,095㎞가 되는 '철도 왕국 일본'의 철도에 대한 노력과 투자는 우리에게 시사하는 바가 크다. 이용상,「철도 왕국 일본」, 서선덕 외, 위의 책, 173~203쪽 참조.

얼핏보면 오늘날의 철도 교통은 접근성이 용이한 자동차 교통이나, 신속성이 뛰어난 항공교통, 대량 수송이 가능한 해운교통에 밀려나는 것처럼 보인다. 그러나 계속되는 기술개발 노력과 시속 300㎞를 넘게 달리는 고속철도의 개통은 선진국을 상징하는 교통수단으로 자리매김하고 있다. 또, 2002년의 6·15남북정상회담에 이은 남북철도 연결을 통한 남북교류사업 활성화나 현 정부가 추진하는 부산-나진사이 한반도종단철도(TKR 1,295㎞)와 시베리아 횡단철도(TSR 9,297㎞) 연결을 통한 유라시아 횡단철도 프로젝트는 철도교통이 미래의 중요한 교통수단으로 손색이 없음을 말해주고 있다. 더불어 꿈의 실크로드 중국횡단철도(TCR)와, 만주횡단철도(TMR), 몽골횡단철도(TMGR)에 대한 철저한 대비와 참여를 통해 남북교류 협력 활성화나 국가간 경제교류 활성화에 기대하고 있다.

철도의 경쟁력이 곧 국가의 경쟁력이 되고 있다. 이는 철도가 갖고 있는 수송능력과 경제적 측면의 안정성, 고속성, 정시성, 대량 수송, 수송 및 에너지 효율성, 환경 친화적 특성이 여전히 유효하기 때문이다.[3]

이러한 현재의 상황하에 동아시아의 근대 역사 속에서 철도는 어떤 성격을 가지고 어떤 변화와 발전을 하였는지 살피는 것은 의미가 크다. 철도의 역사는 정치사, 경영사, 금융사, 재정사, 노동사, 기술사, 철강사, 건축사, 사회사, 생활사, 문화사, 지역사 등 다양한 측면에서 접근할 수 있다. 철도는 여러 학문의 연구 대상이 될 수 있고, 또 학제간의 공동 연구도 필요하다.[4]

그럼에도 불구하고 현재 철도사 연구는 정체되어 있는 느낌이며, 선행 연구자들을 이어받을 연구 인력도 많지 않은 현실이다. 아마도 철도사 연구가 갖고 있는 자료의 방대함과 사회사, 경제사 맥락을 함께 살펴야 할 특성 때문에 지금의 연구자들이 소화하고 있지 못하고 있기 때문일 것이

---

3) 서선덕, 「한국철도의 르네상스를 꿈꾸는 이유」, 서선덕 외, 위의 책, 20~23쪽.
4) 정재정, 「근대로 열린 길, 철도」, 『역사비평』70, 역사문제연구소, 2005, 239~240쪽.

다. 물론 현재의 인문학 위기 분위기와도 무관하지 않다.

본고에서는 간단하게나마 개항기와 일제식민지 시대의 철도사 연구현황을 살펴보고, 근현대 철도사 연구의 어려움 속에서도 앞으로 진행되어야할 연구 과제를 제시해 보고자 한다.

Ⅱ. 근대 한국철도의 성격 연구

철도는 인간과 물자의 수송량과 수송 속도에서 종래의 다른 교통기관보다 뛰어났기에, 철도 산업은 자본·기술·회계·고용·관리 등의 여러 측면에서 다른 산업의 선구자였다. 따라서 선진국의 여러 나라에서는 철도를 국민경제 형성과 민족국가 수립의 지렛대로서 활용하였다.5)

그러나 식민지 혹은 半식민지에서의 철도는 대체로 제국주의 국가의 자본·상품·군대·移民을 침투시키는 역할과 원료·식량을 수탈하는 역할을 담당하였다. 식민지·반식민지에서의 철도는 근대문명의 전파자이기도 하지만, 총체적으로는 국민경제의 형성을 왜곡하고 현지인의 주체적 성장을 억압하는 양면성을 띄고 있다.6)

우리에게 있어 1892~1945년의 철도는 바로 이러한 이중적인 성격이었다. 일본은 이 기간 동안 한국을 침략하고 지배하기 위하여 5천여 km의 國有鐵道와 1,400여 km의 私設鐵道를 부설·운영하였는데, 한국인들은 철도 부설권의 被奪로부터 철도 부설공사 및 철도의 운수·영업에 이르는 전과정에서 한편으로는 격렬하게 저항하고, 또 한편으로는 어쩔 수 없

---

5) 정재정, 「일제침략기 한국철도사 연구의 현황과 과제」, 『한국민족운동사연구』7집, 한국민족운동사연구회, 1993, 1쪽.
6) 정재정, 위의 논문, 1쪽.

이 타협할 수밖에 없었다. 한국의 철도는 한국과 일본에 존재하였던 침략과 저항, 지배와 동화, 개발과 수탈, 억압과 성장 등의 상극관계를 한 몸에 간직하고 있던 민족모순의 핵심 고리였다.[7]

즉, 우리의 철도 역사는 근대 자본주의와 함께 만들어진 대표적인 교통수단으로서, 대규모의 상품 유통과 국내 시장 형성 수단으로서 산업발달을 뒷받침한 가장 중요한 사회간접자본이었지만 19세기 말부터 20세기 초기 우리의 철도는 대부분이 일본 제국주의자들의 수중에 장악되어 부설·운행됨으로써 그들의 침략도구가 되고 말았던 것이다.

우리의 역사 연구에서 철도교통에 대한 연구는 철도가 일본제국주의의 대륙침략정책, 식민지 지배기반의 구축, 물자유통망의 형성 등과 어떤 관계를 맺으며 건설·운영되었는가에 초점이 모아졌다. 철도에 대한 앞선 연구가 전혀 없었던 것은 아니지만 피상적인 연구에 그쳤고, 본격적인 연구는 1980년대 鄭在貞에 의해서이다.[8]

---

7) 정재정, 위의 논문, 2쪽.
8) 1982년 이후 정재정의 주요 철도사 연구를 연도순으로 정리하면 다음과 같다.
   鄭在貞, 「韓末·日帝初期(1905~1916년) 鐵道運輸의 植民地的 性格(上)-京釜·京義鐵道를 中心으로-」, 『韓國學報』제28집, 일지사, 1982.
   _____, 「京義鐵道의 敷設과 日本의 韓國縱貫鐵道 支配政策」, 『論文集』제3집, 한국방송통신대학, 1984.
   _____, 「京釜鐵道의 敷設에 나타난 日本의 韓國侵略 政策의 性格」, 『韓國史硏究』44, 한국사연구회, 1984.
   _____, 「京釜·京義鐵道의 敷設과 韓·日土建會社의 請負工事活動」, 『歷史敎育』제37·38합집, 역사교육연구회, 1985.
   _____, 「韓末 京釜·京義鐵道敷地의 收用과 沿線住民의 抵抗運動」, 『李元淳敎授華甲紀念史學論叢』, 교학사, 1986.
   _____, 「朝鮮總督府 鐵道局의 雇傭構造에 관한 硏究」, 『논문집』9, 한국방송통신대학, 1988.
   _____, 「Japanese Imperialism and Korean Railroads, 1899~1945」, 『논문집』10, 한국방송통신대학, 1989.
   _____, 「植民地期의 小運送業과 日帝의 統制政策」, 『歷史敎育』제48집, 歷史敎育硏究會, 1990.

정재정은 일제의 국유철도정책을 종합적으로 검토하는 가운데, 경부선·경의선·경원선·호남선·함경선·중앙선·만포선·도문선 등의 縱貫鐵道가 어떤 과정을 통해 부설되었으며, 그것들이 화물수송에서 어떤 기능을 담당했는가를 분석했다. 그 결과, 일제는 선로개량·열차운행·운임정책 등에서 일본-조선-만주를 최단거리로 안전하게 연결시켜주는 경부선·경의선을 우선적으로 육성하는 정책을 썼으며, 이로 인해 두 철도에 여객과 화물이 집중하게 되었다는 사실을 알게 되었다. 국유 간선철도의 화물수송은 조선과 만주의 大容積·低價品인 1차상품을 일본으로 반출하고, 일본의 小容積·高價品을 조선과 만주로 반입하는 구조였다. 그리하여 국내수송보다는 국외수송이 더욱 활기를 띠었다. 1930년대 이

_____, 「大韓帝國期 鐵道建設勞動者의 動員과 沿線住民의 抵抗運動」, 『한국사연구』 73, 한국사연구회, 1991.

_____, 「日帝下 國有鐵道의 運輸營業과 物資輸送」, 『西巖趙恒來교수화갑기념 한국사학논총』, 아세아문화사, 1992.

_____, 「日帝의 韓國鐵道侵略과 韓國人의 對應(1892~1945年)」, 서울대 대학원 국사학과 박사학위논문, 1992.

_____, 「鐵道의 發達과 交通運輸의 國家別 特性, 1830~1945; 第10回 國際經濟史會議(1990年)를 中心으로」, 『典農史論』 1, 서울시립대학교 국사학과, 1995.

_____, 『일제침략과 한국철도』, 서울대학교출판부, 1999.

_____, 「日本의 對韓 侵略政策과 京仁鐵道 敷設權의 獲得」, 『歷史敎育』 第77輯, 歷史敎育硏究會, 2001.

_____, 「日帝下 京城府의 交通事故와 日帝 當局의 對策」, 『典農史論』 第7輯 -松籃李存熙敎授停年紀念號-, 서울市立大學校 國史學科, 2001.

_____, 「근대로 열린 길, 철도」, 『역사비평』 70, 역사문제연구소, 2005.

_____, 「역사적 관점에서 본 남북한 철도연결의 국제적 성격」, 『東方學志』 129, 연세대 국학연구원, 2005.

_____, 「조선총독부철도국장 大村卓一과 朝滿鐵道連結政策」, 『歷史敎育』 第104輯, 역사교육연구회, 2007.

_____, 「일제하 동북아시아의 철도교통과 경성」, 『서울학연구』 52, 서울시립대학교 서울학연구소, 2013.

_____, 「일제하 '北鮮鐵道'의 경영과 日朝滿 新幹線의 형성」, 『歷史敎育論集』 54, 歷史敎育學會, 2015.

후 조선의 산업개발이 진척됨에 따라 철도의 화물구성에서 농산물의 비중이 약화되고, 광산물 · 공산물 · 군용품 · 철도용품의 비중이 훨씬 높아져, 국유철도의 군사적 · 경제적 성격은 한층 더 강화되었다는 게 그의 지론이다.9)

정재정은 1980년부터 이어지는 연구를 통해 한국 철도의 부설과 운영이 식민적 성격을 가지는 과정을 밝혀내고 있다.

대표적으로 경부철도는 부설권을 얻는 과정에서부터 자본금을 모집하는 과정까지 일본에게는 단순한 해외철도의 부설이 아니라 일본의 국가권력과 政商資本家의 주도하에 일본의 일반 민중이 망라하여 결집한 국가적 사업이었음을 보여주고 있다.10)

경부철도는 산업자본 확립기에 있었던 일본이 한국의 지배권을 실현하기 위하여 자국의 총력을 기울여 부설한 해외철도였다. 따라서 경부철도 부설권의 획득에서 완공에 이르는 과정은 일본의 한국에 대한 침략 야욕을 그대로 재현하고 있다는 것이다.11)

정재정은 1920년대 말까지 한국철도는 대체적으로 경제적 성격보다는 군사적 성격을 강하게 띠고 있었다고 보았다. 왜냐하면 그때까지의 일본은 종합적인 산업 정책적 관점에서 철도를 부설하고 운영하는 것이 아니라, 한국과 만주를 침략 지배하는 것을 최우선 과제로 삼아 철도를 부설하고 운영하였기 때문이다. 그 결과 1920년대 말까지 한국의 철도망은 경

---

9) 鄭在貞, 『日帝의 韓國鐵道侵略과 韓國人의 對應(1892~1945)』, 서울대학교 박사학위논문, 1992.
　　　, 「日帝下 國有鐵道의 運輸營業과 物資輸送」, 『西巖趙恒來敎授華甲紀念 韓國史學論叢』, 논총간행위원회, 1992.
　　　, 「朝鮮總督府의 鐵道政策과 物資移動」, 『近代朝鮮工業化의 硏究－1930~1945년－』, 一潮閣, 1993.
10) 정재정, 「경부철도 부설에 나타난 일본의 한국침략 정책의 성격」, 『한국사연구』 44, 1984, 109쪽.
11) 정재정, 위의 논문, 108쪽.

부선 · 경의선 · 경원선 · 호남선 · 함경선 등 한반도를 'X'자 형으로 縱貫하는 幹線철도가 거의 대부분이었다.[12]

그러나 1930년대 이후 한국철도의 성격은 크게 변하였다. 왜냐하면 1931~1945년에 일본이 만주지배와 중국침략을 자행함으로써 한국철도의 군사적 성격은 종래보다 더욱 강해졌지만, 그에 못지않게 경제적 중요성도 급격하게 높아졌기 때문이다. 이 시기의 일본은 세계경제의 블록화에 협공당하여 円圈내에서 최대한 물자를 조달하지 않으면 안 될 처지였다.[13]

정재정의 연구결과, 국면 타개책으로 일본은 한국에서 산업 개발 정책과 공업화 정책을 적극적으로 추진하여 식민지 수탈의 고도화와 효율화를 꾀하였다. 그 일환으로서 조선총독부는 철도망의 확장과 운수체제의 정비를 강도 높게 추진하였다. 그리하여 1930년대 이후의 한국철도는 명실공히 군사적 침탈과 지배, 경제적 개발과 수탈을 통일적으로 수행하는 동맥으로서 기능하게 되었다.[14]

1930년대 이후의 일제의 철도정책은 「國防共衛 經濟共通」이라는 말속에 압축되어 있다. 즉 철도망을 확장하여 자원을 개발하고 공업을 진흥시킴으로써 수탈을 고도화하고, 일본~한국~만주를 공고히 연결하여 병참수송을 원활히 함으로써 대륙침략의 동맥을 구축하려는 것이었다.

원래 식민지 철도는 지역적 · 시대적 특성에 따라 강조점에 조금씩 차이가 있지만, 기본적으로 경제성과 군사성을 공유하게 마련이다. 그러나 이 양자가 조금도 모순되거나 對斥的이지 않고 통일되어 나타난 것이 1931~1945년의 한국 철도라고 할 수 있다.[15]

이러한 정재정의 연구 성과에 이어 그는 한국철도사연구의 현황과 과

---

12) 정재정, 『일제침략과 한국철도』, 서울대학교출판부, 1999, 164~165쪽.
13) 정재정, 위의 책, 165쪽.
14) 정재정, 위의 책, 165쪽.
15) 정재정, 위의 책, 165쪽.

제에 대해 여러 차례 정리를 하였다.[16)

그는 앞으로의 철도사 연구 과제를 몇 가지 제시하였는데 첫째, 철도사 연구의 대상, 시기, 주제, 방법, 시각 등을 다양화하여야 하며 둘째로, 철도사를 정치사, 경영사, 금융사, 재정사, 노동사, 기술사, 철강사, 문화사, 지역사 등 다양한 측면으로 접근해야 하고 셋째로, 교통 운수의 전체 체계 속에서 철도사를 연구해야 한다고 보았다.[17)

III. 2000년대 이후의 철도사 연구 성과

한편, 여러 가지 이유가 있겠지만 정재정의 간선 철도 연구를 이어갈 연구는 미미하였다. 간간히 지역사 연구 측면에서 철도를 언급하고 있기는 하지만[18), 그것도 경상도 지역이나, 수도권에 치우쳐있고 종합적이고

---

16) 鄭在貞, 「韓國鐵道史 研究의 現況과 課題-日本帝國主義와 關聯하여-」, 『都市行政研究』제8집, 서울시립대학교 도시행정연구실, 1993.
　　　　, 「日帝侵略期 韓國鐵道史 研究의 現況과 課題」, 『한국민족운동사연구』7집, 한국민족운동사연구회, 1993.
　　　　, 「일제시대 사회경제사연구의 동향과 과제; 개발론·성장론·연속론과 관련된 최근의 연구를 중심으로」, 『박물관휘보』제7호, 서울시립대학교 박물관, 1996.
　　　　, 「現代(1910~)-回顧와 展望 : 韓國史學界 1993~1995」, 『역사학보』152집, 역사학회, 1996.
17) 鄭在貞, 「日帝植民政策研究의 現段階와 課題」, 『韓國史論』26, 國史編纂委員會, 1996.
　　　　, 『일제침략과 한국철도(1892~1945)』, 서울대학교출판부, 1999. 654~658쪽.
18) 洪承曄, 「國鐵과 電鐵과 挾軌線의 요람 '水原驛'」, 『한국철도』, 1985.
　　이창식, 「日帝下 水驪·水仁線의 鐵道考」, 『畿甸文化』3, 畿甸鄕土文化研究會, 1988.
　　이진호, 「기전지방의 경인·경부철도사」, 『기전문화』6호, 기전향토문화연구회, 1989.
　　尹玉炅, 「水仁線 鐵道의 기능변화에 관한 研究」, 『地理教育論集』28, 서울대학교 지리교육과, 1992.
　　도도로키 히로시(轟博志), 『수여선 철도의 성격변화에 대한 연구』, 서울대학교 지리학과 석사학위논문, 2000.

체계적인 연구는 없다. 다만, 근래에 근현대사의 연구 영역이 넓어지면서 다양한 측면의 연구 차원에서 철도부문에 대한 연구가 부분적으로 나오고 있다.[19]

여기에서 그나마 주목할 것은 일본의 연구자 도도로키 히로시(轟博志)이다. 그는 일본의 학풍대로 역사지리학적인 관점에서 우리나라의 교통을 연구하였는데, 조선시대 역참을 중심으로 한 교통수단이 개항기 근대의 교통발전과 어떻게 연결되는가를 주목하였다. 더불어 식민지 시대의 철도교통을 미시사적인 시각으로 철도가 지역 공간에 어떠한 영향을 미쳤는가를 살피고 있다.[20] 그의 연구는 여러 대중서 발간으로 이어져 조선

　　　김신웅, 「충북선의 발달과 사회변화」, 『韓國東西經濟硏究』제14집 제1권, 韓國東西經濟學會, 2002.
　　　김신웅, 「충북선의 발달과 사회변화2」, 『韓國東西經濟硏究』제14집 제2권, 韓國東西經濟學會, 2003.
　　　김양식, 「충북선 부설의 지역사적 성격」, 『한국근현대사연구』33집, 2005.
　　　甄洙燦, 「京東鐵道(水驪·水仁線)의 부설과 변천」, 『仁荷史學』10, 仁荷歷史學會, 2003.
　　　김찬수, 「일제하 수원지역의 철도교통」, 『水原學硏究』第二號, 水原學硏究所, 2005.
　　　김동철, 「京釜線 개통 전후 부산지역 日本人 商人의 투자 동향」, 『韓國民族文化』28, 釜山大學校 韓國民族文化硏究所, 2006.
　　　견수찬, 근대 인천의 철도교통(1899~1945), 『仁川文化硏究』6, 인천광역시립박물관, 2008.
19) 철도청, 『사진으로 보는 해방이전의 철도역사』, 2003.
　　　철도청, 『2003 사진으로 본 한국철도 100년』, 2003.
　　　허우긍 · 도도로키 히로시, 『개항기전후 경상도의 육상교통』, 서울대학교출판부, 2007.
　　　강응천, 『지하철 史호선』, 효형출판, 2008.
　　　이수광, 『경부선-눈물과 한의 철도 이야기-』, 효형출판, 2010.
　　　허우긍, 『일제강점기의 철도수송』, 서울대학교출판문화원, 2010.
　　　조성면, 『질주하는 역사, 철도』, 한겨레출판, 2012.
20) 도도로키 히로시(轟博志), 『수여선 철도의 성격변화에 대한 연구』, 서울대학교 지리학과 석사학위논문, 2000.
　　　＿＿＿, 『20세기전반 한반도 도로교통체계 변화 : "신작로" 건설과정을 중심으로』, 서울대학교 대학원 박사학위논문, 2004.
　　　＿＿＿, 「舊韓末 '新作路'의 건설과정과 도로교통체계」, 『대한지리학회지』제39권

시대 도로교통 연구자나 근대교통 연구자들에게 자극제가 되었다.[21]

그리고 한국철도 연구에서 간과해서는 안되는 것이 한국철도가 군사적인 목적으로 한반도 내부의 수송 이외에 한반도를 관통하여 중국 및 러시아로의 수송을 위한 연락 운전의 형태로 건설되었다는 것이다. 이것은 일제 강점기 철도 성격에 대한 규명에 있어서 '만철'(남만주철도주식회사)의 분석이 필요한 이유이다.

일제 강점기 우리의 철도는 1917년부터 1925년까지 약 8년간 만철에 위탁 경영되었다. 그간 만철에 대한 연구와 조선 철도와 만철의 비교 연구는 있었지만 조선 철도의 만철 위탁경영 시기에 대한 집중적인 연구는 이루어지지 않았다.[22] 다행히 선행 자료가 어느 정도 있으므로 향후 연구 과제가 될 것이다.[23] 특히, 고바야시 히데오는 『만철』(2004)에서 일본의 만철 연구사를 잘 정리해 놓았다.[24] 이어지는 국내의 연구가 절실히 필요하다.

한편, 일제 식민지 시대 조선총독부 철도국에서 근무하던 일본인들이 만든 친목단체 센코카이(鮮交會)는 1970년 이후 한국 철도에 대한 자료집

제4호 통권103호, 大韓地理學會, 2004.

_____, 「朝鮮時代 邑治의 領域性에 關한 一考察 : 慶尙道를 事例로」, 『地理學研究』 제39권 제1호, 國土地理學會, 2005.

_____, 「『距京程里表』의 내용유형과 계통에 관한 연구」, 『대한지리학회지』제45권 제5호 통권140호, 大韓地理學會, 2010.

_____, 『朝鮮王朝의 街道 : 韓國近世陸上交通路의 歷史地理』, 古今書院, 2013.

21) 도도로키 히로시, 『일본인의 영남대로 답사기 : 옛 지도 따라 옛길 걷기』, 한울, 2000.
허우긍ㆍ도도로키 히로시, 『개항기전후 경상도의 육상교통』, 서울대학교출판부, 2007.

22) 이용상 외, 「한국철도의 만철 위탁에 대한 연구」, 『한국철도의 역사와 발전Ⅲ』, 북갤러리, 2015, 19~55쪽.

23) 鮮交會, 『조선교통사』, 三信圖書有限會社, 1986.
고바야시 히데오, 임성모 옮김, 『만철-일본제국의 싱크탱크』, 산처럼, 2004.
재단법인 만철회, 『만주철도 40년사』, 2007.

24) 고바야시 히데오, 임성모 옮김, 「만철연구 小史」, 『만철—일본제국의 싱크탱크』, 산처럼, 2004, 239~241쪽.

을 발간해왔는데, 1986년에 이것들을 묶어서 조합자료집을 발간하였는데 직원들이 가진 자료를 근거로 1899년부터 1945년까지 45년간의 철도 교통의 내용을 자세하게 기술한 책이다.[25]

이 책은 철도를 중심으로 한 일제강점기의 교통에 대한 기본적인 사료를 가장 정확하게 집대성한 책으로 조선 철도 그 자체에 대해서 다루고 있다. 조선 철도를 둘러싼 열강들의 부설권 획득 경쟁, 식민지 시기 통치의 용이성을 위한 전략적 철도 부설 등도 다루고 있지만 조선철도의 이용도가 시간이 흐르면서 얼마나 늘어났는지, 그 운임은 어느 정도였고 수익을 증대시키기 위해서 철도국은 어떤 노력을 하였는지 등등 조선 철도의 조직, 차량, 영업, 운전, 경리 등 총체적인 면을 모두 다루고 있다.

그리고 이를 번역한 『조선교통사』 제1권이 2012년에 나왔는데 이어 제2편 '국유철도의 경영'과 제3편 '국유철도의 조직'이 곧이어 나올 예정이다.

국내 일부에서도 교통사적인 시각으로 이어진 연구가 있다. 개항기 이후 근대 교통의 발달 관점에서 도로, 철도, 항만을 살펴볼 필요성을 언급하며 도시의 형성과 도로의 발달, 도로 건설에 대한 지역 주민의 반응, 도로를 달리는 자동차 운송과 지역사적인 차원의 사설철도, 수상교통과 민요 등을 살피고 있다.[26]

한편, 철도의 역사를 중심으로 일본 철도의 역사와 발전을 소개하고,[27] 현재 한국 철도의 변화와 발전에 맞추어 한국 철도의 성격 규명에 중요한 변수인 철도관료와 사설철도라는 측면, 문화적인 측면에서의 철도문화재, 철도박물관을 주제로 다루기도 했다.[28] 철도정책을 전공한 이용상에

25) 鮮交會,『조선교통사』, 三信圖書有限會社, 1986. 한국어 번역본『조선교통사1』, BG북갤러리, 2012.
26) 조병로 외,『조선총독부의 교통정책과 도로건설』, 국학자료원, 2011.
27) 한국철도기술연구원,『일본철도의 역사와 발전』, BG북갤러리, 2005.
28) 이용상 외,『한국철도의 역사와 발전 I 』, BG북갤러리, 2011.
　　이용상 외,『한국철도의 역사와 발전 II 』, BG북갤러리, 2013.

의해 주도된 이 연구결과는 한국철도의 역사와 문화뿐만 아니라 철도의 사회경제적 영향력, 문화, 물류, 철도차량 기술의 발전과정, 운전, 철도 재무회계, 안전관리, 교통관제 등을 다루고 있으며 철도박물관, 철도문화재는 신선한 시도이다. 한국철도에 대한 정재정의 연구 이후 가장 활발한 연구활동으로 이후 이어질 연구 결과에 기대가 된다.

또 철도의 발달과 연관지어 식민지 시대 관광에 대한 연구도 눈에 띈다.[29] 1910년대 천년고도 경주를 관광객에게 '전시'하려는 목적으로 도로와 철도를 개설하였음을 밝히기도 하고,[30] 관광에 철도가 커다란 영향을 미쳤고 역을 중심으로 관광지가 들어서고 기존의 관광지도 철도가 개통되면서 전국적인 관광지로 부상하고 있음을 밝히며 철도의 등장이 곧 관광의 일반화 대중화를 가져왔다고 한다.[31] 특히, 금강산전기철도는 그 부설 목적과 운영이 관광 자체였던 철도였음이 확인된다.[32]

그리고, 철도청에서 발간한 자료집이 연구자들에게는 또 다른 자극제이다. 관찬자료집답게 사진자료를 비롯하여 철도의 부설과 운영에 대한 세세한 자료를 집대성하여 연구자들의 관심에 따라 보다 다양한 분야의 연구 성과로 이어질 수 있을 것이다.[33]

이용상 외, 『한국철도의 역사와 발전Ⅲ』, BG북갤러리, 2015.
29) 조성운 외, 『시선의 탄생-식민지 조선의 근대관광』, 선인, 2011.
30) 김신재, 「1910년대 경주의 도시변화와 문화유적」, 위의 책, 2011, 153~177쪽.
31) 성주현, 「철도의 부설과 근대관광의 형성」, 위의 책, 2011, 205~250쪽.
32) 조성운, 『식민지 근대관광과 일본시찰』, 경인문화사, 2011.
33) 철도청, 『韓國鐵道史』제1,2,3권, 철도청, 1974.
철도청, 『韓國鐵道 80年略史』, 철도청, 1979.
철도청, 『韓國鐵道史』第4卷, 철도청, 1992.
철도청, 『鐵道主要年表 1992』, 철도청공보담당관실, 1992.
철도청, 『韓國鐵道史』第5卷 上下, 철도청, 1994.
철도청 공보담당관실, 『韓國鐵道 100년 資料集』, 1995.
철도청, 『鐵道主要年表 2002』, 2002.
철도청, 『사진으로 보는 해방이전의 철도역사』, 2003.
철도청, 『2003 사진으로 본 한국철도 100년』, 2003.

Ⅳ. 향후 철도사 연구의 과제

1980년대의 일제 식민지 시대에 대한 연구는 일제의 식민지지배 정책을 중심으로 활발하였다. '雨後竹筍처럼 솟아난 소장학자들의 疾風怒濤와 같은 연구열'이라는 표현처럼 활발했던 당시의 연구는 정치, 경제, 사회, 문화 각 영역이 활발하였는데, 이는 괄목할만한 성과로 이어졌으며 한국사 연구의 下限線을 현재까지 넓히는 기여를 하였다.[34]

이제 그 연구열이 계속되어져야 하는 단계이다. 앞서 정재정은 철도청이 발간한 『한국철도사』1, 2, 3 간행 사실에 대해 '조선총독부가 발행한 철도사를 편집한 수준'이라고 하면서 이것이 한국철도사 연구의 의식과 실적 모두 不毛地 상태라고[35] 하였다. 그리고 철도는 정치사, 경영사, 금융사, 재정사, 노동사, 기술사, 철강사, 건축사, 사회사, 생활사, 문화사, 지역사 등 다양한 측면에서 접근할 수 있고, 철도는 여러 학문의 연구 대상이 될 수 있고, 학제간의 공동 연구도 필요하다[36]고 하였다.

그는 우리나라 철도사 연구의 문제점을 첫째로는 연구 인력의 부족과 연구 축적의 빈약한 점이고, 둘째로는 미시적인 분석 부족함이며, 셋째로는 연구 주제와 연구시기가 특정 분야에 집중되어 있고, 넷째로는 해방 후 남북한 철도·도로·자동차와 일제 식민지시기의 비교 분석 결여를 지적하였다.[37]

아울러 앞으로 나아가야할 과제로는 첫째 철도사 연구의 시기, 주제, 방법, 시각의 다양화, 둘째 다른 교통수단과의 상호관계 혹은 상호비교

---

34) 鄭在貞, 「日帝植民政策硏究의 現段階와 課題」, 『韓國史論』26, 國史編纂委員會, 1996.
35) 정재정, 「日帝侵略期 韓國鐵道史 硏究의 現況과 課題」, 『한국민족운동사연구』7집, 한국민족운동사연구회, 1993, 18쪽.
36) 정재정, 「근대로 열린 길, 철도」, 『역사비평』70, 역사문제연구소, 2005, 239~240쪽.
37) 정재정, 「日帝侵略期 韓國鐵道史 硏究의 現況과 課題」, 『한국민족운동사연구』7집, 한국민족운동사연구회, 1993, 18~20쪽.

연구 필요, 셋째 철도와 사회 · 경제구조를 결부시켜 파악하는 작업 필요, 넷째 한국 철도의 보편성과 특수성 규명, 다섯째 해방후의 남북 철도사와 일제 식민지시기의 철도사 비교가 필요하며 한국 근현대사의 전체적인 흐름 속에서 한국 철도사 연구가 진행되어야함을 강조하였다.[38] 오랜 기간 근대 한국철도사를 천착한 연구자로서의 혜안이다.

철도사 연구는 시 · 공간적으로나 연구자 상황 측면에서 여러 가지 어려움이 크다. 그래서인지 안타깝게도 정재정 연구의 뒤를 잇는 결과가 나오지 못하고 있다. 철도사는 많은 연구자들이 그룹을 이루어 장기적인 계획에 의해 체계적인 연구가 필요한 분야로 덩치가 크고 의미가 크다.

그렇기 때문에 기존 선학들의 책무가 크다. 근대사 연구자들이 다 그렇겠지만 연구자 맥이 끊어지지 않게 본인들의 연구를 이을 후학 양성과 지원에 나서야 한다. 그래야 본인들의 큰 연구가 빛을 보고 마무리 지을 수 있을 것이다. 결국은 역사학계에서 학맥으로 이어지는 연구가 이루어져야 눈에 띄는 결과를 낼 수 있는데 현재는 요원하다. 일본에서의 한국철도사 연구가 큰 자극제가 될 만큼 한국철도 연구자들이 있지도 않다. 간혹 지리학, 철도 경영학 영역의 연구자들에 의해 철도사가 언급되고 있을 뿐이다.

과거 20세기 초의 뼈아픈 역사를 되풀이하지 말라는 법이 없이 국제 관계에 있어 아직도 약육강식의 법칙은 여전한데, 인문학의 맥이 끊어지면 더 이상 경제적·군사적인 성장은 의미가 없다. 40대 인문학 연구자들이 끊어지는 현실에서 더 이상 학문적 선진국은 요원하다. 커지는 국력만큼 학문적인 뒷받침이 절실하다.

반면, 당황스럽고 부끄럽게도 일본에서는 한국 철도사에 대한 연구물이 2000년 이후에도 계속 이어지고 있다. 일본의 연구에 자극을 받아야한

---

38) 정재정, 위 논문, 20~23쪽.

다. 일본 우익 지식인들의 식민지 지배를 미화하거나 그 책임을 호도하려는 역사발언과 역사교과서 서술에 대한 자극은 물론이고 다양한 자료집과 연구 성과들은 충분히 자극받아야 마땅하다.

앞으로 우리가 천착해야할 주제들이 허다하다. 자료도 국내외에 쌓여 있다. 후학들의 어깨가 무겁다. 철도의 부설과 운영은 자동차 교통의 성장으로 변화를 겪는데, 각 사설철도 회사에서는 자동차 운수업을 함께 운영하게 되므로 철도사는 곧 자동차 교통의 성장도 살펴야한다. 그리고 조선 총독부 및 사설철도 각 노선 운영 회사의 각종 주주총회 자료집 등 아직 일제가 남겨놓은 자료들이 수도 없이 많다.

더불어 해방 후 철도운영 미숙에서 오는 여러 철도사고나 나라 세우기 차원의 하나였던 철도운영 과정, 6 · 25전쟁과 철도의 역할, 6 · 70년대의 산업철도의 부설에 대한 精緻한 연구도 필요하다.

2부 역사교과서의 교통사 서술과 역사교육

한국교통사 연구 동향과 역사교육의 방향*
- 선사 · 고대~조선시대를 중심으로-

조 병 로**

Ⅰ. 머리말

交通이란 사람과 물자의 場所的 移動을 의미[1]한다. 교통은 交通路를 따라 사람과 물자의 이동 뿐만 아니라 국가간, 지역간의 경제,문화 교류를 촉진시켰으며, 군사적 공격이나 방어에 있어서도 매우 중요한 역할을 하였다. 이 교통로의 중심적 시설이 바로 道路이다. 도로는 주지하듯이 국가 및 지역간의 지식이나 기술, 생활양식을 다른 지역으로 전파시키는 역할을 해왔다.[2] 이와 같이 도로교통은 정치 · 외교 · 국방 · 운송 및 교류

* 본 논문은 필자가 동국대학교 역사교과서 연구소에서 2015년 10월 발행한『역사와 교육』제21집에 게재한 것임을 밝힌다.
** 경기대학교 사학과 교수 / 한국교통사연구소장.

1) 독일 경제학자인 K. Knies는 인간의 욕망을 만족시키는 財貨의 有用性을 素材價値와 形態價値 그리고 場所價値라는 3가지 측면에서 고찰하고 이른바 장소가치는 '물자의 장소적 이동'이고 商業이 곧 장소가치를 창출하는 것이라고 하였다(富永祐治,『交通學の生成-交通學說史研究』, (『富永祐治著作集』제1권), やしま書房, 1989, 151~153쪽 재인용).
2) 崔永俊,『嶺南大路-韓國古道路의 歷史地理的 研究』, 高麗大學校 民族文化研究所, 1990, 11쪽.

를 포함한 인류생활 진보에 커다란 기여를 하였기 때문에 이것은 사회간접 자본이자 동시에 인간의 문명발달체계의 하나이다.

이와 같이 교통은 각 시대마다 중앙과 지방도시와의 관계나 사회발전에 기여하는 바가 크고 또한 그것의 발달 차이가 지역의 확대나 사람과 재화의 이동, 문화의 전파에 크게 영향을 미쳐 현저한 사회변화를 초래하는 것이기 때문에 일찍부터 교통에 대한 흥미와 관심은 지대하였다. 흔히 교통기관 하면 運輸 · 通信의 두 기관을 통칭하였으나 최근에는 물자의 이동은 物流 또는 流通의 의미로 사용되고 있으며 정보화 사회의 발달에 따라 통신을 정보에 포함시켜 유통과 정보를 교통과 대치하는 경향을 띠고 있다. 그러나 교통은 물자만을 의미하는 것은 아니라 문화 · 사상 등을 포함하고 있기 때문에 요즈음 교통사 연구의 대상은 정치 · 법제 · 대외교섭이나 경제 · 사회 등 제 분야와 유기적 결합을 가진 방향성을 나타내고 있다3)고 해도 과언이 아니다.

그리하여 인간은 교통로 상에 사람, 물자의 통행을 위한 제도(驛站 · 津渡 · 漕運 · 擺撥)의 설치와 숙박시설(院 · 酒幕 · 客館)을 건축하고 교량 등을 건축하여 편의를 제공하였고 운송 수단으로서 가마나 말, 수레 및 선박 등을 제작하여 이용하였다. 특히, 한국교통사의 입장에서 본다면 육상교통로 상에 驛站制度를, 수상교통로에는 漕運制度을 운영함으로써 중앙집권적 국가체제를 유지하는 동맥구실을 하였다. 그러나 한반도에서는 東高西低의 자연지형이 발달하여 교통로를 개설하고 구축하는데 장애요인이 많았다. 험한 산지가 국토의 70%이상 차지하여 육상 교통로를 개척하는데 많은 어려움을 주었고 해안지역 역시 해안선이 길고 島嶼가 밀집한 다도해이며 조수간만의 차이가 심해 수심이 일정하지 않을 뿐만 아니라 暗礁도 많아 연안항해도 매우 어려웠다.4)

---

3) 丸山雍成 외, 『日本交通史辭典』, 吉川弘文館, 2003, 1쪽 재인용.

따라서 삼국시대부터 고려, 조선을 거쳐 근대에 이르기까지 중앙집권적 통치체제를 공고히 유지하고 물자·사람의 이동과 세수 재정을 확보하며 나아가 외국과의 교류를 위해서는 육로와 수로를 통한 교통제도의 확립이 治國의 우선과제였던 것이다.

먼저 육상교통에 대한 종래의 연구는 크게 보아 고고학적 측면에서는 古道路遺構에 대한 조사·발굴자료의 분석,[5] 역사지리적 측면에서는 驛站 및 교통로의 분포, 역과 산성·읍치와의 관계나 景觀에 대한 연구가 진척되었다. 그리고 제도사적 측면에서는 郵驛(또는 驛站)에 대한 制度, 驛道·驛路 노선과 성격 및 기능, 驛馬와 驛屬層의 신분에 관한 연구가 주류를 이루고 있으나 도로나 교통로에 대한 연구동향에 대한 분석은 미흡한 편이었다. 분야별로 趙炳魯, 鄭枖根, 崔永俊, 徐榮—[6]의 분석이 극히 제한적으로 진행되었을 뿐, 한국교통사 전체를 통합적 입장에서 고찰한 것은 드문 편이다.

한편, 해상교통에 대한 연구사적 검토는 비교적 육상교통에 비해 상당히 많이 진행되었다. 대부분 교역 또는 교류를 중심으로 해양사적 측면에서 이뤄졌다. 윤명철[7]은 해양사관 측면에서 고구려·백제·가야·신라의 해양활동을 조명하여 종래 육지사관에 대하여 해양사관 및 동아지중해 모델론을 주창하였다. 강봉룡[8]은 고려시대 해양문화를 시기별로 나누

---

4) 韓禎訓,「高麗時代 險路의 交通史的 의미」,『歷史와 談論』55, 2010, 2쪽 참조.
5) 이진주·장순자·고용수,「慶南.釜山.蔚山地域의 古代道路에 대한 一考察」,『馬山中里遺蹟』, 우리문화재연구원, 2007; 朴相銀 외,「道路遺構에 대한 分析과 調査方法」,『野外考古學』7, 2009.
6) 趙炳魯,『韓國近世驛制史硏究』, 國學資料院, 2005; 鄭枖根,『高麗·朝鮮初의 驛路網과 驛制硏究』, 서울대 博士學位論文, 2008; 崔永俊,『嶺南大路-韓國古道路의 歷史地理的 硏究-』, 高麗大學校 民族文化硏究所, 1990; 徐榮一,『新羅陸上交通路 硏究』, 學硏文化社, 1999.
7) 윤명철,「해양사관으로 본 한국고대사의 발전과 종언」,『한국사연구』123, 2003.
8) 강봉룡,「고려시대 해양문화와 국사교과서 서술」,『한국사학보』16, 2004.

어 기술하고 국사교과서상의 서술의 문제점과 제언을 제시하였으며, 한
임선9)과 문경호10)는 고려시대의 조운제도 연구사를 검토하고 조운 자료
의 교재화 방안을 제시한 바 있다. 최근에 박준형11)은 고조선시기부터 삼
국시기까지 교역사적 측면에서 고조선 · 고구려 · 삼한 · 백제 · 신라 · 가
야에 대한 연구사를 검토하였으며, 윤용혁12)은 고려 뱃길과 客館, 선박,
木簡을 중심으로, 한정훈13)은 원양항해 중심의 해양사연구 동향과 조운
제 운영방식의 변화14)를 중심으로 고려~조선시대 조운사에 대한 시기구
분을 시도한 점이 특징이다.

그러나 이러한 교통에 대한 역사교육적 측면에서의 연구나 현장사례
발표는 강봉룡과 문경호의 해양교통사적 시각을 제외하고 거의 없다고
본다. 역사의 발전에 있어서 교통의 산업 · 경제 및 교역 · 운송에 끼친 영
향이 매우 컸음을 감안하면 우리나라 역사교육에서의 교통사 서술과 교
육의 필요성을 아무리 강조해도 지나치지 않다고 본다.

따라서 본고에서는 한국교통사 연구의 동향을 육상과 수상교통으로
나누어 살펴보고 이를 역사교과서 서술에 어떻게 반영하고 역사교육에서
활용해야 할 것인가의 방향을 모색해 보고자 한다.

---

9) 한임선, 「한국해양사 연구의 현황과 전망」, 『동북아문화연구』 21, 2009.
10) 문경호, 『고려시대 조운제도의 연구와 교재화』, 공주대 박사학위논문, 2012.
11) 박준형, 「고조선~삼국시기 교역사 연구의 검토」, 『한국고대사연구』 73, 2014.
12) 윤용혁, 「고려의 뱃길과 섬, 최근의 연구동향」, 『도서문화』 42, 2013.
13) 한정훈, 「고려시대 조운제의 해양사적 의미」, 『해양문화재』 2, 2009; 「한국중세
   조운사 시기구분 시론」, 『지역과 역사』 35, 2014.
14) 한정훈, 『고려시대 교통운수사 연구』, 혜안, 2013.

Ⅱ. 선사~고조선 시대 교통사 연구 동향

1. 육상교통 부분

인류의 문명이 장소적 이동으로부터 공간적 정착생활을 하면서 점차 교통의 필요를 느꼈으며 동물 먹이감이나 어류의 포획을 사냥하고 채집하면서 일정한 통로가 생겼을 것이다. 또 인구의 증가와 도구·기술의 발달로 일정한 정치 집단이 형성되고 교류 및 영토를 확장하는 과정에서 점차 교통로가 개척되어 중앙과 지방, 다른 집단이나 국가와 교류를 통해 발전해 갔을 것이다.

우리나라 선사시대부터 고조선시기까지의 교통에 대한 연구는 비교적 많지 않다. 다만 선사시대의 경우 문헌자료의 제한으로 고고학적 유물의 출토와 분포지역을 통해서 유추해 볼 수 있다. 최근에 광주 신창동 유적에서 철기시대로 추정되는 수레 부속구인 바퀴살, 바퀴통, 바퀴축 등 목제 수레바퀴가 출토[15]된 것은 농경사회에서의 곡물 등 농산물 운송과 관련이 있음을 시사하는 바가 크다고 하겠다. 이에 따라 청동기 시기의 비파형동검의 이동과 분포를 통해 서남해안의 해로를 설정한 연구,[16] 청동기 교류에 대한 검토 속에서 해상교통로와 육상교통로를 분류한 연구,[17] 영남지방의 유적분포에 따라 선사시대 교통로를 남해안로·동해안로·남강로·낙동강로·내륙로를 구체적으로 설정한 연구[18]가 있다. 박선미[19]는 화폐 유적의 출토지역간의 관련성을 추적, 고조선의 교역을 분석

---

15) 국립광주박물관 농경문화실, 신창동유적(사적375호) 참조.
16) 최성락, 『한국원삼국문화의 연구』, 학연문화사, 1993.
17) 이청규, 「기원전후 경주와 주변과의 교류─토기와 청동기를 중심으로」, 『국가형성기 경주와 주변지역』, 학술문화사 2002: 「요동과 한반도 청동기 문화의 변천과 상호교류」, 『한구고대사연구』 63, 2011.
18) 김세기, 「진·변한의 교통로」, 『辰·弁韓史 硏究』, 계명대 한국학연구원, 2002.

하였고, 최근에 이르러 박준형[20]은 대릉하~서북한 지역의 비파형동검 문화의 변화와 고조선의 위치 관계를 규명하여 비파형동검의 이동에 대해, 김신영[21]은 담진강 유역의 지석묘·석검·옥류·석도 등의 분포를 추적하여 탐진강 지역의 남해안로·탐진강로·내륙로를 설정, 물자교역의 교통로로서 역할하였음을 고증하였다. 또 강인욱[22]은 고조선에 대한 管子와 詩經의 문헌자료, 그리고 모피교역과 明刀錢 반출 유적과의 상관관계를 분석하여 모피 교역을 통한 중국 燕나라와 교역함으로써 육상 교통로 개설의 가능성을 추정하였다.

2. 수상교통 부분

선사시대부터 동아시아에서 해상교류가 상당히 발달하고 있었던 역사 고고학적 사실은 신석기시대 隆起文 토기의 대마도 전파라든지 일본 죠오몬 토기의 한반도 남해동부 지역 출토, 또 중국 장강 유역 절강성 余姚의 허무뚜 유적에서 발견된 통나무 배나 산동반도 및 단동·대련시 선박유적에서 발굴된 돌닻의 존재는 6,000~7,000년경 신석기 중기시기 산동반도와 요동반도사이의 항해 사실을 엿볼 수 있다. 청동기 시대에 이르면 중국의 요령성 문화와 한반도의 대동강 유역, 한강·금강·영산강 등의 유역에 나타난 청동기 문화의 이동과 벼의 중국 화북지방에서 한반도 전파설(최근 강화·김포지역에서 長粒米 출토), 그리고 고인돌 분포 등을 통해서

19) 박선미, 『화폐유적을 통해 고조선의 교역』, 서울시립대 국사학과 박사학위논문, 2008.
20) 박준형, 「대릉하~서북한지역 비파형동검문화의 변동과 고조선의 위치」, 『한국고대사연구』 66, 2012.
21) 김진영, 「청동기 시대 耽津江유역의 문화교류 양상과 交通路」, 『지방사와 지방문화』 13-2, 역사문화학회, 2010.
22) 강인욱, 「고조선의 모피교역과 明刀錢」, 『한국고대사연구』 64, 2011.

볼 때 황해 연안을 통하여 상당한 교류가 활발하였음을 말해 주고 있다.[23]

또 철기시대 중국의 명도전이나 반량전 화폐의 출토 역시 중국과의 교역이 꽤 성행하였음을 반증해 주고 있다.

고조선 시대에 이르러서는 요동반도 및 대동강 유역에서의 대중국 교역을 통한 해상교류가 발달했다. 산동반도의 齊나라와의 교역 사실은 明刀錢·五銖錢의 분포(대련시 甘井子區 崗上무덤),[24] 廟島열도의 비파형동검(扇形銅斧)과 산동반도의 석관묘군, 지석묘군 분포,[25] 그리고 文皮(豹皮)교역 등을 통해서 엿볼 수 있다. 이에 대해 박대재는 齊나라와 고조선과의 文皮교역을 통한 구체적인 해상교류는 산동반도 북부 東萊와 요도반도 남단 老鐵山을 연결하는 해상의 廟島列島를 통하여 이뤄졌다고 보고 그 시기를 기원전 5세기~ 기원전 3세기 초로 추정하고 있다.[26]

III. 고대 삼국의 교통사 연구 동향

1. 육상교통 부분

삼국시대 육상교통 부분에서는 우선적으로 중앙과 지방간의 통치, 왕경(도성)의 街路區劃 조성과 道路遺構의 발굴 그리고 지방 교통로와 산성

---

23) 윤명철, 「고대 韓中(江南) 海洋交流와 21세기적 의미」, 『중한인문과학연구』 3, 1998,
   223~225쪽: 「황해문화권의 형성과 해양활동에 대한 연구」, 『선사와 고대』 11, 1998;
   임효재, 「신석기 시대의 한일교류」, 『한국사론』 16, 1986; 江坂輝彌, 「조선반도 南部
   と西九州地方の先史原史時代について交易と文化交流」, 『松阪大學紀要』 제4, 1986.
24) 윤명철, 위의 논문, 228~229쪽.
25) 박준형, 「고조선의 春秋 齊와 교류관계」, 『白山學報』 95, 2013: 「산동지역과 요동
   지역의 문화교류 −산동지역에서 발견된 선형동부를 중심으로」, 『한국상고사학보』
   79, 2013: 「고조선의 해상교역로와 萊夷」, 『북방사논총』 10, 2006.
26) 박대재, 「고조선과 齊의 해상교류와 遼東」, 『한국사학보』 57, 2014.

등 關防과의 관계를 중심으로 많은 연구가 축적되었다. 그리하여 고고학적 측면에서는 1980~2000년대에 걸쳐 신라 왕경과 백제 도성에서의 도로유구에 대한 발굴조사가 이뤄졌고 제도사적 측면에서는 郵驛의 조직과 기구 및 기능에 대해서, 교통로 측면에서는 중앙과 지방 주치(읍치), 산성 등의 행정, 군사노선과 역할에 대한 분석이 주류를 이뤘다.

첫째, 도로유구의 경우 고구려 國內城과 平壤城, 長安城에서의 발굴[27] 결과 안학궁성 南門~大同江 木橋까지의 南北道路와 淸岩洞 土城 東門의 東西道路 유구 분석을 통해 里坊制에 의한 田字形 分割制에 의해 가로 구획과 도로가 발달하였음을 알 수 있다. 또한 장안성의 도로와 배수로 및 가로 구획을 분석하여, 고구려 장안성과 신라 왕경, 일본 藤原京의 도로가 각각 大路·中路小路로 유형화, 도로의 규모의 유사성, 수레바퀴 함몰 흔 그리고 차도와 인도의 분할, 坊과 路幅의 분할, 주작대로의 도로 체계 등 가로 구획에 있어서의 연관성을 고찰하였다.

그리고 백제의 경우는 한성시기 몽촌토성 내부의 도로 흔적 분석과[28] 사비시기 官北里,[29] 軍守里,[30] 宮南池,[31] 雙北里,[32] 구아리,[33] 동남리,[34]

27) 金希宣,「高句麗 國內城 研究」,『白山學報』87, 2010; 吉林省文物考古研究所·集安市博物館 編著,『國內城』, 文物出版社, 2004; 關野 貞,「高句麗の平壤城及び長安城に就いて」,『朝鮮の建築と藝術』, 岩波書店, 1941; 龜田 博,『日韓古代宮都の研究』, 學生社, 2000; 한인호·리호,「안학궁터 부근의 고구려 리방에 대하여」,『조선고고연구』4, 1991; 한인호,「안학궁 부근의 고구려 수도 도시면모에 대한 복원」,『조선고고연구』2, 1998; 최희림,『고구려 평양성』, 1978; 리화선,「고구려 평양성 외성안의 리방의 형태와 규모: 그 전개에 대하여」,『력사과학』1, 1989; 閔德植,「高句麗 平壤城의 都市形態와 設計」,『高句麗研究』15, 2003; 金希宣,「6~7世紀 동아시아 都城制와 高句麗 長安城 -都城의 街路區劃方式을 中心으로」,『韓國古代史研究』43, 2006 등 참조

28) 金起燮,「百濟 漢城時期의 都城制 成立과 夢村土城」,『百濟文化』38, 2007.
29) 忠南大學校 博物館,『扶餘官北里百濟遺蹟發掘報告(II)』, 1999.
30) 忠南大學校 百濟研究所,『泗沘都城-陵山里 및 軍守里地點 發掘調查報告書』, 2003.
31) 國立文化財研究所,『年報』, 2001.
32) 朴泰祐·鄭海濬·尹智熙,「扶餘雙北里 280-5番地 出土木簡報告」,『木簡과 文字

佳塔里35) 등 많은 도로유구의 발굴 결과 포장하지 않은 노면 폭, 측구 시설, 배수 시설, 암거, 수레바퀴 흔적 등이 확인 되었다.36) 특히 朴淳發37)은 사비도성의 공간구획에 대하여 5部-5巷으로 구획되었음을 밝히고 있다.

한편, 신라의 도로유구 연구는 신라 왕경과 지방 도로에 대한 고고학적 발굴조사가 축적되어38) 경주 지역의 도로유적 발굴 자료를 토대로 왕경 내부의 도로 구조에 대한 분석뿐만 아니라 주변 성곽 (月城 · 明活山城 · 南山新城 · 西兄山城 · 富山城 · 北兄山城) 및 역원(沙里驛 · 阿火驛) 기록을 분석하여 경주지역의 신라 官道를 추정하였을 뿐만 아니라 경주분지의 자연 · 지리 환경에 주목하여 시기별로 仁旺洞, 皇龍寺址, 芬皇寺, 月城垓字, 隍城洞 등의 도로유구를 중심으로 도로폭, 노면의 토층, 배수로, 수레바퀴 흔 및 출토유물을 분석하고, 또 6세기 중반 월성을 중심으로 형성되기 시작한 도로유구와 왕경 유적이 7세기 후반을 기점으로 東川洞 · 隍城洞 · 龍江洞 지역으로 확산되면서 도로가 개발되었을 것으로 추정하였다.

研究 II』, 주류성 출판사, 2009.

33) 한얼문화유산연구원, 『扶餘 文化 · 觀光型市長 調査事業敷地內 扶餘舊衙里432番地 遺蹟略報告書』, 2010.

34) 부여군문화재보존센터, 『扶餘 東南里225-5番地 個人住宅地 文化財試掘調査報告書』, 2008.

35) 부여군문화재보존센터, 『扶餘-論山間 道路擴張 및 鋪裝工事區間(가탑리152 -11 번지일대)文化遺蹟發掘調査略報告書』, 2008.

36) 정현용, 『扶餘舊衙里.官北里 田字型 道路網 形成時期 研究-泗沘都城 方形區劃說에 對한 檢討』, 京畿大學校 大學院 建築工學科, 2010. 72~85쪽; 朴淳發,「泗沘都城의 構造에 대하여」, 『百濟研究』31, 2000.

37) 박순발,「泗沘都城의 구조에 대하여」, 『백제연구』31, 2000.

38) 朴方龍,「新羅王都의 交通路-驛 · 院을 中心으로」, 『新羅王京研究, 新羅文化祭學術發表論文集』16, 1995:「新羅都城의 交通路」, 『慶州史學』16, 1997:『新羅 都城 研究』, 東亞大 博士學位論文, 1997.
新羅의 官道에 대해서는 『三國史記』卷3, 新羅本紀3, 炤知麻立干條 참조. 황보은숙,「新羅王京의 都市的 發達」, 『新羅文化』32, 2008; 金正萬,「新羅王京의 成立과 擴張에 관한 研究-道路遺構와 기와 建物址를 中心으로」, 慶州大學校 大學院 文化財學科 碩士學位論文, 2007.

또한 皇龍寺址 南北道路 및 東西道路 유구, 月城 지역, 隍城洞, 隍南洞, 東川洞, 西部洞, 仁旺洞, 國立慶州博物館 展示敷地 東-西 도로유구에 대한 노폭과 노면 구조, 측구 시설, 석열 등 분석 그리고 지방 도로에 대한 분석한 결과[39] 신라 왕경도로의 특징을 1)도시계획에 의해 직선형의 바둑판식 도로망과 규격화된 坊의 조사, 2)보수 및 개축을 통한 지속적 사용, 3)도로 너비는 대체로 5~16m 정도, 4)축조방식은 5~10㎝ 자갈 깔고 황갈색 粘土와 사질토, 황색 磨砂土 포장, 5)배수로(측구) 설치, 6)수레바퀴 흔적 등이며, 지방도로의 경우는 1)일정한 형태의 규격화된 坊이나 격자형 도로망 미확인, 2)자갈이나 할석 및 점토와 마사토를 섞어서 축조한 포장도로와 그렇지 않은 비포장도로로 나뉘며, 3) 포장도로의 너비는 대개 4~8m 정도이며, 4)산지의 발달로 평야 또는 구릉이나 하천지역을 통과하는 노선이 많다고 추정하고 도로를 통해 왕권의 강화와 지방지배 체제의 안정을 도모할 수 있었다고 분석하였다.

이외에도 고도로의 공학적 구조와 시공 방법에 대해 소배경[40], 도로유구 분석과 조사 방법에 대해서는 박상은·손혜성[41] 그리고 역사지리학적 측면에서는 영남대로를 연구한 최영준[42]의 연구를 들 수 있다. 특히 최영준은 역사지리학적 방법론을 한국 고도로에 적용, 영남대로의 지리적 배경과 교통로 발달, 교통양식과 노변취락, 경관 변화 및 기능을 분석

39) 張容碩,「新羅道路의 構造와 性格」,『嶺南考古學』38, 2006; 李漢祥,「慶州 月城 東南쪽 王宮遺蹟 調査의 成果-'南宮'의 景觀 復原을 위하여, 國邑에서 都城으로」,『新羅文化祭學術發表論文集』25, 2005; 오현덕·신종우,「慶州月城 地下遺構에 대한 GPR 探査資料의 考古學的 解釋」,『物理探査』7-4, 2004; 朴相銀,「嶺南地域 古代 地方道路의 研究」, 嶺南大學校 大學院 碩士學位論文, 2006;「嶺南地域 古代 地方道路의 構造」,『大丘史學』94, 2009.
40) 蘇培慶,「古道路의 工學的 側面에 관한 研究」, 慶南大學校 大學院 碩士學位論文, 2008.
41) 朴相銀·손혜성,「道路遺構에 대한 分析과 調査方法,『野外考古學』7, 2009.
42) 崔永俊,『嶺南大路-韓國古道路의 歷史地理學的 研究』, 高麗大學校 民族文化研究所, 1990.

하여 한강 유역과 경상도 지방간의 교역 및 문화 전파에 중요한 역할 등 고도로 연구의 이정표를 제시하였다.

둘째, 우역 및 교통기구에 대한 연구이다. 삼국시대 우역에 대한 연구는 유선호[43]가 우역과 교통로를 중심으로 우역의 설치와 관리기구 및 기능, 그리고 교통로를 분석하여 고대국가로의 발전과정에서 영토 확장 및 군사적 진출과 정복지 지배를 위해서 중앙 및 지방 군현간의 정치·군사적 필요에서 비롯되었음을 밝히고 진평왕대에 설치된 船府·乘府 및 경덕왕 때의 京都驛 설치 등을 언급하였다. 조병로[44]는 고구려 국내성 도읍기의 교통로인 南道·北道 문제 그리고 평양성 천도 이후 국내성과 평양성 17驛의 존재를 통해 우역제의 실태를 설명하였으며, 신라의 왕경에서의 京都驛과 5通−5門驛의 位置, 小國의 병합과 主治와의 교통 발달에 대하여 개괄적으로 언급하였다.

최근에 조법종[45]은 고구려의 국내성 시기의 우역제와 교통로에 대해서 고찰하여, 前燕 慕容皝의 高句麗 攻擊路에 언급된 '北置'를 국내성으로 연결된 北道(北路)의 관문으로 설정하고, 국내성에서 평양성까지 거론된 17역의 고증(國內城−滿浦鎭−江界−開平−魚川−寧邊−安州−平壤), 高句麗가 南燕에 보낸 千里馬와 千里人의 실체 등을 분석하여 종래보다 진일보한 연구를 수행하였다. 특히 국내성과 졸본까지의 교통로를 고구려 城郭과 北溝關隘, 七個頂子關隘, 老邊墻關隘, 望波嶺關隘 등의 관애를 연결시켜 관애가 우역의 기능을 수행하였다고 추정한 점이 주목된다. 그는 고구려의 교통로는 초기 고분 및 평지성, 산성유적 등과 긴밀히 연결된 교통로로서 이들 관련 유적군들의 연결선이 교통로이며 우역제적인 사회

---

43) 劉善浩,「三國時代의 郵驛과 交通路」,『京畿工業開放大學論文集』26, 1987.
44) 趙炳魯,『韓國驛制史』, 韓國馬事會·馬事博物館, 2002.
45) 趙法鍾,「高句麗의 郵驛制와 交通路 −國內城時期를 中心으로」,『韓國古代史研究』63, 2011.

기반으로 자리하였다고 파악하였다.

한편, 신라의 우역에 대한 연구는 박방룡[46]이 신라 왕경과 주변 지역의 교통로를 경주지역의 도로유적 발굴 자료를 토대로 왕경 내부의 도로구조와 주변 성곽 및 역원(沙里驛·阿火驛) 기록을 분석하여 경주지역의 신라 관도[47]를 추정하였다. 그는 사리역을 중심으로 북쪽의 安康驛, 동남쪽의 朝驛과 仇於驛, 남쪽의 奴谷驛·仍甫驛, 서쪽의 车良驛·阿火驛, 서남쪽의 義谷驛의 위치를 비정하고, 고려시대의 活里驛인 沙里驛을 京都驛이 있었던 장소로 추정하였다.[48] 이어서 경도역과 오문역, 오통의 관계에 대해서 乾門驛은 高麗時代의 知里驛(義谷驛), 坤門驛은 仇於旦驛, 坎門驛은 阿弗驛, 艮門驛은 安康驛, 兌門驛은 仍巴驛으로 비정하고 北海通은 艮門驛, 鹽池通은 乾門驛, 東海通은 坤門驛, 海南通은 兌門驛, 北傜通은 坎門驛으로 추정하였다.

그러나 신라의 오통·오문역에 대해서는 일찍이 井上秀雄[49]의 연구 이후 이도학[50]은 종전의 井上秀雄이 추정한 오통−오문역간 교통로의 오류를 지적하여 北海通→東海通, 鹽池通→北傜通, 北傜通→北海通, 海南通→鹽池通·東海通→海南通으로 수정할 것을 주장하였으며, 한정훈[51]

---

46) 朴方龍,「新羅王都의 交通路−驛.院을 中心으로」,『新羅王京硏究, 新羅文化祭學術發表論文集』16, 1995:「新羅都城의 交通路」,『慶州史學』16, 1997:『新羅 都城 硏究』, 東亞大 博士學位論文, 1997.

47) 新羅의 官道에 대해서는『三國史記』卷3, 新羅本紀 3, 炤知麻立干條, "九年(487)… 三月 始置四方郵驛 命所司 修理官道"라는 기록으로 보아 487년(炤知王 9)이전에 官道가 어느 정도 완비되었음을 알 수 있다.

48) 朴方龍은「新羅王京과 流通」(『新羅王京의 構造와 體系, 新羅文化祭學術發表論文集』27, 2006, 84쪽)에서 沙里驛의 위치를 慶州市 九皇洞 月城 東南側 舊驛마을로 推定하였다. 그러나 沙里驛의 위치에 대해서는「新羅王都의 交通路−驛.院을 中心으로」(『新羅文化祭學術發表論文集』16, 1995, 106쪽)에서 慶州市 仁旺洞 舊驛 마을로 추정한 바 있다.

49) 井上秀雄,『新羅史の基礎硏究』, 東出版, 1974.

50) 李道學,「古代國家의 成長과 交通路」,『國史館論叢』74, 1997.

51) 韓禎訓은「新羅統一期 陸上交通網과 五通」(『釜大史學』27, 2003)에서 五通은 신라

은 오통은 신라통일기 전역을 연결하는 육상교통망이라고 전제하고, 東海通은 乾門驛에서 蔚山·釜山방면, 海南通은 兒門驛~洛東江 以西의 智異山~武州방면, 鹽池通은 乾門驛~智異山(六十嶺·八良峙)~秋風嶺~百濟方面, 北傜通은 坎門驛~雞立嶺·竹嶺~漢州 방면, 北海通은 戾門驛에서 東海岸을 따라 井泉郡, 渤海의 新羅道방면으로 연결되는 교통로로 추정하고 있다. 특히 그는 오통·오문역과 9주 5소경의 거점을 추정하여 東海通은 良州·金官京, 海南通은 康州·武州, 鹽池通은 南原京·武州·全州 方面과 西原京·漢州·北傜通은 尙州·中原京·北原京·朔州, 그리고 北海通은 溟州와 연결된 교통로로 추정하고 있어 주목된다.

또 서영일52)은 오통과 5소경 및 9주의 치소와 관계를 고찰하여 井上秀雄이 비정한 北傜通은 鹽池通으로 수정하고, 北傜通은 中原小京.北原小京방면, 鹽池通은 西原小京방면으로 통하는 교통로로 추정해야 한다고 주장하였다. 최근에 정요근53)은 왕경과 주치 및 소경간의 간선교통로를 분석하여, 종래의 오통-오문역의 위치 비정을 중심으로 왕경과 지방 교통로를 추정한 것에 의문을 제기하고 오통-오문역 대신에 왕경 6路와 6畿停(中畿停·西畿停·南畿停·北畿停·莫耶停·東畿停) 및 주치와 소경과의 관계를 고려하여 신라의 간선교통로를 제안하여 기존 연구보다 진일보한 견해를 표명하였다.

통일기 전역을 연결하는 육상교통망이라고 전제하고, 東海通은 乾門驛에서 울산·부산방면, 海南通은 兒門驛~낙동강 이서의 지리산~武州방면, 鹽池通은 乾門驛~지리산(六十嶺·八良峙)~추풍령~백제방면, 北傜通은 坎門驛~雞立嶺,竹嶺~漢州 방면, 北海通은 戾門驛에서 東海岸 따라 井泉郡, 渤海의 新羅道 방면으로 연결되는 交通路로 추정하고 있다.

52) 徐榮一은 「新羅 五通考」(『白山學報』 52, 1999)에서 五通과 5小京 및 9州의 治所와 관계를 고찰하여 井上秀雄가 比定한 北傜通은 鹽池通으로 修正하고, 北傜通은 中原小京·北原小京 방면, 鹽池通은 西原小京방면으로 통하는 교통로로 추정해야 한다고 주장하였다.

53) 鄭枖根, 「統一新羅時期의 幹線交通路-王京과 州治·小京間 連結을 中心으로」, 『韓國古代史硏究』 63, 2011.

그리고 교통기구에 대한 분석은 한정훈[54]의 연구가 있다. 그는 6~7세기 신라의 교통관부의 발달을 중심으로 고찰하여 炤知麻立干 시기 우역 설치 및 官道 수리, 市肆 개장, 訥祗麻立干 시기의 牛車 사용 등 우거와 선박을 통한 교통의 증대를 도모하고 眞平王 이후의 왕실 內廷의 정비를 거쳐 尻驛典·首䗑典·供奉乘師 및 御龍省외에 乘府·船府署가 설치되면서 供奉乘師·尻驛典·首䗑典은 乘輿 등의 왕실 교통 업무를, 乘府·船府署·京都驛 등은 중앙행정의 교통기구로 정비되었다고 보았다. 그리고 이들 교통관부는 국가의 조세 재정 확보 및 통일이후 새로 편입된 영토에 대한 통치와 물류 수송을 위해 점차 발달하게 되었다는 견해를 피력하였다.

셋째로 3국의 交通路에 대한 연구이다. 고구려에 대해서는 주로 대중국 교류와 관련하여 南道-北道 교통로와 삼국간의 영토 확장과 방어를 위한 산성 축성을 중심으로 연구가 진척되었으며, 또한 국내성 및 평양성 천도이후 교통로 연구가 많았다. 또 최근에는 압록강~두만강의 수로와 주변 산성 관계나 예성강·임진강·한강 및 금강 지역 진출에 따른 교통로 연구로 확대되었다. 그 결과 1) 국내성을 중심으로 北夫餘路·東沃沮路·北沃沮路·遼東路 개척과 영토확장 및 교역 분석, 특히 遼東路는 南道와 北道[55]라는 2개의 교통로 개발, 평양천도이후 南進 經營에 따라 남한강 유역과 원산~동해안로 확보,[56] 2) 남도·북도의 노선에 대해서 南道; 遼東-渾河-蘇子河-渾江-新開河-國內城 연결, 北道; 渾河 上流-柳河-渾江上流-葦沙河-老嶺-集安 연결,[57] 3) 鴨綠江 中上流 沿岸의

54) 韓禎訓, 「6·7세기 新羅交通機構의 整備와 그 性格」, 『歷史와 境界』 58, 2006.
55) 佟達은 「關于高句麗南北交通道」(『博物館研究』 3, 1993)에서 南道는 渾河-蘇子河-富爾江-渾江-新開河 연결도로, 北道는 渾河 下流-柳河-輝發河-渾江-葦沙河로 연결되는 도로로 설정하고 있는데 李道學도 이 견해에 동의하고 있다. 그러나 남·북도의 경유지에 대해서는 다양한 견해가 있다(拙著, 『韓國驛制史』, 韓國馬事會 馬事博物館, 2002, 58쪽 참조).
56) 李道學, 「古代國家의 成長과 交通路」, 『國史館論叢』 74, 1997.
57) 余昊奎, 「3세기 후반~4세기 전반 고구려의 교통로와 지방통치조직-南道와 北道

高句麗 城郭과 東海路를 고찰하여58) 압록강 하류 방면의 성곽은 상류지점이나 국내성으로 향하는 교통로를 억제한 軍事 防禦城과 鴨綠江 수로를 관리하는 기능을 수행하였다고 분석하였다. 또한 4) 故國原王 이후 廣開土大王 · 長壽王의 남진에 따른 예성강 및 한강과 금강 상류 진출로를 중심으로 고구려의 백제 공격로를 분석하여59) 남진 교통로가 慈悲嶺路 · 防垣嶺路 · 載寧路를 중심으로 전개되고 長壽王의 한성 공격과 충주 등 금강 상류로의 진출로, 한강 및 남한강 수로와 교통로 확보와 산성 축조 사실, 5) 임진강유역의 성곽과 하천 및 교통로의 유기적 관계를 분석하여60) 임진강 유역은 남진정책이후 공격과 방어의 배후기지였으며 임진강 북안의 漣川 隱垈里城 · 堂浦城 · 瓠蘆古壘과 남안의 坡州 阿未城 · 七重城과 漣川 大田里山城 등을 축조하여 新川路 · 干坡川路 · 雪馬川路 · 文山川路 · 抱川川路 등 5개의 하천 교통로와 연계됨으로써 효율적인 관방체계 구축, 6) 북한강 유역의 교통로에 대해서는 신라의 구원과 평양천도 이후 중원지역을 지나 조령과 죽령까지 영토를 확장, 중부지역으로 진출하기 위해서는 북한강 수계를 따라 북한강 중상류 유역의 平康－金華－春川－洪川－横城－原州를 지나 남한강으로 진출하는 교통로 분석61) 등이 진행되었다.

반면에 백제 교통로 연구는 한성백제 시기의 도성 및 북방교통로, 웅진천도 이후 남방교통로, 서남해안 해상교통과 남한강 및 금강 그리고 낙동강 유역진출과 관련한 분석이 많았다.

중요한 연구 결과는 1) 東濊 · 靺鞨 및 樂浪과의 북방교통로 개척,62) 鹽

를 중심으로」, 『韓國史硏究』91, 1995.

58) 余昊奎, 「鴨綠江 中上流 沿岸의 高句麗 城郭과 東海路」, 『歷史文化硏究』29, 2008.

59) 徐榮一, 「高句麗의 百濟 攻擊路 考察」, 『史學志』38, 2006.

60) 白種伍, 「南韓地域 高句麗 關防體系 －臨津江流域을 中心으로－」, 『先史와 古代』26, 2007.

61) 琴京淑, 「高句麗 領域으로서의 北漢江 流域 －靺鞨 문제와 관련하여」, 『韓國史學報』11, 2001; 「北漢江 流域의 古代社會」, 『江原文化史硏究』4, 1999.

62) 李道學, 「古代國家의 成長과 交通路」, 『國史館論叢』74, 1997.

산지 확보와 운송을 위한 서해안 교통로 개척,[63] 및 한강 수로를 이용한
중부 내륙지방 운송로, 공주 천도 이후 영산강 유역 진출에 따른 남방교
통로의 개척, 2) 낙랑과 말갈과의 전투 등 북방에 대한 지배력을 장악하기
위하여 북방교통로 개척한 결과 防垣嶺路, 慈悲嶺路, 載寧路 등 3가지 교
통로 추정,[64] 3) 백제 한성기의 교통로와 성곽 관계를 검토하여 風納土城
을 중심으로 남의 夢村土城, 서의 三城洞土城, 북의 阿且山城, 동의 二聖
山城까지 4방위성에서 시작된 교통로가 북쪽으로 慈悲嶺路와 防垣嶺
路 · 抱川川路, 서쪽으로 載寧路, 남쪽의 三南大路 그리고 동쪽으로 南漢
江路 · 嶺南大路로의 연결,[65] 4) 한성 백제시기의 남한강 수로 개척은 영
서지방의 말갈 세력을 통제하고 고구려의 國原城 설치 이후 남한강 수로
교통의 군사적 · 경제적 기능,[66] 5) 웅진시기 섬진강 유역 중심으로 금강
과 長水 · 萬頃江 · 東津江 · 榮山江 · 南江 및 남해안 연결하는 內陸의 간
선교통로와 고갯길(嶺 · 峙)과 支石墓 또는 古冢 그리고 山城 · 烽燧 등과
의 상호관계 분석하여[67] 영산강 유역의 마한 세력과 가야 세력이 연대하
는 것을 차단하려는 정치적 목적으로 교통로 관할 상황을 분석하고 금강
상류지역의 교통로[68]와 섬진강 유역 교통로와 연계 분석하는 등의 성과
를 이룩하였다.

그리고, 신라의 교통로는 도성과 지방 9주 5소경 등 주치와의 관계, 한
강유역 진출과 관련한 嶺路 연구, 五通－五門驛과 지방교통로 관계, 그리
고 교통로와 산성 등의 문제를 중심으로 고찰되었다. 그리하여 1) 신라 국
가 성장과 지방통치 조직을 연결하여 추풍령, 죽령 가야 방면으로의 교통

---

63) 李道學, 「伯濟國의 成長과 소금 交易網의 確保」, 『百濟研究』 23, 1992.
64) 徐榮一, 「漢城時代의 百濟 北方交通路」, 『文化史學』 21, 2004.
65) 吳康錫, 「百濟 漢城期 關防體系 檢討」, 『先史와 古代』 26, 2007.
66) 徐榮一, 「漢城 百濟의 南漢江水路 開拓과 經營」, 『文化史學』 20, 2003.
67) 郭長根, 「百濟 幹線 交通路의 再編成과 그 意味」, 『百濟文化』 39, 2008.
68) 郭長根, 「錦江上流地域 交通路의 組織網과 再編過程」, 『韓國上古史學報』 66, 2009.

로 발전,69) 2)金庾信의 백제 공격로와 永同,沃川, 金山일대의 산성 분포와 의 상관관계를 중심으로 군사작전로 파악,70) 3)慶州－三陟－江陵을 잇는 동해안로 개척, 甘文國 · 沙伐國.召文國 등 소국 정벌에 따른 교통로 확보, 소백산맥을 연결하는 雞立嶺路 · 竹嶺路 · 赤城路 개척 및 慶州와 6停(上 州停 · 貴幢停 · 新州停 · 比列忽停 · 悉直停 · 下州停)과의 간선도로 분 석,71) 4) 산성의 분포와 입지를 중심으로 고대 교통로 분석하여72) 영남과 중부지방을 연결하는 소백산맥의 秋風嶺 · 雞立嶺 · 竹嶺 등의 古城址를 중심으로 교통로와의 관련 규명, 5) 삼국시대 영남지역 산성분포와 교통 로 및 방어체계를 분석하여 소백산맥 및 섬진강, 금강 상류 그리고 낙동강 지역이나 영남내륙 지역의 산성과의 연계된 교통로 발달73) 이외에도 앞 에서 언급한 바와 같이 五通 · 五門驛의 기능과 노선 비정, 5소경 및 9주와 의 관계와 왕경 6로와 6기정 교통 관계74) 등에 대한 연구가 진척되었다.

끝으로 渤海의 교통로에 대해서는 중국에서 李建才,75) 王俠,76) 方學 鳳77)의 연구, 日本의 河上 洋78)의 연구를 번역한 林相先79) 등의 연구가

---

69) 申瀅植,「新羅軍主考」,『白山學報』19, 1975.
70) 鄭永鎬,「金庾信의 百濟攻擊路研究」,『史學志』6, 1972.
71) 李道學, 앞의 논문, 1997.
72) 朴相佾,「小白山脈地域의 交通路와 遺蹟」,『國史館論叢』16, 1990; 車勇杰,「竹嶺 路와 그 附近 竹嶺 沿邊의 古城址 調査研究,『國史館論叢』16, 1990; 鄭永鎬,「尙州 方面 및 秋風嶺 北方의 古代 交通路 研究」,『國史館論叢』16, 1990.
73) 조효식,「遺蹟分布圖를 活用한 嶺南地域 三國時代 交通路와 防禦體系 檢討」,『지역 과 역사』26, 2010.
74) 한정훈,「新羅統一期 陸上交通網과 五通」,『釜大史學』27, 2003; 鄭枃根,「統一新 羅時期의 幹線交通路－王京과 州治.小京間 連結을 中心으로」,『韓國古代史研究』 63, 2011.
75) 李建才,「渤海中京和朝貢道」,『北方論叢』, 1982~1.
76) 王俠,「琿春的渤海遺址與日本道」,『學習與探索』, 1982~4.
77) 方學鳳은『渤海의 主要交通路 研究』(延辺人民出版社, 2000)에서 渤海 5京과 交通 路인 朝貢道 · 營州道 · 日本道 · 新羅道 · 契丹道에 대하여 역사지리 및 산성과 출 토유물을 분석하고 이어서 24개 돌유지의 발굴 결과 이 돌유지를 발해의 驛站으로 比定하였다.

있다. 특히 金恩國[80]은 8~10세기 동아시아 속의 발해 교통로를 고찰한 결과, 중앙아시아 소그드인(소그드계 突厥)과의 교류 및 실크로드와의 연결, 5京 15府 62州 행정제도와 5교통로를 설치하여 新羅 · 日本 · 契丹 · 中國 등과 활발한 대외교류를 전개했다고 분석하였다. 金昌錫[81]은 8세기 발해의 대일항로를 중심으로 발해 사절단의 南路 및 北路 항로를 통한 平城京과 蝦夷와의 교류관계, 윤재운[82]은 발해 대내외의 교통로와 5경의 입지를 중심으로 분석하여 도성의 입지조건으로는 수륙교통이 편리하고 농경에 적합한 河谷 平地나 盆地 등이 선택되어 농경 지역에 대한 통치 기능과 유목 지역에 대한 外交的 기능을 수행하기 위한 곳으로 인식하고 발해 교통로의 특색을 1) 河谷地帶에 연하여 水路와 陸路를 병행하고 있다는 점, 2) 육로와 해로와의 結合이 보인다는 점, 3) 농경 지역에 대한 통치기능과 유목지역에 대한 외교적, 정치기능을 수행하기 위해 교통로가 설치되었다는 점을 파악하여, 발해 문화의 多樣性[83]과의 관계를 규명하였다.

2. 수상교통 부분

고구려의 해양활동에 대해서는 윤명철[84]이 고구려 고대 국가의 발전

---

78) 河上 洋은 「渤海の交通路と五京」(『史林』72－6, 1989)에서 五京에 대한 『遼史』 지리지 검토와 교통로상의 西京압록부 등 五京이 교통로의 거점 역할을 하였다고 분석하였다.
79) 林相先, 「渤海의 交通路와 五京」, 『國學硏究』 3, 1990.
80) 金恩國, 「8~10세기 동아시아 속의 渤海 交通路」, 『韓國史學報』 24, 2006.
81) 金昌錫, 「8세기 渤海의 對日 航路와 蝦夷」 『아시아文化』 26, 2010.
82) 윤재운, 「渤海의 5京과 交通路의 機能」, 『韓國古代史硏究』 63, 2011.
83) 渤海文化의 多樣性에 대해서는 宋基豪, 「渤海文化史의 硏究現況과 課題」, 『韓國史硏究』 122, 2003; 宋基豪, 『渤海 社會文化史硏究』, 서울大學校 出版部, 2011; 林相先, 「渤海 '東京' 地域의 高句麗 文化要素」, 『高句麗硏究』 25, 2006 등 참조.
84) 윤명철, 「해양사관으로 본 한국고대사의 발전과 종언」, 『한국사연구』 123, 2003;

과 해양활동을 고찰하여 만주남부의 지리적 조건을 이용하여 해양활동을 활발하게 전개하였다고 하였다. 태조대왕부터 압록강 하구인 서안평으로 진출하여 황해 북부를 통한 중국 교역을 추진하여 동천왕 때는 양자강 하구 建康(현재의 남경)의 吳나라와 최초로 교역을 하였고 미천왕 때에는 압록강 하구를 장악, 낙랑과 대방을 멸망시키는 역할을 하였다고 하였다. 또 광개토대왕 시기에는 백제 공격시 수륙양면 작전으로 경기만과 서해안 해상권을 장악하였고 이어서 장수왕의 평양천도이후 경기만과 황해 중부 해상까지 진출하였다고 분석하였다. 그 뿐만 아니라 일본에도 해양 외교를 펼친 사실이 『일본서기』에 나타난 바와 같이 應神期 · 仁德期에 사신을 파견한 기록이 전해지고 있는 것으로 보아 고구려의 해상 활동은 황해를 통한 중국과 일본에 까지 미치고 있음을 볼 수 있다.

　백제의 경우는 강봉룡[85)]의 연구에 따르면 백제 근초고왕 때 동아시아에서의 해상교역을 장악하여 중국 東晋과의 교역이 활발해졌고(풍납토성 동진 鐎斗, 석촌봉 고분 동진의 청자와 櫨 발굴) 일본 왜와의 교역도 비교적 성행하였다(왜왕에게 보낸 七支刀). 이후 고구려의 반격으로 주춤했다가 웅진천도이후 무령왕대에 이르러 梁나라와의 교역 뿐만 아니라 신라 · 가야 · 왜와의 연맹 강화로 서해와 남해의 연안항로를 재개하여 주도적인 국제교역을 추진하였다고 분석하였다. 그리고 일본항로에 대해 윤명철[86)]은 나주 등 영산강 하구와 해남 · 강진을 포함한 남해 서부, 서해 남부를 출발하여 규슈 서북부에 이른다고 하였다. 이외에도 문안식[87)]은 백

　「고구려 전기의 해양활동과 고대국가의 성장」, 『한국상고사학보』 18, 1995. 참조.
85) 강봉룡, 「고대동아시아 해상교역에서 백제의 역할」, 『한국상고사학보』 38, 2002; 「8~9세기 동북아 바닷길의 확대와 무역체제의 변동」, 『역사교육』 77, 2001 참조.
86) 윤명철, 「해양사관으로 본 한국 고대사의 발전과 종언」, 『한국사연구』 123, 2003; 박준형, 「고조선~삼국시기 교역사 연구의 검토」, 『한국고대사연구』 73, 2014, 28~31쪽 참조.
87) 문안식, 「백제의 서남해 도서진출과 해상교통로 장악」, 『백제연구』 55, 2012.

제의 서남해 도서 진출과 해상교통로 문제를 고찰하여 가야·신라의 대
중국 항해를 견제하기 위하여 완도, 강진, 해남, 진도, 무안 등의 서남해
도서지방에 方郡城制를 실시하고 군현을 설치하여 지방관을 파견하였음
을 분석하고 이러한 목적이 가야와 왜국으로 가는 항로를 유지하기 위한
것이었다고 파악하였다. 최근에는 백제와 중국과의 해상교통 발달의 거
점으로서 롄윈강(連雲港) 지역에서 발굴된 봉토석실묘를 중심으로 묘제
의 구조나 형태적 측면에서 백제계 석실묘와 관계가 깊다고 추정하고 백
제유민이 연운항에 거주하였다는 가능성하에 백제와 중국과의 교통로상
의 요충지로서 화이허(淮河)하류의 롄윈강에 주목하고 있다.[88]

한편, 신라의 해상교역 실태를 대중국·대왜 관계를 중심으로 살펴보
자. 먼저 대중국 해상교통에 대해서 박형규의 연구에 따르면 唐나라시기
浙東 연안에서의 신라인의 수로 교통을 중심으로 고찰한 결과 浙江지역
의 浙東水路 유역에는 신라인들의 해상무역 활동 및 거주지 관련 유적이
많다고 주장하고[89], 그 중에서도 寧波는 절강성 동부 해안지역의 대표적
인 항구도시로서 신라 헌덕왕 때 한반도의 흉년과 기근으로 인하여 신라
인들이 浙東에 많이 이주한 것으로 알려져 왔으며[90] 여기에는 재당신라
인 金淸이 浙東과 山東을 오가면서 교역한 사실과[91] 新羅村 형성 이외에
도 紹興 平水 草市, 普陀山 新羅礁, 象山 新羅㘊村, 臨海 新羅嶼와 黃巖 新
羅坊 등의 유적을 통해 신라의 대당 해상교역 실태를 말해 주고 있다.

그리고 당시의 항로에 대해서 전덕재는 상고기부터 신라 하대시기까
지의 항로 변천을 고찰하여 상고시기 對西晉 교통로는 서해 북부 연안 항
로를, 중고기에는 서해 중부 횡단 항로를 그리고 통일 이후 북부 연안 항로

---

88) 박순발, 「連雲港 봉토석실묘의 역사성격」, 『백제연구』 57, 2013.
89) 박현규, 「절동 연해안에서 신라인의 수로교통-수로유적과 지명을 중심으로」, 『신
라문화』 35, 2010.
90) 『삼국사기』 권10, 헌덕왕 8년조.
91) 박현규, 「원탁본 『唐无染禪院碑』 고찰」, 『신라사학보』 12, 2008.

및 서해 중부 횡단 항로를 병행하였고 하대시기에 이르러 서해 남부 사단 항로를 이용하는 사례가 증가하는 등의 항로 변천을 규명하였으며[92] 이에 대해 고경석도 신라의 대중국 해상교통로에 대해 서해 중부 횡단 항로와 서해 남부 사단 항로의 개설 시기 문제를 중점적으로 검토하여 서해 중부 횡단 항로는 진흥왕대 당항진(당은포)이 있는 경기 남양만과 한강하류를 점령함으로써 서해 중부 횡단 항로를 이용하여 대당 무역항로로서 기능하였으며 점차 후반기에 이르러 남부 사단 항로를 새롭게 개발하여 명주·항주 등과의 국제교역을 활성화하였다고 분석하였다.[93] 강봉룡은 신라~고려시기 서남해 지역의 해상교통로와 거점포구를 중점적으로 규명하여 장보고가 청해진을 중심으로 대당 교역을 장악하는데는 서남해지역 대중국 항로의 거점포구였던 영암 구름마을의 상대포, 흑산도 읍동 마을 외에 안좌도의 금산, 비금도의 수도, 우이도의 진리 등 포구가 발달하여 국제항구로서 중요한 역할을 하였다고 분석하였다.[94]

또한 윤명철은 고대시기 연해주 및 동해 북부 향로에 대한 연구를 통해 동해지역에는 해안을 따라 남북으로 항해하는 동해 연근해 항로, 연해주 해안에서 타타르해협을 항해하여 일본 홋카이도와 사할린지역으로 항해하는 연해주 항로, 동해 북부를 횡단 또는 사단하여 일본열도에 도착하는 동해 북부 항로 등이 개척되었다고 하였다.[95] 이외에 연안 항로 및 국외 항로와 연계하여 고대시기 海港都市였던 당진, 울산 등의 해상교통 환경을 분석하였다.[96]

---

92) 전덕재, 「신라의 대중.일 교통로와 그 변천」, 『역사와 담론』 66, 2013.
93) 고경석, 「신라의 대중 해상교통로 연구—중부 횡단 항로와 남부 사단 항로 개설시 기를 중심으로」, 『신라사학보』 21, 2011.
94) 강봉룡, 「신라말~고려시대 서남해 지역의 한·중 해상교통로와 거점포구」, 『한 국사학보』 23, 2006.
95) 윤명철, 「연해주 및 동해 북부 항로에 대한 연구—고대를 중심으로」, 『이사부와 동 해』 창간호, 2010.
96) 윤명철, 「고대도시의 해양적 성격(항구도시)에 대한 체계적 검토—고대국가를 대상

또, 신라의 對倭 해상교통에 대해서는 전덕재[97]의 연구에 나타난 바와
같이 上古期에는 栗浦(울산)와 絲浦(울주), 阿珍浦(경주)를 출발하여 부산
의 수영만을 지나 對馬島-筑紫를 거쳐 瀨戶內海를 항해하여 難波津에 도
착 후 육로로 아스카 · 나라로 연결되는 교통로를 이용하거나 또는 경주-
언양-양산 黃山津, 부산 多大浦, 對馬島, 筑紫를 연결하는 교통로를 주로
이용하였다. 그러나 下代에 이르면 섬진강 하구 菁州(康州의 浦口인 하동
의 多沙津 뿐만 아니라 완도나 전남 해안지역에서 출발하여 値嘉島(長崎
縣 五島列島)-博多灣 -太宰府에 이르는 교통로를 새롭게 개척하여 이용
하였을 것으로 추정하였다.

끝으로 장보고의 대당 교역활동과 재당신라인의 형성과 신라촌 등에
대해서는 윤명철,[98] 정병준,[99] 강봉룡,[100] 이명남 · 전형권,[101] 고경석[102]
등의 연구를 통해 산동반도부터 浙東지역에 이르는 지역에서 재당신라인
으로 활동한 신라 상인, 승려들의 활동과 법화원 설립, 신라방을 포함한
재당신라인과 장보고와의 관계 등에 대한 연구가 많이 축적되었다.

그리고 발해의 해상교통에 대해서 윤명철[103]은 발해의 자연적인 항해

으로」,『동국사학』 55, 2013:「唐津의 고대 해항도시적인 성격 검토와 航路」,『동
아시아고대학』 29, 2012:「蔚山의 해항도시적 성격과 국제항로-신라와 관련하
여」,『한일관계사연구』 38, 2011.

97) 전덕재,「신라의 對中. 日 교통로와 그 변천」,『역사와 담론』 66, 2013 참조.

98) 윤명철,「장보고의 해양활동과 국제관계-동아지중해론을 중심으로」,『해양 정
책연구』 16-1, 2001.

99) 정병준,「이정기 일가의 교역활동과 장보고」,『동국사학』 40, 2004:「당대의 互
市와 장보고의 대당교역」,『중국사연구』 69, 2010.

100) 강봉룡,「8~9세기 동북아 바닷길의 확대와 무역체제의 변동-장보고 선단의 대
두배경과 관련하여」,『역사교육』 77,

101) 이명남 · 전형권,「나당시대 동아시아 해상무역네트워크에 대한 연구-'장보고상
단'의 사례를 중심으로」, 전남대 세계한상문화연구단 국제학술회의, 2007.

102) 고경석,「장보고의 해상활동과 해적」, 전남대 세계한상문화연구단 국내학술회
의, 2012:「재당신라인사회의 형성과 발전」,『한국사연구』 140, 2008.

103) 윤명철,「渤海의 해양활동과 동아시아질서 재편」,『고구려연구』 6, 1999.

조건을 중심으로 계절풍과 해류 및 출발 지점과 도착 지점 그리고 항해술·조선술을 분석하여 발해의 일본 해상교통로를 동해 북부 횡단 항로, 동해 북부 사단 항로, 동해 횡단 항로 그리고 연해주 항로를 설정하였다. 그는 출발지와 도착지에 대해 동해 북부 황단 항로는 동경 용원부(琿春縣 八連城) 또는 포시에트만 毛口威(구 鹽州; 크라스끼노)~出羽國(秋田 남부 니가타(新潟) 연안, 동해 북부 사단 항로는 남경 남해부(북청설) 또는 두만강 하구 나진항·청진항 또는 함흥만~越後 지역(敦賀, 加賀, 能登), 동해 횡단 항로는 동해 북부 항구(吐號浦)~山陰지역(但馬·伯耆), 島根(出雲·隱岐)와 山口(長門), 그리고 연해주 항로는 연해주 지역 항구(定理部·安邊部·安遠部; 현 크로세비치·블라디보스토크)~사할린, 북해도(오타루)로 추정하였다.

윤재운[104]은 8~10세기 발해의 대중국·일본에 대한 문물 교류에 대해 사람과 물자 및 기술·지식의 교류 측면에서 고찰하여 사람 교류는 당과 일본에 사절단 파견과 무역 양상, 특히 상인인 李延孝·李英覺·李光玄과 승려인 仁貞·貞素·薩多羅 등에 대하여, 물자교류에 있어서는 모피와 발해 삼채 및 말 교역을, 끝으로 기술지식 교류에 대해서는 일본 越中國에 豎型爐 鑄鐵기술, 宣明曆經과 불경 등의 교류 실태를 규명하여 대일·대중 해상교통을 통한 물자 교역의 실태를 파악하였다. 이어서 이러한 문물교류를 뒷받침하는 교통로에 대하여 5京의 입지와 5개 교통로의 노선을 대외 및 국내 교통로로 나누어 교통로의 특색과 기능을 중점적으로 분석하였다.

또한 김은국[105]은 발해의 교통로 즉, 朝貢道·新羅道·營州道·契丹道·日本道 중심으로 교통로와 유통 관계를 연구하여 발해의 개방성과 대륙과 해양을 연결하는 교통로를 통해 동아시아속의 발해로 발전할 수

---

104) 윤재운, 「8~10세기 발해의 문물 교류」, 『한국사학보』 23, 2006.
105) 김은국, 「8~10세기 동아시아 속의 발해교통로」, 『한국사학보』24, 2006.참조

있다고 하였다. 특히 발해와 신라와의 관계에 대한 대립,경쟁적 구도에서
만 볼 것이 아니라 新羅道라는 발해의 신라와의 교통로를 적극적으로 해
석할 것을 요청하기도 하였다.[106]

끝으로 김창석[107]은 8세기 발해의 대일항로와 蝦夷 관계를 日本道와
北路 航海를 분석하여 발해 사절단이 일본 本州의 동해연안 중에서 이북
지역에 주로 항해한 이유는 하나는 平城京 정부와 교섭하는 것이고 또 하
나는 出羽지역에 세력을 유지하고 있었던 蝦夷집단 세력과 교류하기 위
한 것이라고 주장하였다. 그리고 방학봉[108]은 발해의 일본 항로인 일본
도를 설명하는 가운데 출발 항구를 동경 용원부에서 140리 떨어진 포시
에트만의 毛口威(현 크라스끼노; 옛 鹽州)라고 주장하고 여기서부터 항해
하여 일본으로 가는 해상교통로는 포시에트만 크라스끼노~일본해~本
州 중부 越前 · 能登 · 加賀에 이르는 북부항선과 크라스끼노 출발~동해
안 남하~筑紫(九州)에 이르는 筑紫船, 南海府(北靑)의 吐號浦 출발~동해
안 남하~대마도 해협~筑紫에 이르는 남해부 항로를 주장하였다.

IV. 고려시대의 교통사 연구동향

1. 육상교통 부분

고려시대의 육상교통 부분 역시 도로 유구, 우역제 그리고 교통로를

---

106) 김은국, 「대외교통로를 통해 본 발해와 신라와의 관계」, 『남 · 북 · 러 국제학술회
   의』, 2005 참조.
107) 김창석, 「8세기 발해의 대일 항로와 蝦夷」, 『아시아문화』 26, 2010 참조.
108) 방학봉, 「연변지역의 발해유적과 日本道」, 『백산학보』 50, 1998; 리대희, 「발해
   의 대일교통로인 <일본도>」, 『력사과학』 4, 1990 참조.

중심으로 살펴보겠다.

첫째, 고려시대의 도로유구는 삼국시대나 통일신라시기 축조된 도로를 계승하여 이용된 발굴 사례가 많다. 馬山 中里 유적과 鎭東 유적, 大邱 鳳舞洞 유적Ⅰ, 統營 安井里 유적, 蔚山 屈火里 유적 그리고 羅州 長山里 유적 등을 들 수 있다.[109] 이들 도로 유구에서도 노면 구조, 측구 시설 외에 수레바퀴 홈이 확인되고 있다. 특히 통영 안정리 유적[110]은 고려시대~조선 초기까지 설치되었던 春原驛으로 추정되는 역터 유적으로 파악된다. 원래 춘원역은 고려시대 고성과 거제를 연결하는 山南道에 속한 역로에 위치하였는데 조선 초기에 馹墟驛이 신설되어 김村道로 개편됨으로써 폐지된 역이다. 이 유적에서는 건물지와 출토유물, 도로유구 및 우물, 담장지 그리고 석열 등이 발굴되어 驛舍 건물지 또는 驛村이 아닌가 추정된다. 이외에 최근에 발굴된 나주 장산리유적[111]은 구릉 하단부를 따라 남동−북서 방향으로 위치하고 있으며, 노면은 자연지형의 緩斜面部를 수평으로 깎은 후 기반토를 이용하였으며 도로 양쪽으로 수로 시설과 수레바퀴 자국이 중복되어 나타나고 있으며 노폭은 4~5m 규모의 小路에 해당된다고 추정된다.

둘째, 우역제에 대해서는 일찍이 內藤雋輔[112]의 연구가 그 단서를 열었는데 그는 고려 驛制의 조직과 기능을 비롯하여 驛戶 신분을 部曲 등 군현제와 관련시켜 분석하고 각 역의 위치 비정을 역사지리적 측면에서 고찰한 점이 특색이다. 또 江原正昭[113]는 역의 기능과 기구 및 역의 부담을 중심으로 고찰하여 역의 공동체적 성격을 규명하는데 치중하였다.

한편 呂恩暎[114]은 고려의 역도체계가 六科 체계에서 22驛道 체계로 발

---

109) 朴相銀 外, 「道路遺構에 대한 分析과 調査方法」, 『野外考古學』 7, 2009, 103~104쪽.
110) 慶南考古學研究所, 『統營安井里遺蹟−高麗驛址調査報告書』, 2002.
111) 馬韓文化研究院, 『羅州長山里遺蹟』, 2008.
112) 內藤雋輔, 「高麗驛傳考」, 『歷史と地理』 34~45, 1934.
113) 江原正昭, 「高麗時代の驛について」, 『鎭西學院短期大學紀要』 創刊號, 1970.

전되어 가는 과정으로 이해하고 그 이유로 서경을 중심으로 한 북방 개척과 관련짓고 있다. 또한 군현제상의 역의 위치 및 역의 族的 배경으로서 驛姓을 분석하여 소속 邑의 土姓과[115] 밀접한 족적 배경 아래 놓여 있었다는 것으로 추측하였다.

그 뒤 姜英哲[116]은 6과와 22역도를 중심으로 고려 역제의 성립과 변천에 대해 언급하였으며 또한 고려 역제의 구조를 지방조직 즉, 郡·縣·部曲·鄕·所·浦·鎭·津 등과의 관련속에서 고찰한 뒤 역의 경제 기반과 운영을 중심으로 驛吏의 형성과 신분 그리고 기능을 서술하였다.

이후 劉善浩[117]는 중앙집권적 왕권 강화와 전국의 통일적 지배를 위한 통치조직 정비 차원에서 역로 체계를 지방 군현제 성립과 연계하여 6과 체계와 22역도 체계로 나누어 분석하고 아울러 우역의 관리와 운영 및 경제 구조 그리고 구폐책에 대하여 종합적으로 분석하였다. 그는 6科체계가 개경과 서경 및 북부 지역인 東界와 北界에 鎭, 防禦使州를 설치하고, 북방 민족에 대비하여 군사적, 행정적으로 변방통제를 강화하기 위한 것으로 분석하였으며 22역도의 성립시기를 강동 6州의 설치와 10道制를 시행한 성종 14년(995)부터 현종 9년(1018) 사이로 보았다.

반면에 鄭枎根[118]은 성종~현종시기 역로망과 운영체제의 정비 및 22역도의 성립에 대해 연구한 결과, 유선호의 입장과 달리 6과 체계는 강동 6주 설치 이후 성종 15년(996)부터 현종 3년(1012)사이에 성립되었다고 추정하고 거란 침입 이후 북계 방면의 군사, 외교적 필요에서 6科 체계가

---

114) 呂恩暎,「麗初 驛制形成에 대한 小考」,『慶北史學』5, 1982.
115) 李樹健,「高麗前期 土姓研究」,『大丘史學』14, 1978:「高麗後期「土姓」研究」,『東洋文化』20·21, 1981.
116) 姜英哲,「高麗驛制의 成立과 變遷」,『史學研究』38, 1984:「高麗驛制의 構造와 運營」,『崔永禧先生華甲紀念論叢』, 1986.
117) 劉善浩,『高麗郵驛制研究』, 檀國大 博士學位論文, 1992.
118) 鄭枎根,「高麗前期 驛制의 整備와 22驛道」,『韓國史論』45, 2001:『高麗.朝鮮初의 驛路網과 驛制研究』, 서울대 博士學位論文, 2008.

정비되었다고 보았다. 또 22역도는 현종 10년 이후 역의 운영체제는 대외적 요인보다는 내치적 성격이 강하여 州·府·郡·縣의 吏와 鄕·部曲·驛의 吏를 구분하고, 지방의 諸道館驛使, 中央의 供驛署 설치 등으로 전국적인 역도를 관리하는 체제로 발전하였다고 보았다. 그리하여 6과 체계와 22역도 체계의 선후에 대해 그는 6과 체제에서 22역도 체제로 발전하였다고 보고 양자는 서로 별개의 제도로서 이후 시기까지 변화없이 유지되었다고 추정한 반면, 劉善浩의 6과체계가 전쟁시 편성된 임시적 제도라고 보는 견해를 반박하였다.

이후 鄭枖根[119]은 고려전기 역의 인적구성과 지방 행정단위로서의 측면을 고찰하여 上位郡縣에 의한 驛屬層 통제, 역에 관한 館驛使와 군현제에 의한 이중적 행정체계에 의한 지역공동체적 성격을 파악한 점이다. 또 고려 전기의 역속층을 신분적 측면에서 驛吏·驛丁戶·驛白丁·驛奴婢 등으로 구분하고, 그 중에서 역정호층은 急走나 轉運 등 역의 실무를 담당하였던 驛役의 핵심 담당층이었다고 분석하였으나 역정호의 구성문제, 급주노비나 전운노비[120]는 조선시대부터 나타나고 있어 재고를 요한다.

또한, 元 간섭기 역 이용의 수요 급증과 역로망 운영에 대한 원의 개입 문제를[121] 고찰하여 일본원정과 원의 大都 왕래 등으로 이용 수요는 급증, 고려의 역로망 통제력 약화, 역역 담당층의 역역 이탈, 관역사 대신 程驛別監 파견, 역역 담당층 확보방식에서 역의 외부로부터 역 인근 거주자, 征東行省 및 賊臣 소속의 人戶, 유이민 등 새로운 인원의 역역 투입을 분석하였고 양계 및 5도 지역의 역의 분포를 분석하여[122] 양계 지역과 5도

119) 鄭枖根, 「高麗前期의 驛屬層과 地方 行政單位로서의 驛」, 『震檀學報』 101, 2006.
120) 急走나 轉運(奴婢)가 高麗時代에 설치되었다는 사료는 아직 찾을 수 없다. 急走.轉運奴婢는 朝鮮初期에 이르러 구체적인 驛奴婢로 出現하고 있다(拙著, 『韓國近世驛制史硏究』, 國學資料院, 2005, 213~221쪽 참조).
121) 鄭枖根, 「元干涉期 驛 利用需要의 急增과 그 對策」, 『韓國史學報』 32, 2008: 「高麗驛路網 運營에 대한 元의 介入과 그 意味」, 『歷史와 現實』 64, 2007.
122) 鄭枖根, 「高麗時代 驛 分布의 地域別 不均等性」, 『地域과 歷史』 24, 2009.

지역과의 불균등성을 규명, 그 결과 양계지역의 조밀한 역 분포는 契丹 및 女眞과의 군사적 필요성에 의해서였고 반면에 양광도나 서해도 지역은 다른 지역에 비해 유독히 밀도가 낮다고 보았다. 그러나 원 간섭기 이후 대중국 외교를 지원하는 성격으로 점차 변화하였으며 특히, 왜구의 창궐과 군현제의 개편으로 서해도를 포함한 5도의 역 분포가 균등화하게 되었다고 분석하였던 점에서 시사하는 바 크다.

한편 韓禎訓[123]은 고려시대 현종 전후 역도의 형성 과정과 특징 및 기능을 분석하여 고려 전기 역도의 발달 과정을 태조대 역도 정비의 필요성 인식단계, 성종대 전국적인 역도망 지향단계 그리고 현종대 22역도망의 형성단계로 나누어 고찰하고 역도가 교통기능 뿐만 아니라 공물·조세의 운송로이면서 민간에서의 다양한 수송활동의 통로였다고 인식하고 양계의 역도 및 교통운영 체계와 운송권역을 분석하여[124] 그 결과 1) 성종대 북방민족과의 군사적 방어체계를 지원하기 위해서 6과 체제 및 大·中·小路의 구분에 따른 驛丁을 배속하고 현종 말엽에 22역도가 성립하였다는 점, 2) 양계의 역도(興化道, 雲中道, 朔方道) 명칭은 興化鎭·雲中鎭·朔方鎭 등의 軍鎭과 같은 명칭을 사용하고 북방 변경과의 연결을 중시하는 역 분포망을 보여준다는 점, 3) 양계의 산지지형을 극부하고자 岊嶺·鐵嶺·孟州峴 등의 嶺路를 개척하였으며 양계의 원거리 군량운송은 해운에 의존하였다는 점, 4) 양계의 西京·寧州·登州外에 西北界의 博州 및 宣州와 元興鎭·鎭溟縣 등의 교통거점을 중심으로 연결된 교통로를 따라 운송권역의 설정을 추정하였다. 그 외에 고려시대의 22역도와 漕倉을 중심으로 한 수륙교통망[125]을 분석하여 조세의 운송체계를 驛道와 60浦制

---

123) 韓禎訓, 「高麗前期 驛道의 形成과 機能」, 『韓國中世史硏究』 12, 2002.
124) 韓禎訓, 「高麗 前期 兩界의 交通路와 運送圈域」, 『韓國史硏究』 141, 2008.
125) 韓禎訓, 『高麗時代 交通과 租稅運送體系 硏究』, 釜山大學校 大學院 博士學位論文, 2009.

및 13漕倉制와 연결 관계를 고찰함으로써 성종대의 6과 체제와 60포제를 거쳐 현종대 22역도 13조창제도가 성립하여 수륙교통망에 의한 조세운송체계가 정비되었다고 파악하여 수상교통사 연구의 범위를 크게 확장시켰다는 점에서 의의가 크다고 본다.

이외에 金蘭玉[126]은 고려시대의 역제 및 역인의 사회신분을 중심으로 고찰, 역리는 郡縣史에 비해 차등적인 대우를 받았으며 일반 양인보다 신분적 상위에 있는 계층이었으나 그들의 役이 천역시될 정도로 고역이었으므로 이른바 「身良役賤」적인 존재라고 파악하였다.

셋째로, 교통로에 대해서는 개경[127] 및 남경[128]의 도성 건설에 따른 가로구획과 御街 등에 대한 일부 연구가 있으나[129] 본격적인 도성의 도로유구에 대한 조사보고서나 연구는 북한에서의 발굴을 제외하면 미흡한 실정이다. 따라서 개경을 중심으로 羅城과 사찰 및 왕릉 그리고 지방 읍치간의 교통로에 대한 역사지리학적, 고고학적 연구가 필요하다.

羅恪淳[130]은 고려시대 남경의 도시시설을 설명하면서 개경 靑郊驛에서 綠楊驛(見州)까지의 靑郊道 屬驛의 역참로 편성과 沙平渡 · 漢江渡 등의 진도에 관한 내용을 소개하였고, 金秉仁[131]은 고려시대 稷山(成歡)의 弘慶寺, 峰城(坡州)의 惠陰寺, 湍州(長湍)의 仰岩寺, 開京의 天壽寺 · 開國

126) 金蘭玉, 「高麗時代 驛人의 社會身分에 관한 硏究」, 『韓國學報』 70, 1993.
127) 朴龍雲은 『高麗時代 開京硏究』(一志社, 1996)에서 開京의 宮闕 및 官衙 施設과 坊里制 實施 그리고 御街의 配置에 대해 설명하고 있다. 그 외 韓國歷史硏究會 開京史硏究班, 『高麗의 皇都 開京』, 創作과 批評社, 2002; 朴鍾進, 「高麗時期 開京史 硏究動向」, 『歷史와 現實』 34, 1999 참조.
128) 崔惠淑, 『高麗時代 南京硏究』, 景仁文化社, 2004; 金甲童, 「高麗時代의 南京」, 『서울학연구』 18, 2002.
129) 申安湜은 「高麗時期 開京都城의 範圍와 利用」(『韓國中世史硏究』 28, 2010)에서 開京의 山勢와 水勢에 따른 市街地 境界와 東西南北 道路 형성 배경 및 橋梁 건설을 분석하였다.
130) 羅恪淳, 「高麗時代 南京의 都市施設」, 『成大史林』 12 · 13, 1997.
131) 金秉仁, 「高麗時代 寺院의 交通機能」, 『전남사학』 13, 1999.

寺, 泰安의 安波寺와 같은 寺院132)의 교통기능과 배경을 분석하여 行旅者의 편의제공, 迎賓 送客 및 關門의 역할과 명승지의 거점과 수로 교통의 편의를 제공하였다고 이해하고 그 배경을 불교의 積善報恩과 布教 및 社會福祉(貧民救濟 · 疾病治療), 그리고 盜賊 폐해와 虎患 방지, 流民의 안집 외에 교역의 중심지였다고 판단하였다.

鄭枃根133)은 경기 북부지역의 長湍渡路에 대한 분석을 통하여 삼국통일기 이래 고려전기까지 한반도 중서부 일대 간선교통로의 위치와 그 시대적 변천과정을 추적하고 그 변화와 지방통치방식 사이의 관계에 대하여 살펴, 개경 이남의 한강과 임진강 유역은 삼국시대부터 치열한 격전지였으며, 한반도 서북방과 동남방을 연결하는 교통로가 구축되어 있었다고 보았다. 통일신라기에는 '漢州(廣州)−漢陽郡(楊州)−來蘇郡(見州)−重城縣(積城)−長湍縣−臨江縣−牛峰郡−永豊郡(平州)'으로 이어지는 교통로가 지역 간선로로서 長湍渡路가 성립하였다고 보았다. 그러나 11세기 중반을 지나면서 장단도로의 중요성은 점차 감소하고 서쪽에 위치한 臨津渡路가 개경과 남방을 연결하는 제1의 간선로로 성장하였다고 해석하였다.

그 이유로 임진도로가 장단도로에 비해 거리상으로 유리했고 임진도로 일대의 본격적인 개발로 인해 인구와 물산이 풍부해진 점과 문종대 남경의 移置였다고 보았다. 또 후삼국시기 고려의 남방진출 교통로에 관한 연구134)를 통해 서남방면(충청도), 동남방면(경상도), 서남 해상과 남해방면의 교통로를 중심으로 경상도 방면으로 竹嶺路∼尙州, 鷄立嶺∼尙州, 竹嶺∼慶州 노선을 확보하게 되었고 충청도 방면에는 靑州 · 熊州 · 雲州

---

132) 고려시대 寺院에 대해서는 韓基汶,『高麗 寺院의 構造와 機能』, 民族社, 1998; 李炳熙,「高麗後期 寺院經濟의 硏究」, 서울대 박사학위논문, 1992; 鄭東樂,「高麗時代 對民統治의 側面에서 본 寺院의 役割」,『民族文化論叢』18 · 19, 1998 등 참조.

133) 鄭枃根,「7∼11世紀 京畿道 北部地域에서의 幹線交通路 變遷과 '長湍渡路'」,『韓國史硏究』131, 2005.

134) 鄭枃根,「後三國時期 高麗의 南方進出路 分析」,『韓國文化』44. 2008.

거점 고을 확보함으로써 서남해안 및 남해안 방면으로 경략할 수 있다고
이해하였다.

한편 韓禎訓[135]은 고려시대의 육상의 嶺路와 수상의 險路에 대한 특징
과 성격을 고찰하여 1) 영로와 역도 관계를 분석하여 영로상의 險阻處인
고개(嶺 · 峙 · 峴)는 행정구역과 역도의 경계선이자 교통의 요충지였다
는 점, 2) 영로 주변에는 彌勒院,觀音院처럼 원[136]이 밀집 · 분포하고 있
다는 점, 3) 영로는 지세를 이용하여 岊嶺 · 鐵嶺처럼 외적을 방비하는 요
해처였다는 점, 4) 영로는 도적의 출몰과 약탈 · 호환 등으로 행인의 왕래
에 많은 제약이 있었다고 분석하였다. 그리고 수로상에의 險阻處인 해남
의 鳴梁項, 영광의 七山梁, 蘇泰縣(泰安)의 安興梁, 옹진의 長山串, 남한강
의 大灘과 같은 곳은 漕渠의 굴착이나 碧波亭(珍島), 安興亭(安興梁), 慶源
亭(紫燕島)과 같은 客館을 설치하여 수로교통의 애로를 극복해 나갔다고
분석하였다.

2. 수상교통 부분

고려시대 해상교통에 대한 연구사적 검토는 한정훈,[137] 문경호[138] 외
에 윤용혁[139]이 조운제도, 해로와 객관, 선박 및 목간자료를 중심으로 연
구 동향을 분석하였다. 이를 토대로 하여 연구사적 동향과 과제를 좀더
파악해 보고자 한다.

---

135) 韓禎訓,「高麗時代 險路의 交通史的 의미」,『歷史와 談論』55, 2010.
136) 고려시기 院에 대해서는 李炳熙,「高麗時期 院의 造成과 機能」,『靑藍史學』2, 1998;
    鄭枎根,『高麗.朝鮮初의 驛路網과 驛制硏究』, 서울대 박사학위논문, 2008 참조.
137) 한정훈,「고려시대 조운제의 해양사적 의미」,『해양문화재』2, 2009:「한국중세
    조운사 시기구분 시론」,『지역과 역사』35, 2014.
138) 문경호,『고려시대 조운제도의 연구와 교재화』, 공주대 박사학위논문, 2010.
139) 윤용혁,「고려의 뱃길과 섬, 최근의 연구동향」,『島嶼文化』42, 2013.

먼저 고려시대 해상 교통로에 대해서는 서해안 항로를 중심으로 원양 항로인 대중국 항로와 연안항로인 서남해안 항로에 관한 연구가 중점적으로 진행되었다. 먼저 김위현[140]의 고려와 북송과의 교류 및 항로(甕津－山東노선, 黑山－定海노선)연구를 비롯하여 김철웅[141]의 대송 해상교역로 연구와 森平雅彦[142]의 宋使船 항로 분석에 이어서 한정훈[143]은 고려의 연안항로 기초연구로써『고려사』와『도로고』등의 역사지리적 접근 방법 및 최근 수중고고 발굴 결과와 각종 지리지를 총괄 분석하여 서·남해 연안항로를 구체적으로 경상도 남해안, 전라도 남해안, 전라도 서해안, 양광도(경기도－필자) 서해안의 항로로 분류하여 동래현에서 예성강 벽란도까지의 연안항로를 구체적으로 고찰하였다.

한편 윤용혁[144]은 서해 연안해로상의 客館, 특히 安興亭의 위치 비정을 통해 해로상의 사신 접대 등을 위한 객관의 실체를 규명하였다. 고려의 서해연안의 객관으로는 徐兢의『宣和奉使高麗圖經』에 근거하여 군산도의 郡山亭, 馬島의 安興亭,[145] 자연도의 慶源亭, 예성항의 碧瀾亭 등을 열거하고 있는데 이들은 사신 숙소로서의 기능 뿐만 아니라 대부분 조운로 및 군사적 요충지에 위치하고 있다는 점에서 해상교통로 방어와 밀접한 관련성을 갖고 있다고 본다. 문경호[146]는 서긍의 고려 항로중 馬島의 안흥정 이후 구두산(팔봉산), 당인도(가의도?)－쌍녀초(학암포)－대청서(풍도)－화상도(영흥도), 우심서(선재도)－섭공서(팔미도)－소청서(월미도)－

---

140) 김위현,「麗宋관계와 그 航路고」,『관대논문집』6－1, 관동대학교, 1978.
141) 김철웅,「고려와 송의 해상교역로와 교역항」,『중국사연구』28, 2004.
142) 森平雅彦,「黑山島 海域における 宋使船의 航路」,『朝鮮學報』212, 2009.
143) 한정훈,「고려시대 연안항로에 관한 기초적 연구」,『역사와 경계』77, 2010.
144) 유용혁,「고려시대 서해연안 해로의 客館과 安興亭」,『역사와 경계』74, 2010.
145) 안흥정의 위치 비정에 대해서 윤용혁은 앞의 논문에서 서산 해미 안흥정과 태안 마도 안흥정을 비교 분석하여 서산해미의 안흥진이 태안 마도로 이전한 것으로 정리하였다.
146) 문경호,「1123년 徐兢의 고려항로와 慶源亭」,『한국중세사연구』28, 2010.

자연도(영종도)에 이르는 경기 서해안의 항로를 검토하고 紫燕島에 있는 慶源亭의 구체적 위치에 대해서 검토한 결과 濟物寺[147]와 함께 당시의 백운산 아래에 위치하였다고 보고 지금의 영종도 중산리 일대의 舊邑 뱃터 부근[148] 보다는 운남동 GS자이아파트 부근으로 추정하고 있다. 윤명철[149]은 고려시기 송나라 외의 항로를 황해 횡단항로, 황해 사단항로, 동중국해 사단항로를 예로 들며 서희가 遼나라를 견제하고 宋과 우호관계를 유지하기 위하여 예성강과 산동반도 密州를 연결하는 황해 횡단항로를 이용하였을 것으로 추정하였다.

한편 漕運제도에 대한 연구의 시초는 1930년대 일본인 丸龜金作[150]이 열었다. 그는 『고려사』의 조운관련 기록과 『신증동국여지승람』, 『대동지지』 등을 바탕으로 조창의 위치 비정과 조창의 관할 수세구역, 조운선 규모, 왜구 침입과 漕轉城 설치 및 조운 규정 등을 개괄적으로 검토하였다. 이후 1970년~1980년대에 이르러 孫弘烈,[151] 北村秀人,[152] 崔完基[153] 등에 의하여 본격적인 연구 열기를 띠기 시작하였다. 손홍렬은 고려시기 조운의 시초를 태조 왕건이 후삼국을 통일 한 후로 보았으며 今有·租藏이 폐지되고 조창에 判官이 파견된 성종 2년 이후 정비되었다고 보고 조창의 역할, 조운규정, 조운선 적재량, 조거 개착 및 왜구 창궐과 조운 실태를 한국인 최초로 분석하였다. 北村秀人의 조운연구상 특징은 浦와 漕倉이

---

147) 제물사는 송나라 사신 宋密(1078~1085년 사이에 온 것으로 추정)의 위패를 모신 절. 서긍 일행이 자연도에 도착, 제물사에 가서 송밀을 위해 반승의식을 거행하였다 함(문경호, 위의 논문, 504~505쪽, 참조)
148) 가천문화재단, 『길병원40년사』, 1996 참조.
149) 윤명철, 「徐熙의 송나라 사행항로 탐구」, 『고구려연구회 학술총서』 2집, 1999.
150) 丸龜金作, 「高麗の 十二漕倉に 就いて」, 『青丘學叢』, 21·22, 1935.
151) 孫弘烈, 「高麗漕運考」, 『사총』 21·22, 1977.
152) 北村秀人, 「高麗初期の漕運についての一考察-『高麗史』食貨志 漕運の條所收成宗11年 輸京價 制定記事を中心に」, 『古代東アジア論集(上)』, 吉川弘文館, 1978: 「高麗時代の漕運制について」, 『朝鮮歷史論集』上, 龍溪書舍, 1979.
153) 崔完基,, 「고려조의 稅穀 運送」, 『한국사연구』 34, 1981.

고려 군현제의 일부를 이루었고 60개 浦(12漕倉 포함)의 위치를 비정하였다는 점에서 추후 연구에 많은 시사를 주었다. 한편 최완기는 고려시기 세곡의 운송 측면에서 조운제를 연구하여, 호족에 의한 조운, 국가에 의한 조운 체계로 나누어 분석하고, 輸京價 제정, 13조창의 설치와 분포 및 경영, 조운로 외에 조창민—梢工·水手—들이 身良役賤이라는 신분적 지위를 고찰하였다. 최완기의 연구가 조운제 성립과 변천과정에 대해 호족시대 세곡운송, 국가 조운 직영, 군현의 조운경영 단계로 구분했다는 점에서 의의가 있다고 보지만 哨馬船과 平底船이 평균 4회 정도 운항하였고 동원된 선박이 모두 官船이었다고 보는 견해에 대해서는 비판적이다.

1990년대에 이르러서는 조창에 대한 연구가 활발하게 전개되었다. 윤용혁,[154] 최일성[155]은 永豊倉과 德興倉, 慶原倉 그리고 可興倉을 연구하여 조창 연구의 붐을 조성하였다. 윤용혁은 태안 지역의 조운 유적을 중심으로 서산·태안 지역의 역사적 연혁과 함께 堀浦 개착(東堀浦·西堀浦·南堀浦) 사실을 살피고[156] 倉址 유적을 조사하여 영풍창의 위치에 대해 기존의 丸龜金作이 서산 聖淵面 鳴川里로 추정한[157] 것에 비해 오히려 서산 八峰面 漁松里 창개(倉浦)지역이 더 적합하다고 추정하였다. 반면에 최일성은 고려시대 12조창의 하나로 충주에 德興倉(可金面 倉洞里 소일 마을)과 조선 초기 태종대에 慶原倉(可金面 倉洞里 금정 마을) 설치를 검토

---

154) 윤용혁, 「서산·태안지역의 조운관련 유적과 고려 永豊漕倉」, 『백제연구』 22, 1991.

155) 최일성, 「德興倉과 興原倉 고찰」, 『충주공전 논문집』 25, 1991 : 「可興倉 고찰」, 『충주산업대학교논문집』 29, 1994.

156) 태안반도의 굴포개착 문제는 이종영, 「安興梁 대책으로서의 泰安漕渠 및 安民倉 문제」, 『동방학지』 7, 1963 참조.

157) 丸龜金作은 앞의 논문에서 김정호의 『대동지지』의 "海倉:在聖淵面之鳴川 卽高麗 永豊倉之古址"라고 한 것에 근거하여 추정한 것이다. 그러나 조선후기 지리지 등에는 永豊倉面이 별도로 존속하고 있으며, 대개 八峰面 漁松里지역으로 윤용혁은 동굴포(泰安漕渠)에 인접한 지역이라고 추정하였다.

하고 이후 세조 11년(1465)에 可興驛里으로 이전하여 可興倉(可金面 可興里)이 되었다고 추정하고 左水站에 소속된 站船으로써 호서 지역의 세곡을 운송하였다고 하였다.

2000년대에 이르러 석두창,[158] 통양창,[159] 홍원창,[160] 외에 13조창과 교통로에[161] 대한 연구가 진척되었다. 한정훈은 마산지역에 설립된 石頭倉은 육상교통로인 金州道 近珠驛 등 역로와 낙동강 수운을 연결하는 合浦지역에 위치하고 있다고 보고 이 합포의 위치 비정에 대해 丸龜金作의 漕轉城說[162], 李志雨[163]의 용마산 남쪽 산호동 일대설, 許正道[164]의 남성동 어시장 일대설을 검토하고 석두창이 骨浦(螺浦)에 位置한 점, 海倉의 입지에 따른 馬山灣, 수세 구역과의 관계 등을 고려하여 용마산 아래 산호동 위치설에 힘을 보탰고, 이후 석두창은 會原倉, 馬山倉으로 명칭이 바뀌었다고 논증하였다.

김재명은 泗川 通陽倉의 위치에 대해 수세 구역과 연계하여 종래의 通陽里說[165]을 일축하고 通陽浦[166]가 있었던 龍見面 船津里로 추정하면서 여말 왜구의 출몰로 인하여 조창을 보호하기 위하여 통양창 주변에 角山戌, 竹林戌과 같은 戌所를 설치하고 通陽倉城과 같은 漕轉城을 수축하여 防戌軍을 배치한 사실을 규명하였다. 또한 서영일은 남한강 수로를 이용하여 소금과 어물 및 철 등의 물자유통의 실태를 고찰하였으며 원주 홍원창이 홍호리 일대에 설치되어 강원지역의 수세 뿐 만 아니라 민간상업의

---

158) 한정훈, 「고려시대 조운제와 馬山 石頭倉」, 『한국중세사연구』 17, 2004.
159) 김재명, 「고려의 조운제도와 泗川 通陽倉」, 『한국중세사연구』 20, 2006.
160) 서영일, 「남한강 수로의 물자유통과 興原倉」, 『사학지』 37, 2005.
161) 한정훈, 「고려시대 13조창과 주변 교통로 연구」, 『한국중세사연구』 23, 2007.
162) 丸龜金作, 앞의 논문, 88~89쪽.
163) 李志雨, 「전통시대 마산지역의 조운과 조창」, 『加羅文化』 16, 2002.
164) 許正道, 『근대기 마산의 도시변화과정 연구』, 울산대 박사학위논문, 2002.
165) 六反田豊, 「李朝初期の田稅輪送體制」, 『朝鮮學報』 23, 1987.
166) 『東國輿地志』 권4, 泗川縣, 古蹟條.

활동지 역할을 하면서 법천사, 홍법사, 거돈사 등 사원의 상업활동 및 물자수송에 주목한 점은 앞으로 남한강 수로 교통 연구에 시사하는 바 크다고 본다. 한정훈은 수상교통과 육상교통의 통합적 이해 차원에서 13조창과 주변 교통로의 結合관계에 주목하였다. 각 조창별로 수세구역과 역로와의 관계를 분석하여 예를 들면 충주 덕흥창의 廣州道와 鷄立嶺路, 竹嶺路, 원주 흥원창의 平丘道와 蟾江 수로, 아주 河陽倉의 全公州道의 日新驛, 廣程驛과 錦江 수로 및 車峴과 연계된 교통로 이용 실태를 구체적으로 분석하여 육운과 해운의 결합지점이 바로 漕倉이라고 이해하였다. 그리고 특히 한정훈은 고려의 조운의 변화와 관련하여 시기 구분을 시도하여 전운사 체제－60포제－조창중시 조운제－군현중심의 조운 체제－조전성 체제로[167) 변화했다고 보았고 최근에는 조선시대까지 포함하여 전운사 체제－조창제－군현별 조운제－수군지원 조운 체제－사선임운 체제로 변해갔다고 파악하였다.[168)

또 하나 중요한 연구 성과는 선박 즉, 조운선에 관한 것이다. 조운선에 대해서는 곡물 운송과 관련하여 일찍이 김재근,[169) 최완기[170)의 연구 이후 2005년도부터 서해안에서 발굴된 고려 선박에 대한 연구가 김병근,[171) 곽유석,[172) 노경정,[173) 문경호[174)의 분석을 통해 고려 조운선의

---

167) 한정훈, 『고려시대 조세운송과 교통로연구』, 부산대 박사학위논문, 2009; 「고려 후기 조운제의 운영과 변화」, 『동방학지』 151, 2010.
168) 한정훈, 「한국중세 조운사 시기구분 시론」, 『지역과 역사』 35, 2014.
169) 김재근, 「속 한국선박사연구」, 서울대 출판부, 1994.
170) 최완기, 『한국의 전통선박 한선』, 이화여대출판부, 2006.
171) 김병근, 「고려시대 조운선과 세곡운송」, 『고려 뱃길로 세금을 걷다』, 국립해양문화재연구소, 2009.
172) 곽유석, 『고려선의 구조와 조선기술연구』, 목포대학교 박사학위논문, 2010.
173) 노경정, 「고려시대 선박의 구조 변천 연구:수중 발굴 자료를 중심으로」, 전남대 석사학위논문, 2010.
174) 문경호, 「태안마도 1호선을 통해 본 고려의 조운선」, 『한국중세사연구』 31, 2011.

재질과 구조 및 특징과 哨馬船 · 平底船 등의 적재량에 대하여 어느 정도 파악하게 되었다. 또 태안 마도 1 · 2호선이 조운선인가? 민간상인의 사선인가의 논란도 제기되었다. 한정훈[175]은 민간 상인의 私船으로 보았고 문경호[176]는 마도 1호선을 조운선으로 파악하였다. 고려 선박의 구조와 특징에 대해 특히 곽유석은 고려전기와 후기로 나누어 전기에는 밑이 평평하고 선수와 선미가 뭉툭하여 예리하지 못하고 배가 부른 사다리꼴 상자를 뒤집어 놓은 船型, 저판과 외판의 결합 매개체로 彎曲部縱通材 사용 등을, 후기에는 달리도선 · 안좌도선을 예로 들어 저판의 3열 구성, 彎曲部縱通材 소멸, 차가룡과 가룡 도입, 황강력 부재의 사용 등을 특징으로 하는 平底船 선박구조와 중국 조선기술의 도입으로 고려 선박의 발전상을 고찰하였다.

한편, 고려의 교통사 서술과 역사교육에 대해서는 처음 강봉룡[177]의 연구가 주목된다. 그는 고려 해양문화와 국사교과서 서술을 중심으로 바다는 생업 · 교통 · 생존의 공간으로 정의하고 고려의 해양 조건, 국호 Korea 연원, 강화도 및 삼별초의 해상활동에 주목하여 중 · 고등학교 국사교과서의 서술상의 왕건, 해상무역활동, 몽고 관련, 삼별초, 여몽연합군의 일본 원정, 홍건적 · 왜구 격퇴 등의 문제점과 제언을 고찰한 바 있다. 또 문경호[178]는 고려시대 조운제도의 성립과 전개, 조운선과 조운로를 고찰하고 조운제도에 대한 역사교육에 있어서의 教材化를 시도하여 영역별 교재안과 교수학습 과정안을 제안하기도 하여 교통사의 역사교육 교재화 방안을 제시한 점에서 시사하는 바 크다.

---

175) 한정훈, 「12 · 13세기 전라도 지역 私船의 해운 활동」, 『한국중세사연구』 31, 2011. 101~109쪽.
176) 문경호, 앞의 논문, 133~139쪽.
177) 강봉룡, 「고려시대 해양문화와 국사교과서 서술」, 『한국사학보』 16, 2004.
178) 문경호, 『고려시대 조운제의 연구와 교재화』, 공주대학교 대학원 박사학위논문, 2012.

V. 조선시대 교통사 연구 동향

1. 육상교통 부분

조선의 육상 교통에 대해서는 도로, 역참제, 교통로 및 운송수단과 津渡에 대해 요약하고자 한다. 첫째, 도로에 대해서 살펴보면 개경에서 한양으로 천도한 조선왕조는 새로운 도성건설과 함께 도로를 정비하였다. 1393년(태조2)에 도성의 공사와 함께 종묘.사직,궁궐 및 시장터와 도로의 터를 정하고 1405년(태종 5)~1410년(태종14)에 걸쳐 창덕궁 건립, 惠政橋~昌德宮 방면, 鐘樓~南大門 · 崇禮門 방면의 市廛 行廊의 완공으로 시가지가 형성되었다. 1414년(태종14) 10월에 도로의 거리에 따라 堠子를 설치하고 10리마다 小堠, 30리마다 大堠를 설치하여 이정표 제도가 비로소 확립되었다. 또, 1426년(세종8)에 도성의 도로폭을 대로는 7軌, 중로는 2軌, 소로는 1軌로 결정되었으나 성종대의 『경국대전』에서는 대로 넓이 56尺, 중로 16尺, 소로는 11尺으로 하고 도로 양측의 水溝는 각 2尺으로 확정하였다.[179)

한편, 지방 도로망은 중앙과 지방의 治所, 군현간 또는 監營 · 兵營 및 水營 외에 鎭堡 등과의 상호연락과 사행 및 온행 그리고 물자수송을 위해 도로가 발달되었다. 중요 도로망은 9대로(『增補文獻備考』), 10대로(『大東地志』), 6대로(『道路攷』) 등으로 구분하여 이용되었다. 그리고 이러한 도로 유구에 대해서는 朴相銀[180)의 연구에 의하면 지방도로의 경우 2004~2009년 사이 大邱 鳳舞洞 유적,[181) 密陽 佳仁里 유적,[182) 蔚山 屈火里 유적,[183)

---

179) 『經國大典』, 工典 橋路條.
180) 朴相銀 外, 「道路遺構에 대한 分析과 調査方法」, 『野外考古學』 7, 2009, 105~106쪽 참조.
181) 嶺南文化財研究院, 『大邱鳳舞洞 發掘報告書』, 2006.

淸道 陽院里 유적,[184) 咸安 鳳城里 유적[185) 등이 발굴되었다. 반면에 도성의 도로 유구는 2008年 漢江文化財研究院에서 세종로 광화문광장 조성사업 부지내 발굴조사 결과,[186) 1차 조사지역의 지하 토층에서 조선초기의 6曹 거리 유구와 분청사기, 백자, 청화백자 및 기와 등의 유물이 출토되었다. 2차 조사지역에서는 중앙도로였던 6조 거리를 층위별로 발굴한 결과[187), 1차 도로면부터 5차 도로면의 유구와 白磁底部片, 蓋瓦片, 粉靑沙器片 등 다양한 유물이 출토되었다.

둘째, 역참제도에 대해 살펴보면 조선시대의 역참은 津渡 및 漕運과 함께 중추적인 교통기관 기능을 수행하였다. 조선의 역제는 고려의 제도를 근간으로 41역도−543속역으로 역로 조직을 확립하여 대부분 조선후기를 거쳐 갑오개혁시기 폐지될 때까지 존속되었다. 임진왜란 이후 군사정보를 전달하는 擺撥 제도[188)가 등장함으로써 역참은 파발과 보완관계를 유지하면서 중앙집권적 국가체제를 공고히 하는 기반이 되었다.

역참 연구는 제도사 측면에서의 許善道,[189) 南都泳,[190) 金昌洙,[191) 趙炳魯[192)의 초창기 기초 연구에 이어 최근에 鄭枖根[193)은 역로망을 중심

182) 密陽大學校博物館 慶南考古學研究所,『佳仁里遺蹟 發掘調査報告書』, 2004.
183) 蔚山文化財研究院,『蔚山風水里 생기들 遺蹟 發掘報告書』, 2008.
184) 嶺南文化財研究院,『淸道 서상−陽院間道路擴張 區間內 遺蹟發掘報告書』, 2009.
185) 慶南發展研究院 歷史文化센터,『咸安 鳳城里遺蹟』, 2005.
186) 漢江文化財研究院,「서울 光化門廣場 造成事業敷地內 文化財精密 發掘調査 指導委員會 會議資料」, 2008. 10. 15.
187) 漢江文化財研究院,「서울 光化門廣場內 世宗大王銅像建立敷地 文化財發掘調査 指導委員會 資料」, 2009. 6. 5.
188) 南都泳,「朝鮮時代 軍事通信組織의 發達」,『韓國史論』9, 국사편찬위원회, 1981.
189) 許善道,『韓國軍制史−近世朝鮮前期篇』, 陸軍本部, 1968.
190) 南都泳,「朝鮮時代 軍事通信組織의 發達」,『韓國史論』9, 1981.
191) 金昌洙,「交通과 運輸」,『韓國史』10, 國史編纂委員會, 1981.
192) 趙炳魯,『한국근세역제사연구』, 국학자료원, 2005.
193) 鄭枖根,『高麗.朝鮮初의 驛路網과 驛制 研究』, 서울대 大學院 國史學科 博士學位論文, 2008.

으로 고려의 역제와 조선의 역제간의 연속성과 차별성을 분석하고 군사적 기능에서 대외교류적 기능 변화와 교통로의 재편을 분석하였다. 특히 驛役에 새로이 투입되는 일반 양인·노비계층의 증대로 역역 담당층 내부에서의 신분 분화 및 갈등을 주목하였다. 역사지리학적 측면에서는[194] 주로 역의 분포와 지역과의 관계, 역참 취락의 입지론, 古道路에 대한 입지, 경관과 기능 등을 분석하였다. 특히 崔永俊[195]의 연구는 영남대로를 중심으로 지리적 배경, 도로와 교통 양식, 도로의 경관과 기능 및 역촌 취락 등을 고찰하여 도로교통사 연구의 방향타 역할을 하였다.

사회신분사적 측면의 연구는 신분사 연구의 추세에 따라 驛民의 신분 형성과 지위에 대하여 먼저 역리의 신분에 관한 中人·良人 논쟁을 중심으로 李成茂,[196] 劉承源[197]의 논쟁이 있고 趙炳魯[198]는 역리의 형성과 신분 및 立役을 중심으로 고찰하여 양인신분임을 지적한 바 있으며 입역 형태의 분화로 立役驛吏와 納貢驛吏로의 분화 현상을 부각하였다. 역리 외에 역정을 감독하는 驛丞과 察訪,[199] 잡역에 종사하는 驛奴婢[200]의 형성과 신분 및 입역에 대해서도 많은 연구가 축적되었다. 또한 驛村의 분석

---

194) 李聖學,「韓國歷史地理硏究-陸上交通(主로 驛站制를 중심으로)에 관한 고찰」,『慶北大學論文集』12, 1968; 崔永俊,「朝鮮時代의 嶺南路硏究-서울~尙州의 경우」,『地理學』11, 1975; 洪慶姬·朴泰和,「大東輿地圖에 나타난 驛站의 分布와 立地」,『敎育硏究誌』23, 1981; 李厚錫,「新葛地域의 新興聚落에 關한 硏究」, 東國大 碩士學位 論文, 1981; 鄭璋鎬,「韓國의 交通發達」,『地理學會報』3, 1971.
195) 崔永俊,『嶺南大路-韓國古道路의 歷史地理的硏究』, 高麗大 民族文化硏究所, 1990.
196) 李成茂,「朝鮮前期의 身分制度」,『東亞文化』13, 1976, 179~183쪽:「朝鮮前期 中人層의 成立問題」,『제7회 東洋學學術會議講演抄』, 1978, 27~28쪽.
197) 劉承源,「朝鮮初期의 驛吏의 身分的 地位」,『朝鮮初期身分制硏究』, 乙酉文化社, 1987.
198) 趙炳魯, 앞의 책, 국학자료원, 2005.
199) 楊萬雨,「驛丞考」,『全州敎大論文集』1, 1966; 朴洪甲,「朝鮮前期 察訪」,『史學硏究』40, 1989; 任先彬,「朝鮮初期 外官制度 硏究」, 韓國精神文化硏究院 博士學位論文, 1997; 拙文,「朝鮮後期 察訪의 交遞實態와 察訪解由文書에 대한 一考-自如道 및 幽谷道를 중심으로」,『歷史와 敎育』10, 2010.
200) 拙著, 앞의 책, 國學資料院, 2005.

을 통한 역민 구성과 신분에 대해서도 崔虎,[201] 韓基範[202], 裵基憲[203] 등의 연대기 자료 분석과 竹腰禮子,[204] 井上和枝,[205] 禹仁秀[206] 등에 의한 호적대장(金泉道·松羅道 形止案 및 晋州戶籍臺帳, 自如道形止案 등) 분석이 주목된다. 최근에 필자[207] 역시 김천도·송라도 형지안을 분석하여 역리·일수·역노·역비·보인의 구성과 그들의 신분 변동, 성관·거주지·연령 및 동거자(率丁)의 가족관계와 혼인관계를 분석하여 역촌의 인적 구성과 신분 변동을 연구하는데 크게 기여하였다.

한편, 재정경제사적 측면에서 金玉根[208]이 조선후기 驛田의 지목인 馬田·副長田·急走田 및 田結給復에 대해 간략히 언급하고 마위전의 경영에 대해서 趙炳魯[209]는 조선전기 역전인 公須田·馬位田·有役人田(人位田)·衙祿田·官屯田과 馬位田의 절급 및 自耕·借耕 경영 형태를 중심으로 분석하였다. 그리고 李景植,[210] 李章雨[211]는 역전의 지급과 경영원

201) 崔虎, 「朝鮮後期 驛村에 대한 一考察－丹城縣 戶籍臺帳을 중심으로」, 『中央史論』 4, 1985.
202) 韓基範, 「17世紀驛屬人의 身分的 地位－丹城戶籍分析을 중심으로」, 『大田實專·中京工專論文集』 13, 1984.
203) 裵基憲, 「朝鮮後期 驛村에 대하여」, 『大邱史學』 43, 1992.
204) 竹腰禮子, 「朝鮮後期驛民の身分變動について－金泉道·松羅道形止案の分析を中心に」, 『待兼山論叢(史學篇)』 25, 大阪大學, 1991.
205) 井上和枝, 「19세기 戶籍大帳에서 보는 驛村 사람들의 存在樣態－晋州 召村里를 中心으로」, 『大東文化研究』 42, 2003.
206) 禹仁秀, 「19世紀初 自如道 驛人의 構成과 그 實態－自如道形止案의 分析을 中心으로」, 『歷史學報』 201, 2009.
207) 조병로, 「조선후기 『金泉道形止案』을 통해 본 驛民의 구성과 직역 변화;김천도속역을 중심으로」, 『경주사학』 22, 2003; 「조선후기 松羅道 驛民의 가족구성과 혼인에 의한 신분변동 연구－慶尙道松羅驛乙酉式形止案大帳」, 『역사와 교육』 20, 2015.
208) 金玉根, 「朝鮮時代 驛田論考」, 『經濟史學』 4, 1980.
209) 拙稿, 「朝鮮前期 驛吏에 대한 一考」, 『素軒南都泳博士華甲紀念 史學論叢』, 1984.
210) 李景植, 「朝鮮前期의 驛田의 經營變動」, 『邊太燮博士華甲紀念史學論叢』, 1986.
211) 李章雨, 「朝鮮初期의 衙祿田과 公須田」, 『李基白古稀紀念韓國史學論叢(下)』, 一潮閣, 1994; 「朝鮮初期의 驛田」, 『歷史學報』 142, 1994; 『朝鮮初期 田稅制度와 國家財政』, 一潮閣, 1998.

칙을 검토하고 역전에서의 역리와 농민 사이의 대립과 人位田의 各自收稅化의 의미, 마위전에서 병작경영 추세를 농민의 사적 소유권의 성장속에서 인식하였고 또 아록전, 공수전, 마위선이 민선 위에 설정된 수세시로 파악하였다. 앞으로 역전의 문제는 지급대상이 역리 등을 포함한 역민 개개인에게 지급한 것이냐 아니면 역호 단위로 절급되었느냐 하는 것과 수조자와 경작자 및 납세자의 상호관계를 파악하기 위해 구체적인 量案 (역토지 대장) 분석이 필요하다고 본다.

셋째로 도로 및 교통로에 대해서는 도로에 대한 인식과 개선방안, 그리고 중앙과 지방의 교통로 및 邑治空間에서의 교통문제를 중심으로 고찰되었다. 먼저 도로에 대한 인식과 개혁론에 대해서 鄭演植212)은 조선시대의 도로의 일반적 조건, 즉 노폭 · 노면의 포장 상태 등과 아울러 도로의 연장선상에 있는 교량을 다루면서 조선시대 도로의 낙후된 상황으로 상업 발달의 늦춰졌다고 분석하였다. 崔完基213)는 실학자들의 개혁안을 중심으로 조선시대 도로 정책의 개황과 그 문제점을 검토하여 도로 정책은 집권체제 수립을 위한 하나의 방편으로 역참 구축으로 집약되었으며, 시대의 변화에 따라 정치 · 군사적 기능 이외에도 경제 · 문화적인 기능으로 바뀌어 갔다고 보았다. 임란이후에는 역로의 輸送路化, 사신의 왕래에 따른 진상품의 수송과 문화의 교류 현상을 이해하였다. 그러나 도로의 상태는 수레의 이용이 곤란하게 되어 육로운송을 발달시키지 못하였다고 파악하였다. 실학자들의 주요 관심은 도로의 기능을 民의 이용성과 편의성에 개혁의 방향을 두었다고 보았다.

필자는 柳馨遠의 驛制改革論에 주목하여 역의 이설과 역도 재편, 역호의 확보, 역마이용의 개선, 화폐유통을 위한 站店 · 鋪子의 설치 그리고 도

---

212) 鄭演植, 「朝鮮時代의 道路에 관하여」, 『韓國史論』 41 · 42, 1999: 「朝鮮朝의 탈것에 대한 規制」, 『歷史와 現實』 27, 1998.
213) 崔完基, 「朝鮮王朝의 道路政策과 實學者의 道路觀」, 『典農史論』 1, 1995.

로 수치와 수레(車) 이용을 중심으로 분석하였다.214) 특히 도성과 지방의 도로폭을 大·中·小路로 나누어 규격화하고 大車·田車 및 兵車를 제작· 보급하여 군사·교통상의 이점을 강조하였음을 파악하였다. 류명환은215) 신경준의『道路考』에 수록된「6大路」를 분석하고, 그 중 동래 제4로의 상세한 분석을 통해「6대로」의 특성을 밝히고 있다.「6대로」·「9대로」· 「10대로」로 구분된 대로의 기능과 어떤 원칙으로 노선을 정하였는지 밝 히면서『道路攷』에 담긴 신경준의 지리사상을 분석하였다.

高丞嬉216)는 조선 후기 평안도의 남북간 直路를 중심으로 도로 방어시 설의 정비와 관리 실태를 고찰하였다. 정묘호란과 병자호란 이후의 변화 된 관방도로 정책의 방향을 개괄한 후 평안도 지방의 도로를 內陸直路, 江 界直路, 義州大路로 나누어 각 도로의 정비 과정과 운영 실태를 정리하였 다. 이를 통해 18세기 말부터 군사적 목적하에 관리되던 평안도지역 도로 가 군사적 목적보다는 潛商을 단속하는 것으로 바뀌었으며 지역주민의 생활 편의를 위해 규제를 완화하는 등의 변화를 보였다고 분석하였다.

한편, 교통로에 대해서 李惠恩217)은 義州路의 변천과 운영 및 기능을 살펴보고 지방통치, 중국과의 관계 그리고 국방상의 문제 등으로 경제적 기능보다는 정치·군사적인 기능이 더 강하여 행정중심지가 교통의 요지 가 되었다고 파악하였다. 또 교통망과 교통수단218)을 분석하고 조운보다 는 육상교통을 중심으로 이루어졌으며 도보에 의한 이동이 가장 보편적 이었다고 서술하였다. 劉善浩219)는 한양 천도와 영토 확대에 따른 역로의

---

214) 趙炳魯,「磻溪 柳馨遠의 驛制 改革論」,『朝鮮時代史學報』, 3, 1997.
215) 류명환,「旅菴 申景濬의『道路攷』硏究-「六大路」를 中心으로」, 釜山大學校 敎育 大學院 碩士學位論文, 2005.
216) 高丞嬉,「朝鮮後期 平安道地域 道路 防禦體系의 整備」,『韓國文化』34, 2004.
217) 李惠恩,「朝鮮時代의 交通路에 대한 歷史地理的 硏究-漢城~ 義州間을 事例로」, 梨花女大 地理學科 博士學位論文, 1976.
218) 李惠恩,「朝鮮初期 交通網과 交通手段에 관한 硏究」,『國史館論叢』80, 1998.
219) 劉善浩,「朝鮮初期의 驛路와 直路」,『歷史敎育』70, 1990.

재편성과 그 특징, 역도-속역의 구분과 관리 및 直路의 실체에 대해 고찰하였다. 元永煥[220]은 서북로와 동북로를 중심으로 교통로와 역 · 원을 고찰한 결과 서북로는 중국과 조선의 사신들이 왕래하는 교통로로서 동북로는 군사로 및 여진인들의 進上路 및 貿易路로서 중요시되었다고 보았다.

林承奎[221]는 영남대로의 일부인 槐山-延豊일대 교통로의 형성과정과 교통취락 경관의 복원, 그리고 이들 교통로와 교통취락의 변천 과정을 고찰, 괴산-연풍로가 조선 초에 성립하여 聞慶-陰竹間의 捷路로 발전하였음을 확인하였다. 또한 괴산-연풍로가 지방통제의 성격에서 점차 상업기능이 강화되어 정치 · 상업기능으로 변모하였다고 분석하였다.

이외에도 교통로 연구는 사행무역과 사행로,[222] 도성에서의 국왕의 거동과 행행,[223] 지방 온행 및 능행, 講武에 따른 강무로 외에 온행로,[224] 능행로[225] 등의 연구도 축적되었다.

鄭技範[226]은 영남대로 중 陰城地域 교통로의 정치 · 사회 · 지리적 조건과 도로의 이용 형태, 관방시설과의 관계, 간선도로와 지선도로, 소도로의 발달 과정, 驛과 院, 店과 酒幕 등의 형성, 노변취락이 지방교통로의 요지와 행정 · 경제 · 문화의 중심지로 발달해가는 과정을 규명하였다.

金鍾赫[227]은『東國文獻備考』의 기록을 통해 1770년경의 한강 유역 場

---

220) 元永煥,「朝鮮時代 交通路와 驛 · 院制의 考察」,『鄕土史硏究』7, 1995.
221) 林承奎,「朝鮮後期 '槐山-延豊路'의 成立과 交通聚落의 景觀變化」, 公州大學校 敎育大學院 碩士學位論文, 1991.
222) 백옥경,「朝鮮前期의 使行 密貿易 硏究-赴京使行을 中心으로」,『歷史文化硏究』25, 2006.
223) 김지영,「朝鮮後期 國王 行次와 거둥길」,『서울학연구』30, 서울학연구소, 2008.
224) 李旺茂,「朝鮮時代 國王의 溫幸 硏究」,『國史館論叢』, 108, 2006;「조선후기 國王의 扈衛와 行幸」,『藏書閣』7, 2002;「朝鮮後期 純祖의 擧動과 行幸에 대한 연구」,『淸溪史學』18, 2003.
225) 拙稿,「朝鮮後期 顯隆園 園幸과 驛站」,『水原學硏究』21, 水原學硏究所, 2005.
226) 鄭技範,「朝鮮後期 忠北 東北部의 道路와 聚落-陰城地域을 中心으로-」, 淸州大學校大學院 碩士學位論文, 2002.

市網이 교통로와 어떠한 연관성이 있는가를 파악하였으며, 金井昊228)는 옛길을 통치수단으로서가 아니라 지역사회에 끼친 교역의 기반으로서 호남대로와 영남대로를 답사하여 영남대로는 倭貿易路, 호남대로는 進貢馬路로서의 성격을 갖는다고 주장하였다. 나연숙229)은 『增補文獻備考』와 李奎遠이 쓴 『鬱陵島檢察日記』230)에 나타난 기록을 『新增東國輿地勝覽』, 『道路考』, 『大東地志』 등의 고문헌과 비교, 平海路를 고찰하여 三陟浦 등 평해의 진보에 수군보급로와 같은 군사적인 역할도 있었다는 점, 조선후기 소몰이꾼이나 보부상의 이동에도 중요한 길이었다는 점 등을 확인하였다.

그리고 도성 및 읍성의 공간구조와 교통로에 대해서 金東旭231)은 경복궁이 창건이후 光化門과 6曹大路를 연구, 정치와 행정의 중심지만이 아니라 왕실의 행사나 왕의 행렬을 관람할 수 있는 열린 공간이었다고 하였으며 權寧祥232)은 한성부의 도시공간에 대하여 주요시설과 도로체계를 분석하였다. 한편, 지방 읍성의 교통로에 대해서 轟博志233)는 경상도의 71개 읍치를 사례로 하여 전근대 육상교통로와 읍치가 어떠한 형태로 연결되었고, 시대적 배경이 무엇인가를 살펴보고 읍치에서는 간선도로가 필

227) 金鍾赫, 「『東國文獻備考』(1770)에 나타난 漢江流域의 場市網과 交通網」, 『經濟史學』 30, 2001.
228) 金井昊, 「漢陽 가던 옛길 踏査 小考—湖南大路와 嶺南大路를 中心으로」, 『鄕土史研究』 7, 1995.
229) 나연숙, 「朝鮮時代 平海路 研究—『鬱陵島檢察日記』에 나타나는 記錄을 中心으로」, 東國大學校 敎育大學院 碩士學位論文, 2007.
230) 『鬱陵島檢察日記』는 李奎遠(1833~1901)이 1881년(고종18)에 鬱陵島 檢察使로 任命되어 平海路를 따라 울릉도에 도착하여 日本人들의 不法伐木 事實을 記錄한 日記.
231) 金東旭, 「朝鮮初期 景福宮의 空間構成과 6曹大路—光化門 앞의 行事와 그 意味」, 『建築歷史研究』 17-4, 2008.
232) 權寧祥, 『朝鮮後期 漢城府 都市空間의 構造—主要施設과 道路體系를 中心으로』, 서울대학교 大學院 博士學位論文, 2003.
233) 轟博志, 「朝鮮時代 邑治와 官道의 連結 類型에 따른 交通路의 象徵性」, 『韓國歷史地理學會誌』 11-3, 2005.

수적인 구성요소가 아니었고 오히려 지방도시에서 중앙권력의 상징은 客舍라는 점에 주목하여 도로는 객사를 중심으로 한 상징축에 종속되었다고 파악하였다. 韓再洙[234]는 寧越郡의 역사문화적 균형 발전과 역사 경관 보존과 관련하여 영월군의 원형과 정체성을 확인하고자 읍치인 府內面이 객사와 중앙시장 사이 동서축 도로를 중심으로 남북으로 이원화되었으며, 두개의 교통 절점을 동서로 지니고 있었음을 확인하였고, 楊普景[235]은 경상도 永川邑城을 역사지리학적 방법으로 분석, 영천읍성의 중심시설인 객사나 동헌은 십자형 도로의 교차지점에 위치하며, 성내 지역을 大邱指路와 京畿指路~延日指路의 동서도로를 중심으로 上部와 下部로 나뉘어졌으나 일제 강점기를 거치면서 전통적인 도시구조가 파괴되었음을 밝혔다.

전종환[236]은 충청도 內浦地域의 읍치 경관과 구성상의 특성, 그리고 그것의 근대적 변형 과정을 고찰, 조선시대 읍치 공간은 중앙 권력의 거점이자 촌락 거주 사족에게는 하급 관료의 근거지로서 멸시의 공간이었다고 분석하였으며 또한 내포의 읍치는 4개의 성문을 가지면서 배후의 客舍群과 전면의 衙舍群으로 이루어지고 있는데, 이는 방위와 길흉의 연관성에 대한 전통적 관념이나 권력의 自然化 전략을 반영하는 것이었다고 보았다. 이외에 우승완·남호현[237]은 조선 후기 光陽邑城의 훼철에 수반되어 나타나는 물리적·공간적 변화를 고찰한 결과 광양읍성은 지형적 약점을 극복하기 위해 숲(林藪)을 조성하였고, 다른 소규모의 읍성과 같

---

234) 韓再洙,「古地圖를 통해 본 조선후기 寧越都護府 都市空間 構造 研究」,『大韓建築學會聯合論文集』13-3, 2011.
235) 楊普景·민경이,「慶尙北道 永川邑城의 空間構造와 그 變化」,『文化歷史地理』16-3, 2004.
236) 전종환,「內浦地域 邑城 원형과 邑治景觀의 近代的 變形-邑城聚落의 社會空間的 再編과 近代化」,『大韓地理學會誌』39-3, 2004.
237) 우승완·남호현,「光陽邑城의 空間 構造에 관한 研究」,『湖南文化研究』46, 2009.

이 北門이 없으며, 'T형 道路網'을 갖추고 있음을 확인하였다.

넷째, 운송수단으로서의 수레(車), 馬車 그리고 津渡에 대해서 간단히 언급하겠다. 박권수[238]는 조선시대의 기본적 교통수단으로 徒步와 馬車 문제를 언급하고 朴齊家의 수레 이용론을 비판하여 박제가는 수레라는 특정한 기술만을 보았을 뿐이지 그 기술을 적용하기 위한 社會的, 工學的 시각들을 결여하고 있었다고 평가하였다. 金世奉[239]은 金堉이 실시하고자 한 정책들을 검토하여 用錢 · 設店 문제와 用車論과 水車의 제조 및 보급 등에 대해서, 安大會[240]는 다산 정약용의 제자 李綱會의 선박과 수레의 제작법에 대해 船說과 車說을 인용하여 그의 선진적 문물의 수용과 상공업의 촉진, 편리한 생활을 위한 물품의 제작 및 기술 교육, 적극적인 국토개발과 혁신적 정책의 추진을 주장하였다고 보았다.

鄭演植[241]은 조선시대에 수레의 사용이 어떻게 주장되었고, 어떻게 시도되었으며, 또 어떤 이유로 지속될 수 없었나를 개략적으로 살펴보고 大車 외에 세종대 杠轎를 제작, 보급하여 북부 지역에서 활발하게 수레가 통용되었다고 보았고 또 경상도의 安東 · 義城과 황해도의 長淵 등에서도 사용되고 있음을 논거하였다.

한편 崔完基[242]는 한강을 중심으로 편성된 조선왕조의 津渡制가 정치사적 · 사회사적으로 어떠한 의미를 갖는지에 주된 관심을 갖고, 특히 조선 초기 위정자들이 왜 그렇게 진도의 활성화에 주력했는지를 살펴보았다. 조선왕조의 위정자들은 운송로로서의 한강의 順機能을 최대한 활용하여 국가의 지향점을 중앙집권화로 설정하고 나루를 국가의 제도권으로

---

238) 박권수, 「朝鮮時代의 長距離 陸上交通 手段과 朴齊家의 수레론」, 『工學教育』 17−3, 2010.

239) 金世奉, 「金堉의 社會經濟政策 研究」, 『史學志』 21, 1988.

240) 安大會, 「茶山 제자 李綱會의 利用厚生學−船說 · 車說을 中心으로」, 『한국실학연구』 10, 2005.

241) 鄭演植, 「조선시대의 수레에 대하여」, 『인문논총』 6, 1999.

242) 崔完基, 「朝鮮初期 漢江 津渡制의 整備와 運營」, 『史學研究』 71, 2003.

편입, 국가적으로 관리하면서 국가적 목표를 달성하려고 했다고 분석하였다. 金鍾赫[243]은 조선 전기의 한강 유역과 수로의 자연조건과 사회경제적 배경, 그리고 진도의 분포망을 분석하여 진도의 특징을 주요 육로를 잇는 지점에 거의 예외없이 설치되었다는 점, 읍치를 중심으로 진도의 밀도가 높았다는 점, 상업적 수운이 발달하기 전까지는 상류지역의 읍치 주변에 진도가 밀집되었다는 점을 파악하였다. 주요 육로와 街巷 수로의 결절점에 입지한 진도는 오래전부터 지역간 소통을 담당한 교통요지였으며, 조선후기에는 대부분 상업포구로 성장하여 지역 내의 장시망과 연결되어 유통거점으로 기능하였다고 보았다.

2. 수상교통 부분

조선시대의 해상 교통은 고려시대처럼 원양항로와 연안 항로로 나눌 수 있다. 그러나 원양항로는 조선왕조 초기부터 왜구 창궐로 인하여 空島정책과 解禁정책에 따라 제한적으로 사대교린 외교 정책을 추진하였기 때문에 그다지 발달하지 못하였다. 다만 일본과의 해상교통은 부산 지역과[244] 三浦를 통한 일본 및 대마도[245]간의 외교활동과 교역이 발달하였으며 대중국과의 해상교통은 육로가 차단될 경우를 제외하고 대부분 사절단 왕래에 따른 육로교통[246]과 국경 근처에서의 開市 및 後市를

---

243) 김종혁, 「朝鮮前期 漢江의 津渡」, 『서울학연구』 23집, 2004.
244) 하우봉, 「조선전기 부산과 대마도의 관계」, 『역사와 경계』 74, 2010.
245) 하우봉, 위의 논문, 2010; 김일환, 「세종대 대마도정벌의 군사적 전개과정」, 『순천향 인문과학논총』 31, 2012; 한문종, 「조선전기 대마도의 통교와 대일정책」, 『한일관계사연구』 5, 1995.
246) 강양, 『조선전기 조명사행 외교와 교통로-'使朝鮮錄'을 중심으로』, 경기대학교 대학원 박사학위논문, 2013; 구도영, 「조선전기 대명 육로 사행의 형태와 실상」, 『진단학보』 117, 2013.

통한 교역이 활발하였다.[247)]

일본과의 해상 교통은 정례적인 통신사[248)]의 왕래에 따른 본국 및 대마도와의 교류, 왜관[249)]과 三浦를[250)] 통한 교역[251)] 등이 주류를 이루었다.

그 외에 동남아시아 국가와의 외교사절 왕래와 교역에 관한 연구도 진척되었다. 하우봉은[252)] 조선 전기 暹羅斛國(현 태국)과 爪哇國(현 자바) 및 安南國(현 베트남)과의 사절단 왕래와 교역에 대하여 구체적으로 사례를 들어 고찰하였으며 한임선은[253)] 조선후기 바다와 인간의 어업·수산업 등에 대한 丁若鏞의 綏遠司 설치론, 金鑢의 『牛海異魚譜』, 丁若銓의 『玆山魚譜』 그리고 서유구의 『林園十六志』 佃漁志를 예로 들어 수산자원과 남해안의 어류에 대한 연구 자료로서 중요하다고 보았는데 이는 해산물의 교역과 관련하여 연안항해업 연구에 필요성을 강조하였다. 또 한문종은[254)] 한일관계사적 시각에서 외교 체제, 왜구 문제, 삼포와 왜관, 향

---

247) 대중국 교역은 사절왕래에 따른 공무역과 병행하여 사무역 또는 밀무역이 성행하였다. 이에 대해서는 백옥경, 「조선전기의 사행밀무역 연구;赴京使行을 중심으로」, 『역사문화연구』 25, 2006; 김경록, 「조선시대 조공체제와 대중국 사행」, 『명청사연구』 30, 2008; 구도영, 「조선 초기 대명 무역체제의 성립과 운영」, 『사학연구』 109, 2013 참조.

248) 한문종, 「조선전기 日本國王使의 조선통교」, 『한일관계사연구』 21, 2004: 「조선시대 대일사행과 대마도」, 『한일관계사연구』 49, 2014.

249) 김동철, 「조선후기 통제와 교류의 장소, 부산왜관」, 『한일관계사연구』 37, 2010; 장순순, 「조선후기 왜관의 성립과 왜관정책」, 『인문과학연구』 31, 2011.

250) 김현미, 「조선전기 삼포왜인에 대한 일고찰－삼포왜인에 대한 조선의 대응과 그 추이를 중심으로」, 한양대 국제해양문제연구소 학술대회 발표논문집 2002; 김보한, 「고려와 조선전기 왜인집단거주지의 형성과 운영」, 『역사와 담론』 56, 2010.

251) 정성일, 「한일사무역 논쟁: 1684~1710년간 대마번의 무역수지와 무역이윤」, 『경제사학』 27, 1999.

252) 하우봉, 「해양사관에서 본 조선시대의 재조명－동남아시아국가와의 교류를 중심으로」, 『일본사상』 10, 2006, 참조.

253) 한임선, 「한국해양사 연구이 현황과 전망」, 『동북아 문화연구』 21, 2009.

254) 한문종, 「조선전기의 회고와 전망」, 『한일관계사연구의 회고와 전망』, 국학자료원 2002: 「조선전기 한일관계사연구의 현황과 과제」, 『중·근세 동아시아 해역 세계와 한일관계』, 경인문화사, 2009: 「조선전기 한일관계사연구의 학설사적 검

화왜인 외에 교역을 중심으로 연구사적 검토와 분석을 하였다. 특히 교역적 측면에서 김병하,[255] 정성일,[256] 정지연[257]의 연구가 있다. 그럼에도 불구하고 대일무역 연구는 무역품의 규모와 유통, 교역이 양국 사회 · 경제에 끼친 영향, 무역선박[258]과 항해노선 등을 심층적으로 분석해야 할 것이다.

한편 연안 항로에 대해서는 조운제도와 관련하여 조창과 곡물 운송, 조운선, 조운로, 한강(남한강 · 북한강)과 낙동강, 영산강, 금강 등에서의 수운 활동에 대한 연구가 주류를 이루었다.

조운에 대한 연구는 일찍이 1960년대 이대희[259]의 조운제 전반에 대한 연구에 이어 이종영[260]은 서산 앞바다 安興梁의 대책으로서 堀浦와 蟻項 굴착과 대안으로서의 設倉陸輸案에 따른 安民倉 설치 문제를 고찰하였으며, 1970년대에 이르러 박광성[261]은 강화수로인 孫乭項 險路를 대신하여 金浦掘鑿과 대안으로서 轉漕倉이 설치되었음을 규명하였다. 또 최근 묵[262]은 고려 · 조선의 조운의 운영과 조창 및 조운선 · 조운로 등을, 최완기[263]는 官船漕運과 私船漕運體制로 나누어 그 정비와 성장의 변천 과

토」,『전북사학』38, 2011.
255) 김병하,『이조전기 대일무역연구』, 한국연구원, 1969.
256) 정성일, 「조선의 동전과 일본의 은화─화폐의 유통을 통해본 15~17세기의 한일관계」,『한일관계사연구』20, 2004.
257) 정지연,「조선전기 대일 사무역 연구」,『한일관계사연구』24, 2006.
258) 하세봉은 「한국의 동아시아 해양사 연구─민족주의적 성과와 탈근대적 전망」(『동북아문화연구』23, 2010)에서 항로와 연계 선박사에 대한 연구사적 정리와 김재근, 최근식, 배석만 등의 한선 구조에 대해 신라시기부터 일제시기 조선업을 분석하였다.
259) 이대희,「李朝時代의 漕運制에 대하여」,『조선학보』23, 1962.
260) 이종영,「安興梁 대책으로서의 泰安漕渠 및 安民倉 문제」,『동방학지』7, 1963: 「蟻項考」,『史學雜誌』2, 1963.
261) 박광성,「金浦堀浦와 轉漕倉에 대하여」,『기전문화연구』1, 1972.
262) 최근묵,「조선시대 漕運에 관한 고찰」,『충남대 인문과학연구소논문집』Ⅲ─2, 1976.
263) 최완기,「조선전기 漕運試考─그 운영 형태의 변천과정을 중심으로」,『백산학보』20, 1976.

정을 집중적으로 분석하였다. 그는 관선조운이 漕役의 繁多함, 水上의 艱苦함, 사회적 처우 불량함, 漕船의 부족과 私船의 잠재적 성장으로 점차 사선조운체제로 변화하여 사선에 의한 선운업이 발달하였다고 보고 이후 이를 구체적으로 세곡의 운송264) 등을 통한 선운업사265)에 대하여 자세히 밝히고 있다.

1980년대에는 김용곤266)은 騎船軍을 모태로 한 조군의 立役과 受職, 그리고 조군의 조선 건조 부담과 세곡의 사선에 의한 운송 변화 등 관선조운 체제의 운영 문제를 규명하였다. 또 김옥근267)은 조창과 세곡운송 규정 및 船價를 분석하고 후기에 이르러 조선 이외에 地土船·訓局船·舟橋船 그리고 京江私船에 의한 賃運業이 증대해 갔다고 예측하였다. 이후 세곡의 임운활동에 대해서는 최완기268)의 연구에 이르러 본격화 되었다. 그는 16세기 이후 무곡 선상들이 세곡과 지주의 地租 등 곡물의 買集을 통한 상품화 과정을 분석하였고, 대동법 시행과 전세제의 개편과 함께 전세곡과 대동미의 운송량 증대로 해상·수상에서의 임운업이 활동이 활성화되었음을 고찰하였다.

특히 훈련도감 소속의 待變船으로 세곡의 임운 활동을 통하여 급료 등의 재정을 확보하고자 처음에는 둔전 개설, 보인 지급, 삼수미 징수 정책을 추진하였으나 마침내는 훈련도감이 보유하고 있는 대변선으로 삼수량 임운 외에 전세나 대동미까지 임운하게 되자 경강상인들의 견제를 받게 되었다고 하였다. 그 외에 地土船에 의한 전세곡, 대동미의 세곡임운 실태

---

264) 최완기, 「官漕에서의 私船활동-특히 16세기를 중심으로」, 『사학연구』 28, 1978: 「조선전기의 穀物賃運考」, 『사총』 23, 1979.
265) 최완기, 『조선후기 선운업사연구』, 일조각, 1989.
266) 김용곤, 「조선전기 漕軍-조운과 관련하여」, 『명지사론』 1, 1983.
267) 김옥근, 「조선시대 조운제 연구」, 『부산산업대 논문집』 2, 1981.
268) 최완기, 「조선중기 貿穀船商-곡물의 買集활동을 중심으로」, 『한국학보』 9, 1983: 「17세기 稅穀賃運활동의 一面」, 『명지사론』 창간호, 1983: 「조선후기 訓練都監의 賃運 활동-세곡운송을 중심으로」, 『사학연구』 38, 1984.

를 분석하여[269] 각 浦口를 중심으로 어로 활동을 하던 지토선들이 대동법 시행 이후 전세곡과 대동미 운송을 본격화하여 경강상인 등과 경쟁적 관계를 이루면서 유통경제 발달에 기여하였음을 평가하였다. 1990년대에도 최완기[270]는 군의 役弊에 따른 船人雇立制 시행에 따른 賃船制의 보급과 作隊法에 의하여 관선조운체제가 무너지고 16세기이후 점차 地土船 · 京江船 그리고 作隊制에 의한 執籌船이 세곡운송을 주도해 갔다고 분석하였다.

특히 이 때부터는 한강과 낙동강에서의 수운 활동에 대한 연구로 확대된 점이 특징이다. 박경룡,[271] 변광석,[272] 최종일[273]은 각각 한강, 낙동강 그리고 북한강에서의 수운활동을 분석하였다. 박경룡은 한강이 도성 수호와 漕運路로써의 교통의 요충지 역할을 하고 경강상인들이 경강선을 활용하여 선운업을 발전시키고 아울러 경강변 등 8江(뚝섬, 두모포, 서빙고, 용산, 마포, 서강, 양화진 등)에 상업취락의 형성과 통공정책 이후 사상에 의한 亂廛이 성행함으로써 도성에서의 민간상업이 활발하게 전개되었다고 분석하였다.

변광석은 낙동강 주변의 場市와 浦口 그리고 낙동강 수운을 통한 조운로와 해로의 발달과 상품 유통, 포구주인이 경상도 좌우 조창 관할 지역을 중심으로 곡물객주로 성장해 갔음을 추적하였다.

그리고 북한강에서의 수운에 대해서는 김종혁[274]의 연구에 이어 최종일이 북한강 유역의 진도(양근의 龍津渡 등)와 창고(가흥창 · 흥원창 · 소양강창)를 중심으로 稅穀과 木材 · 白土의 수송과 관련한 수운 특히 북한강에서의 사선(지토선 등)의 상업 활동을 분석하였다.

---

269) 최완기, 「조선후기 地土船의 稅穀賃運」, 『한국사연구』 57, 1987.
270) 최완기, 「조선후기 세곡운송 정책과 船人들」, 『동양학학술회의 강연초』 20, 1990.
271) 박경룡, 「漢江水運과 京江商人」, 『향토사연구』 7, 1995.
272) 변광석, 「18 · 19세기 경상도 남부지역의 상품 유통구조」, 『지역과 역사』 5, 1999.
273) 최종일, 「북한강 水運연구」, 『강원문화사연구』 4, 1999.
274) 김종혁, 「북한강 水運연구」, 고려대학교 대학원 석사학위논문, 1991.

2000년대에 이르러 수운 거점을 중심으로 한 한강 및 남한강, 낙동강, 영산강 그리고 금강에서의 수운 활동과 장시·포구 및 진도를 연계하는 교통망에 대한 연구가 활기를 띠었다. 이상배[275])는 최영준[276])의 연구 이후 남한강 수운의 기능과 역할 및 나루와 창고를 중심으로 소금과 쌀, 직물류, 연초와 사기·토기 그릇 등 생필품의 교역을 토대로 도시 형성을 고찰하였다. 최완기[277])는 한강 유역을 중심으로 진도제의 시행과 운영, 楊花津과 같은 津村의 형성 문제를 고찰, 나루가 수로와 육로가 만나는 結節地에서 중요한 교통로 역할을 하였음을 규명하였고 또한 김종혁[278])은 1770년대 편찬된『東國文獻備考』에 나타난 한강지역의 장시망과 교통망과의 관계를 역사지리적 방법에 의한 인구밀도, 진도 및 장시 분포, 입지 패턴 등을 분석하여 한강이 수로와 육로가 상호 밀접하게 연계하여 상업 포구로서의 성장하는 수운교통의 중심 역할을 하였음을 파악하였다.

그리고 낙동강에서의 수운에 대해서는 손명원[279])이 상주의 육로와 수로의 결절지인 낙동 지역의 자연지리 조건을 개관한 이후 박중신[280])등은 낙동강변의 수운을 바탕으로 형성된 삼랑진 지역의 河港聚落의 형성과 도로, 주거 공간 구조와 변화를 분석하였으며, 오세창[281])은 낙동강 상류인 칠곡 倭館邑의 지리학적으로 수운 교통 문제를 고찰하였다. 또 금강에서의 수운과 포구에서의 장시 및 선상활동에 대한 연구는 최완기,[282]) 고

---

275) 이상배,「조선시대 남한강 水運에 관한 연구」,『강원문화사연구』5, 2000.

276) 최영준,「남한강 水運 연구」,『지리학』35, 1987.

277) 최완기,「조선초기 한강 津渡制의 정비와 운영」,『사학연구』71, 2003:「한강 津渡制와 楊花津」,『교회사연구』20. 2003.

278) 김종혁,「『東國文獻備考』(1770)에 나타난 한강유역의 場市網과 交通網」,『경제사학』30, 2001:「조선전기 한강의 津渡」,『서울학연구』23, 2004.

279) 손명원,「尙州의 자연지리」,『한국지역지리학회지』8-3, 2002.

280) 박중신·조성민·김태영,「낙동강변 河港聚落의 공간구성에 관한 연구」,『한국농촌건축학회논문집』9. 2007.

281) 오세창,「낙동강 유역의 水運연구─칠곡군 倭館을 중심으로」,『사회과학연구』8, 2000:「칠곡군 왜관읍의 지리학적 고찰」,『사회과학연구』10, 대구대학교, 2002.

동환283)의 연구가 있다. 최완기는 금강연안의 최대 河港인 금포면 지역의 강경포구의 자연지리적, 인문적 입지를 바탕으로 16세게 이후 포구의 설치와 주변의 장시와 결합됨으로써 수운을 통한 물류 유통의 중심지였다고 하였으며, 고동환 역시 금강수운의 조건과 江景浦 · 芙江浦 · 熊浦 등의 포구와 진도의 발달, 그리고 강경의 강경장, 부여의 은산장, 서천의 길산장 등 장시와 연결하는 포구시장권을 분석하여 금강 수운을 이용한 장시 · 포구 · 진도 상호간의 상업유통망을 분석하였다.

이 외에도 영산강 지역의 수운과 장시,284) 무안반도에서의 해상포구와 강상포구의 실태조사,285) 섬진강에서의 장시와 수운286) 등을 통하여 내륙 수로를 이용한 수운의 실태에 대한 연구가 확장되는 추세이다. 또 조운을 이용하여 공물이나287) 전결세 등 세곡의 운송,288) 그리고 조운 사료인 『漕行日錄』289)을 통해 본 함열 聖堂倉의 조운 실태290)가 구체적으로 파악되고 있다.

---

282) 최완기, 「조선후기 강경포구에서의 선상활동─그 입지를 중심으로」, 『역사교육』 79, 2001.

283) 고동환, 「조선후기 錦江 水運과 浦口市場圈」, 『호서사학』 43, 2006.

284) 김용철, 「영산강 유역의 水運과 場市」, 『지역발전연구논문집』 9, 2003.

285) 강봉룡 · 변남주, 「조선시대 호남지역 浦口의 사례조사.연구─무안반도를 중심으로─」, 『도서문화』 28, 2006.

286) 박중신 · 김태영, 「섬진강 유역 장시의 공간구성과 기능 특성에 관한 연구」, 『한국농촌건축학회논문집』 12, 2010.

287) 박경자, 「15세기 貢物의 운송방법과 분청사기 명문의 지역별 특징」, 『호서사학』 47, 2007.

288) 이철성, 「조선후기『輿地圖書』에 나타난 인천지역의 田結稅와 漕運路 연구」, 『인천학연구』 6, 2007. 및 김덕진, 「삼남 稅穀의 운송과 강화 燕尾亭의 풍경」, 『인천학연구』 7, 2007.

289) 『漕行日錄』은 함열현감 趙熙百(1825~1900)이 작성한 일기로 이에 대해서는 일찍이 吉田光男, 「李朝末期の漕倉構造と漕運作業の一例─漕行日錄にみる1875年の聖堂倉」, 『조선학보』 113,1984.에서 소개된 바 있다. 이를 구체적으로 안길정이 현지답사와 위치 비정을 통해 조운 사례를 분석한 것이다.

290) 안길정, 「『漕行日錄』으로 본 19세기 漕運의 운영실태」, 『사림』 29, 2008.

한편, 漕倉에 대해서는 앞에서 언급한 이대회, 최근묵, 김옥근 등의 연구 이후 2000년대에 이르러 최완기,[291] 이지우,[292] 김덕진,[293], 문광균,[294] 정요근[295]의 연구가 있으며 그리고 조운로상의 조창마을에서의 마을제당,[296] 단오제[297] 또는 별산제[298]와 같은 신앙 연구도 진행되어 조창의 성격과 기능에 대해 다양한 분석이 이뤄졌다. 최완기는 아산지역의 貢津倉(貢稅串倉이라고도 함)의 설치 과정과 전세곡의 운송에 따른 수납지역, 그리고 조운제의 변화에 따라 賃船論에 의한 사선 조운 실태를 분석한 결과 공진창은 아산만 일대에 고려시대의 하양창(현 평택군 팽성면 본정리 추정) 설치 이후 조선 세종대에 이르러서는 지금의 당진군 우강면 공포리 일대에 설치되었다가 후에 아산군 인주면 공세리로 이설하여 충청 지역 전세곡을 수납 · 조운하였다고 하였다.

이지우는 마산지역의 石頭倉 설치 이전과 영조대 三漕倉 설치의 하나로 설립된 馬山倉을 중심으로 수세 구역과 조선 현황 및 京倉으로의 조운 항로를 고찰하였으며 이를 더 보충하여 문광균은 경상도 세곡 운송 체계를 집중적으로 분석하여 三漕倉 설치이전 진주의 場巖倉과 양산 지역의 甘同倉[299] 설치 운영, 그리고 국가 주도(호조 · 훈련도감 · 주교사)에 의

---

291) 최완기, 「조선시대 牙山 貢津倉의 설치와 운영」, 『전농사론』 7, 2001.
292) 이지우, 「전통시대 마산지역의 漕運과 漕倉」, 『가라문화』 16, 2002.
293) 김덕진, 「전라도 순천 海倉의 설치와 풍경」, 『전남사학』 22, 2004.
294) 문광균, 「17~18세기 경상도 세곡운송체계의 변화와 三漕倉의 설치」, 『대동문화연구』 86, 2014; 「조선후기 양산 甘同倉의 설치와 변천」, 『한국문화』 66, 서울대 규장각, 2014.
295) 정요근, 「충남 내포 지역의 조창터」, 『내일을 여는 역사』 2015년 봄호(58호), 2015.
296) 이인화, 「충남 내포지역 조운로상의 해변 마을제당에 관한 연구」, 『도서문화』 30, 2007.
297) 전경욱, 「법성포 단오제의 연희성」, 『남도민속연구』 14, 2007; 나경수, 「법성 단오제의 난장으로서의 성격」, 『남도민속연구』 14, 2007.
298) 노성미, 「마산 별산제의 전승기반과 연희의 특성」, 『인문논총』 29, 경남대학교, 2012.
299) 감동창은 문광균의 연구에 따르면 원래 임란직후 경상도 水軍鎭에 射手와 砲手의

한 운송체계에서 점차 지토선과 경강선 등 사선에 의한 조운체계로의 변화에 주목하여 이러한 조운체계의 문제를 극복하고자 영조 36년(1760) 좌·우조창 설치, 영조 41년(1765) 후조창을 설치함으로서 그 결과 창원 馬山倉(左漕倉), 진주 駕山倉(右漕倉) 그리고 밀양 三浪倉(後漕倉) 즉, 三漕倉이 설치·운영하게 됨으로써 경상도 지역의 세곡을 운송하게 되었다고 보았다.

또 김덕진은 순천지역의 海倉의 설치·운영에 대하여 고려시대 순천지역 沙飛浦(→潮陽浦로 개칭)에 설치된 海龍倉을 복구하여 이 자리에 해창을 설치했다가 효종대 대동법 시행이후 龍頭面 龍頭浦(현 海龍面 海倉里)로 이설하였다고 추정하고 영남지역처럼 관조운송체계에서 사선운송체계로 변화하여 경강선·주교선·지토선 등 사선조운의 실태와 특히 海倉村의 형성과 海倉場 등 場市를 연결하여 海倉 주변에 경강상인들에 의한 私商都賈에 의해 해창에서의 임운업 및 상업 활동실태를 조명하였던 점이 주목된다. 그밖에 변남주[300]는 영산창 폐지 이후의 法聖浦 조창 설치와 法聖鎭의 상호관계를 고찰, 법성포 조창의 동조정, 세곡고, 제월정, 선소 등의 시설 구조를 상세히 규명하고, 수군진으로서의 법성진의 만호(뒤에 첨사로 승격)가 조운 업무를 겸직하고 있음을 밝히고 있다. 조운선의 호송 문제와 진보[301]와의 관계에 대해서는 서태원[302]이 충청도 태안 安興鎭의 구조와 조운선 호송기능에 관하여 고찰한 바 있다.

급료인 射砲糧과 같은 군량을 운송하기 위해 설치된 軍倉이었는데 17세기 대동법 실시 이후 전세, 대동미를 운송하는 조창의 역할을 담당하게 되었다고 한다.(문광균, 앞의 글, 387~389쪽 참조)

300) 변남주, 「영광 법성포 조창과 수군진의 변화」, 『島嶼文化』 44, 2014.
301) 김경옥, 「조선후기 태안 安興鎭의 설치와 성안마을의 공간구조」, 『역사학연구』 32, 호남사학회, 2008.
302) 서태원, 「조선후기 충청도 安興鎭의 구조와 기능」, 『역사와 실학』 52, 2013.

Ⅵ. 맺음말 : 교통사 역사교육의 방향
─고교 한국사 교과서(미래앤)을 중심으로─

1. 선사 ~ 고조선 시기 교통사 서술과 역사교육 방향

이상 살펴 본 바를 기초로 하여 고교 한국사 교과서(미래앤)를 하나의 例로 들어 교과서상의 교통사 서술과 향후 역사교육에서의 방향을 제시해 보고자 한다.

먼저 구석기~신석기인의 수렵과 채집 그리고 정착생활 시기에 교통과 관련된 서술은 거의 없는 편이다. 여기에서는 인류탄생과 문명의 발달과 연계하여 길의 기원에 대해서 설명할 필요가 있다고 본다. 길의 기원설은 사냥감과 식량 획득을 위한 야생동물 통로설과 원시인의 이동설 등이 있다. 들소와 같은 야생동물들의 정기적 이동에 따라 인디언 통로(Indian Trails)가 형성되거나 구·신석기인들이 소규모 집단으로 여름, 겨울 이동하거나 또는 정착생활을 통해서 형성되었다고 보는 견해가 있다. 따라서 사냥터와 동굴 주거지, 식량 채집 장소를 연결하는 통로가 점차 정기적·주기적 이동로가 되었을 것이다.

청동기~철기시기에는 군장의 등장과 정복활동, 철제 농기구 보급과 교역의 확대로 비파형동검같은 청동기의 전파나 고인돌의 분포를 통해 문화 이동에 따른 교통로 개설, 그리고 고조선 시기의 모피 교역이나 화폐 유적(명도전 등)의 상관관계에서 중국 齊·燕과 교역을 통한 대중국 육상 교통로가 개척되었다고 본다. 최근에 광주 신창동 유적에서 출토된 철기시기 목제 수레바퀴 부속구는 농경사회에서의 농작물 운송과 밀접한 관련이 있음을 시사해주고 있다.

부족연맹체 시기에 이르러 고구려의 5부족, 백제 4출도의 존재에서

부족간의 교통로나 특히 초기 고구려 주몽의 이동로(부여→ 졸본), 졸본과 국내성 및 환도산성을 연결하는 교통로가 개척되었을 것으로 본다. 또한 삼한시기 변한의 철 생산과 낙랑 · 왜에 수출한 사실에서 낙랑과의 육상 교통로, 왜와의 해상교통이 이뤄졌음을 알 수 있다. 특히 해상교통의 경우 일찍이 신석기 융기문토기의 대마도 전파, 일본 죠오몬 토기의 한반도 남해동부지역 출토를 통해 일본과 항해 사실과 중국 절강성 허무뚜 유적에서의 통나무 배, 돌닻의 발굴은 일찍이 신석기 중기시기부터 산동반도와 요동반도사이 항해 사실을 반증해주고 있다. 더 나아가 고조선시기에 이르면 요동반도와 대동강 유역에서의 대중국 교역을 통한 해상교류가 활발하게 되었다는 사실은 明刀錢 · 五銖錢의 분포와 文皮교역관계, 묘도열도의 비파형동검과 산동반도 석관묘 · 지석묘 분포 등에서 잘 알 수 있다.

2. 고대 삼국시기 교통사 서술과 역사교육 방향

고대 삼국시기에 있어서 교과서 서술을 보면 교통 제도나 시설, 교통로에 대한 직접적인 언급은 없다. 다만 삼국시기 국가간의 교류나 왕래, 대중국 또는 왜와의 대외 관련 서술이 있는 편이다. 고구려의 경우 요동 진출, 옥저 복속, 3세기 위 · 전연 · 백제 침입사실과 전진과의 수교와 광개토대왕 때 광개토대왕비에 나타난 정복활동(거란 · 후연 등)에 따른 정복루트, 장수왕대 남진정책과 평양 천도 등에 대해 서술하고 있다. 여기에서 고구려의 요동 · 옥저 교통로, 위 · 전연의 침입 군사로, 전진과의 해상교통과 특히 요동지방으로 연결되는 南道,北道에 대해 설명할 필요가 있다. 그리고 평양천도 이후 국내성과 평양 사이에 17개 驛이 있었다는 사실에서 고구려에서의 郵驛 시행의 단서를 얻을 수 있다.

뿐만 아니라 고분벽화에 나타난 각저총, 무용총의 수레, 마굿간, 안악 고분의 기마행렬도와 마차 등에서 운송도구(기마와 수레)가 매우 발달하였음을 알 수 있으며 그것이 고구려 영토 확장과 전쟁에서의 월등한 군사력의 바탕이 되었음을 강조해야 할 것이다. 또 중앙과 지방 통치를 위해 왕경(도성)과 지방간의 왕명 및 공문서 연락에 따른 교통로, 국내성·평양성·장안성 같은 도성 안의 도로유구 발굴과 街路區劃, 압록강~두만강 수로와 주변 산성, 금강·임진강·한강 유역 진출에 따른 교통로 그리고 교통로와 산성 등 關防과의 상호관계를 강조해야 할 것이다.

백제의 경우는 근초고왕시 마한 병합, 고구려 평양 공격, 왜와의 해상 교역로 확보, 동진과 국교 등의 대외 활동과, 웅진천도 이후 중국 남조와의 교류 실상을 서술하고 있다. 그러나 백제의 경우 우역제 실시 여부에 대한 기록이나 유물이 그다지 없는 실정이나 한성백제시기 몽촌토성의 도로 흔적, 사비시기의 관북리·궁남지·쌍북리 도로유구 발굴결과 나타난 노면·측구·배수 및 암거 시설과 수레바퀴 혼, 그리고 사비도성의 5部−5巷 구획 등이 노출된 것으로 보아 도성내의 도로 시설이 발달했음을 추정할 수 있다.

뿐만 아니라 한성·웅진·사비시기 천도에 따른 왕래로와 동예·말갈·낙랑과의 북방교통로, 한강수로를 이용한 중부내륙 운송로, 영산강·금강 유역 진출에 따른 남방교통로가 발달하였음을 알 수 있다. 특히 백제는 동진·양 나라와의 교역, 일본 왜와의 교역 등 대중국항로와 일본항로가 발달하였다는 사실도 강조해야 할 것이다. 중국 남조와의 교류는『大東地志』沔川條에 의하면 해상교통의 요충지에 수관(稤館−사신 숙소) 및 石頭倉과 같은 창고 시설을 설치하였던 사실에서 반증되고 있다.

한편, 신라의 경우 지증왕 때 우산국 복속, 법흥왕의 금관가야 흡수, 진홍왕의 한강 진출과 대가야 정벌같은 영토 확장을 강조하고 통일신라 시기 9주 5소경체제 확립을 서술하면서도 이를 뒷받침하는 교통관련 서술은 거의 없다. 그러나 『三國史記』 등의 사료에는 교통관련 기록이 비교적 많이 나타나고 있다는 사실에 주목해야 한다. 소지왕 시기 郵驛의 설치와 官道의 수리 사실에서 우역과 도로에 기반한 교통이 꽤 발달하였음을 설명해야 할 것이다. 신라 및 통일신라시기의 꽤 많은 도로유구(王京 街路 및 지방 도로)의 발굴, 교통기구(京都驛·船府·乘府 등) 설치, 5通 5門驛의 존재, 小國의 병합, 한강 진출에 따른 鷄立嶺路·竹嶺路 개발, 실직주 등과 연계한 동해안로 개발, 9주 5소경 설치 및 산성과 연결한 교통로 확보 그리고 유례왕 원년(23) 수레(車乘) 제작, 눌지왕 2년(438) 牛車 이용법 보급, 『三國史記』 車騎條에 기록된 수레와 말 사용 규정 등에서 신라의 육상 교통이 매우 발달하였음을 알 수 있다.

이와 같은 우역 발달과 교통로, 그리고 교통기구의 기반위에 중앙집권적 지방 통치 체제를 정비하고 전쟁과 영토확장을 통해 삼국통일을 할 수 있는 원동력이 마련되었다는 사실을 이해해야 한다.

그리고 해상교통에 대해서는 대중국 및 대왜 교류를 바탕으로 한 항로 개발과 浦口에 대한 역사 고증학적 방법과 발굴 결과를 서술하고 교육해야 한다. 대중국의 경우 절강성 寧波지역의 재당 신라촌 형성, 장보고의 해상 활동과 연계하여 산동반도의 赤山 법화원이나 신라방 그리고 재당 신라인들의 상업 활동과 시기별 항로의 변천을 가르쳐야 할 것이다. 대왜 교류는 울산(栗浦), 경주(阿珍浦) 출발 對馬島−筑紫−瀨戶內海−難波津−飛鳥·奈良에 이르는 해상 교통로와 섬진강 하구 菁州에서 출발 値嘉島(長崎 五島列島)−博多灣−太宰府에 이르는 해상 교통로를 새롭게 인식해야 할 것이다.

그런데 발해에 대해서는 당과의 친선관계 및 신라와의 사신 교환, 5경

15부 62주 체제 정비를 서술하고 특히 교과서에 사신 숙소 및 무역업무 처리를 위해 설치된 '渤海館'이나 신라와 교류를 위해 '신라도'라는 상설 교통로를 두었다고 서술하고 있다. 따라서 발해의 대당교역로와 교역품, 수도와 지방 및 대외 교통로인 朝貢道·營州道·新羅道·日本道의 실재를 통해 발해의 육상·해상 교통의 구체적 실태를 가르쳐야 할 것이다.

3. 고려시대 교통사 서술과 역사교육 방향

고려시대의 교과서 서술은 5道 兩界와 12牧의 지방통치 체제 확립, 북방민족(거란족·여진족) 침입대비 강동 6주와 윤관 9성의 축조 사실, 몽골과 강화이후 다루가치 파견, 그리고 수취체제 정비에 의한 조운제도 시행, 조운로를 따라 곡물·생선·도자기 등 육상교역의 증가로 여관인 院의 발달 사실을 서술하였다. 또한 대송교류와 벽란도 무역항 번창, 원 간섭기 공무역 및 사신의 大都(베이징) 왕래와 왜구의 침입에 따른 방어를 위해 무기 개발, 조선술 발달 등을 서술하고 있다. 따라서 교과서 서술과 연계하여 다음과 같은 교통사 내용이 보완되었으면 한다.

첫째 5道−兩界체제를 지탱하기 위해서 고려시대의 역참제도가 6과 체제에서 점차 22역도 체제로 변화하게 된 점과 양계지역의 興化鎭·雲中鎭·朔方鎭 등 진보와 교통체계를 확립하기 위하여 岊嶺·鐵嶺·孟州峴 등 영로 개척과 역참 배치, 둘째 역도와 조창과의 상관관계를 파악하여 공물·조세의 수륙 운송 체계 이해, 셋째 개경과 남경 등 도성 건설과 街路 구획 및 남방 진출에 따른 교통로 개척(長湍渡路, 臨津渡路), 그리고 개경 주변의 나성과 왕릉, 사찰 왕래로의 파악, 넷째 대송 교역 및 사신 왕래·접대와 연계하여 원양 항로 및 연안 항로의 이해, 특히 『高麗圖經』에 나타난 바와 같이 郡山亭 · 安興亭 · 慶源亭 · 碧瀾亭과 같은 客館의 운영, 다섯째 고려 조운체계의 성립과 변화, 태안 마도 발굴 조운선(哨馬船 · 平底船)의 구조, 조창의 위치 비정과 분포 및 세수 구역, 또 13조창과 주변 교통로(水運 · 陸運)와의 결합 관련 ,여섯째 원간섭 시기 고려와 大都(베이징) 사이 왕래로와 역참 설치 및 사신 접대 그리고 몽골 站赤제도 영향 하의 역참의 변화, 끝으로 統營 安井里 유적(고려 春原驛址로 추정→조선 馹墟驛) 같은 도로유구와 파주 惠陰院址(사적464호) 발굴 조사와 같은 교통유적지 현장 답사 등이 필요하다고 본다.

5. 조선시대 교통사 서술과 역사교육 방향

조선시대의 교통사 서술 항목은 고려에 비해 비교적 많은 분량을 할애하고 있다. 특히 통치체제 정비에서 '통신 · 교통제도 정비' 항목을 독립적으로 서술하고 있는 점이 눈에 띤다. 따라서 조선시대의 교통사교육에 대해서는 항목을 나누어 구체적으로 제시하고자 한다.

첫째, 조선의 한양천도 이후 한강의 교통 입지조건(조운 편리, 물자 풍부)을 서술하고 있다. 그러므로 한양 도읍 이후 都城 건립에 따른 街路 구획과 교량 건설, 한강변 津渡 설치, 도성과 지방 연결 도로망에 대해서 구체적으로 설명하는 게 바람직하다.

둘째, 위에서 언급한 바와 같이 별도의 독립적인 통신 · 교통제도 정비 항목을 편성하여 중앙집권체제 및 국방강화를 위하여 봉수제 · 역참제 · 조운제 등을 상세히 조직과 기능을 서술하고 있다. 그리고 봉수대 사진(111쪽)과 조운로 지도(129쪽) 그리고 대동세의 징수와 운송지도(131쪽) 등의 학습보조 자료를 첨부하여 이해를 돕고 있다. 따라서 역참제 · 봉수제 ·

조운제의 인적·물적 조직과 운영 및 수단(역마·조운선·거화시스템)에 대해 좀 더 상세히 설명하고 노선망(봉수로·역로·조운로 등)에 대한 역사지리적 접근 방법으로 위치 비정을 통해 역사적 공간인 場所性의 중요도에 대한 인식을 제고해야 할 것이다.

셋째, 4군 6진 개척과 여진에 대한 회유책과 강경책을 서술하였는데 4군 6진 지역을 중심으로 압록강~두만강 연변에 烽燧, 山城, 口子 및 鎭堡 설치를 통해 조상들이 영토 학보와 국경지방 안정화에 어떻게 노력하였는가를 고지도와 읍지 등을 통해 분석하는 능력을 길러 주고 아울러 대중국 및 여진과의 교린정책을 추진하는 데 필요한 교통로 개발 즉, 義州路와 慶興路를 중심으로 각 邑治 주변의 山城, 嶺路 등을 어떻게 축성하고 개척했는지를 살펴보아야 할 것이다.

넷째, 양난 이후 대일본 통신사 파견과 대중국 연행사 파견에 따른 사행로와 주변 군현·역참에서의 出站役(운송·접대·물품 조달 등)과 支勅體系(迎接·盤纏·雇馬 등), 그리고 중국·일본 역참에서의 접대·운송을 통해 통신사·연행사 사신외교가 양국에 끼친 영향과 상호인식에 대해 국제적 시각에서 의의를 찾아 오늘날 학생들로 하여금 다변외교의 중요성을 이해하는데 기여했으면 한다.

다섯째, 正祖시기 탕평책과 수원 華城 건설을 기술하고 있는데, 永祐園의 천봉에 따른 顯隆園 조성, 이를 보호하고 참배하기 위해 축성한 華城의 건축사적 구조와 園幸에 따른 園幸路(과천로·시흥로)의 위치 파악, 도성과 화성을 연결하는 교통·통신 시스템의 건설(영화역과 華城撥站 신설과 접대·운송 및 한강 배다리 설계, 만안교·대황교 등 교량 건설 등) 등을 분석함으로써 정조 시기 현륭원, 화성 건설을 배경으로 성곽건축사, 교통운수사 및 어가 행렬 등의 절차를 파악하여 조성왕조의 궁중 문화를 이해하는 계기를 제공했으면 한다. 더불어 수원 지역사 학습자료의 효과적인 활용을 위해『華城城役儀軌』,『園幸乙卯整理儀軌』같은 사료를 이용하는 것도 좋을 것이다.

여섯째, 대동법 실시 이후로 貢人의 등장, 場市 발달, 한강 거점의 운송업자인 京江商人의 서남해안 상업활동을 서술하고 있다. 여기에서 공인과 사상의 발달에 따른 물자 유통의 발달과 특히 도성에서의 물자운송 조직(貰馬契·運負契·馬契·車契 등), 경강상인들의 선운업 실태와 낙동강, 금강, 영산강, 남한강, 북한강 등 수운을 이용한 물자 운송(목재·세곡·수산물·임산물 등 생활물품), 논산 江景浦, 시흥 鳩浦 등 포구에서의 상업권의 형성과 장시와 연계한 客主,旅閣의 활동을 통해서 조선 후기 상품경제 발달을 강조할 필요가 있다.,

일곱째, 교통지리와 관련, 교과서에는『八道地理志』,『新增東國輿地勝覽』등의 편찬 사실을 서술하여 군현의 지세·인물·풍속·산물·교통 등 국토에 대한 인문지리적 지식수준이 높았음을 기술하고 있다. 당시의 조선 후기 地理誌나 邑誌 등에는 조선 전기와 달리 교통사 관련 驛院, 橋梁, 津渡, 酒幕, 場市 항목이 추가되어 편찬되고 있는데 유통경제의 발달 결과 그만큼 교통에 대한 인식이 증대하였음을 보여주고 있다. 따라서 이를 확대하여『大東地志』,『輿地圖書』,『大東輿地圖』,『東輿圖』외에『海東地圖』등에서 교통에 관한 역사지리 자료를 최대한 활용하여 지리공간의식을 형성하는데 도움을 주어야 할 것이다.

여덟째 實學의 대두와 관련, 북학사상가인 박지원 이후 박제가 등의『北學議』를 인용하여 생산과 유통의 중요성, 수레와 선박 이용론, 청의 문물수용과 세계무역 참여를 서술하고 있다. 이에 대해서는 유형원의 역참개혁론, 실학자들의 조운제도 개혁론, 수레와 선박을 통한 물자유통론과 해외통상론 등 利用厚生的인 민생의 삶 증진을 위해 제안한 다양한 개혁론을 통해 학생들로 하여금 문제해결에 필요한 창의·융합적 사고력을 형성하도록 탐구학습 자료로 활용해야 할 것이다.

아홉 번째, 교통사 관련 고문서 등의 사료를 적극 활용하여 보조학습 자료로 제시했으면 한다. 예를 들면 察訪의 임명 · 교체와 관련한 敎旨나 解由文書 및 察訪先生案, 역의 호구 · 인구를 파악하는데 중요한 形止案 (金泉道 · 松羅道 · 自如道 · 沙斤道 등), 역의 구체적 운영 실태를 파악하는데 사료적 가치가 큰 驛誌 및 事例成冊이나 重記成冊, 역마 확보 및 관리와 관련된 馬案, 節目(省峴道都馬價節目 · 省峴道邸吏役價釐正節目 등) 그리고 漕運 운송과 관련한 漕運節目이나 漕弊釐正事目 등의 육상 · 해상 교통관련 고문서류를 충분히 활용하여 교통운송의 실태를 구체적으로 파악하는데 도움을 주어야 할 것이다.

이와 같이 선사, 고대 삼국시기부터 조선시대까지 연구 동향을 바탕으로 앞으로 교통사 역사교육의 방향은 고고학적, 역사지리학적 그리고 교통운송사적 시각에서 지역사회 자료와 연계하여 통시적, 공간적 지식체계를 기본으로 하여 통합적 교통사 인식을 형성하는데 기여해야 할 것이다.

중학교 역사교과서의 '交通史' 서술 내용 분석*
– 한국 전근대사를 중심으로 –

한 정 훈**

Ⅰ. 머리말

交通의 사전적 의미는 사람이나 사물의 장소적인 이동을 뜻한다. 여기서 말하는 事物에는 물자 뿐 아니라 정보·문화·사상 등이 포함된다.[1] 그리고 사람은 개인 뿐 아니라 지역공동체 나아가 국가를 의미할 수도 있기 때문에 나라 사이에 관계를 맺어 오가는 것을 교통이라고도 부를 수 있다. 이러한 교통활동이 실질적으로 이루어지는 교통로는 정치·외교·군사·운송 및 교류를 포함한 인류생활의 진보에 커다란 기여를 하는 사회간접 자본이자 문명발달 체계의 하나이다.[2] 이러한 교통과 교통로의

---

* 본 논문은 필자가 동국대학교 역사교과서 연구소에서 2015년 10월 발행한 『역사와 교육』제21집에 게재한 것임을 밝힌다.
** 목포대학교 사학과 조교수.
1) 丸山雍成·小風秀雅·中村尚史 編, 『日本交通史辞典』, 吉川弘文館, 2003, 序; 丸山雍成, 「日本における交通史研究の現狀と展望」, 『교통사연구 동향과 전망』, 국학자료원, 2016.

의미를 감안하면, 交通史의 연구대상은 실로 다양한 분야와 유기적으로 결합되어 있음을 알 수 있다.

하지만 한국사학계에서 교통사는 아직까지 독립적이며 체계적인 학문 분야로 자리 잡지 못하였다. 교통사 연구를 목적으로 하는 학회나 연구 모임의 활동이 활발하지 못하여 교통사 연구 잡지는 물론 대중을 위한 교양서 출판이 미진한 상황이다.3) 오래 전에 교통사가 독립적인 연구 분야로 자리 잡은 일본 역사학계나 최근 들어 교통사가 주요한 역사연구 분야로 주목을 받고 있는 중국 역사학계의 현실과는 대조적이라고 평가할 수 있다.4) 학계의 이러한 상황 뿐 아니라, 政治史 중심으로 서술된 역사 교과서에서 교통사의 관점이나 서술 내용이 강조되기는 쉽지 않다.

그렇지만 현행 중학교 역사교과서에 다양하고 심화된 여타 분야의 내용이 기술되고 있는 상황을 고려하면, 교통사 관련 내용도 여타 분야와 일정 정도의 균형을 맞추어 서술되어야 하지 않을까 생각한다.

현재 역사교육계에서 중학교 교과서의 서술 내용을 분류사의 관점에서 분석한 선행 연구는 그다지 많지 않다. 설령 있다 하더라도 정치사 · 문화사 · 대외관계사의 관점에서 주로 왕조나 인물 혹은 사건 중심으로 관련 내용을 분석한 사례 정도가 확인될 뿐이다.5) 이와 같이 교통사와 관

---

2) 崔永俊, 『嶺南大路−韓國古道路의 歷史地理的 研究』, 高麗大學校 民族文化研究所, 1990, 11~12쪽.
3) 현재 교통사와 관련하여 지속적인 관심 속에서 일정한 성과를 거둔 기관으로 문경 옛길박물관과 한국교통사연구소 그리고 국립해양문화재연구소 정도를 거론할 수 있다. 개별 연구자의 학술 논문 이외에 주요 간선로나 지역의 옛길 답사기 성격의 대중교양서가 다수 간행되는 점은 나름의 성과이다.
4) 일본과 중국의 교통사 연구 현황에 대해서는 최근에 간행된 연구서가 참고된다.(丸山雍成, 앞의 논문; 李孝聰, 「中国古代交通道路的考察與復原」, 『교통사연구 동향과 전망』, 국학자료원, 2016)
5) 전영준, 「현행 중학교 국사교과서의 고 · 중세시기 문화교류 내용 서술과 분석」, 『동국사학』 48, 2010; 강종훈, 「2011년 발간 『중학교 역사(상)』 8종 교과서의 삼국시대 정치사 관련 부분 내용 검토」, 『한국고대사연구』 64, 2011; 배정미, 「중학교 역사교

련하여 한국사학계와 교과서 연구의 현실을 고려하면, 교과서 내용을 교통사의 관점에서 분석하는 것은 쉽지 않은 일이다.

이러한 점을 감안하여 II장에서는 한국교통사에 관한 연구 현황을 간략히 소개 · 검토할 것이다. 왜냐하면 역사교과서가 학계의 성과를 제대로 반영하고 있는지를 알기 위해서는 지금까지 축적된 교통사 연구 성과와 이해 방향이 무엇인지를 먼저 살펴봐야 하는 것이 순서이기 때문이다. III장에서는 교과서에서 서술한 교통사 관련 내용에 대해 분석할 것이다. 기본적인 서술 방향은 교과서에 수록된 내용을 중심으로 해당 내용을 보다 효과적으로 전달하기 위해 보충하거나 일부 수정이 필요한 내용에 대해 언급할 것이다.

그런데 본문에서 다룰 내용 중에 강조하고 싶은 바를 미리 언급하면 다음의 두 가지이다. 하나는 교과서의 교통사 서술 내용이 교통제도(정책)보다는 교통로(망)의 문제이기 때문에 지도를 포함한 삽화의 활용이 관건인 경우가 많다. 그래서 교과서에 실린 역사지도와『역사부도』의 해당 내용을 중요한 고찰 대상으로 삼아 논의를 전개하고자 한다.6) 다른 하나는 최근 出水된 해저 문화유산에 관한 발굴 성과와 漕運과 같이 국내의 연근해에서 이루어진 해상 교역에 관한 연구 성과가 교과서에 잘 반영되었는지를 검토하고 그것에 대한 서술 방향에 대해서도 언급할 것이다.

과서의 '문화사' 내용 구성 방식 검토: 고려시대 단원을 중심으로」,『역사와교육』3, 2011; 오영찬, 「2007 · 2009 개정 교육과정 중학교 역사(상)의 삼국시대 문화사 분석」, 『역사교육』119, 2011; 조현준, 「현행 중학교 역사 교과서 통일신라기 대외교류사 서술 분석: 장보고의 활동을 중심으로」, 서강대 석사학위논문, 2013.

6) 현재 역사지도 및『역사부도』를 대상으로 한 연구는 그다지 활발한 편이 아니다. 선행 연구를 언급하면 다음과 같다(전영준, 「2009년 개정 교육과정과 현행 중학교 8종 역사부도 분석 —고려와 조선시대를 중심으로」,『사총』73, 2011; 이철구, 「중학교 역사부도에 수록된 한국고대사 관련 역사지도 분석」 고려대 석사학위논문, 2012; 안운호, 「한국사 교과서 상의 역사지도(歷史地圖) 활용 분석과 제언」,『역사와 역사교육』29, 2014).

II. 한국교통사 연구 현황과 역사교육

지금까지의 교통사 관련 연구 성과를 떠올려 보면, 양적으로 결코 적지 않을뿐더러 당시의 교통 상황을 어느 정도 파악하는 것이 가능할 정도로 연구의 진척이 있었다. 일제 강점기 이래의 일본인 연구자는 제외하더라도, 남도영 · 최영준 · 최완기 · 조병로 등의 先學을 비롯하여 중진 및 소장 학자에 의해 꾸준히 연구 성과가 축적되었다.[7]

그럼에도 불구하고 한국사학계에서 교통사 연구가 활발하지 못한 여러 이유 중 하나는 육상교통과 수상교통을 별개로 생각하여 양자를 나누어 고찰하는 연구방법상의 한계이다. 당연히 양자를 분리시키면 밝혀낼 수 있는 歷史像과 歷史性은 축소될 수밖에 없다. 그럼에도 여전히 대부분의 연구논문은 논문 작성상의 편리성 때문에 (수륙)교통사의 관점이 아니라 육상교통 혹은 수상교통만을 대상으로 삼고 있다. 설령 개별 연구논문이 그렇게 작성되었다 하더라도, 후속 연구에서 양자를 하나로 묶어 당시의 교통제도나 (수륙)교통로가 사회 구조나 인간 생활과 어떠한 관계를 맺었는지를 밝혀내려는 시도가 부족하다.

이러한 한국 학계와 달리 북한에서는 최근에 한국 고 · 중세시기 육상교통과 수상교통을 포괄하는 연구서가 출판되었다.[8] 비록 개설서의 수준을 벗어나지 못하였지만 한국 전근대시기 교통운수 분야의 전개과정을 개관하였다는 의미는 있다.

한국의 육상교통사에 관한 연구사 정리는 대표적인 交通史 연구자인

---

7) 先學의 대표적인 연구서를 제시하면 다음과 같다(南都泳, 『韓國馬政史』, 한국마사회 마사박물관, 1996; 崔永俊, 『(한국의 옛길)嶺南大路』, 高麗大學校 民族文化研究院, 2004; 崔完基, 『朝鮮後期船運業史研究 : 稅穀運送을 中心으로』, 一潮閣, 1989; 趙炳魯, 『韓國驛制史』, 한국마사회 마사박물관, 2002).
8) 장국종, 『조선교통운수사(고대~중세편)』, 사회과학출판사, 2012.

趙炳魯에 의해서 두세 차례 검토되었지만, 수상 교통사의 연구 전반에 대해서는 회고와 전망이 아직 이루어지지 않았다. 이러한 현실을 감안하여 육상교통에 관해서는 조병로의 것을 최대한 활용하여 정리하고, 수상교통에 관해서는 조운제 연구 성과를 중심으로 소개하는 것으로 대체하려 한다.[9]

육상교통사 연구는 크게 古道路遺構에 대한 조사나 발굴 자료를 분석하는 고고학적 측면, 역참 및 교통로 분포 그리고 주변 경관에 관해 고찰하는 역사지리적 측면, 역참제도나 역 · 역도의 성격 그리고 驛馬 · 驛人에 대해 연구하는 문헌사학적 측면에서 각각 이루어졌다.

삼국시대에 영토 확장과 군사적 진출의 정치 · 군사적 필요 속에서 설치 · 운영되었던 역참제와 교통로는 고려시대에 이르러 傳命체계와 지방통치를 실현하기 위한 정치 · 행정적인 측면이 더 중시되었다.[10] 이러한 성격을 계승한 조선시대의 역참제에 관해서는 봉수제 · 파발제와 더불어 제도사 연구가, 驛의 분포와 지역과의 관계는 역사지리학적 연구가, 역인의 지위에 대해서는 사회신분사 연구가, 그리고 驛의 재정 운영에 관해서는 경제사 연구가 개별적으로 다양하게 진행되었다. 특히 조선 후기에 도로에 대한 인식과 개선 방안을 논의하면서 이전까지 정치 · 군사 · 행정적인 성격만을 염두에 두었던 교통로의 기능에 대해서 경제 · 문화적인 측면으로까지 확대하여 바라보는 연구 시각의 변화가 생기게 되었다.[11]

---

9) 趙炳魯의 논고는 육상교통사 전반에 걸쳐 잘 정리되어 있기 때문에 전적으로 활용하였다.(「韓國交通史研究の現状と展望－三国～朝鮮時代の陸上道路交通を中心に」,『交通史研究』80 · 81 · 82号, 交通史研究会, 2013 · 2014:『교통사연구 동향과 전망』, 국학자료원, 2016) 수상 교통 운수활동은 크게 海運과 河運으로 나눌 수 있는데, 주로 전자의 해운교통에 연구가 많이 이루어져 이와 관련된 연구사 정리는 일부 이루어졌다. 고려시대 해양사의 관점에서 관련 연구를 정리한 윤용혁의 논고(「고려의 뱃길과 섬, 최근의 연구 동향」,『도서문화』42, 2013)가 참고 된다. 또한 대표적인 해운활동인 조운제에 관한 연구사 검토는 두 차례에 걸쳐 이루어졌다.(한정훈,『고려시대 교통운수사 연구』, 혜안, 2013, 22~33쪽; 문경호,『고려시대 조운제도 연구』, 혜안, 2014, 15~30쪽).

10) 劉善浩,『高麗郵驛制研究』, 단국대 박사학위논문, 1992.

이러한 연구경향에 병행하여 지역의 교통로 현황과 그 역할, 수레 등의
운송 수단 그리고 津渡制에 관한 연구 등 다양한 접근 방법으로 교통사 연
구가 활발해졌다.

이러한 연구 성과를 통해 한국 전근대사 속의 역참제와 육상교통로에
관해서는 기본적인 이해가 가능해졌다. 하지만 앞서 언급하였듯이, 교통
제도와 교통로를 국가재정원이나 군량미 나아가 민간 필수품의 운수활동
과 연관시켜 살펴보는 것, 驛院시설의 공간 구조나 驛村의 편성 등에 대한
구체적인 실태조사 그리고 고려 · 조선 역참제의 연속성과 단절성 문제
등은 향후의 과제이다. 또한 조선 후기 교통사 관련 문헌 자료의 발굴과
그것을 활용한 교통운수사의 복원도 지속적인 관심 속에서 수행되어야
할 것이다.[12)]

한편, 수상 교통사 연구는 육상교통과 달리 아직까지 연구사에 대한 정
리가 이루어지지 않았다. 다만 주요 주제인 조운제에 관한 연구는 비교적
활발히 진행되었다. 조운제 연구는 1980년대까지 제도 전반에 걸쳐 논의
가 이루어졌는데, 근래에는 해양사에 대한 관심 속에서 재검토가 이루어
졌다. 고려시대의 주요 연구 성과는 크게 ① 역사적 추이, ② 운영방식과
구조, ③ 조운의 구성 요소에 대한 고찰로 대별할 수 있다.

① 조운제의 전개와 변천에 관한 주요 논의꺼리는 60浦制와의 관련성,
조운제의 성립시기 그리고 고려후기 조운제의 변동양상에 관한 것이다.
② 조운제의 운영에 관해서는 조운비용(輸京價 · 耗米), 私船 동원 그리고
조창민의 구성 등이 거론되었다. 조창민 · 漕船이 배속된 조창과 별도로
사선 집단이 조운활동에서 어느 정도의 역할을 담당하였는가는 고려시대
해상교역활동과 관련하여 중요한 의미를 내포한다. ③ 조운 운영의 주요

---

11) 崔完基, 「조선왕조의 도로정책과 실학자의 도로관」, 『典農史論』 1, 1995; 金鍾赫,
   『朝鮮後期 漢江流域의 交通路와 場市』, 고려대학교 박사학위논문, 2001.
12) 연구사에 대한 회고와 전망은 조병로, 앞의 논문, 2016. 참고.

거점인 조창을 비롯하여 조운로 · 조운선 · 漕渠 등에 관한 연구이다. 조창의 위치나 수세구역 설정을 비롯하여 개별 조창별 조운활동에 대한 검토는 거의 다 이루어진 것으로 볼 수 있다.

조선시대 조운제 연구는 崔完基에 의해 일단락되어 한동안 별다른 논의가 없다가,[13] 최근에 두 방향에서 추가 연구가 진행 중이다. 하나는 조운제가 시작된 고려시대사의 관점에서 조선시대 조운제를 재검토하는 것이고[14], 다른 하나는 18세기 후반 경상도의 조운제 강화조치를 강조하는 연구이다.[15] 전자에 해당하는 한정훈은 선행 연구가 조선 후기 船運業의 성장에 초점을 맞추어 진행된 점을 지적하면서, 조선 후기의 '사선임운체제'에 대비하여 조선 초기 조운제를 '관선조운체제'로 규정한 점을 비판하고 조선 초기 조운체제를 '수군 지원 조운체제'로 부를 것을 제안하였다.[16] 이어서 고려와 조선시대 조운 운영방식을 근거로 한국중세 漕運史의 시기를 구분하였다.[17] 향후에 사선임운화가 대세였던 17세기 이후 조운제의 전개 양상을 선운업자가 아니라 조창 · 조창민을 주체로 하여 재검토해야 할 것이다.[18]

이상과 같이 육상 교통과 수상 교통에 관한 연구 성과를 간략히 검토해 본 결과, 연구사의 경향과 한계를 확인할 수 있다. 이것은 또한 앞으로의 연구과제이기도 하다. 첫째, 1990년대까지 역참제에 비해 조운제 연구가

---

13) 崔完基, 앞의 책, 1989.
14) 한정훈, 「조선 건국기 漕運體制의 정비와 그 의미」, 『震檀學報』 120, 2014; 문경호, 「여말선초 조운제도의 연속과 변화」, 『지방사와 지방문화』 17-1, 2014.
15) 문광균, 「조선후기 양산 甘同倉의 설치와 변천」, 『한국문화』 66, 2014: 「17~18세기 경상도 세곡운송체계의 변화와 三漕倉의 설치」, 『大東文化研究』 86, 2014. 그럼에도 정조대부터 사선임운이 지속적으로 확대되었다는 기존 최완기의 견해는 여전히 유효하다.
16) 한정훈, 「조선 전기 '官船漕運制' 연구에 대한 재검토」, 『역사문화연구』 51, 2014.
17) 한정훈, 「한국 중세 漕運史 시기 구분 試論」, 『지역과 역사』 35, 2014.
18) 아울러 조선시대 수상교통사 연구에서 漕運 이외에 수운을 이용한 물자 교역 활동도 자주 확인할 수 있다. 추후에 연구 성과를 보충하여 제시할 필요가 있을 것이다.

양·질적으로 다소 미진하였다. 아마도 이때까지 한국사 연구가 대륙사의 관점에서 바다 보다는 육지에 치우쳤던 연구 풍토와 관련이 있을 것이다. 그런데 2000년대에 접어들면서 海洋史觀의 대두와 수중 고고학의 발굴성과에 힘입어 海洋史에 대한 광범위한 연구 속에서 조운제는 물론 해상을 통한 대외교역활동에 관해 소기의 성과를 달성하기에 이르렀다.19)

둘째, 전반적으로 수상교통보다 육상교통에 관한 연구가 활발히 이루어지지 못하였다. 그것은 앞서 언급하였듯이 해양사의 재조명이라는 연구 방향 뿐 아니라 선행 연구에서 육상교통로의 기능을 지나치게 제한적으로 바라보았기 때문이 아니었을까 생각한다. 즉 육상교통로의 주요 요소인 驛과 驛路가 군사·행정적인 목적으로 설치·운영되었지만, 그것을 바탕으로 형성된 육상교통로는 그 목적에 한정되지 않고 해상교통로와 마찬가지로 물자 유통과 문화 소통의 공간이었음을 상기할 필요가 있다. 육로가 대외교류활동에서 海路만큼 다양하고 적극적으로 활용되지 못하였더라도, 육상교통로도 나름의 역할을 수행하였을 것이다. 그것에 대한 구명을 통해 한국 고·중세사 속에서 육상교통로의 역할과 역사적 의미를 더욱 명확히 밝혀야 할 것이다.

셋째, 대외 교류활동에 비해 국내의 교통운수활동에 관한 관심이 상대적으로 부족하였다. 어찌 보면 당연할 수 있지만, 활발한 대외교류활동을 이해하기 위한 배경으로 국내의 교통여건과 운수활동이 어떠하였는가도 검토의 대상이다. 또한 한국해양사 연구에서 이미 지적한 바와 같이, 기존의 연구가 遠洋 航海를 통한 대외적인 해양활동에 많은 관심을 기울였던 것에 반해 연근해 항로를 통한 국내의 해상교류활동에 대해서는 너무나 소홀히 다루었다.20) 원양을 통한 대외 교류와 함께 연근해의 국내 해

---

19) 최근에 海洋史 연구가 두각을 나타내고 있음은 다음의 두 가지를 보면 쉽게 짐작할 수 있다. 국립해양문화재연구소에서의 수중 발굴 및 연구 활동과 한국해양재단에서『한국해양사』시리즈(2013년)를 출판한 것이 대표적이다.

상활동에도 관심을 기울여야 할 것이다.

위의 지적과 같이, 지금까지의 교통사 연구는 육상 교통과 해상 교통, 대외 교류와 국내 교통, 교통제도와 교통로 등 분절적 관점에서 벗어나지 못한 채 진행되었다. 교통사는 역사학의 어떠한 연구 분야 보다 소통·연결·흐름을 중시하기 때문에 상호간의 관계를 염두에 두고 향후의 연구를 이어 가야 할 것이다.[21]

그렇다면, 이상의 교통사 연구 성과가 중학교 역사교과서에 어떻게 반영되어 서술되었는지를 살펴 볼 차례이다. 다음 장에서 그것에 대해 상세히 검토하기에 앞서, 여기서는 고려시대 조운제 내용을 역사교육 수업에 활용하고자 시도한 연구를 소개하려 한다.[22] 이에 따르면, 조운제는 몇 가지의 학습요소를 내포하고 있다. ① 조운제도의 성립·발전·변화와 관련된 학습요소는 고려시대의 정치체제 확립과 중앙집권화 과정을 이해하는 데에 효과적이다. ② 13조창의 위치와 수세구역에 관한 학습요소는 자신들이 살고 있는 지역에 대한 이해를 높이고, 우리나라의 지형에 따라 형성된 생활권과 전통 교통체계를 이해하는 데에 도움이 된다. ③ 조운선에 관한 학습 요소들은 조운선을 비롯한 우리나라 전통 선박에 대한 이해를 심화시키는 데 도움이 된다. ④ 조운로에 관한 내용요소들은 전통시대의 교통로와 간석지가 많은 우리나라 해안지형, 조운선의 운항방법과 운항기간 등을 이해하는 데에 효과적이다. 이러한 학습 요소들을 역사수업

---

20) 대외무역과 문물교류를 강조한 고려시대 해양사 연구가 원양의 항해활동에 지나치게 매몰된 경향을 지적하였다(한정훈, 「고려시대 漕運制의 海洋史的 의미」, 『해양문화재』 2, 국립해양문화재연구소, 2009).

21) 이러한 측면을 고려하여 교통사의 관점에서 고려시대의 驛制와 漕運制 뿐 아니라 수륙교통망을 함께 고찰하여 교통제도와 교통망의 변화상을 살핀 연구(한정훈, 앞의 책, 2013)는 나름의 의미를 지닌다. 이 저서는 漕倉을 수륙 운송의 거점으로 규정하고 수로와 육로가 결합된 세곡 운송경로를 밝혔다.

22) 문경호, 「고려시대 조운제도와 역사교육」, 『고려시대 조운제도의 연구와 교재화』, 공주대 박사학위논문, 2012, 212~221쪽.

에 활용하면 전통문화의 형성과 특징을 자연환경과 연결시켜 이해하는 능력과 함께 지리와 역사를 통합적으로 인식하는 능력도 향상될 것이다. 이외에도 조운제도가 오늘날 흔히 사용하는 네트워크의 개념과 변화 과정을 파악하는 데에도 적절하다고 지적하였다. 이러한 내용은 향후 교통사의 다양한 연구 결과를 역사 수업에 활용하는 데에 적지 않은 시사점을 제공할 것으로 평가할 수 있다. 앞으로 교통사 관련 주제나 내용이 역사교육 현장에서 활발히 논의되기를 기대해 본다.

III. 역사교과서 교통사 관련 내용 검토

본고에서 분석한 중학교 역사교과서는 7차 국정교과서『국사』(2008)와 9종에 달하는 2013년 개정판 검인정교과서『중학교 역사(1)』그리고 7종의 2011년 개정『중학교 역사부도』이다. 해당 자료의 전근대사 전체가 검토 대상인 만큼, 효과적인 글쓰기를 위해 삼국 및 남북국시대, 고려시대 그리고 조선시대로 절을 나누어 살펴본다.

1. 삼국 및 남북국 시대

중학교 역사교과서 고대사 파트에서 交通과 관련하여 별도의 절이나 항목을 설정하고 있지는 않지만, 왕조국가 발전의 주요 요소로 교통 입지와 교통 활동을 전제하고 있다. 그러한 점은 7차 국정 교과서와 다수의 검인정 교과서에서 한강 유역에 관한 서술을 통해서 확인할 수 있다. 국정 교과서 해당 내용에 "한강 유역은 한반도의 중심에 위치하여 여러 지역의 문화가 합쳐지고, 또 그 주변에 많은 인구와 물자가 모이는 곳이다. 그리고 바다를 통해 중국과 교류하기에 적합한 지리적 이점도 가지고 있다. 따라서 한강 유역을 차지한 나라가 삼국 간의 세력다툼에서 주도권을 차지하였다. 백제는 황해를 통해 중국과 교류하면서 일찍이 국가 체제를 정비하였다."23)고 서술하였다. 한강 유역이 수륙교통의 중심지이었기 때문에 국내·외로의 물자 유통과 문화 교류의 허—브 역할을 담당하였고, 그런 만큼 그곳을 정복한 왕조가 팽팽한 긴장관계 속에서 삼국의 주도권을 잡게 되는 결정적 계기로 작용한 것이다. 즉 왕조국가의 존립과 운영에 交通이 차지하는 비중이 얼마나 중요한가를 단적으로 보여 주는 대목이다.

이외에도 삼국의 성장과 발전과정을 서술하는 내용에서 "백제 성왕이 수로 교통이 편리한 평야 지대인 사비로 수도를 옮겼다"(『미래앤』24) 54쪽)거나 "금관가야는 낙동강 하류의 해상 교통을 기반으로 발전하여 (가야)연맹을 주도한 것"(『비상』 63쪽)으로 서술하였다. 또한 고구려는 북방 초원길(육로)과 해로를 통해 여러 민족과 교류하였고, 백제는 중국과 가야·왜를 연결하는 해상 교역을 주도하여 해상 왕국으로 성장하였으며 신라도 초원길과 바다를 통해 서역문화와도 접촉하였다.25)

이처럼 삼국과 가야가 육지와 해상을 넘나드는 교통 활동을 통해 대외 교역과 문물 교류를 활발히 전개한 것으로 서술하였다. 역사교과서 집필자들은 都邑의 교통지리적인 입지, 교통로의 개척 그리고 활발한 교통 활동이 고대 왕조국가의 주요한 통치 수단이자 성장 동력인 것으로 이해하였다.26) 그럼에도 불구하고 모든 교과서에서 고대국가의 교통운영체제

---

23) 국사편찬위원회, 『중학교 국사』(7차 국정), 두산동아, 2008, 54쪽.
24) 본문의 『미래앤』은 미래앤에서 제작한 『중학교 역사(1)』(2013)을 표기한 것이다. 이하에서는 이와 같이 출판사명을 『 』에 넣어 역사교과서를 구분한다.
25) 정선영 외, 『중학교 역사(1)』, 미래앤, 2013, 70쪽.
26) 이러한 논지 속에서 "가야 부흥의 진원지인 고령·합천 등 경상 내륙 산간 지방이 다른 지역과 교통하기가 불편하여 문화 발전이 더뎠던 것"으로 이해하였다.(정재

에 관한 기본적인 사항이 서술되지 않은 한계가 있다.

그것과 관련된 대표적인 내용이 신라 소지왕 9년(487)에 '四方에 郵驛을 설치하고 官道를 수리하였다'는 기록이다.[27] 대부분의 교과서에서 고대국가의 중앙 집권화를 위한 통치체제의 정비과정으로 왕권 강화, 율령의 반포, 정복 활동, 지방 행정 조직 그리고 불교의 수용 등을 다루고 있다. 그런데 이들과 함께 중앙과 지방의 소통이라는 차원에서 교통운영체제의 정비도 수반되었을 것이다. 고구려가 國內城시기에 이미 우역제를 실시하여 국가적인 교통 · 통신체계를 가동하였다는 근래의 견해[28]를 감안하면, 고대 국가의 중앙 집권체제의 구축이라는 측면에서 교과서에 교통운영체제에 관한 언급이 필요할 것이다.

마립간시기 신라의 집권세력은 정복지에 대한 통제와 상호간의 교역에 필요한 제도와 기반시설을 마련하였다. 우선 눌지마립간 22년(438)에 백성들에게 牛車의 사용법을 가르쳤고, 소지마립간 9년(487)에 사방에 郵驛의 설치와 더불어 官道 등의 교통시설을 정비하였다. 이어서 소지마립간 12년(490)에는 왕경에 시장[市肆]을 열어 四方의 재화를 유통시켰고, 지증마립간 6년(505)에는 처음으로 수운의 이로움(舟楫之利)을 제도화하였다. 이처럼 교통 인프라와 교역장의 마련으로 물자 이동량이 증가한 결과, 지증마립간 9 · 10년(508 · 509)에는 東市를 설치하여 시장을 상설화하였고 관리기구로 東市典을 두어 지방에서 올라오는 물화를 효율적으로 관리하였다. 또한 진평왕대에는 중앙교통기구인 乘府와 船府署를 설치하였다.[29]

정 외,『중학교 역사(1)』, 지학사, 2013, 63쪽).

27) "三月 始置四方郵驛 命所司修理官道"(『三國史記』卷3, 新羅本紀 炤知王 9年). 이에 앞서 문헌에서 확인되는 최초의 교통로인 '鷄立嶺路'의 개설(『三國史記』卷2, 新羅本紀 阿達羅尼師今 3年)도 언급할만한 가치가 있다.

28) 조법종, 「高句麗의 郵驛制와 交通路 – 國內城시기를 중심으로」, 『韓國古代史研究』 63, 2011.

이와 같은 신라왕조의 교통제도와 교통로에 대한 일련의 정비과정과 의미에 관한 전반적인 내용은 아니라 하더라도, 삼국을 대표하여 소지왕대 郵驛의 설치와 官道의 운영 그리고 중앙교통기구인 乘府와 船府의 편제 정도는 중학교 역사 교과서에 수록해야 하지 않을까. 그럴 때에 앞에서 언급하였던 교통 입지의 중요성과 활발한 대외 교역 및 문물 교류에 관한 내용에 대한 이해가 더 용이해질 것이다.

교과서 중 일부에서 "신라는 5세기 후반에 수도의 행정 구역을 정비하고 시장을 설치하여 중앙에 전국의 물자와 사람들이 집중될 수 있도록 하였다."(『지학사』 58쪽)거나 "신라 6세기 지증왕 때에는 우경이 보급되면서 농업 생산력이 늘어나고 상업도 발달하였다."(『미래앤』 57쪽)와 같이, 국내 교역의 활발한 정황을 전하고 있다. 이러한 내용도 신라의 교통제도와 교통로의 개황이 전제될 때에 보다 명확하게 전달될 것이다.

○ 발해의 대외 교류

[그림 1] 발해의 대외 교류와 교통로
(『신사고』, 88쪽)

다음으로 한국고대시기 교통 활동은 남북국시기 대외 교류활동에서도 확인할 수 있다. 거의 모든 교과서와 『역사부도』에서 해당 내용의 활발함을 전달하기 위해 본문의 서술 뿐 아니라 삽화도 수록하고 있다. 상세히 서술된 해당 내용을 그대로 옮기면 다음과 같다.

"발해는 넓은 영토를 효율적으로 다스리고 주변 나라와 활발히 교류하기 위하여 도로를 정비하였다. 이에 따라 5경을 잇는 국내 도

---

29) 한정훈, 「6·7세기 新羅 交通機構의 정비와 그 성격」, 『역사와 경계』 58, 2006.

로와 신라·당·일본·거란을 연결하는 5개의 교통로를 열었다. 신라와
는 동경 용원부에서 국경에 이르는 新羅道에 여러 개의 역을 설치하여 교
류하였다. 당과는 친선 관계를 맺은 뒤 사신이 자주 왕래하였고, 유학생
도 파견하였다. 이에 따라 당의 등주에는 발해의 사신을 접대하기 위한
발해관이 설치되었다. 또 발해는 일본과도 빈번히 교류하였다."(『두산동
아』 81쪽) 그리고 일부 교과서에서는 여기서 더 나아가 발해의 대외 교통
로인 5道인 신라도·영주도·조공도·일본도·거란도를 거론하면서 주
변 나라와의 교류활동을 강조하였다(『신사고』 88쪽 등)

▲ 발해 5도
주요 거점에 5경을 설치하여 국가를 효율적으로 통치하였을 뿐만 아니라 대외
교류를 활발히 전개할 수 있었다.

[그림 2] 발해 5도(『지학사』, 103쪽)

[그림 1]·[그림 2]와 같이,
교과서에서는 삽화를 통해 발
해 5경과 5도 그리고 교역 물
품에 관해 상세히 전달하고 있
다. 7차 국정 교과서, 검인정
교과서 그리고 역사부도까지
모든 교과서에서 한국고대시
기 교통 활동과 관련하여 가장
비중 있게 다루는 내용이 바로
발해의 대외 교통로이다.

발해의 간선교통로인 5도는
『新唐書』 渤海傳에 전하는 내용으로,[30] 근래의 연구에서는 발해 5도의
명칭이 발해가 주체가 아니라 오히려 교류의 상대방인 당·거란·일본·
신라가 중심이 된 듯한 한계를 지닌다고 지적하였다.[31] 이러한 발해의
경우와 마찬가지로, 당시의 교통 활동을 전하는 사료상의 제약으로 인해

---

30) "龍原東南頻海 日本道也 南海新羅道也 鴨淥朝貢道也 長嶺營州道也 扶余契丹道也"
(『新唐書』 北狄列傳 渤海傳).
31) 김은국, 「8~10세기 동아시아 속의 발해 교통로」, 『韓國史學報』 24, 2006.

통일신라도 張保皐로 상징되는 對唐 교역활동을 중심으로 다루고 있다. 그 마저도 발해와 달리 통일신라의 경우는 해로는 표기되어 있지만, 해당 지도에서 육상 교통로는 아예 표기를 하지 않았거나 당항성(포)으로 이르는 경로만을 표시하고 있다. 7차 국정교과서를 비롯하여 대부분의 검인정 교과서에서 발해의 대외교통로를 제시하면서 통일신라의 교통로는 부수적으로 지도상에 표기하고 있다. 거의 유일하게 통일신라의 교류활동을 단독으로 표시한 교과서의 해당 지도를 제시하면 아래의 [그림 3]과 같다.

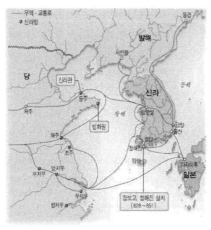

[그림 3] 『지학사』, 90쪽

[그림 3]에서 주요 교통 거점으로 왕경인 금성, 外港인 울산, 대당 교역거점인 당항성과 영암 그리고 장보고의 활동거점인 청해진을 點으로 표시하였다.[32] 여기에 남해·서해의 연근해 항로와 함께 발해 동경에서 신라 금성으로 이어진 신라도와 금성~당항성의 육로를 線으로 표시하였다. 문제는 이렇게 이해할 경우, 통일신라의 육상교통 망이 두 개 코스로 한정되어 앞의 발해 5도에 비교하면 훨씬 단조롭게 이해될 소지가 있다는 점이다. 그럼에도 불구하고 교과서에서는 울산항이 당시 국제 무역항으로 번성하여 아라비아 상인이 내왕하였고(『국정』, 72쪽;

---

32) 동래를 교역 거점으로 표기한 경우도 있는데 재고할 필요가 있다.(이우태 외, 『중학교 역사부도』, 천재교육, 2013, 24쪽). 차라리 菁州(오늘날의 진주)가 對日 및 對唐 교통로의 출항지 중 하나일 가능성이 높다.(金昌錫, 「菁州의 祿邑과 香徒 −신라하대 지방사회 변동의 일례−」, 『新羅文化』 26, 東國大 新羅文化硏究所, 2005).

『천재교육』, 91쪽), '교관선'이라 불린 장보고 무역선이 당과 일본을 오가면서 해상을 통해 중계 무역을 담당한 것(『금성』, 96쪽;『미래엔』, 87쪽)으로 서술하고 있다.

이러한 통일신라의 활발한 대외 교역활동을 보다 더 합리적으로 서술하기 위해서는 국내 교통 상황을 보다 충실히 서술할 필요가 있다. 신라는 통일 이후에 통치체제의 정비와 왕권 강화에 박차를 가하였다. 그 결과 "전국을 9주로 나누고, 그 밑에 군·현을 두어 주군현제를 완성하였다. 중요한 지역에는 5소경을 설치하여 수도가 한편에 치우친 데서 생기는 약점을 보완하고자 하였다. 군사제도도 중앙군은 9서당, 지방군 10정을 중심으로 새로 정비하였다."33) 이 같은 지방행정제도·군사제도상의 변화와 함께 교통 분야의 변화상도 함께 언급하는 것이 어떨까.

앞서 언급하였던, 통일 이전에 兵部의 屬司였던 船府署는 문무왕 18년(678)에 독립관부인 船府로 발전하였고, 乘府와 船府 등의 중앙교통기구는 신문왕대에 이르러 조직 완비를 마무리하였다. 이러한 교통 관부의 정비는 통일신라의 확대된 영토에 대한 통치 및 교역을 위한 수륙교통망과 그곳을 통한 국가적 교통운수활동을 지원하고 감독하기 위한 조치였다.34) 그렇다면 통일신라시기 국내의 교통 활동이 이루어지던 육상교통로는 어떠한 모습이었을까. 이와 관련하여 해당 연구가 五通－五門驛의 논의를 중심으로 진행되었기 때문에 명확히 정리되지 못한 듯하다.35) 그렇다 하더라도 기본적으로 왕경으로부터 9주의 州治 및 小京 등의 지방 거점 고을로 연결되는 교통로가 통일신라의 기본적인 간선 교통로로 편제되었음은 동의하는 바이다.36)

---

33) 김형종 외,『중학교 역사(1)』, 금성출판사, 2013, 90쪽.
34) 한정훈, 앞의 논문, 2006.
35) 오통－오문역과 지방 교통로와의 관계를 비롯하여 신라의 교통로 현황에 관한 연구 성과는 다음의 연구 논문에 잘 정리되어 있다(趙炳魯, 앞의 논문, 2016).
36) 정요근,「통일신라시기의 간선교통로－王京과 州治·小京 간 연결을 중심으로」,

대부분의 교과서에서 통일신라의 9주 5소경을 표기한 지도만을 수록하고 있지만, 그 위에 금성을 중심으로 9주 5소경을 연결하는 간선 교통로를 표기하여 제시할 필요가 있다. [그림 3]의 금성~당항성 육로는 금성에서 상주·중원경을 경유하여 한주로 향하는 간선 교통로를 의미하고, 영암과 청해진도 금성에서 남원경을 거쳐 무주로 향하는 간선 교통로를 통해 이를 수 있다. 통일신라의 활발한 대외 교류도 발해의 경우와 마찬가지로 자국의 영토를 관통하는 육상교통망을 기반으로 할 때에 가능하였던 것인 만큼, 통일신라의 육상교통망도 지도에 함께 수록해야 할 것이다.

2. 고려시대

중학교 역사교과서에서 고려시대 교통사 관련 서술은 '벽란도'나 '코리아'로 상징되는 해상 교통로를 통한 여러 나라와의 대외교류활동을 주요한 내용으로 다루고 있다. 이렇게 대외교류사를 주요한 내용으로 삼는 것은 고대사 파트와 비슷하다. 7차 국정 교과서부터 거의 모든 검인정 교과서에서 '고려시대 무역도'를 삽화로 제시하고, 고려시대 국제 무역항인 벽란도를 중국·일본·남양 및 서역의 상인이 드나들며 교역한 곳으로 설명하고 있다. 교과서에 서술된 이러한 벽란도의 모습은 개방성과 국제성을 갖춘 '해양도시'로 평가한 최근의 연구 성과[37]에서 다시 한 번 확인되었다. 일부 검인정 교과서에서는 벽란도 이외에 일본과의 교류 거점으로 金州(오늘날의 김해)를 표기하여 김해와 규슈 사이의 교류도 소개하고 있다.[38]

『한국고대사연구』 63, 2011.
37) 이병희, 「고려시대 벽란도의 '해양도시'적 성격」, 『도서문화』 39, 목포대 도서문화 연구원, 2012.

그런데 고려 전기의 활발한 대외 무역을 설명하기 위해 본문에 실은 삽화 중에서 고려시대 무역선(복원 모형도)과 배가 새겨진 청동 거울은 향후에 다른 것으로의 조정이 불가피하다. 특히 7차 국정 교과서에서는 고려시대 무역선에 대해 "중국에서 물품을 싣고 일본으로 가던 중 폭풍으로 신안 앞 바다에 침몰한 것으로 추정되는데, 당시 무역선의 모습을 잘 보여 준다"고 설명하고 있다.[39]

흔히 '신안선'이라 불리는 이 선체의 국적을 고려의 것으로 보는 견해는 현재에는 거의 존재하지 않기 때문에 해당 삽화와 설명은 삭제할 필요가 있다. 또 배가 새겨진 청동거울[40]도 2000년대 이래로 보다 확실한 역사자료로 해저에서 꾸준히 출수된 해양 유물로 대체하는 것이 좋을 것이다.

[표 1]『중학교 역사부도』에 수록된 고려시대 해상활동 관련 삽화 현황

삽화 내용	출처
고려자기 운반선 모형, 출수 고려자기	김은숙 외, 교학사, 2011년
완도 해저의 고려청자, 완도선 모형	이병희 외, 금성출판사, 2011년
신안 유물선 모형 및 목간과 향신료, 태안선 청자	이문기 외, 두산동아, 2011년
신안선 모형과 목간	신형식 외, 성지문화사, 2011년
신안선 모형과 유물	박근칠 외, 지학사, 2011년
신안 해저 유물	김덕수 외, 천재교과서, 2012년
신안선 동간·목간·도자기, 고려 무역선 모형	이우태 외, 천재교육, 2013년

---

38) 정재정 외,『중학교 역사(1)』, 지학사, 2013, 124쪽.
39) 국사편찬위원회,『중학교 국사』(7차 국정), 두산동아, 2008, 100쪽.
40) 주진오 외,『중학교 역사(1)』, 천재교육, 2013, 123쪽에서는 "거울 속에 돛을 올린 배가 힘차게 항해하는 모습은 당시 고려가 활발한 해상 교류하였음을 보여 준다"고 설명하고 있다. 이외에도 송나라 사신 서긍이 쓴『선화봉사고려도경』의 내용을 짧게 소개하거나 서긍이 타고 온 배(복원 모형)를 수록한 경우도 있다(한철호 외,『중학교 역사(1)』, 좋은책신사고, 2013, 115쪽).

고려시대의 대외 교류활동에 관한 내용은 교과서만큼이나 삽화나 도표를 주요한 서술방식으로 택한 『역사부도』에서도 상세히 다루고 있다. 역사부도에 실린 해상교역활동 관련 삽화를 정리하면 [표 1]과 같다.

위의 [표 1]에서 확인되듯이 해상활동과 관련하여 7종의 역사부도 중 신안선을 제시한 것이 5종, 완도선이 1종 그리고 태안선이 1종(『교학사』편)이었다. 이를 통해 알 수 있듯이, 완도선(1985년 보고서 출간)은 물론이고 태안선(2009년)과 마도 1호선(2010년)이 보고된 시점에 교과서 편찬이 논의되었고, 이후 마도 2 · 3호선이 보고(2011년)된 이후에 개정작업을 거쳤음에도 여전히 신안 해저 유물이 고려시대 해상교역활동의 주요 근거로 수록되어 있다.

앞서도 언급하였듯이 신안선은 고려의 해상교역활동의 근거로 삼기에는 많은 한계가 있다. 더욱이 역사부도의 특성상 삽화에 관한 설명이 제한적이기 때문에 아무런 설명 없이 수록된 신안선과 적재 유물은 자칫 고려시대의 문화유산으로 오해할 소지가 다분하다. 실제로 "신안 앞바다에서 발견된 목간과 도자기들을 통해 당시 고려의 해상 교역 모습을 살펴볼 수 있다."고 기술한 내용이 확인된다.[41] 물론 몇 종의 검인정 역사부도에서 새로운 자료인 태안선 출수 고려청자 등을 수록하고 있는 점은 의미가 있다. 향후에는 신안 해저 유물이나 銅鏡 그림에 한정하여 고려시대 해상교역활동을 설명하던 형식에서 벗어나, 풍부해진 수중 고고학 성과를 역사부도가 아니라 역사교과서 본문 속에서 삽화와 함께 서술해야 할 것이다.

지금까지 거의 20여건에 이르는 수중 발굴 성과 중에서 船體 뿐 아니라 적재화물, 船上의 생활용품이 함께 출수된 경우만도 1984년 완도선, 2007년 태안선, 2008~2010년 마도 1 · 2 · 3호선 등 매우 풍부하다. 이들 해저 유물은 고려시대의 활발한 해상 교류활동을 밝히는 데에 아주 적절

---

41) 이우태 외, 『중학교 역사부도』, 천재교육, 2013, 31쪽.

한 자료임에도 불구하고, 7차 국정 교과서와 검인정 교과서에서 적극적으로 활용하지 않았다. 고려청자의 우수성은 대부분의 교과서에서 강조되는 내용인데, 이와 관련하여 일부 검인정 교과서에서 2007년에 출수된 태안선 자료를 활용하여 청자의 유통 실태를 밝히고 있는 것처럼[42] 역사자료로서 활용도가 매우 높다.

이러한 서술 내용을 보더라도 신안선보다는 태안선 · 마도선 등의 최신 자료를 활용하는 것이 국내의 해상교역활동을 설명하기에 훨씬 용이하다. 앞 절의 발해의 경우와 마찬가지로 교과서에서는 국내의 교역활동을 도외시 한 채 해외 교류활동만을 지나치게 강조한 측면이 있다.

그러한 이유 때문인지 완도선 · 태안선 이외의 십이동파선 · 안좌선 · 대부도선 등의 근래의 수중 문화재 발굴 현황을 소개한 교과서는 있어도(『비상』, 124쪽), 이들 해저 유물을 고려시대 유통경제의 단면으로 연결시키지 못하는 실정이다. 이러한 한계에도 불구하고 잇따른 해저 침몰선의 발견으로 인해 이전에 관심을 갖지 않았던 항로상의 險阻處(태안반도의 安興梁 등)나 급류 · 암초 · 안개 등 항운활동의 장애 요소에 대해서 언급하는 경우도 확인되고 있다.[43] 이처럼 해저에서 새로운 문화유산이 출수됨에 따라 교통운수사의 다양한 주제에 관심을 갖게 된 만큼 교과서에도 고려시대 해상교역활동의 주요한 근거로 해당 내용을 적극 활용하였으면 한다.

이상과 같이 중학교 역사교과서에서 고려시대 교통사와 관련하여 주로 언급되는 내용은 海路를 통한 대외 교류활동이다. 그렇다면 통일신라와 마찬가지로 국내의 교통 상황은 어떠하였을까. 이 문제에 대한 논의는

---

42) 양호환 외,『중학교 역사(1)』, 교학사, 2013, 141쪽; 한철호,『중학교 역사(1)』, 좋은책신사고, 2013, 117쪽; 정재정 외,『중학교 역사(1)』, 지학사, 2013, 123쪽.

43) 정재정 외,『중학교 역사(1)』, 지학사, 2013, 123쪽. 고려청자 운반선을 수록한 역사부도에서는 안흥량 등의 험조처나 안개 · 급류를 만나 운반선이 자주 침몰하였다는 내용도 함께 서술하고 있다(이문기 외,『중학교 역사부도』, 두산동아, 2011, 29쪽; 김은숙 외,『중학교 역사부도』, 교학사, 2011, 35쪽).

고려시대사 연구에서도 충분히 논의된 바가 없다. 다만 필자는 일전에 고려의 해양왕국으로서의 면모를 가장 잘 드러내는 漕運의 역사적 의미에 대해 밝힌 바가 있다. 중세 봉건왕조 중앙재정원의 80% 가량을 실어 날랐던 조운제는 고려 초기에 성립하여 조선왕조 멸망 때까지 거의 900여 년 동안 전국을 대상으로 1년에 한 차례 이상 정기적으로 수행되었던 세곡운송시스템이었다.[44] 고려시대 교통사의 주요 주제인 조운제가 한국 중세사에서 지니는 역사성을 고려한다면, 중학교 역사교과서에도 기본적인 개념이나 조창의 현황에 관해서는 수록해야 하지 않을까 생각한다.

하지만 정치사나 문화사 중심으로 구성된 교과서 속에서 토지 및 수취제도 등의 경제사 관련 서술은 미진할 수밖에 없다. 간혹 역사교과서에서 대외 교류 양상을 알리는 삽화 자료에 서남 항해로와 함께 '한강 조운로'를 표기하거나(『교학사』, 118쪽; 금성 편 『역사부도』, 33쪽), "국제 무역항인 벽란도는 수심이 깊어 국내외 상선과 함께 지방의 조세와 공물을 운반하는 조운선이 드나들기에 편리하였다."(『지학사』, 124쪽)고 언급하기도 하였다. 그리고 '강화도는 육지에서 배로 운반되는 세금을 받기에 좋은 곳이다.'(『교학사』, 127쪽) 정도의 관련 서술이 확인된다.

그리고 거의 모든 교과서는 조운제에 관한 간략한 소개도 없이, "고려 말에 왜구가 주로 세금을 운반하는 배와 곡식을 저장하는 조세 창고를 습격하였기 때문에 조세 운송이 어려워지면서 국가 재정도 큰 타격을 받게 되었다"고 서술하고 있다.[45] 이러한 조운활동에 관한 역사교과서의 부분적인 서술과 달리, 일부 역사부도는 고려의 조운로와 13개 조창을 표기한

---

44) 한정훈, 「고려시대 漕運制의 海洋史的 의미」, 『해양문화재』 2, 국립해양문화재연구소, 2009; 「조운과 조창」, 『한국해양사』 III(고려시대), 한국해양재단, 2013.

45) 비교적 상세히 서술한 『지학사』 136쪽 이외에 대부분의 교과서에서 관련 내용을 간략히 언급하고 있다(『국정』 117쪽; 『두산』 112쪽; 『천재교육』 136쪽; 『교학사』 133쪽).

삽화를 수록하고 있다.46) 적어도 교과서 본문에서 조운제의 성립과 개념에 관한 내용을 국가체제의 확립과정에서 서술할 필요가 있지 않나 생각한다.

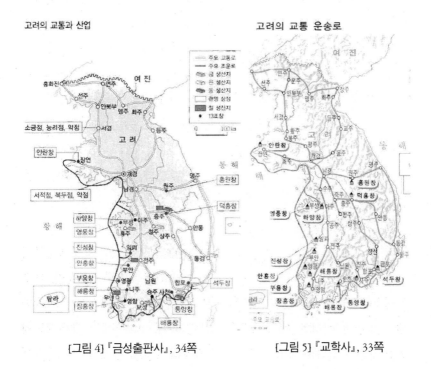

[그림 4] 『금성출판사』, 34쪽   [그림 5] 『교학사』, 33쪽

한편 전근대시기 교통 활동의 다른 한 축인 육상교통에 관한 주요 내용은 역참제 및 역도의 분포망 정도이다. 이 내용 또한 삼국시대의 경우와 마찬가지로 왕조 초기 통치체제의 정비 대상에 포함시킬 수 있다. 하지만 대부분의 교과서에서는 고려왕조의 통치체제와 관련된 항목으로 중앙정

46) 박근칠 외, 『중학교 역사부도』, 지학사, 2011, 24쪽; 김은숙 외, 『중학교 역사부도』, 교학사, 2011, 33쪽; 이병희 외, 『중학교 역사부도』, 금성출판사, 2011. 지학사 편에서는 "해안을 따라 형성된 뱃길은 조운로로 이용되었으며, 조창에 보관되었던 조세는 수로를 통해 개경으로 운반되었다"고 서술하였다.

2 고려 전기의 산업과 역로

[그림 6] 『지학사』, 24쪽

▲ 수공업과 역로
전국에는 주요 역로를 따라 525개가량의 역이 설치되었다. 또, 산길이나 마을에서 떨어진 허늘길에는 원이 있어, 여행자에게 잠자리와 먹을 것을 제공하였다.

치기구, 지방 행정기구, 군사제도, 교육제도, 관리 등용제도만을 거론하고 있다.[47] 하지만 중앙의 집권력을 지방으로 전달하기 위한 수단으로, 또는 사회기반시설인 교통로나 교통정책에 관한 내용은 위의 여러 제도와 함께 중앙집권체제를 마련하기 위한 요소이자 수단으로 다루는 것이 고려 사회를 이해하는 데에 더 도움이 될 것이다.

대부분의 교과서에서는 京 · 牧 · 都護府와 州縣의 지방행정구역 그리고 향 · 부곡 · 소 등의 특수행정구역을 설명하면서 驛 · 津과 같은 교통행정기관에 대해서는 언급하지 않았다.[48] 이러한 여러 상황을 감안할 때에, 교과서에서 역참제도에 관한 내용은 생략하더라도 고려시대 개경을 중심으로 편성되었던 '525역−22역도 체계'라는 육상교통망의 분포 현황 정도는 수록해야 하지 않을까 생각한다. 기왕에 교과서나 역사부도에 실려 있는 5도 양계 그림에 개경과 지방 거점 고을간을 잇는 간선 교통로 정도는 표기하는 것이 필요할 것이다. 현재 『역사부도』 3종에 육상 교통망의 구성도가 실려 있다(그림 4 · 5 · 6] 참고).

그런데 이들 삽화는 고려의 산업과 교통이라는 제목 속에 주요 물품의

---

47) 대표적으로 금성출판사 편, 『중학교 역사(1)』 127쪽을 들 수 있다.
48) '수륙의 요충지에 진과 역이라는 교통 행정 기관을 두었다'(『국정』 95쪽)거나 '역원을 설치하여 물자 수송과 통신에 이용하였다'(『두산』 129쪽)는 내용 정도가 확인된다.

생산지, 조창 및 조운로와 함께 육상 교통망을 표기하고 있다. 이로 인해 육상 교통망을 지나치게 단순화시킨 측면이 있다. [그림 6]과 같이 지학사 편『중학교 역사부도』(24쪽)에서 유일하게 '고려의 조운로'와 별도로 '고려 전기의 산업과 역로'를 설정하여 "전국에는 주요 역로를 따라 525개 가량의 역이 설치되었다. 또 산길이나 마을에서 떨어진 여행길에는 원이 있어, 여행자에게 잠자리와 먹을 것을 제공하였다."고 설명하고 있다. 그림에서 확인되는 3종의 역사부도에 표기된 역로는 개경을 중심으로 경·목·도호부의 지방 거점 고을을 연결하는 육상교통망을 잘 표현하였지만, 계수관 관내의 역도망 등이 생략되어 있기 때문에 굳이 표현한다면 역로보다는 고려시대 幹線 驛路라고 부르는 것이 타당할 것이다.

이와 같이 교과서보다는 역사부도의 해당 삽화를 통해 고려의 수륙교통망을 보다 잘 전달할 수 있다. 역사는 인간의 이동을 통해 이루어진다고 해도 과언이 아닌 만큼, 당시 사람들의 역사 활동의 공간 이동을 파악하기 위해서라도 교통거점과 교통망에 대한 이해는 선행되어야 할 것이다. 이를 위해서 적어도『역사부도』에 수륙 교통망을 표기한 역사지도를 수록할 필요가 있다.

3. 조선시대

조선왕조는 건국 직후부터 국가체제를 정비해 나갔다. 그것에 대한 세부 내용으로 앞의 고려시대 파트와 마찬가지로 대부분의 교과서에서는 중앙정치제도, 지방행정제도, 교육과 과거 제도, 군사제도를 중심으로 서술하였다. 그나마 7차 국정 교과서에서는 아래의 내용과 같이 '교통과 통신 제도'를 별도로 설정하여 비교적 상세히 다루었다. 이에 반해 검인정 교과서에서는 해당 내용을 대폭 축소하였고, 일부 검인정 교과서에서만 군사 · 교통 · 통신 제도 항목을 설정할 뿐[49] 대부분은 군사 제도 속에서 간략히 언급하였다.

> **교통과 통신 제도**
> 지방에서 거두어들인 세곡은 매년 수로와 해로를 통해 서울로 운송하여 나라 살림에 충당하였다. 세곡을 운반하는 것을 조운이라고 하는데, 영산강 · 한강 등의 강가에는 강창을 짓고, 서남 해안에는 해창을 마련하여 인접 고을의 세곡을 일시 보관하였다가 선박 편으로 서울의 경창까지 수송하였다. 그러나 평안도와 함경도 지방의 세곡은 서울로 운송하지 않고, 현지에서 국방비와 사신 접대비로 썼다.
> 육로로 여행하는 사람들을 위해 역원 제도를 마련하였다. 도로의 중요한 지점에는 약 30리 간격으로 역을 설치하고 역졸을 배치하여, 마패를 소지한 공무 여행자가 역마를 이용하도록 하는 등의 편의를 제공하였으며, 교통의 요지나 한적한 곳에는 원을 설치하여 여행자들이 숙박할 수 있도록 하였다. 장호원, 사리원 등의 지명은 여기에서 유래한 것이다.
> 한편 봉수 제도를 마련하여 국경지대에서 발생한 위급 상황을 중앙에 신속히 전달하도록 하였다.
> — 국사편찬위원회, 『중학교 국사』(7차 국정), 두산동아, 2008, 134쪽

그렇다 하더라도 조선시대 조운제에 관한 내용이 교과서에 수록된 것은 본문은커녕 삽화로도 거의 언급되지 않았던 고려시대에 비하면 진일보한 측면이 있다. 우리나라 중 · 고등학교 교과서에 조운제도와 관련된 내용이 처음 도입된 것은 제6차 교과과정 시기이다. 물론 이때도 고려시대가 아니라 조선시대 조창과 조운로를 표기한 지도였다.[50]

---

49) 검인정 교과서 중에서 『교학사』(155쪽), 『비상』(161쪽) 그리고 『금성』(170쪽)에서 그나마 군사 · 교통 · 통신 제도 항목을 설정하여 봉수제 · 역참제 · 조운제를 간략히 다루고 있다.
50) 문경호, 앞의 박사학위논문, 2012, 244~245쪽. 하지만 7차 교육과정 고등학교 교

조선 시대의 조창과 조운

[그림 7] 『국정』(7차), 134쪽

하지만 자칫 고려시대에 없던 교통운수제도가 조선시대에 새로이 생겨난 것은 아닌가 하는 오해를 불러일으킬 수 있다. 이러한 점은 조선 전기 역참제 서술 부분에서도 마찬가지이다. 조선 초기 조운제의 정비는 고려 말에 문란해진 조운제를 복구하는 차원에서 이루어졌다. 아울러 조운이라는 것을 교통운수의 측면만이 아니라 한국중세 봉건왕조의 주요한 특징인 중앙재정운영구조 속에서 조운제가 지니는 官制로서의 중요성을 염두에 두고 서술할 필요가 있다. 또한 2014년에 출수되어 조선시대 조운선으로 알려진 마도4호선도 실물 자료로 활용 가치가 높다.

[그림 7]의 '조선시대 조창과 조운' 삽화는 국정 및 거의 모든 검인정 교과서(『역사부도』 포함)에 수록되어 있다. 지역에 산재한 9개 조창이 표시된 것으로 볼 때에 『경국대전』에서 확인되는 9조창제를 나타내고 있다. 그런데 대구·경주 아래의 경상도 세곡 운송 방향을 의미하는 화살표가 남해안 쪽으로 향하고 있는 것이 무엇을 의미하는지 명확하지 않다. 15세

과서에는 조선시대 조운제 뿐만 아니라 고려시대 조운로도 표시된 지도가 교과서에 수록되었다. 그는 7차 국정 교과서에서 검인정 체제로의 변화를 조운 관련 내용을 근거로 평가하였다. 이에 따르면, 학생들의 수업 부담을 줄여준다는 명분 아래에 7차 교과서에 실려 있던 해당 내용 요소들이 축소·누락되면서 교과서 내용이 총체적으로 부실해졌다.

기 후반 경상중도 · 하도의 고을은 왜인 접대를 위한 경비인 왜료(倭料)[51]를 부담하였기 때문에 엄밀히 말하면 조세수납체계 속에서 벗어나 있었다. 삽화에서 지역의 세곡을 현지의 군사비용이나 사신 접대비로 쓰는 함경도 · 평안도지역과 유사한 것으로 이해할 수 있다.[52]

그리고 역참제에 관한 내용은 봉수제와 함께 묶어서 이해하는 경향이 강하다. 즉 교과서 본문에서 "국가의 위급 사태를 알리기 위해 봉수제를 정하고, 물자 수송과 통신을 위해 역참을 설치하였다."는 내용에 이어 박스 기사로 『경국대전』의 해당 내용을 인용하여 봉수제와 역참제를 추가로 설명하고 있다.[53] 또한 군사제도 항목에서 '군사조직과 함께 교통과 통신 시설을 정비하였다'고 하면서 봉수제와 역참제를 거론하였다.[54]

이렇게 군사제도 항목에서 역참제가 서술되듯이, 역 · 역로는 애초에 군사통신의 목적을 달성하기 위해 설치되었다. 하지만 이를 근거로 하여 역로를 바탕으로 편성되었던 육상교통로의 역할을 정치 · 행정 · 군사 제도 속에 가두어 이해하는 것은 곤란하다. 앞의 장 교통사 연구에서 확인하였듯이, 교통로의 역할을 행정 공문서의 전달통로 뿐 아니라 물자 교역이나 문화 소통의 공간으로까지 확대하여 생각할 필요가 있다.

교과서에서 해상 교통(조운제)에 비해 육상 교통(역참제)에 관한 서술 분량이 적은 것은 이러한 연구 방법과 시각에 기인하는 것이기도 하다. 고려시대 파트에서도 이러한 맹점을 확인할 수 있었다.

이러한 역참제와 별개로 조선시대 육상 교통망을 표기한 삽화는 일부 역사부도에서 확인된다.[55] 한양을 중심으로 뻗어 지방의 주요 고을을 경

---

51) 이종봉, 「조선전기의 倭料」, 『역사와경계』 77, 2010; 소순규, 「조선 초기 왜료 규모의 증가와 제도적 대응」, 『朝鮮時代史學報』 69, 2014.
52) 그런데 삽화 속의 '잉류지역'이라는 용어는 여러 가지를 고려하면 재고가 필요하다. 차라리 역사 용어로서 '현지 수납 지역'이 더 적합할 것이다.
53) 『금성』, 170쪽.
54) 『미래엔』, 147쪽.

유하는 육상 교통로를 '주된 역로'라고 표현하고 있다. 이 지도 속에서는 이러한 역로와 함께 '주된 봉수로'도 표기하였고, 다수의 역사부도에서 남산봉수대 그림을 싣고 있다. 이러한 내용 구성은 고려의 제도를 이어받아 조선 초기에 북방 여진족과 남방 왜구의 침입에 대비하기 위한 군사통신시스템에 추가하여 전국적인 봉수망과 炬火法 등의 관련규정을 마련하여 성종대『경국대전』단계에 봉수제가 확립되었음을 강조하기 위한 서술인 듯하다.56)

○ 조선 후기 상업 활동과 대외 무역

[그림 8] 『신사고』, 183쪽

한편, 조선 후기의 주요한 서술 항목으로 상품 유통 경제의 발달과 관련하여 5일장의 확대, 상평통보의 상용화, 대상인의 출현, 포구 상업의 활성화 그리고 서민문화의 발달 등을 언급하고 있다. 이러한 모습은 함께 수록되어 있는 김홍도의 풍속화와 같은 삽화를 통해 쉽게 이해할 수 있다. 하지만 한 가지 아쉬운 점은 상업 활동과 관련하여 주요 도시나 場市를 연결하는 수륙교통망에 대한 전반적인 분포상황을 확인할 수 있는 지도가 함께 수록되어 있지 않다는 점이다. 유통 경제의 발달이 교통로를 전제로 하는 것은 물론이거니와, 당시 전국의 장시를 무대로 활동하였던 보부상의 존재를 떠올

---

55) 금성 편『역사부도』, 48쪽; 두산 편『역사부도』, 37쪽.
56) 봉수제의 역사적 전개 과정에 대해서는 다음의 연구가 참고된다(김주홍, 「烽燧制의 運營과 變遷」, 『조선시대 봉수 연구』, 서경문화사, 2011; 조병로, 「한국 봉수제도의 성립과 발달」, 『조선시대 경기지역의 關防과 交通 연구』, 국학자료원, 2013).

리면 더욱 그러하다. 조선 후기 상업 활동 현황을 표시한 삽화 자료에서 연근해 항로와 함께 육상 교역로를 표기한 교과서는 1종뿐이다([그림 8] 참고).

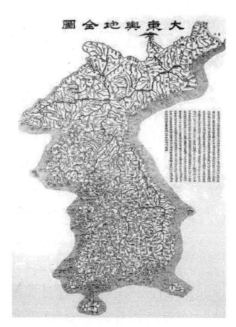

[그림 9] 「대동여지전도」

이와 관련하여 7차 국정과 대부분의 검인정 교과서에서 '조선 후기 實學의 영향으로 우리나라 국토에 대한 관심이 높아지면서 지리서 편찬과 지도 제작이 활발하였다.' 거나 '중상학파는 상공업의 발전을 중시하여 수레나 배와 같은 교통수단을 발전시켜 상품의 유통을 원활하게 함으로써 국가를 부강하게 만들 수 있다고 주장하였다' 는 내용을 서술한 점이 주목된다. 전자의 구체적인 내용으로 '김정호가 산맥·하천과 함께 포구와 도로망 등이 자세히 표시된 『대동여지도』를 만든' 사실을 언급하고 있다. 이러한 일련의 변화는 조선 후기 수공업·상업 발달의 원인이면서 결과이고, 여기서 말하는 교통로의 의미에는 이전의 고려·조선 전기 군사·행정로를 넘어 경제·문화로의 성격도 내포하고 있다.

그렇다고 한다면 대부분 『역사부도』에서 [그림 9]와 같이 「대동여지전도」 삽화57)만을 싣기 보다는 그 위에 김정호가 『대동지지』에서 설정한 10대 도로와 연근해 항로의 내용58)을 표기한 전도를 수록하는 것이

57) 김덕수 외, 『중학교 역사부도』, 교학사, 2013, 40쪽 이외에 다수.

더 적절할 것이다. 그렇지 않다면 18세기에 편찬한『도로고』의 6大路나 『증보문헌비고』의 9大路 등의 간선 도로망을 표기하는 것도 좋을 것이다. 그럴 때에 수륙 교통망을 활용한 조선후기 유통경제의 면모를 보다 잘 전달할 수 있을 것이다.

Ⅳ. 맺음말

본고는 중학교 역사교과서에 서술된 교통사 관련 내용에 대한 분석을 목적으로 작성하였다. 이를 위한 선행 작업으로 Ⅱ장에서 교통사의 연구 성과를 검토하였고, 그 속에서 연구사의 한계와 향후의 과제를 확인할 수 있었다. 그 내용은 다음과 같이 간략히 정리할 수 있다.

① 1990년대까지 미진하였던 수상교통사 연구는 2000년대부터 海洋 史觀의 대두와 수중 고고학의 발굴성과에 힘입어 다양하고 새로운 성과를 많이 거두었다. 따라서 역사교과서에서도 해당 내용을 적극적으로 반영할 필요가 있다. ② 이에 반해 육상교통에 관한 연구가 활발하지 못한 것은 육로의 기능을 지나치게 정치·군사적인 측면으로 제한한 연구 시각에 기인하는 바가 크다. 앞으로 육상교통로가 물자 유통과 문화 소통의 공간으로 활용되었던 점을 더욱 究明하여 한국 고·중세사 속에서 육상 교통로의 역사성을 명확히 밝혀야 할 것이다. ③ 주요한 관심의 대상이었 던 활발한 대외교류활동과 함께 국내의 교통여건과 운수활동이 어떠하였 는가도 앞으로의 연구 대상이다. 향후 교통사 연구의 과제이기도 한 ②번· ③번의 내용과 시각이 교과서에 반영될 수 있도록 연구 성과를 재정리하 여 소개할 필요가 있을 것이다.

---

58)『大東地志』卷27, 程里考.

위의 내용을 전제로 하여 III장에서는 현행 중학교 역사교과서의 교통사 관련 내용을 분석하였다. 세 파트로 나뉘어 언급하였던 여러 내용 중 교과서 개정작업 때에 고려해 봐야 할 사항을 간략히 요약하면 다음과 같다. ㉠ 삼국 및 남북국시대 파트에서 고대국가의 교통운영체제에 관한 내용이 빠져 있기 때문에 적어도 삼국을 대표하여 신라 소지왕대 郵驛의 설치와 官道의 운영 그리고 교통기구의 편제 정도는 포함시켜야 할 것이다. 그리고 발해의 대외 교통로인 5도나 통일신라의 대외 교역활동이 강조되어 서술된 만큼, 통일신라의 간선 교통로에 관한 역사지도도 함께 수록할 필요가 있다.

㉡ 고려시대 서술도 앞의 고대사와 마찬가지로 대외교류사 내용을 주로 다루었다. 현행 교과서에서는 이러한 내용을 설명하기 위해 신안선과 배가 새겨진 청동 거울에 관한 삽화를 싣고 있는데, 이후로는 최근에 출수된 해양 문화유산을 적극 활용하여 해상교역활동을 설명해야 할 것이다. 또한 이러한 대외교류활동을 위한 배경으로 국내의 교통 여건도 염두에 두어야 한다. 교통정책(역참제 · 조운제)과 수륙교통로도 왕조국가의 중앙집권체제의 주요한 요소로 거론해야 할 것이다. 그것이 어렵다면 적어도『역사부도』에 고려의 수륙교통망이 표기된 역사지도가 수록되었으면 한다. 왜냐하면 당시 사람들의 역사 활동을 파악하기 위해서는 교통거점과 간선 교통로에 관한 현황 파악이 전제되어야 하기 때문이다.

㉢ 고려시대와 달리 조선시대 파트에서 역참제와 조운제가 언급된 것은 긍정적이다. 그렇지만 여전히 교통로의 역할을 행정 · 군사로에 제한하여 설명하는 한계가 있다. 이러한 점은 조선후기 유통경제의 발전을 설명할 때에 등장하는 주요 도시나 場市를 연결하는 수륙교통로의 분포망을 역사지도로 작성하여 제시하면 어느 정도 극복될 것으로 기대한다.

이와 같이 역사교과서에서 수정 및 보충이 필요한 부분은 해당 연구 성과가 제대로 전달되지 못한 경우와 함께, 교통사 연구의 한계를 그대로 반영하고 있기 때문일 가능성도 있다. 이러한 점을 감안하면, 향후 교통사 연구는 육상과 수상, 대외와 국내 그리고 교통제도와 교통로의 분절적 관점을 통합적 방향에서 접근함과 동시에 연구 성과를 대중화하는 작업도 소홀히 하지 말아야 할 것이다.

그리고 위에서 제시한 ㉠·㉡·㉢내용을 역사교과서에 그대로 보충하여 서술하면, 당연히 학생들의 수업 부담이 늘어날 것이라는 우려가 제기될 것이다. 하지만 필자는 중학교 수준에 적절한 주제별 서술 내용의 균형을 맞추는 것이 중요하다고 생각한다. 상대적으로 서술 비중이 높은 정치사나 문화사 내용과의 분량 조정이 필요할 것이다. 만약 교통로 관련 역사지도가 수록된다면, 여타 파트에서 언급한 일부 내용도 보다 쉽게 이해하는 효과를 거둘 수 있을 것이다. 따라서 역사공간과 그 속에서의 역사 활동을 구체적으로 학습하기 위해 교통제도는 차치하더라도, 교과서나 『역사부도』에 수륙교통망을 확인할 수 있는 역사지도는 꼭 수록할 것을 제안한다.

고등학교 한국사 교과서의 전근대 교통사 서술 내용 검토*

이 병 희**

Ⅰ. 머리말

우리 역사는 오랜 내력을 갖는 것을 중요한 특징으로 한다. 일찍부터 전국적인 네트워크가 형성되어 상호 긴밀히 접촉하고 교류하였으며 중앙 집권적인 정치 형태를 유지해 왔다. 그 결과 지역에 따른 문화의 수준 차이가 크지 않으며, 문화적 이질성이 적은 편이다. 그러한 특징을 갖는 데에는 '교통'이 중요한 역할을 하였다.

교통에 관해 국어사전을 찾아보면, ① 자동차 · 기차 · 배 · 비행기 따위를 이용하여 사람이 오고 가거나, 짐을 실어 나르는 일, ② 서로 오고 감 또는 소식이나 정보를 주고 받음, ③ 나라 사이에 관계를 맺어 오고 가고 함 등으로 정의되어 있다.1) 수송 수단을 이용해 사람 · 짐 · 소식 · 정보

---

* 본 논문은 필자가 동국대학교 역사교과서 연구소에서 2015년 10월 발행한 『역사와 교육』제21집에 게재한 것임을 밝힌다.
** 한국교원대 역사교육과 교수
1) 네이버 국어사전 참조.

따위가 오고 가는 것을 의미한다. 결국 오고 감을 돕는 교통수단(수레, 우마, 선박, 사람), 오고 가는 내용인 사람과 물건·소식, 또 이동을 가능케 하는 도로(육상도로, 수상도로, 교량, 나루터 등)를 포함하는 것으로 이해된다.2) 도로에서의 숙박을 가능케 하는 부대시설도 교통의 범주에 포함할 수 있으며, 이 분야에 대한 국가의 정책도 교통의 중요한 요소라 할 것이다. 우리 역사에서 교통을 살피려면 이상의 도로, 교통수단, 이동 대상물, 도로의 부대시설, 그리고 국가의 교통정책 등 5개의 범주가 중심이 될 것이다. 물론 그 공간은 국내만이 아니라 외국을 포함할 것이다.

근래까지의 우리 역사 연구에서 교통사가 갖는 중요성이 크게 주목받지 못하였다. 다만 최근의 연구에서 크게 관심을 끌어 다양한 주제를 다룬 여러 편의 글이 발표되었다.3) 그렇지만 교통이 우리 역사 전체의 흐름에서 갖는 중요성이나 의미에 대해서는 깊은 이해가 이루어지지는 못한 실정이다.

교과서나 개설서는 주로 국가 차원의 내용을 다루고 있기 때문에 교통과 관련해 언급되는 주제는 역참제, 조운제, 그리고 다소 거리가 있는 봉수제 등이다.4) 개인이나 사회 구성원의 교통생활에 관해 풍부하게 언급

---

2) 교통(traffic)에 대한 英英 사전을 보아도 비슷한 내용이 제시되어 있다. ① the vehicles moving along a road or street, ② the movement of aircraft, ships, or trains from one place to another, ③ the movement of people or goods by aircrafts, ships, or trains.

3) 교통사 분야 연구 동향에 대해서는 조병로, 「한국교통사 연구동향과 역사교육」,『중등역사 교과서의 교통사 서술과 역사교육』(역사와교육학회 2015년도 추계 학술발표요지), 2015 참조(이 논문은 본서에 수록).

4) 통사형식으로 정리한 교통사 관련 저술을 제시하면 다음과 같다. 최영희 외,『한국도로사』, 한국도로공사, 1981; 金在瑾,『우리배의 歷史』, 서울大出版部, 1989; 崔永俊,『嶺南大路』, 高麗大民族文化硏究所, 1990; 金在瑾,『續韓國般舶史硏究』, 서울대出版部, 1994; 南都泳,『韓國馬政史(개정판)』, 한국마사회박물관, 1997; 國防軍史硏究所,『韓國의 烽燧制度』, 1997; 조병로,『韓國驛制史』, 한국마사회박물관, 2002; 해양수산부,『한국의 해양문화』, 해양수산부, 2002; 윤명철,『한국해양사』, 학연문화사, 2003; 조병로외,『한국의 봉수』, 눈빛, 2003; 하우봉 외,『해양사관으로 본 한국사의 재조명』, 해상왕장보고기념사업회, 2004; 강봉룡,『바다에 새겨진 한국사』,

하고 있지 않다. 따라서 교과서의 서술 내용을 분석하는 이 글에서는 역참제와 조운제가 중심 소재가 될 수밖에 없다.

역사 교과서는 주지하듯이 역사를 가르치고 배우는 과정에서 가장 기본적인 교구이다. 좋은 역사 교과서는 바람직한 역사 교육을 위해 필수 요건이다. 교육 여건이 미흡하더라도 또 교사의 수준이 문제가 있더라도 역사 교과서가 잘 만들어진다면 교육의 효과는 매우 클 것이다. 물론 역사 교과서가 없거나 미흡하더라도 가르치는 교사의 능력이 출중하다면 의미 있는 역사 교육은 가능하다. 어느 경우이든 교과서가 갖는 중요성을 인정하지 않을 수 없다. 국가 차원의 시험제도가 교과서를 기준으로 운영되고 있는 여건에서는 더욱 그러하다.

역사 교과서에 수록된 내용을 검토하는 것은 서술상의 문제점을 파악함으로써 그것의 보완·수정에 도움을 주고자 하는 것이다. 이 글에서 시도한 교과서의 분석 작업 역시 그러한 의미를 갖는다. 역사 교과서에 수록된 교통 관련 내용을 검토함으로써 교과서 서술의 현 상황을 파악하고 문제점을 제시함으로써 바람직한 교과서를 기술하는 데 기여하고자 하는 것이다.[5]

본고는 고등학교 한국사 교과서 전근대부분에서 교통사 관련한 내용을 검토하고 분석하는 것을 목표로 하고 있다. 현행의 고등학교 한국사

한얼미디어, 2005; 김주홍, 『한국의 연변봉수』, 한국학술정보, 2007; 정진술 외, 『다시 보는 한국해양사』, 신서원, 2008; 손태현, 『한국해운사』, 위드스토리, 2011; 장국종, 『한국교통운송사(고대-중세편)』, 사회과학출판사, 2012.

5) 지금까지 특정 시대, 분야, 주제를 선정해 역사 교과서의 내용을 검토한 성과는 상당하다. 이러한 연구가 공통적으로 지적한 한국사 교과서의 문제점은 다음과 같다. ① 교과서 서술이 역사적 사실과 정보의 단순한 나열이다. ② 양이 지나치게 방대하다, ③ 서술 내용에 오류가 있거나 일관성이 없다, ④ 역사적 사실 혹은 그에 대한 평가가 잘못되어 있다. ⑤ 학계의 논의 반영 정도가 낮다, ⑥ 異說 제시가 한정적이다. ⑦ 계열성이 부족하여 중·고등학교 간에 내용이 비슷하다, ⑧ 현행의 국정·검인정 제도에 한계가 있고 개선이 필요하다, ⑨ 집필자가 그 분야나 시대의 전공자가 아니다 등이다(양호환 편, 『한국 역사교육의 연구동향』, 책과함께, 2011, 45쪽).

교과서는 7종인데, 이 가운데 현장의 학교에서 가장 많이 채택된 5종을 대상으로 검토하고자 한다. 직전의 교육과정에서 사용된 한국사 교과서 2종류 및 7차 교과육과정에서 사용된 국사 교과서도 부분적으로 검토할 것이다. 국제 교류와 교통에 대해서는 현행의 교과서에는 많은 내용이 제시되어 있는데, 이 글에서는 이런 내용도 다루지만 그보다는 국내의 교통을 주로 언급하고자 한다. 그리고 본문의 서술 내용을 주 대상으로 하며, 학습활동이나 주제탐구, 그림과 사진 자료, 읽기자료, 도움글, 지도는 다루지 않는다.

II. 국사 및 한국사 교과서의 개정 과정

역사 교과서는 교육과정의 개편에 따라 새로이 제작된다. 현재 사용 중인 고등학교 1학년의 한국사 교과서는 우여 곡절 끝에 만들어진 교육과정의 산물이다. 주지하듯이 3차 교육과정부터 국사 교과서가 국정으로 발행되었는데, 그것은 4·5·6·7차 교육과정까지 이어져 왔다.[6] 7차 교육과정에서 국민공통기본교육과정의 개념이 도입되어 10학년인 고등학교 1학년에서 국사를 배우게 되었으며, 11·12학년의 선택과목에 한국근현대사와 세계사가 배치되어 있다.

7차 교육과정에 따른 국사는 매우 특이한 편제를 보였다(2002~2010 사용). 이른바 분야사 형태의 서술인 것이다. 교육과정에 따르면 그 성격을, "10학년의 국사 교육은 역사 의식이 상당히 심화된 학생을 대상으로 하고 있다. 따라서, 저학년에서 학습한 인물사, 생활사, 사건사를 토대로

---

6) 윤종영, 「국사교과서 발행제도에 대한 고찰」, 『문명연지』 1-2, 2000; 李炳熙, 「국사교과서 국정제도의 검토」, 『역사교육』 91, 2004.

하여 정치, 경제, 사회, 문화 등 분류사 중심의 역사를 학습하는 데 중점을
두었다."고 규정하고 있다.[7]

[표 1] 7차 국사교과서의 대단원 체계[8]

6차 국사(상, 하)	7차 국사	비고
상 I. 한국사의 바른 이해 1. 역사학습의 목적 2. 한국사와 세계사	I. 한국사의 바른 이해 1. 역사의 학습목적 2. 한국사와 세계사	
상 II. 선사문화와 국가의 형성 1. 선사문화의 전개 2. 국가의 형성	II. 선사시대의 문화와 국가의 형성 1. 선사시대의 전개 2. 국가의 형성	
상 III. 고대사회의 발전 1. 고대사회의 형성 2. 고대의 정치적 발전 3. 고대의 사회와 경제 4. 고대문화의 발달	III. 통치구조와 정치활동 1. 고대의 정치 2. 중세의 정치 3. 근세의 정치 4. 정치상황의 변동	
상 IV. 중세사회의 발전 1. 중세사회로의 전환 2. 중세의 정치적 변천 3. 중세의 사회와 경제 4. 중세 문화의 발달	IV. 경제구조와 경제생활 1. 고대의 경제 2. 중세의 경제 3. 근세의 경제 4. 경제상황의 변동	시대사 체제를 분류사 체제로 전환
상 V. 근세사회의 발달 1. 근세사회로의 전환 2. 근세의 정치적 변화 3. 근세의 사회와 경제 4. 근세 문화의 발달	V. 사회구조와 사회생활 1. 고대의 사회 2. 중세의 사회 3. 근세의 사회 4. 사회의 변동	

---

7) 교육부 고시 제1997-15호(1997. 12)(이하 교육과정 관련 자료는 http:// www.ncic.go.kr/
   mobile.kri.org4.inventoryList.do에서 확인할 수 있음).
8) 우인수, 「고등학교 국사교과서 내용 분석」, 『역사교육』 82, 2002 참조.

하 I. 근대사회의 태동	VI. 민족문화의 발달	
1. 근대사회로의 지향 2. 제도의 개편과 정치변화 3. 경제구조의 변화와 　사회 변동 4. 문화의 새기운	1. 고대의 문화 2. 중세의 문화 3. 근세의 문화 4. 문화의 새기운	
하II. 근대사회의 전개	VII. 근현대사의 흐름	근현대사 부분 소략
1. 근대사회로의 진전 2. 근대의식의 성장과 　민족운동의 전개 3. 근대의 경제와 사회 4. 근대문화의 발달		
하III. 민족의 독립운동		
1. 민족운동의 동향 2. 민족의 시련 3. 독립운동의 전개 4. 사회경제적 민족운동 5. 민족문화 수호운동	1. 근현대의 정치변동 2. 근현대의 경제변화 3. 근현대의 사회변동 4. 근현대 문화의 흐름	
하IV. 현대사회의 발전		
1. 현대사회의 성립 2. 대한민국의 수립 3. 민주주의의 시련과 발전 4. 경제성장과 사회변화 5. 현대문화의 동향		

　7차 교육과정에 따른 국사 교과서는 전근대사를 중점적으로 기술하고 있다. 한 권의 분량으로 전근대사를 다루고 있기 때문에 이후 개정된 한국사 교과서보다 전근대 관련 서술 분량이 훨씬 많다. 따라서 교통사와 관련한 내용이 많을 법 하지만 '교류'가 크게 강조되지 않았기 때문에 실제의 서술에서 교통과 관련한 내용은 이후의 교과서보다 많다고 하기 힘들다.

[표 2] 2007개정교육과정 중학교와 고등학교 1학년 '역사'의 단원구성[9]

중학교		고등학교 1학년
8학년	9학년	10학년(전근대 부분은 9단원 중 1단원)
(한국사 영역) (1) 문명의 형성과 고조선의 성립 (2) 삼국의 성립과 발전		
(3) 통일신라와 발해 (4) 고려의 성립과 발전 (5) 고려 사회의 변천 (6) 조선의 성립과 발전	(한국사 영역) (1) 조선 사회의 변동 (2) 근대국가 수립 운동 (3) 대한민국의 발전	(1) 우리 역사의 형성과 발전 (2) 조선사회의 변화와 서구 열강의 침략적 접근 (3) 동아시아의 변화와 조선의 근대 개혁 운동 (4) 근대 국가 수립운동과 일본 제국주의의 침략 (5) 일제의 식민지 지배와 민족운동의 전개 (6) 전체주의의 대두와 민족운동의 발전 (7) 냉전 체제와 대한민국 정부의 수립 (8) 대한민국의 발전과 국제정세의 변화 (9) 세계화와 우리의 미래
(세계사 영역) (7) 통일제국의 형성과 세계종교의 등장 (8) 다양한 문화권의 형성 (9) 교류의 확대와 전통사회의 발전	(세계사 영역) (4) 산업화와 국민국가의 형성 (5) 아시아·아프리카 민족운동과 근대국가 수립운동 (6) 현대 세계의 전개	

7차 교육과정은 2007년 개정되었는데(2007개정 교육과정), 여기에서는 역사 교육의 계열성을 크게 고려한 점이 중요한 특징이다. 그리고 고등학교 역사 관련 선택과목으로 한국문화사, 세계역사의 이해, 동아시아

---

9) 김한종, 「중등 역사교과서 개편의 과정과 성격」, 『한국고대사연구』64, 2011 참조.

사 3과목이 설정된 것이 주목된다.[10]

2007개정교육과정의 역사과목 편제는 한국사만을 대상으로 놓고 보면, 초·중·고등학교간의 계열성을 고려한 것이었다. 초등학교에서 한국사의 전체적 흐름을 통사로 이해하고, 중학교에서는 전근대사 중심으로 좀 더 깊게 공부하고, 고등학교 1학년에서는 근현대사를 세계사의 맥락에 비추어 파악하는 것이었다. 고등학교의 선택과목은 한국문화사, 한국이 포함된 지역사로서 동아시아사, 그리고 세계사로 구성하였다.[11] 그리고 이때부터 국사의 국정이 해제되어 검정으로 발간되는 큰 전환을 보였다. 3차 교육과정 이후 30여 년이 경과한 시점에서 검정으로 전환된 것이다.

2007개정교육과정에 따르면, 고등학교 역사 과목의 성격은 "근현대사를 중심으로 세계사의 흐름 위에서 한국사를 주체적으로 파악하도록 한다."고 규정하였다. 그리고 전근대사를 다루는 1단원은 '우리 역사의 형성과 발전'으로 하고, 근·현대 역사를 배우기에 앞서 전근대 한국 역사의 흐름 속에서 한국인의 삶과 문화를 개관하는 것으로 하였다.

그리고 구체적인 단원 구성의 예로 ① 선사 문화와 우리 민족의 기원에 대하여 조사한다, ② 고조선 건국에서 삼국의 발전까지 국가의 성립과 변천 과정을 이해한다, ③ 통일 신라와 발해의 성립과 변천과정을 이해한다, ④ 고려의 정치 변동과 대외 관계, 사회의 성격을 설명한다, ⑤ 조선의 성립 및 집권 체제 정비 과정과 사회의 특징을 파악한다 등으로 제시하였다.[12]

이 교육과정에 따라 국사 교과서가 집필되어 검정의 과정을 거치는 도중에 큰 변화가 있었다. 2009년 12월 초, 중등학교 개정교육과정 총론이

---

10) 2007개정교육과정에 따른 역사 교과의 특징에 대해서는 아래의 논문이 참조된다. 김한종, 앞의 논문, 2011; 양정현, 「2007, 2011 역사과 교육과정 개정 논리와 계열성」, 『역사교육』 120, 2012; 방지원, 「역사교육 정상화의 과제와 2007년 개정 교육과정의 회복 문제」, 『역사교육연구』 18, 2013.
11) 김한종, 앞의 논문, 2011.
12) 교육인적자원부 고시 제2007-79호(2007. 2) 사회과 교육과정.

발표되었는데,13) 이에 따르면 고등학교 '역사'를 '한국사'로 이름을 바꾸고, 고등학교 선택과목 중 한국문화사는 없애고, 동아시아사와 세계사('세계역사의 이해'의 명칭 변경)만을 두도록 규정하고 있다. 2010년 고등학교 역사 교과서의 검정이 진행 중인 시점에서, 2010년 5월 사회과 교육과정이 수정 고시되었다(2010개정교육과정).14)

이에 따르면, 한국사의 성격을 우리 역사가 형성·발전되어 온 과정을 세계사의 흐름 속에서 심층적으로 이해함으로써 역사적 사고력과 현대 사회에 대한 통찰력을 기르기 위한 과목으로 보았다. 그리고 "세계사와의 연관 속에서 한국사를 이해하도록 하면서도 한국 근·현대사의 비중을 높여 구성한다."고 하였으며, 또 "이를 통해 학습자가 세계 속의 한국인으로서의 정체성과 한국 문화에 토대를 둔 세계인으로서의 자부심을 함양하게 한다."고 규정하였다.

한국사 과목의 세부 목표로서 네 가지를 제시하였다.

[표 3] 2010개정교육과정 한국사 과목의 목표

> 가. 오늘날 우리의 삶은 과거 역사의 산물임을 이해하되, 각 시대 우리나라 역사의 전개 과정을 세계사의 맥락 속에서 심층적으로 파악한다.
> 나. 우리 역사가 외부 세계와 교류하고 발전하는 과정에서도 한국사의 정체성을 유지해 왔음을 이해한다.
> 다. 우리 역사와 관련된 자료를 분석, 비판, 종합하는 활동을 통해 역사적 탐구력과 역사적 상상력 그리고 역사적 판단력을 키운다.
> 라. 우리 역사를 삶의 과정으로 이해하여 사회 발전에 능동적으로 참여하는 태도를 기른다.

---

13) 김한종, 앞의 논문, 2011; 양정현, 앞의 논문, 2012; 방지원, 앞의 논문, 2013.
14) 교육과정의 내용은 교육과학기술부 고시 제2010-24호 초·중등학교 교육과정 개정 고시(2010. 5).

네 가지의 과목 목표 가운데 외부 세계와의 교류를 강조한 점은 교통사와 관련해 주목할 사항이다.[15]

2010년 5월의 수정 내용을 당시 검정 중인 한국사 교과서에 반영토록 조치하였다. 검정 중인 한국사 교과서의 내용은 2007개정교육과정에 따라 집필되어 근현대사 중심으로 하고 전근대는 1개 단원에 불과하였는데, 이 지시에 따라 전근대를 2개 단원으로 늘리고 현대의 2개 단원을 1개 단원으로 통합하게 되었다. 이미 검정이 통과된 합격본을 발표한 시점(2010. 5. 6)에서 한 달의 시간을 준 뒤(2010. 6. 6까지 제출) 최종합격본을 결정하겠다고 통보하였다.[16] 이렇게 갑자기 수정된 한국사 교과서는 2011년부터 2013년까지 사용되었다.[17] 결국 2007개정교육과정에 따른 교과서는 현장에서 사용되지 못한 것이다.

2009년 총론 차원에서 개정된 교육과정에 따른 역사과 교육과정이 2011년 8월 고시되었다. 이때 고시된 교육과정은 2014년부터 적용하도

---

15) 교육과정과 교과서 서술 내용의 밑줄은 필자가 그은 것이다. 이하 마찬가지이다.
16) 이때 저간의 사정에 대해서는 아래의 논문이 참조된다. 양정현, 「고등학교 <한국사> 교육과정 편성과 교과서 검정의 양상」, 『역사교육연구』 12, 2010; 김한종, 앞의 논문, 2011; 한철호, 「<한국사> 교과서 편향성 논란과 교육과정 개정 일정의 문제점」, 『韓國史硏究』 153, 2011; 양정현, 앞의 논문, 2012; 방지원, 앞의 논문, 2013.
17) 2010개정교육과정에 따라 제작된 한국사 교과서가 현장에서 채택된 비율은 아래와 같다(2011년 10월 19일 기준).

출판사	집필자	주문(부)	비율 (%)
미래엔	한철호 · 김기승 · 김인기 · 조왕호 · 권나리 · 박지숙	223,402	34.6
비상교육	도면회 · 이건홍 · 김향미 · 김동린 · 조한준 · 최태성 · 이희명	141,454	21.9
천재교육	(생략)	94,557	14.7
삼화출판	(생략)	79,624	12.3
지학사	(생략)	76,664	11.9
법문사	(생략)	29,470	4.6
6개 출판사 합격		645,171	100

* 13개사 출원, 6개사 합격(이 자료는 금성출판사가 제공함)

록 하였다(2011개정 교육과정). 그리하여 2015년 현재 사용하고 있는 교과서는 2011년 8월의 고시에 따라 제작한 것이다.[18]

[표 4] 한국사(영역) 단원 구성(안)[19]

2007 개정교육과정(2007. 2. 28) '역사'(선택 : 한국문화사, 동아시아사, 세계역사의 이해) ; 적용되지 못함, 검정	2010개정교육과정(2010. 5. 12) '한국사'(선택 : 동아시아사, 세계사) : 2011~2013년 사용, 검정	2011개정교육과정(201 1. 8. 8) '한국사'(선택 : 동아시아사, 세계사) 2014~2015년 현재 사용, 검정
(1) 우리 역사의 형성과 발전	(1) 우리 역사의 형성과 고대 국가	(1) 우리 역사의 형성과 고대 국가의 발전
	(2) 고려와 조선의 성립과 발전	(2) 고려 귀족 사회의 형성과 변천
(2) 조선사회의 변화와 서구 열강의 침략적 접근	(3) 조선사회의 변화와 서구 열강의 침략적 접근	(3) 조선 유교 사회의 성립과 변화

---

18) 2011개정교육과정에 따라 제작된 한국사 교과서의 채택 비율은 아래와 같다(금성 출판사 제공)

출판사	집필자	주문(부)	비율 (%)
미래엔	한철호 · 강승호 · 권나리 · 김기승 · 김인기 · 박지숙 · 임선일 · 조왕호	209,265	35.1%
비상교육	도면회 · 이종서 · 이건홍 · 김향미 · 김동린 · 조한준 · 최태성 · 이희명	176,790	29.6%
천재교육	주진오 · 구난희 · 김인호 · 신주백 · 백유선 · 조동근 · 박수성 · 경규철 · 오정현	85,622	14.4%
금성	김종수 · 정숭교 · 여호규 · 박종린 · 임화영 · 김용석 · 임명희 · 이종대	41,300	6.9%
지학사	정재정 · 김태식 · 강석화 · 최병택 · 장종근 · 박찬석 · 김태훈 · 박귀미	37,907	6.4%
리베르	(생략)	24,413	4.1%
동아출판	(생략)	19,996	3.4%
교학사	(생략)	1,113	0.2%

19) 김한종, 앞의 논문, 2011 참조.

(3) 동아시아의 변화와 조선의 근대 개혁 운동	(4) 동아시아의 변화와 조선의 근대 개혁 운동	(4) 국제 질서의 변동과 근대 국가 수립 운동
(4) 근대국가 수립운동과 일본 제국주의의 침략	(5) 근대국가 수립운동과 일본 제국주의의 침략	
(5) 일제의 식민지 지배와 민족운동의 전개	(6) 일제의 식민지 지배와 민족운동의 전개	(5) 일제 강점과 민족 운동의 전개
(6) 전체주의의 대두와 민족운동의 발전	(7) 전체주의의 대두와 민족운동의 발전	
(7) 냉전 체제와 대한민국 정부의 수립	(8) 냉전 체제와 대한민국 정부의 수립	(6) 대한민국의 발전과 현대 세계의 변화
(8) 대한민국의 발전과 국제 정세의 변화	(9) 대한민국의 발전과 국제 정세의 변화	
(9) 세계화와 우리의 미래		

2010개정교육과정에 따른 고1의 한국사는 전체 9단원 가운데 2개 단원이 전근대 부분이고, 조선후기를 다룬 3단원의 일부가 전근대에 해당하므로 9단원 가운데 2.5개 단원이 전근대라고 할 수 있다. 따라서 전근대 서술의 분량이 많지 않기 때문에 교통과 관련된 내용도 풍부하지 못하다.

반면 2011개정교육과정에 따른 고1의 한국사 교과서는 전체 6단원 가운데 전근대 부분이 3단원이기 때문에 전근대 서술 분량이 2010개정교육과정에 따른 교과서보다 훨씬 많다.

2011개정교육과정에서는 고등학교 1학년의 한국사의 목표를 5가지로 제시하고 있다.[20]

---

20) 교육과학기술부 고시 제2011-361호[별책 7] 사회과 교육과정(2011. 8).

[표 5] 2011개정교육과정 고등학교 한국사의 목표

> 가. 중학교에서 학습한 역사에 대한 기본적 이해를 바탕으로 사회·경제적 변동과 문화 성격을 아우르면서 한국사의 특성을 다각적으로 분석하여 종합적으로 인식한다.
>
> 나. 오늘날 우리의 삶은 과거 역사의 산물임을 이해하되, 각 시대 우리나라 역사의 전개 과정을 세계사의 맥락 속에서 심층적으로 파악한다.
>
> 다. <u>우리 역사가 외부 세계와 교류하고 발전하는 과정에서 다양한 문화적 성격을 가짐과 동시에 한국사의 정체성을 유지해 왔음을 이해한다.</u>
>
> 라. 우리 역사와 관련된 자료를 분석하고 비판하는 종합적인 탐구 활동을 통해 역사적 사고력을 키운다.
>
> 마. 우리 역사를 삶의 과정으로 이해하여 현대 사회 발전에 능동적으로 참여하는 태도를 기른다.

외부 세계와의 교류가 강조되고 있음은 교통사의 관점에서 볼 때 의미 있는 사항이라고 판단된다.

현행 한국사 교과서의 단원구성은 교과서마다 약간씩 다르다([표 6] 참조).

[표 6] 현행 고등학교 한국사 교과서의 단원 구성

교육과정		미래엔	비상교육	천재교육	금성출판사	지학사
영역	내용요소					
1. 우리 역사의 형성과 고대 국가의 발전(5개 내용요소)	○ 선사 문화 ○ 고조선의 성립과 초기 철기 여러 나라의 성장 ○ 삼국과 가야의 발전과 대외 관계 ○ 통일 신라와 발해의 발전과 사회 모습 ○ 고대 국가의	(1) 동트는 우리 역사 (2) 삼국의 성립과 정치 발전 (3) 남북국의 정치발전 (4) 경제 활동과 사회 모습 <u>(5) 폭넓은 대외 교류와 문화의 발전</u>	(1) 우리 민족의 형성과 선사 문화 (2) 고조선의 성립과 여러 나라의 성장 (3) 삼국과 가야의 발전과 대외 관계 (4) 통일 신라와 발해의 발전	(1)선사 문화와 한민족의 기원 (2)고조선과 여러나라의 성립 (3)삼국과 가야 (4) 통일신라와 발해	(1)선사 문화의 전개와 민족의 기반 형성 (2) 고조선의 성립과 여러 나라의 성장 (3) 삼국 및 가야의 발전과 대외관계 (4)통일 신라와 발해의 발전	(1) 선사 시대의 문화 (2) 고조선과 여러나라의 성장 (3)삼국 및 가야의 성립과 발전 (4)통일 신라와 발해의 발전 (5)고대 국가의 문화와 교류

국제 교류와 문화 발전		과 사회 모습 (5)고대 국가의 국제 교류와 문화 발전		(5) 국제 교류 확대와 고대 문화 발달	
2. 고려 귀족 사회의 형성과 변천(5개 내용 요소) o 고려의 건국과 동아시아의 정세 o 고려의 경제 제도와 경제 생활 o 고려의 신분 제도와 사회 모습 o 고려의 사상적 특징 o 고려의 대외 관계와 고려 사회의 개방성	(1)고려의 성립과 정치 발전 (2)경제 정책과 경제 활동 (3)신분제도와 생활 모습 (4)다양한 사상과 귀족 문화의 발달	(1) 고려의 건국과 동아시아의 정세 (2) 고려의 경제 제도와 산업 (3) 고려의 신분제도와 사회 모습 (4) 고려의 사상과 종교 (5) 고려의 국제 교류와 문화적 다양성	(1) 고려의 성립과 발전 (2)고려의 변화와 개혁 (3)고려의 경제와 사회 (4)고려의 사상과 문화	(1)고려의 건국과 발전 (2)고려의 경제 정책과 산업의 발달 (3)고려의 신분구조와 사회 생활 (4)고려의 종교와 사상 (5) 고려의 대외 교류와 문화 발전	(1)고려의 성립과 발전 (2)고려의 경제와 산업 (3)고려의 사회제도 (4)고려의 사상과 종교 (5)고려의 대외 관계
3. 조선 유교 사회의 성립과 변화(7개 내용 요소) o 조선의 건국과 유교적 통치 체제 정비, 국제 관계 o 조선의 신분제와 양반 문화 o 조선의 대외 관계와 양 난의 대내외적 영향 o 조선 후기의 정치 변동과 제도 개편 o 조선 후기의 사회·경제적 변동 o 조선 후기 사회 개혁론의 대두 o 서민 문화의 전개와 영향	(1) 조선의 건국과 통치 체제의 정비 (2) 양 난과 조선 후기의 정치 (3) 경제 정책과 경제 생활의 변화 (4) 신분 질서와 생활 모습의 변화 (5) 양반 문화의 발달과 문화의 새 경향	(1)조선의 건국과 통치 체제의 정비 (2)조선의 신분제와 양반 문화 (3) 조선의 대외 관계와 양난의 극복 (4) 조선 후기 정치 변동과 제도 개편 (5)조선 후기의 사회·경제적 변동 (6) 조선 후기 사회 개혁론의 등장 (7)서민 문화의 전개와 영향	(1)조선의 건국과 체제 정비 (2)조선 전기의 사회와 문화 (3)조선 전기의 대외 관계와 전쟁 (4)조선 후기의 정치 변동과 제도 개편 (5)조선 후기의 사회 변동 (6) 사회 개혁론의 대두와 문화의 새 기운 (7) 세도 정치와 사회 변혁의 움직임	(1)조선의 건국과 통치 체제의 정비 (2)조선 전기의 신분제 재편과 양반 문화 (3)조선 전기의 대외 관계와 양난의 극복 (4)조선 후기의 정치 변화와 수취 체제 정비 (5) 조선 후기의 사회적·경제적 변동 (6)조선 후기의 사회 개혁론과 서민 문화	(1)조선의 건국과 통치 체제의 정비 (2)성리학적 유교사회의 성장 (3) 조선의 대외 관계 (4) 조선 후기 정치와 제도의 변화 (5)근대 사회를 향한 움직임 (6) 조선 후기 학문의 새 경향 (7) 서민 문화의 형성

4. 국제 질서의 변동과 근대국가수립운동 5. 일제 강점과 민족 운동의 전개 6. 대한민국의 발전과 현대 세계의 변화					

    5종의 현행 교과서를 살펴보면 소단원의 제목으로 교류를 표현한 것이 있고, 그렇지 않고, 구체적인 소항목의 기술에서 교류를 기술한 것이 있다. 단원명으로 볼 때, 교육과정을 가장 충실히 따르고 있는 교과서는 비상교육, 금성출판사, 지학사에서 발행한 것이며, 미래엔과 천재교육에서 발행한 것은 약간의 변화를 주고 있다.

Ⅲ. 고대 교통사 서술 내용 검토

    고대 교통에 관한 연구는 최근에 많이 이루어졌다. 고고학적 유물의 출토와 분포지역 검토를 통해 교통로를 추정한 것, 부여의 대외교역 교통로를 추적한 것, 소백산맥을 넘는 추풍령 · 조령 · 죽령을 검토한 것, 고대국가의 성장과 관련해 교통로를 주목한 것, 삼국 都城의 도로 유구를 발굴 조사한 것, 고구려의 수레를 주목한 것, 고구려의 우역제를 파악한 것, 백제 사비도성의 도로시설을 주목한 것, 신라도성의 교통로와 신라 도로의 구조를 밝힌 성과, 영남 지역의 고대 지방도로의 구조를 해명한 것, 신라가 팽창하는 과정에서 교통로를 정비한 사실과 그 성격을 추적한 것, 통일신라의 간선교통로를 밝힌 것, 발해의 5경을 교통로의 관점에서 접근한 것, 신라가 중국·일본과 교통하는 길을 밝히고 그 변천 사항을 정리한 것 등은 최근의 연구 성과로서 크게 주목을 끈다.[21]

   교육과정에 따르면, 2014년 이후 사용되는 현행 한국사 교과서의 고대 분야의 내용요소는 [표 7]과 같다.

---

21) 최신의 연구성과로서 의미가 큰 것을 제시하면 다음과 같다. 徐榮一,『新羅 陸上 交通路 研究』, 학연문화사, 1999; 윤명철,『장보고시대의 해양활동과 동아지중해』, 학연문화사, 2002; 방학봉,『발해 경제 및 주요 교통로 연구』, 신성출판사, 2005; 전남문화예술재단·전남문화재연구소,『전남 서남해지역의 해상교류와 고대문화』, 혜안, 2014; 余昊奎,「3세기 후반~4세기 전반 고구려의 교통로와 지방통치조직」,『韓國史研究』91, 1995; 朴方龍,「新羅 都城의 交通路」,『慶州史學』16, 慶州史學會, 1997; 方學鳳,「渤海의 驛站에 대하여」,『先史와 古代』9, 1997; 李道學,「古代 國家의 成長과 交通路」,『국사관논총』74, 1997; 金容萬,「고구려 수레[車]연구」,『白山學報』53, 1999; 한정훈,「신라통일기 육상교통망과 五通」,『釜大史學』27, 2003; 徐榮一,「漢城時代의 百濟 北方交通路」,『文化史學』21, 2004; 鄭東璨·尹用賢·李康烈,「壁畵를 通해서 본 高句麗의 탈 것 文化」,『高句麗研究』17, 2004; 김은국,「8~10세기 동아시아 속의 발해 교통로」,『韓國史學報』24, 2006; 박준형,「古朝鮮의 海上交易路와 萊夷」,『북방사논총』10, 고구려연구재단, 2006; 張容碩,「新羅 道路의 構造와 性格」,『嶺南考古學』38, 2006; 한정훈,「6·7세기 新羅 交通機構의 정비와 그 성격」,『역사와 경계』58, 2006; 서영일,「고구려의 백제 공격로 고찰」,『史學志』38, 2006; 곽장근,「백제 간선 교통로의 재편성과 그 의미」,『百濟文化』39, 공주대 백제문화연구소, 2008; 박상은,「영남지역 고대 지방도로의 구조」,『大丘史學』94, 2009; 조효식,「유적 분포도를 활용한 영남지역 삼국시대 교통로와 방어체계 검토」,『지역과 역사』26, 2010; 김영진,「청동기시대 탐진강유역의 문화교류 양상과 교통로」,『지방사와 지방문화』13-2, 2010; 김창석,「8세기 발해의 대일 항로와 蝦夷」,『아시아문화』26, 한림대 아시아문화연구소, 2010; 고경석,「신라의 對中 해상교통로 연구」,『신라사학보』21, 2011; 윤재운,「발해의 5京과 교통로의 기능」,『한국고대사연구』63, 2011; 정요근,「통일신라시기의 간선교통로」,『한국고대사연구』63, 2011; 조법종,「고구려의 郵驛制와 교통로」,『한국고대사연구』63, 2011; 문안식,「백제의 서남해 도서진출과 해상교통로 장악」,『백제연구』55, 2012; 이종수,「부여의 대외교류와 교통로 연구」,『백산학보』96, 2013; 전덕재,「新羅의 對中·日 交通路와 그 變遷」,『역사와 담론』65, 2013; 강봉룡,「고대~고려시대의 海路와 섬」,『대구사학』110, 2013; 李販燮,「百濟 수레와 泗沘都城의 道路施設」,『한국고고학보』93, 2014; 박대재,「古朝鮮과 齊의 해상교류와 遼東」,『韓國史學報』57, 2014.

[표 7] 현행 한국사 교과서 고대사 영역의 내용 요소

---

1. 우리 역사의 형성과 고대 국가의 발전(5개 내용요소)
   ○ 선사 문화
   ○ 고조선의 성립과 초기 철기 여러 나라의 성장
   ○ 삼국과 가야의 발전과 대외 관계
   ○ 통일 신라와 발해의 발전과 사회 모습
   ○ <u>고대 국가의 국제 교류와 문화 발전</u>

선사부터 고조선·삼국·가야, 통일 신라와 발해를 순차적으로 제시하였는데 별도의 내용 요소로 고대 국가의 국제 교류를 언급하고 있다. 이것은 교과서에서 국제 교류가 중시되어 기술되는 데 결정적인 의미를 갖는다. 고대사에서 교통과 관련한 서술은 이동, 정복, 전쟁, 팽창, 확산, 전파, 교류, 국경이동, 외국과의 교류와 교역 등으로 표현되었다.[22]

대체로 고대사에서 교통과 연관되는 내용을 제시하면 [표 8]과 같다.[23] 개별 교과서마다 내용상의 차이가 있기는 하지만 크지는 않다.

[표 8] 현행 교과서의 고대 교통 관련 내용

내용요소	교과서의 관련 내용
선사 문화	인류의 이동, 구석기인의 이동, 화산지대에서 산출되는 흑요석이 다른 지역에서도 발견되는 것은 교류를 의미, 빗살무늬 토기가 한반도 전역으로 퍼져 나감, 신석기 시대인의 교류, 청동기인의 교류, 청동기 문화의 전파

---

22) 구체적인 교과서 서술 내용 검토는 미래엔과 금성출판사 교과서를 중심으로 하면서, 비상교육·천재교육·지학사 교과서도 참작하도록 하겠다. 5종 교과서의 서술 내용은 비슷하나, 미래엔 교과서는 채택율이 가장 높고, 금성출판사 교과서는 교류를 가장 강조하고 있어서 두 교과서를 가장 많이 인용하였다.
23) 교과서 별로 약간의 차이가 있는데, 여기서는 모두 포괄해 제시하고자 한다. 말하자면 합집합의 개념이다.

고조선의 성립과 초기 철기 여러 나라의 성장	철기 문화 확산, 철기 시대 정복전쟁 활발 및 교역 확대, 유·이민의 대거 고조선으로 이주, 고조선의 철기 문화 수용, 위만이 무리 1천 명을 이끌고 고조선에 들어옴, 고조선이 연과 대등한 교류, 한의 침공, 고조선 사회의 변동에 따라 많은 유이민 남하, 부여가 중국과 외교 관계 맺음, 부여가 3세기 말 선비족의 침입으로 세력 위축, 진국의 교류, 진국이 한과 교류하는 것을 고조선이 방해, 삼한이 주변 지역과 교류, 변한이 덩이쇠를 마한·동예·낙랑군과 왜 등에 수출, 변한의 해상 교역, 오수전을 비롯한 중국 동전들이 남해안에서 다수 출토
삼국과 가야의 발전과 대외 관계	중국 대륙의 혼란으로 많은 주민이 만주와 한반도로 이주, 고구려의 활발한 정복활동, 고구려의 영역 확장, 삼국의 지방 조직 정비, 고구려가 낙랑을 공격해 중국세력 몰아냄, 백제는 고구려 계통의 유이민 세력과 토착세력이 결합해 세움, 근초고왕의 대외활동, 백제의 남조와의 교류, 신라의 정복활동, 진흥왕의 팽창, 대가야의 세력 확장, 가야의 중국·왜와의 교류, 수·당의 고구려 침공, 나·당 연합군이 백제와 고구려를 멸망시킴, 신라가 당군을 몰아냄, 삼국의 조세 징수, 삼국의 대외 무역, 신라는 5~6세기 초에 교통망 갖춤
통일 신라와 발해의 발전과 사회 모습	통일신라의 9주 5소경제 운영, 통일 신라의 조세·공물·역(役) 제도, 신라말 많은 농민이 떠돌아 다님, 대조영이 고구려 유민과 말갈인을 이끌고 동쪽으로 탈출해 발해를 건국, 발해 무왕이 당의 등주 공격, 발해의 5경 15부 62주, 거란의 발해 공격
고대 국가의 국제 교류와 문화 발전	삼국이 대외 교역 활발, 삼국 상호 간의 교류, 삼국이 중국·서역과의 교류, 삼국이 문화를 일본에 전래, 삼국과 가야가 왜와 교류, 불교가 전래됨, 많은 승려가 당·인도까지 왕래, 무령왕릉은 중국 남조의 영향을 받음, 도당유학생, 도교가 삼국에 전래, 중국과 교류함으로써 한학·유교가 들어옴, 중앙아시아와 중국의 악기 전래, 역법의 전래, 중앙아시아 및 서아시아와의 교류, 통일신라 말 도당 유학생이 크게 증가, 신라의 종이가 당에서 인기 높음, 통일 신라의 대외 교역, 장보고의 해상 무역활

	동, 신라 말 선종의 전래, 발해의 유학생이 당의 빈공과에 합격, 발해는 서역 지역과 활발히 교류, 발해의 상경성은 당의 장안성과 구조가 비슷, 발해에서 신라로 가는 '신라도'의 존재

선사시대부터 교류를 강조해 구석시시대 이래로 이동과 전파·교류가 활발하였음을 언급하였다. 화산지대에서 산출되는 흑요석이 다른 지역에서도 발견되는 것은 교류가 활발하였음을 의미하는 것으로 지적하였고, 빗살무늬 토기가 한반도 전역으로 확산되는 사실을 기술하였다. 구체적인 서술의 예를 제시하면 다음과 같다.

> · 한편, 후기 구석기 시대 사람들은 주변 지역과 활발하게 교류하였다. 이 결과 슴베찌르개와 돌날석기가 이 시기 동북아시아 지역에서 널리 유행할 수 있었다. 또한, 화산 지대에서만 산출되는 흑요석으로 만든 석기가 멀리 떨어진 다른 지역에서 발견되는 것도 이 시기의 활발한 교류를 증명해 주고 있다(금성, 19쪽).

> · 한반도에 살았던 신석기 시대 사람들은 주변 지역과 활발하게 교류하였다. 남해안 지역은 일본, 서해안 지역은 중국 요동 지역, 동해안 지역은 러시아 연해주 일대와 활발하게 교류하였다. 흑요석은 이 시기에 더욱 활발하게 교환되었는데, 특히 남해안 지역은 주로 일본 규슈에서 흑요석을 수입한 것으로 밝혀졌다(금성, 22쪽).

교육과정에서 교류의 관점을 강조하기 때문에 위와 유사한 서술 내용이 다른 교과서에서도 확인된다. 구체적인 이동·전파의 길을 명시한 것은 아니었지만, 선사시대 이래로 활발하게 이동하였음을 언급함으로써 교통이 발달하였음을 간접적으로 시사하고 있다. 아마 이때의 이동로는 이후에도 지속적으로 기능하였을 것으로 추측된다.

'고조선의 성립과 초기 철기 여러 나라의 성장'에서도 이동과 교류에 대한 언급이 많이 보인다. 철기의 보급, 전쟁과 교역이 활발하였다는 것, 유·이민이 대거 고조선으로 이주하였다는 것, 고조선이 연과 교류하였다는 것, 고조선 사회의 변동에 따라 많은 유이민이 남하하였다는 것, 부여가 중국과 외교 관계를 맺었다는 것, 진국·삼한이 교류하였다는 것, 변한이 철을 수출하고 해상교역에 참여하였다는 것 등이 언급되었다. 일부의 내용을 제시하면 다음과 같다.

- 철제 농기구와 무기의 보급으로 농업 생산력이 크게 향상되어 경제 기반이 확대되었고, 정복 전쟁도 활발해졌다. 이에 따라 교역이 확대되고, 부족 사회의 통합도 촉진되었다. 철기문화를 바탕으로 만주와 한반도 일대에는 부여, 고구려, 삼한 등 여러 나라가 등장하였다(미래엔, 14쪽).

- 기원전 5~4세기경 중국이 혼란에 빠지자 유·이민이 대거 고조선으로 이주하였다. 이와 함께 중국 대륙의 발달된 철기 문화도 보급되어, 고조선은 연과 대등하게 교류하며 대결을 벌일 정도로 성장하였다(금성, 30쪽).

'삼국과 가야의 발전과 대외관계'에서는 고구려의 활발한 대외활동, 백제의 대외활동, 신라의 정복활동, 가야의 중국·왜와의 교류 등이 언급되었다. 또한 수·당의 침입과 백제·고구려의 항전을 기술하고 있다, 신라가 5~6세기에 교통망을 갖추었음을 언급한 경우도 있다. 삼국의 팽창과 관련된 서술의 예를 제시하면 다음과 같다.

- 광개토 대왕은 남으로 백제를 압박하고 신라를 도와 왜군을 물리쳤다. 나아가 백제·왜와 연결된 가야를 공격한 뒤 한반도 남

부에 군대를 주둔시켰다. 또한, <u>거란과 후연 등을 격파함으로써 요동과 만주 일대를 장악하였다</u>(미래엔, 26쪽).

· 근초고왕은 왕위의 부자 계승제를 확립하고 역사서를 편찬하여 중앙 집권 체제를 더욱 강화하였다. 그는 남쪽으로 마한의 남은 세력을 통합하고, <u>가야와 외교 관계를 맺어 왜로 가는 교통로를 확보하였으며</u>, 북쪽으로는 고구려의 평양성을 공격하였다(371). 이를 토대로 중국 동진과 외교관계를 맺고 남중국에서 한반도를 거쳐 일본까지 이어지는 <u>백제 중심의 해상 교역권을 확립하였다</u> (금성, 41쪽).

· 한편, 신라는 6부 중심의 정치 체제를 중앙 집권 체제로 개편하였다. 먼저, <u>교통 · 운송망을 정비하고,</u> 농업 생산 기반을 확충하여 중앙 집권 체제의 토대를 마련하였다. 이를 바탕으로 지증왕은 국호를 '신라'로 확정하고, 왕호를 중국식인 '왕'으로 바꾸었다. 지방 제도도 정비하여 복속지역에 지방관을 파견하여 직접 다스렸다(금성, 45쪽).

· 가야는 풍부하게 생산되는 철과 <u>해상 교통에 유리한 점을 이용하여 낙랑군과 왜를 연결하는 중계 무역을 하면서</u> 수준 높은 철기 문화를 발전시켰다. … 대가야는 중국, 왜와 교역하며 삼국이 경쟁하는 틈을 타서 세력을 넓히기도 하였다(미래엔, 24쪽).

삼국의 치열한 상호 대결에서 교통로가 매우 중요하였을 것이지만 이에 주목한 언급은 별로 보이지 않는다. 세력을 넓히면서 교통로를 확보한 사실(백제), 그리고 교통 · 운송망을 정비한 내용(신라)이 간단히 언급되는 데 그치고 있다. 전쟁 시에 교통로의 확보가 성패를 좌우하는 중요한 요인이 됨은 물론이다.

삼국과 가야에 대한 서술 가운데 주목되는 것은 다음의 내용이다.

농업 생산력이 증대되고 수공업 생산이 늘어남에 따라 삼국의 국내 상업도 크게 활기를 띠었다. 신라는 5~6세기 초에 수레 사용을 장려하고 도로를 정비하며 선박 이용법을 개선하여 교통 · 운송망을 갖추었다. 이와 더불어 수도에 시장을 열고, 이를 관리하는 관청을 설치하였다. 백제도 수도에 시장을 열고, 이를 관리하는 도시부라는 관청을 설치하였다(금성, 50쪽).

신라가 교통 · 통신망을 갖추었는데 구체 내용으로 수레 사용 장려, 도로 정비, 선박 이용법 개선을 제시한 것이다. 교통사와 관련해 주목할 내용이다. 아마 고구려와 백제도 유사한 정책을 실시하였을 것이지만 이에 대한 언급은 보이지 않는다.

'통일신라와 발해의 발전과 사회 모습'에서는 통일신라의 지방제도 편제, 대조영이 고구려 유민과 말갈인을 이끌고 이동해 발해를 건국한 사실, 발해의 무왕이 당의 등주를 공격한 사실이 언급되었다. 발해의 교통로와 관련해 주목되는 것은 다음의 서술이다.

· 발해는 중앙군으로 10위를 편성하는 한편, 5경 15부 62주를 설치하여 전국을 통치하였다. 5경은 교통 요지에 설치한 핵심 거점이었고, 15부는 지방 행정의 중심지로서 도독을 두었다. 62주에는 자사, 주 아래의 현에는 현승을 파견하여 지방 행정을 담당하도록 하였다(금성, 59쪽).

· 발해에서는 교통망과 농경이 발달한 주요도시나 성에 사는 고구려계 주민들은 주현제로 편제되고, 주로 촌락에 거주하는 말갈계 주민들은 부족이나 부락별로 편제되어 있었기 때문에 일률적인 조세 수취가 이루어졌다. 그리하여 고구려계 주민은 공식적인 행정 체계에 따라 조세와 부역을 수취하였고, 말갈계 주민은 각 촌락의 수령을 통해 간접적으로 수취한 것으로 보인다(지학사, 51쪽).

금성출판사와 지학사의 교과서에서는 교통과 관련해 도시를 언급하고 있어 이채롭다. 통일신라의 9주 5소경과 발해의 5경 15부 62주를 운영할 수 있었던 도로망 등에 대한 세심한 배려는 보이지 않는다.

'고대 국가의 국제 교류와 문화 발전' 부분은 많은 내용이 교류와 관련되어 있다. 삼국의 대외교류, 삼국 상호 간의 교류, 삼국과 서역의 교류 등이 언급되었으며, 삼국이 일본에 문화를 전해준 사실, 가야 역시 활발하게 교역한 내용 등이 기술되었다. 이러한 교류의 결과 중국이나 서역의 문물이 활발하게 전래되었음도 지적되었다. 통일신라와 발해의 대외 교역에 대해서도 언급하였으며, 특히 발해가 서역과 교류한 사항도 지적되었다.

'삼국의 문화교류'

삼국은 중국과 서역의 여러 나라와 교류하며 문화를 발전시켰다. 한자를 사용하여 중국 문화에 대한 이해의 폭을 넓혔고, 유교 · 불교 · 도교 등 다양한 학문과 종교를 수용하였다.

고구려는 북중국이나 북방 민족 등 주변국과 교류 또는 대결하며 성장하였다. 그 과정에서 외래 문물을 비판적으로 수용하여 강건함과 패기 넘치는 문화를 이루었다. 백제는 주로 남중국과 교류하며 선진 문물을 수용했고, 중국과 가야 · 왜를 연결하는 서남해 교역을 주도하였다. 이에 문화의 수입과 전달에 큰 역할을 하면서 세련되고 우아한 귀족 문화를 꽃피웠다.

신라는 초기에 고구려와 백제를 통해 중국 문물을 수용했으나, 한강 유역을 차지한 이후 중국과 직접 교류하였다. 문화는 옛 전통이 오래 남아 있어 소박하면서도 조화미를 갖추었다. 한편, 삼국은 서로 경쟁하면서도 언어적 동질성을 기반으로 활발히 문화 교류를 하였다.

통일 후 신라는 삼국의 문화를 종합하여 민족 문화의 기틀을 마련했고, 당 · 인도 · 이슬람 문화도 받아들여 문화에 세련미를 더하였다. 또한, 불국토의 이상을 추구하며 통일과 균형의 미가 돋보이는 예술을 완성하였다(미래엔, 46~47쪽).

'삼국의 일본에 문화 전파'

　삼국과 가야는 일찍부터 많은 사람이 일본에 건너가 선진 문화를 전파하여, 고대 국가의 성립과 아스카 문화 발전에 큰 영향을 주었다.

　일본과 정치적으로 가장 밀접했던 백제는 오경박사, 의박사, 역박사 등을 파견하여 유교와 의학, 천문, 역법 등을 전해 주었다. 또한, 불교와 함께 불상 조각, 건축 등을 전파하여 일본 고대 문화 발전에 중요한 역할을 하였다. 고구려는 불교, 회화 등 선진 문화를 일본에 전해 주었다. 승려 담징은 종이, 먹 등의 제조 기술과 5경을 전하였고, 승려 혜자는 쇼토쿠 태자의 스승이 되었다. 신라는 조선술과 축제술을 전해 주었다. 축제술 전파를 계기로 일본에 '한인의 연못'이라는 이름이 생기기도 하였다. 가야는 일본의 철기 문화 발달에 기여했고, 가야 토기는 일본 스에키에 영향을 주었다.

　남북국의 문화도 일본에 전해졌다. 신라의 유교와 불교문화는 하쿠호 문화 발달에 영향을 끼쳤고, 발해의 음악도 일본에서 연주되었다 (미래엔, 47쪽).

'발해의 교역과 교류(신라도)'

　통일 신라와 발해 역시 대립과 갈등 속에서도 교류와 협력을 이어 갔다. 최치원을 비롯한 신라인들이 발해를 북국이라고 지칭한 것으로 보아 발해인은 신라를 남국으로 인식하였을 것으로 여겨진다. 발해는 주변국들과 교류할 수 있는 다섯 개의 교통로를 정비하였는데, 그 중의 하나가 신라로 통하는 길인 신라도였다. 또한, 신라는 국경에 발해로 가는 관문을 설치하는 등 양국이 활발히 교류하였다(금성, 68쪽).

'서역과의 교류'

　우리나라 고대 국가들은 북방 초원, 중앙아시아 및 서아시아 지역과도 활발하게 교류하였다. 고구려는 북방 초원의 유목 문화와 더불어 서역 문화를 받아들였는데, 고분 벽화에 서역 계통의 악기나 오락 장면 등이 많이 등장한다.

　신라 고분에서 이른 시기부터 서역산 물품이 발견되고 있다. 통일 신라 때에는 아라비아 사람들이 신라까지 와서 교역을 하거나 정착하였다. 그리하여 신라에서는 아라비아산 향료, 약재, 공예품 등이 크게 유행하였고, 신라는 아라비아 지역에 '황금이 풍부한 살기 좋은 나라'로 알려졌다.

발해는 북방 초원이나 중국 대륙을 통해 서역 지역과 활발히 교류하였는데, 소그드 은화, 고대 동방 기독교의 일파인 네스토리우스파 크리스트교(경교)의 십자가 등이 발견되고 있다(금성, 70쪽).

삼국과 남북국이 중국 및 일본, 그리고 서역과 활발하게 교류함으로써 다양한 문물이 오고갔음을 기술하고 있다. 고대 국제교류는 다른 교과서에서도 충실하게 언급되어 있다. 지학사의 교과서에서는 '삼국과 가야가 중국 군현과 교류하다', '중국과 직접 교역하다', '일본과 교역하며 문화를 전파하다'(지학사, 56~58쪽), '통일 신라가 세계 각지와 교류하다', '발해가 당 및 일본과 교류하다', '통일 신라와 발해가 일본으로 문화를 전파하다'(지학사, 60~62쪽) 등의 항목으로 풍부한 내용을 기술하고 있다. 비상교육과 천재교육 출판의 교과서에서는 다음과 같은 소항목의 이름으로 기술되어 있다.

- 삼국과 가야의 대외 교류 / 삼국과 가야 문화의 일본 전파(비상교육, 56~57쪽)
- 통일 신라와 발해의 대외 교류(비상교육, 61쪽)

- 삼국의 교류와 문화전파(천재교육, 41쪽)
- (통일)신라의 대외 교류와 해상 무역 / 발해의 대외교류(천재교육, 52~53쪽)

이처럼 삼국 및 남북국의 국제 교류에 대해서는 상세한 내용이 기술되어 있다. 이것은 교육과정에서 '교류'를 강조한 점과 깊이 연관된다. 그러나 문물의 교류에 초점이 두어져 있을 뿐 교통로나 교통수단, 이동하는 사람의 유형 등에 대한 고려는 별로 찾아지지 않는다.

고대의 교통과 관련해 발해의 주작대로를 언급한 것이 주목을 끈다.[24] 발해의 상경성 일대에 있던 주작대로는 교통의 관점에서 유의할 만하다.

7차 교육과정에 따른 국사는(2002~2010 사용) 국정으로 편찬되었으며, 전근대만을 다루고 있어 분량이 많다. 정치 영역에서는 풍부한 사항이 기술되어 있지만, 교류와 교역을 강조하지 않아 교통과 관계된 언급이 소략하다. 다만 국제교역과 관련한 내용은 비교적 풍부한데, 적기해 보면 다음과 같다.

> · 삼국의 국제무역은 4세기 이후에 크게 발달하였다. <u>고구려는 남북조 및 유목민인 북방 민족과 무역을 하였다. 백제는 남중국 및 왜와 무역을 활발하게 전개하였다.</u> 신라는 한강 유역을 획득하기 이전에는 고구려와 백제를 통하여 중국과 무역을 하였으나, 한강 유역으로 진출한 이후에는 당항성을 통하여 직접 교류하였다 (국정, 136쪽).

> · 처음에는 일본과 교류를 제한하여 무역이 성행하지 못하였으나, 8세기에 이르러 활발해졌다. 한편, 국제무역이 발달하면서 이슬람 상인이 울산에까지 와서 무역하였다.
> 8세기 이후 동아시아의 무역 활동이 활발해져, <u>장보고는 완도에 청해진을 설치하고 해적을 소탕하여 남해와 황해의 해상 무역권을 장악하였다.</u>
> 무역 확대로 산둥 반도와 양쯔강 하류에 신라인의 거주지인 신라방과 신라촌, 신라인을 다스리는 신라소, 여관인 신라관, 절인 신라원이 만들어졌다(국정, 139쪽).

---

24) "발해의 상경성은 외성을 쌓고 남북으로 뻗은 주작대로를 내었는데, 당의 장안성과 구조가 비슷하다."(미래엔, 56쪽)

· 발해는 당, 신라, 거란, 일본 등과 무역하였다. <u>특히 당과는 해로와 육로를 이용하여 무역을 하였는데,</u> 당은 산둥 반도의 덩저우에 발해관을 설치하고 발해 사람들이 이용하게 하였다. 일본과의 무역도 규모가 한 번에 수백 명이 오갈 정도로 활발하였다.
발해의 수출품은 주로 모피, 인삼 등 토산물과 불상, 자기 등 수공업품이었다. 수입품은 귀족의 수요품인 비단, 책 등이었다(국정, 140쪽).

그리고 일본에 문화를 전파한 사실은 '삼국문화의 일본 전파', '일본에 건너간 통일 신라 문화'(국정, 267~268쪽)의 소항목 하에 기술하고 있다.

2010 개정 교육과정에 따른 한국사에서는 전근대의 서술이 매우 소략하므로 당연히 교통과 관련한 내용도 풍부하기 어렵다. 정치사 중심의 서술에서 팽창, 정복, 전쟁 등이 언급된 항목은 다음과 같다.

· 고구려, 앞서서 고대국가로 발전하다 / 백제, 한강 유역을 중심으로 성장하다 / 신라, 김씨에 의한 왕위세습권을 확립하다(미래엔2010, 22~24쪽)
· 백제, 먼저 삼국 항쟁의 주도권을 잡다 / 고구려, 동아시아의 패권을 쥐다 / 신라, 한강 유역을 차지하고 삼국 항쟁의 주도권을 쥐다(미래엔2010, 25~29쪽)
· 삼국의 국제 교류가 활발해지다 / 삼국 문화, 일본에 전파되다(미래엔2010, 30~31쪽)
· 남북국, 활발한 국제 교류를 통해 발전하다(미래엔2010, 37쪽)
· 4세기 백제 전성기를 맞다 / 5세기, 고구려 광개토 대왕 만주를 차지하다 / 6세기 신라가 한강을 차지하다(비상교육2010, 26~28쪽)
· 삼국시대의 동북아시아 문화 교류(비상교육2010, 33쪽)
· 통일 신라의 문화와 대외교류(비상교육2010, 36~37쪽)
· 발해의 문화와 대외 교류(비상교육2010, 39쪽)

고대 교통사와 관련해 주목되는 단어는 이상처럼 이동·전쟁·교류·교역 등이다. 그리고 외국과의 문화 교류에 대해서는 상세한 내용이 기록되어 있다. 국내의 교통에 대한 기술은 매우 불충분하다. 다만 신라의 교통·운송, 발해의 주작대로가 언급되는 데 그치고 있다. 도로의 구조 및 도로망, 교통수단, 교통정책, 도로의 부대시설 등에 대해서는 거의 언급이 없다. 최근의 연구성과를 고려하면 매우 빈약한 서술이라고 볼 수 있다.

삼국 간 전쟁의 성패가 도로망의 확보과 깊이 연관된다는 점은 강조할 필요가 있어 보인다. 교통에 관한 풍부한 내용은 생활상을 기술하는 부분에서 언급할 만 하다. 국가의 주요 간선도로, 도성내의 도로시설, 수레와 말 등도 기술하면 좋을 듯 하다. 고대의 지방행정 제도 운영에서 교통로가 갖는 중요성, 국가의 교통정책도 언급이 필요한 사항이라고 여겨진다.

IV. 고려시기 교통사 서술 내용 검토

고려시기 교통 분야에서는 최근 활발한 연구가 이루어지고 있다. 조운제와 역참제가 많이 연구되었고, 대외교류에 관해서도 주목할 만한 연구가 있으며, 도로 유구를 발굴한 성과가 있다. 중서부 일대의 간선교통로의 위치 및 변천을 추적한 성과, 嶺路와 驛道 관계를 해명한 것, 조운선의 재질 구조 및 적재량 등을 밝힌 것 등은 최근의 성과로서 주목을 끈다.[25]

---

25) 최근의 성과로서 주목할 만한 것을 제시하면 다음과 같다. 국립해양문화재연구소, 『고려, 뱃길로 세금을 걷다』, 예맥, 2009; 李鎭漢, 『高麗時代 宋商往來 研究』, 경인문화사, 2011; 곽유석, 『고려선의 구조와 조선기술』, 민속원, 2012; 박종기 외, 『한국해양사III(고려시대)』, 한국해양재단, 2013; 한정훈, 『고려시대 교통운수사 연구』, 혜안, 2013; 문경호, 『고려시대 조운제도 연구』, 혜안, 2014; 정요근, 「高麗前期 驛制의 整備와 22驛道」, 『韓國史論』56, 서울大 國史學科, 2001; 서영일, 「남한강 수

또한 고려 시기에는 교통과 관련해 사원이 중요한 기능을 담당하였는데 이 부분에 관해서도 연구가 행해지고 있다.[26]

교육과정에서는 2014년 이후 현행 교과서의 고려시기 내용요소로 다음과 같은 5가지가 제시되어 있다.

[표 9] 현행 한국사 교과서 고려시기 영역의 내용 요소

2. 고려 귀족 사회의 형성과 변천(5개 내용 요소)
  ○ 고려의 건국과 동아시아의 정세
  ○ 고려의 경제 제도와 경제 생활
  ○ 고려의 신분 제도와 사회 모습

로(水路)의 물자유통과 흥원창(興元倉)」,『史學志』37, 2005; 金澈雄, 「고려와 大食의 교역과 교류」,『文化史學』25, 2006; 백승호, 「高麗 商人들의 對宋貿易活動」,『歷史學研究』27, 2006; 위은숙, 「13 · 14세기 고려와 요동의 경제적 교류」,『民族文化論叢』34, 영남대, 2006; 정요근, 「고려중 · 후기 '임진도로(臨津度路)'의 부상(浮上)과 그 영향」,『역사와 현실』59, 2006; 白承鎬, 「고려의 대송 민간무역」,『중국과 중국학』6, 2007; 김영제, 「麗宋交易의 航路와 船舶」,『歷史學報』204, 2009; 박상은 · 손혜성, 「道路遺構에 대한 분석과 조사방법」,『野外考古學』7, 2009; 정요근, 「고려시대 驛 분포의 지역별 불균등성」,『지역과 역사』24, 2009; 전영섭, 「10~13세기 동아시아 교역권의 성립과 海商활동」,『해양도시문화교섭학』3, 2010; 정요근, 「고려시대와 조선전기 전남지역의 역로망 구성과 그 특징」,『지방사와 지방문화』13-2, 2010; 한정훈, 「고려시대 險路의 교통사적 의미」,『역사와 담론』55, 2010; 강재광, 「對蒙戰爭期 서 · 남해안 州縣民의 海島入保抗戰과 海上交通路」,『지역과 역사』30, 2012; 모시히라 마사히코, 「목은 이색의 두 가지 入元 루트」,『진단학보』114, 2012; 이병희, 「고려시기 벽란도의 '해양도시'적 성격」,『도서문화』39, 목포대 도서문화연구원, 2012; 한정훈, 「고려말 · 조선초 경상도 해안 역로망의 재편성」,『지역과 역사』30, 2012; 한정훈, 「고려 · 조선초기 낙동강유역 교통 네트워크 연구」,『대구사학』110, 2013; 한정훈, 「한국 중세 漕運史 시기구분 試論」,『지역과 역사』35, 2014 ; 문경호, 「여말 선초 조운제도의 연속과 변화」,『지방사와 지방문화』17-1, 2014.

26) 사원이 교통과 관련해 중요한 역할을 하였음은 다음의 글이 참조된다. 이병희, 「高麗時期 院의 造成과 機能」,『靑藍史學』2, 한국교원대, 1998: 「高麗時期 僧侶와 말[馬]」,『韓國史論』41 · 42합집, 서울대 국사학과, 1999; 김병인, 「高麗時代 寺院의 交通機能」,『全南史學』13, 1999.

○ 고려의 사상적 특징
○ 고려의 대외 관계와 고려 사회의 개방성

내용 요소 가운데 대외관계와 개방성이 포함되어 있으므로 교과서는
국제 교류 및 교역에 대해서 많은 내용을 서술하게 된다.

[표 10] 현행 교과서의 고려시기 교통 관련 내용

내용요소	교과서의 관련 내용
고려의 건국과 동아시아의 정세	왕건은 해상무역으로 성장, 발해 멸망 뒤 왕자 대광현 등이 고려에 옴, 북진정책, 성종대 12목에 지방관 파견, 고려의 지방행정제도 편제, 국방상의 요충지에 진이 설치됨, 묘청의 서경 천도 운동, 동북면 병마사 김보당의 난, 서경유수 조위총의 난, 농민·천민의 난, 몽골의 침입, 삼별초 항쟁, 일본 원정
고려의 경제 제도와 경제 생활	지방의 조세는 조운을 통해 개경으로 운반, 역의 징수, 지방 시장에서의 교역 활동, 조운로를 따라 상업활동이 이루어짐, 원(院)의 발달
고려의 신분 제도와 사회 모습	개경·서경·12목에 설치된 상평창, 여성의 지위
고려의 사상적 특징	불교의 숭상, 풍수지리서, 역법(曆法)의 발달(당의 선명력, 원의 수시력과 대통력)
고려의 대외 관계와 고려 사회의 개방성	왕건이 중국 5대와 교류, 중국의 발달된 문물을 수용, 송과의 경제 교류, 송과 활발한 문화 교류, 송의 도자기 기술과 대성악 영향, 요·금·일본과의 교류, 거란의 침입, 동북 9성 개척, 원간섭기의 교류 활발, 쌍성총관부, 홍건적과 왜구의 침입, 벽란도는 무역항으로 번창, 원의 송설체 유행, 경천사지 10층 석탑은 원의 영향, 서역의 외국인이 고려에 들어옴, 이슬람의 천문학·역법·수학 전래

'고려의 건국과 동아시아의 정세' 부분에서 교통과 관련한 내용으로는 왕건이 해상무역으로 성장한 것, 발해가 멸망한 뒤 왕자 대광현 등이 고려에 이동해 온 것, 고려의 북진정책, 국방상의 요충지에 진이 설치된 것 등을 찾을 수 있다. 그리고 묘청의 서경천도 운동, 김보당과 조위총의 난도 부분적으로 관계되며, 몽골의 침입과 삼별초의 항쟁은 교통로와의 관련성이 비교적 높은 것으로 지적할 수 있다. 삼별초의 몰락은 해상 교통의 엄청난 위축을 초래한 사건으로 보인다. 아래의 자료는 교통과 관계된 내용의 일부이다.

> · 태조 왕건은 호족 세력을 적극 통합하는 한편, 중국 5대의 여러 나라와 교류하면서 후백제와 경쟁하였다. … 한편, 발해가 거란에 멸망한 뒤, 왕자 대광현이 고구려계를 포함한 많은 유민을 이끌고 고려에 망명해 오자, 태조는 이들을 우대하여 받아들였다(미래엔, 62쪽).

> · 5도는 일반 행정 구역으로, 안찰사가 파견되어 도내를 순찰하였다. 도 아래에는 주·부·군·현과 특수 행정 구역인 향·부곡·소 등이 있었다. 각 지역에는 지방관(수령)이 파견되었지만, 실제로는 수령이 파견되는 주현보다 파견되지 않는 속현이 더 많았다. 양계는 군사 행정 구역으로 병마사가 파견되었고, 국방상 요충지에는 진이 설치되었다(미래엔, 66쪽).

교통과 연관된 내용을 여럿 포함하고 있지만, 직접적인 관련을 갖는 것은 거의 보이지 않는다. 중국 5대 여러 나라와 교류하는 교통로, 발해민들이 고려에 들어오는 이동경로, 지방행정의 운영에서 도로망의 확보와 정비가 중요했던 점 등은 언급할 만한 사항이라고 여겨진다.

'고려의 경제제도와 경제생활'에서는 조운을 언급하고 있다.

· 조세는 토지를 논과 밭으로 구분한 뒤, 비옥도에 따라 3등급으로 나누어 수확량의 10분의 1을 부과하였다. 지방에서 거두어들인 조세는 큰 강이나 바닷가에 위치한 조창에 모은 뒤, 조운을 통해 개경으로 운반하였다(미래엔, 79쪽).

· 각 군현에서 거두어진 조세는 조창까지 운반되었고, 이는 조운을 통해 개경으로 옮겨졌다. 이 곡식 중 일부는 1년에 두 차례로 나누어 관리의 녹봉으로 지급되었다(천재교육, 85쪽).

· 농민은 일반적으로 조세, 공납, 역을 부담하였다. 조세는 토지의 비옥도에 따라 등급을 나누어 토지 소유자에게 수확량의 10분의 1을 거두었다. 각 지역에서 거둔 조세는 농민을 동원하여 조창까지 옮긴 다음 조운을 통해 개경으로 운반하였다. … (금성, 103쪽).

· 세금을 거두는 일은 수령의 책임이었으며 향리들이 실무를 담당하였다 이 때 각 군현마다 토지와 인구의 규모를 기준으로 납부해야 할 세금의 액수가 정해져 있었다. 따라서 권세가가 세금을 내지 않으면 힘없는 백성이 더 많이 내야 하는 문제점이 발생하였다. 각 지방에서 거둔 조세와 공물 등은 배에 실어 수도인 개경으로 운반하였는데 이를 조운이라 한다(지학사, 88쪽).

조운은 조세로 거둔 곡식을 선박을 이용해 개경으로 운반하는 제도이다. 이 조운제에 대해서는 모든 교과서가 언급하고 있다. 해상의 길, 운송의 수단인 선박, 운송의 대상물인 곡식을 포함하고 있어 교통과 직접 관련한 주제이다. 조운제 이외에도 지방의 시장, 조운로를 따라 상업활동이 활발하였다는 것, 원이 발달한 점 등도 서술되어 있다.

· 개경과 서경, 동경(경주) 등 대도시에는 서적, 약, 술, 차 등을 파는 관영 상점을 설치했고, 도시 거주민이 일용품을 구매할 수 있

는 비정기 시장이 열리기도 하였다.

지방에는 시장이 열려 농민, 수공업자가 물품을 교역했고, 행상도 들어와 활동하였다. 사원도 곡물이나 수공업품을 판매하며 상업활동에 적극 참여하였다.

후기에는 상업이 더욱 발달하여 시전의 규모가 확대되었다. <u>조운로를 따라 곡물과 생선, 도자기, 소금 등의 교역이 이루어졌으며, 행상의 활동도 더욱 활발해졌다. 육상 교역이 늘면서 여관인 원(院)이 발달하여 상업의 중심지 역할을 하였다.</u> 상업 발달에 힘입어 부를 축적해 관리가 되는 상인, 수공업자도 생겨났다. 한편, 정부는 재정 확대를 위해 소금의 전매제를 실시하였다(미래엔, 81쪽).

· 지방에서는 관아 근처에 장시가 열려 사람들이 쌀, 베 등 일용품을 서로 바꾸었다. 행상들은 장시에서 물품을 팔거나 마을을 돌아다니면서 상업활동을 하였다. <u>지방에서 행상의 활동이 두드러지면서 조운로는 상선의 상업로로 이용되었다. 그리하여 여관으로 만들어진 원이 상업활동의 중심지가 되기도 하였다.</u> 사원에서도 직접 생산한 곡물이나 수공업품을 민간에 팔았다(지학사, 92쪽).

경제 생활의 부분에서는 이처럼 교통과 깊이 관련된 내용이 몇몇 확인된다. 조운로를 따라 교역이 이루어졌다는 것, 원이 상업의 중심지 역할을 하였다는 것이 주목된다. 원을 주로 불교계에서 운영한 사실은 언급할 필요가 있을 것이다.

'고려의 신분제도와 사회 모습'에서는 교통과 관련이 깊은 내용이 거의 보이지 않는다. 이곳에서 교통과 관련한 이동수단, 도로망, 도로의 부대시설, 이동하는 사람의 유형과 물화의 종류 등을 기술할 필요가 있을 것이다. '고려의 사상적 특징' 부분에서도 교통과 관련한 사항을 찾기 힘들다.

'고려의 대외 관계와 고려 사회의 개방성' 부분에서는 외국과의 접촉, 교류, 교역에 관련된 내용이 풍부하게 제시되어 있다. 왕건이 중국의 5대와 교통한 사실, 송과 활발한 교류를 전개한 것, 요 · 금과 교류한 문물, 거란 · 여진과의 전쟁, 원간섭기의 교류 등이 언급되었다.

'송과의 교류'

고려는 선진문물을 수입하가 위해 송과의 교류에 주력하였다. 사신과 상인이 자주 왕래하며 교역했고, 유학생과 유학승도 많았다.

무역은 공무역이 주를 이루었지만 사무역도 있었다. 신라 때부터 이어져 온 무역은 건국 초에는 활발했으나 국가의 통제로 점차 쇠퇴하였다. 사무역의 형태도 상인이 사신과 동행하여 교역하는 방식으로 자리 잡아갔다. 무역로는 북방에 거란, 여진이 있었던 까닭에 주로 바닷길이 이용되었다. 이에 따라 개경에서 가까운 예성강 어귀의 벽란도가 무역항으로 번창하였다.

송에서는 주로 서적, 약재 또는 지배층의 사치품 등을 수입했고, 금 · 은과 인삼, 종이, 먹 등을 수출하였다. 금 · 은의 유출과 사치품의 수입은 고려에 경제적 부담이 되었다(미래엔, 82쪽).

'거란 · 여진 · 일본과의 교류'

거란 · 여진과의 무역은 송에 비해 활발하지 못하였다. 거란과의 교역은 공무역이 주를 이루었으며, 거란이 더욱 적극적이었다. 여진과의 무역은 사신이 와서 고려에 공물을 바치는 형식으로 이루어졌는데, 고려는 이를 통해 북방을 안정시키려 하였다. 거란과 여진은 은, 말, 모피 등을 가져와 곡식이나 농기구 등으로 바꾸어 갔다.

일본과의 무역은 일본 상인이 왕에게 토산물을 바치면 왕이 답례품을 하사하는 형태였는데, 고려가 무역에 제한을 두기도 하였다. 주로 수은과 유황 등이 들어오고 인삼, 곡식, 서적 등이 수출되었다.

한편, 팔관회가 열릴 때면 송의 상인은 물론 여진, 일본 등의 상인이 방문하여 왕에게 각종 물품을 바쳤다. 왕은 이들에게 답례품을 하사하고 무역을 허가하였다. 이때 아라비아의 상인도 송을 거쳐 고려에 방문하였다. 교류는 몇 차례 불과했으나, 한 번에 100여 명의 상인이 올 정도로 그 규모가 컸다. 이들은 고려에서는 볼 수 없었던 향료, 상아, 공작 등 진귀한 물건을 바쳤다(미래엔, 82~83쪽).

'원과의 활발한 교류'

원 간섭기에 고려는 원을 통해 세계 시장과 연결되면서 대외 교역이 더욱 활발해졌다. 그러나 금·은 등의 물품이 유출되고 공녀와 노비 등 많은 사람이 끌려가 문제가 되기도 하였다.

공무역은 고려에서 예물을 보내고 원이 답례하는 형식으로 이루어졌다. 양국 사이에 혼인관계가 성립되면서 왕과 사신의 왕래가 빈번해지자 교역량이 늘어났다. 사무역은 공무역보다 규모가 더 컸으며, 왕이나 사신의 수행원을 통하거나 상인이 육로로 요동을 거쳐 대도(베이징)을 왕래하며 이루어졌다. 그러나 고려의 물자 유출, 특히 은의 유출은 경제에 심각한 타격을 주기도 하였다.

한편, 아시아와 유럽에 걸친 몽골 제국의 성립으로 동서 교류가 활발해지면서 색목인이라 불린 서역의 외국인들도 고려에 들어왔다. 이들 중 일부는 고려에 귀화하여 벼슬을 하거나 상업에 종사하기도 하였다(미래엔, 83쪽).

이처럼 송·요·금 및 원과의 교류에 대해서는 상세한 내용을 수록하고 있다. 고려에서 나가는 물화와 고려에 들어오는 물화가 자세하게 기술되어 있다. 오고가는 상인과 사신에 대해서도 언급하고 있으며, 해로와 육로에 대해서도 기술하고 있는데, 좀더 구체적인 내용을 제시하는 것이 바람직해 보인다. '교류'를 강조하는 교육과정이 설정되어 있기 때문에 풍부한 외국과의 교류를 기술하고 있는 것이다. 그리고 국제 무역항인 벽란도에 대해서 모든 교과서가 언급하고 있다.[27] 해상교통과 육상교통이 만

---

27) · 개경 근처의 벽란도는 여러 나라 상인들이 드나드는 국제적인 무역항으로 크게 번성하였다(천재교육, 88쪽).
  · 개경을 연결하는 예성강 입구의 벽란도는 조세와 공물이 통과하는 중요한 통로 역할을 하며 무역과 상업의 중심지로 성장하였다(지학사, 92쪽).
  · 국내 상공업과 더불어 무역도 활발하여 예성강 하구의 벽란도가 국제 무역항으로 크게 번창하였다. 고려 전기의 대외 무역은 상인이 해외로 진출하는 경우도 있었지만 대개는 중국 상인을 비롯한 외국 상인들이 고려에 찾아오는 방식으로 이루어졌다(금성, 108쪽).

나는 항구로서 주목하고 있는 것이다.

　국제교역을 강조하는 것은 다른 교과서도 마찬가지이다. 비상교육과
지학사 교과서는 다음과 같은 소항목 하에 그 내용을 서술하고 있다.

· 국제 무역(비상교육, 90쪽)
· 고려전기의 문화 교류(비상교육, 107쪽)
· 고려후기의 문화교류(비상교육, 110쪽)

· 벽란도에서 무역이 이루어지다(지학사, 93쪽)
· 송과 활발하게 교류하다(지학사, 117~119쪽)
· 원과의 교류, 고려사회를 바꾸다(지학사, 120~124쪽)

　7차 교육과정의 국정 교과서에서는 전체 분량이 많기 때문에 교통과
관계된 특이한 사항을 기술하고 있는 수가 있다.

· 문벌귀족이나 권문세족은 큰 누각을 짓고 사치스러운 생활을 하
였을 뿐만 아니라, 지방에 별장도 가지고 있었다. 이들이 외출할
때에는 남녀 모두가 시종을 거느리고 말을 타고 다녔으며, 중국
에서 수입한 차(茶)를 다점에서 즐기기도 하였다(국정, 146쪽).

· 배를 만드는 기술도 발달하였다. 송과 해상 무역이 활발해짐에
따라 길이가 96척이나 되는 대형 범선이 제조되었다. 각 지방에
서 징수한 조세미를 개경으로 운송하는 조운 체계가 확립되면
서 1,000석의 곡물을 실을 수 있는 대형 조운선도 등장하였는
데, 이는 주로 해안 지방의 조창에 배치되었다.
고려 말에는 배에 화포를 설치하여 왜구 격퇴에 활용하였다. 이
경우, 배의 구조를 화포의 사용에 알맞도록 흔들림이 적게 개선
하였을 것으로 짐작된다(국정, 280쪽).

이 내용은 현행의 교과서에 전혀 보이지 않는 내용이다. 교통 수단으로 말을 활용하고 있음이 구체적으로 언급되어 있다. 고려시기 말이 교통수단으로서 갖는 의미는 매우 중요한데 이 점을 지적한 것이다. 수상교통에서 중요한 배에 관해 상세히 언급함으로써 당시인의 교통수단에 대한 이해를 크게 돕고 있다. 물론 국정 교과서에도 조운제(국정, 143~144쪽)나 행상(국정, 148쪽), 벽란도에 대한 기술(국정, 149~150쪽)이 찾아진다.

2010개정교육과정에 따른 교과서도 분량은 많지 않지만, 국제 교역과 교류에 대한 기술이 찾아진다. '고려의 활발한 대외 교류'(미래엔2010, 51쪽)의 항목으로 기술한 내용이 보이고, 또 벽란도도 언급하고 있지만(비상교육2010, 57쪽) 전체적으로 매우 소략하다.

전체적으로 보면 현행의 한국사 교과서는 국제교류에 대해서 언급한 내용이 비교적 많아서, 문화와 재화가 오고감이 풍부하게 기록되어 있다. 그러나 교통로에 관해서는 막연히 언급하였을 뿐이고, 특히 육로에 대해서는 구체적인 언급이 부족하다.

국내의 교통과 관련한 내용으로서 주목된 것은 조운제이며, 지방의 장시를 언급함으로써 교역망을 간접적으로 시사하고 있을 뿐이다. 그러나 조운로를 따라 상업이 발달하였다는 내용, 교통로상의 중요 지점에 원이 위치했다는 기술 등을 돋보이는 내용이다. 국정 교과서에서 교통수단으로 말을 언급한 점, 배를 만드는 구체적인 내용을 기술한 점은 크게 주목을 끈다.

그리고 역참제에 대한 언급이 거의 보이지 않는다. 또한 국내의 간선도로와 지선도로, 도로망의 변천 등에 대해서 전혀 관심을 기울이고 있지 못하다. 도로의 부대시설이나 국가의 교통정책에 대해서도 언급이 거의 없다. 고려시기 불교계가 숙박의 기능을 담당한 점이나, 또 중요한 교통로에 사찰이 위치하고 있는 점 등은 기술할 필요가 있을 것이다. 여성의 활발한 사회활동이 사찰을 중심으로 한 교통로의 발달과 관련된다는 점에 대해서도 고려할 필요가 있겠다.

V. 조선시기 교통사 서술 내용 검토

조선시기 교통사 분야에서의 연구성과는 비교적 풍부하다. 조선초 도로망과 역참제의 정비, 조운제의 운영, 봉수제 정비 등에 대해서는 상당한 연구성과가 축적되었다.[28] 조선후기 장시와 포구를 중심으로 한 유통망이 밝혀졌으며, 선운업에 관해서도 중요한 연구의 축적이 있다.[29] 교통

28) 崔完基,『朝鮮後期 船運業史研究』, 一潮閣, 1989; 조병로,『한국근세 역제사 연구』, 국학자료원, 2005; 김주홍,『조선시대 봉수연구』, 서경문화사, 2011; 차용걸·김주홍,『지지와 고지도로 본 북한의 봉수』, 서경문화사, 2011; 朱雄英,「朝鮮時代 漢陽定都와 慶尙道地域의 烽燧制 運營」,『鄕土史硏究』7, 韓國鄕土史硏究全國協議會, 1995; 劉善浩,「朝鮮初期의 驛路와 直路」,『歷史敎育』70, 1999; 李志雨,「傳統時代 馬山地域의 漕運과 漕倉」,『加羅文化』16, 慶南大 加羅文化硏究所, 2002; 박경룡,「漢江의 漕運硏究」,『洪景萬敎授停年紀念 韓國史學論叢』, 韓國史學論叢刊行委員會, 2002; 이철성,「조선후기『輿地圖書』에 나타난 인천 지역의 田結稅와 漕運路 연구」,『인천학연구』6, 2007; 안길정,「『조행일록』으로 본 19세기 조운의 운영실태」,『史林』29, 首善史學會, 2008; 정요근,「조선초기 驛路網의 전국적 재편」,『朝鮮時代史學報』4, 2008; 곽호제,「고려~조선시대 泰安半島 漕運의 실태와 運河掘鑿」,『지방사와 지방문화』12-1, 2009; 김주홍,「朝鮮後期 慶尙道의 內地烽燧 運用」,『향토경북』10, 경상북도향토사연구협의회, 2012; 韓禎訓,「조선 건국기 漕運體制의 정비와 그 의미」,『진단학보』120, 2014; 六反田豊,「朝鮮成宗代の漕運政策論議－私船漕運論を中心として(上·下)」,『史淵』136·137, 九州大學文學部, 1999·2000.
29) 崔完基,『朝鮮後期 船運業史研究』, 一潮閣, 1989; 고동한,『조선후기 서울 상업발달사연구』, 지식산업사, 1998; 한국문화원연합회 편,『장시와 교통체계』, 민속원, 1998; 무라야마 지준 지음,『조선의 장시연구』, 민속원, 2014; 김종혁,「朝鮮後期 漢江流域의 交通路와 場市」, 高麗大 地理學科 博士論文, 2001; 崔完基,「조선후기 강경 포구에서의 선상활동」,『歷史敎育』79, 2001; 全德在,「조선시대 영남지역 포

수단에 대한 관심이 높아지고 있으며, 도로 자체에 대해서도 상당한 연구가 이루어지고 있다.[30] 교통과 관련한 실학자의 개혁론도 관심의 대상이 되었다.[31] 국제 교류에 대해서도 많은 연구가 있어, 명과의 물화 교류, 일본이나 청과의 활발한 교역 등에 관한 풍부한 사실이 해명되었다.[32]

　교육과정에 의거하면, 현행 교과서의 조선시기 서술내용은 [표 11]과 같은 내용으로 구성되어 있다.

구와 나루의 변천」,『島嶼文化』28, 목포대 도서문화연구소, 2006; 변남주,「영산강 상류지역 포구와 바닷배 뱃길 여부 검토」,『지방사와 지방문화』15-1, 2012.

30) 崔永俊,『嶺南大路』, 高麗大民族文化硏究所, 1990; 김봉우,『경남의 옛길, 옛길의 문화』, 집문당, 2006; 이정재 외,『남한강 수운의 전통』, 한국학술정보, 2007; 조병로,『조선시대 경기지역의 관방과 교통 연구』, 국학자료원, 2013; 李惠恩,「朝鮮初期 交通網과 交通手段에 관한 硏究」,『國史館論叢』80, 1998; 鄭演植,「조선시대의 수레에 대하여」,『인문논총』6, 서울여대 인문과학연구소, 1999; 정연식,「조선시대의 도로에 관하여」,『韓國史論』41·42합집, 서울大 國史學科, 1999; 김동전,「18세기 제주도의 행정과 도로」,『耽羅巡歷圖硏究會論叢』, 濟州道·耽羅巡歷圖硏究會, 2000; 김종혁,「조선후기의 대로」,『역사비평』69, 2004; 권용대,「조선시대 울산지역의 도로와 역원 연구」,『과기고고연구』19, 아주대 박물관, 2013; 정치영,「조선시대 사대부들의 교통수단」,『문화역사지리』50, 2013 ; 윤용출,「조선후기 수레 보급 논의」,『한국민족문화』47, 부산대 한국민족문화연구소, 2013.

31) 류명환,『여암 신경준과 여주 도로고』, 역사문화, 2014; 崔完基,「朝鮮王朝의 道路政策과 實學者의 道路觀」,『典農史論』1, 서울시립대 국사학과. 1995; 趙炳魯,「磻溪 柳馨遠의 驛制改革論」,『朝鮮時代史學報』3, 1997; 이종범,「신경준-국토와 도로의 개념을 발견한 실학자」,『역사비평』62, 2003; 이기봉,「김정호의 길 정보 정리 및 표시에 대한 시론적 연구」,『韓國古地圖硏究』5-1, 한국고지도연구학회, 2013.

32) 저서를 중심으로 중요한 연구성과를 제시하면 다음과 같다. 이철성,『조선후기 대청무역사 연구』, 국학자료원, 2000; 정성일,『조선후기 대일무역』, 신서원, 2000; 유승주·이철성,『조선후기 중국과의 무역사』, 경인문화사, 2002; 조영록,『근세 동아시아 삼국의 국제교류와 문화』, 지식산업사, 2002; 우영란,『중·한 변계무역사 연구』, 신성출판사, 2004; 김종원·이양자,『조선후기 대외관계연구』, 한울아카데미, 2009; 하우봉,『조선시대 해양국가와의 교류사』, 경인문화사, 2014; 신태영·인쇄정,『조선과 명의 문명교류사』, 폴리테이아, 2015.

[표 11] 현행 한국사 교과서 조선시기 영역의 내용 요소

3. 조선 유교 사회의 성립과 변화(7개 내용 요소) ○ 조선의 건국과 유교적 통치 체제 정비, 국제 관계 ○ 조선의 신분제와 양반 문화 ○ 조선의 대외 관계와 양 난의 대내외적 영향 ○ 조선 후기의 정치 변동과 제도 개편 ○ 조선 후기의 사회 · 경제적 변동 ○ 조선 후기 사회 개혁론의 대두 ○ 서민 문화의 전개와 영향

이처럼 7개의 내용 요소가 언급되어 있는데 이 가운데 교통과 관련한
서술은 대외관계 부분, 사회 · 경제 변동과 사회개혁론에서 찾아진다.

[표 12] 현행 교과서의 조선시기 교통 관련 내용

내용요소	교과서의 관련 내용
조선의 건국과 유교적 통치 체제 정비, 국제 관계	홍건적 · 왜구의 격퇴, 위화도 회군, 한양으로의 천도, 정도전의 요동 정벌 추진, 전국을 8도로 편제, 봉수제 · 역참제 · 조운제 정비
조선의 신분제와 양반 문화	16세기 지방에 많은 유민이 발생, 15세기 후반부터 장시가 등장해 16세기 중엽 전국으로 확산
조선의 대외 관계와 양 난의 대내외적 영향	4군과 6진의 개척, 사민정책, 일본에 대해 토벌과 회유, 여진족의 잦은 침입, 일본 · 동남아시아 여러 나라와 교류, 3포 왜란과 을묘왜변, 임진왜란, 수군의 승리, 명의 지원군, 약탈해간 조선의 문화재와 학자 · 기술자를 통해 일본 문화가 발달, 통신사 파견, 호란의 발생, 북벌론의 전개, 나선 정벌, 백두산 정계비, 안용복이 독도가 조선의 영토임을 확인
조선 후기의 정치 변동과 제도 개편	(관련 내용 없음)

조선 후기의 사회·경제적 변동	어용 상인인 공인의 출현, 사상의 활발한 활동, 철기·유기·옹기를 생산하는 점촌이 곳곳에 형성, 잠채의 성행, 장시의 발달, 장시를 연결하는 공인과 사상, 포구의 상거래 활성화, 육상 운송과 수상 운송의 발달, 선상의 활동, 국경 지대에서 개시·후시 무역의 발달, 노비의 도망
조선 후기 사회 개혁론의 대두	박지원과 박제가는 수레와 선박의 이용 주장, 북학파는 청의 문물을 수용하자는 주장을 펼침, 지리지의 편찬, 김정호의 대동여지도, 자명종·화포·천리경의 전래, 세계지도인 '곤여만국전도'의 전래
서민 문화의 전개와 영향	천주교와 서학의 전래

'조선의 건국과 유교적 통치 체제 정비, 국제 관계'에서 교통과 관련한 사항을 들어 보면, 위화도 회군, 조선초 봉수제·역참제·조운제가 정비된 사실 등이다. 조선초 국내의 교통에 비교적 높은 관심을 기울였는데, 그 내용이 서술되어 있다. 수도 한양이 교통상 편리하다는 언급도 주목된다.[33]

봉수제·역참제·조운제는 교통로와 관련한 국가의 중요한 시책이므로 주목을 끄는 주제이다. 관련된 서술은 다음과 같다.

· 조선은 중앙 집권 체제와 국방 강화를 위해 봉수제와 역참제, 조운제 등 통신과 교통 제도를 정비하였다. 봉수제는 국경 지대의 군사적 위급 사태를 중앙에 신속히 알리기 위한 제도로, 한양의 목멱산(남산)에 이르는 봉수로가 정비되고 봉수대도 설치되었다. 역참은 전국의 주요 도로에 500여 개가 설치되었다. 역참에는

---

33) · 한양은 나라의 중앙에 위치해 전국을 다스리기 쉽고, 한강을 끼고 있어 교통이 편리하며 물자가 풍부하였다. 또 주변이 산으로 둘러싸여 있어 외적을 막는 데에도 유리하였다(미래엔, 107쪽).
· 한양은 한반도의 중심에 위치하며, 한강을 끼고 있어 교통이 편리하고, 산으로 둘러싸여 방어에도 유리하였다(천재교육, 110쪽).

역마를 두고 관청의 공문 전달과 공물 수송을 담당하게 하였다. 이와 함께 조운제를 운영해 각 지방에서 거둔 세금을 한양으로 운송하였다(미래엔, 111쪽).

· 토지 소유자는 원칙적으로 국가에 조세를 낼 의무가 있었다, 그러나 토지 소유자인 지주는 소작 농민에게 세금을 대신 내도록 강요하는 경우가 많았다. 조세는 쌀, 콩 등으로 납부하였는데, 군현에서 거둔 조세는 강가나 바닷가의 조창으로 운반하였다가 바닷길이나 강을 통하여 경창으로 운송하였다(금성, 154쪽).

교통상에서 한양이 유리하다는 점, 봉수제 · 역참제 · 조운제가 정비 운영되었다는 점 등이 제시되었다. 500여 개의 역참이 배치되어 있었던 것, 국경 지대에서 남산에 이르는 봉수로가 갖추어진 것, 바닷길이나 강을 통해 조세를 경창으로 운반한 것 등에 대한 서술은 돋보이는 사항이다. 8도제와 지방행정의 운영을 위해 교통로가 중요하였다는 점을 강조할 필요가 있어 보인다. 그리고 조선초 역원이 국가 주도 하에 재편되는 것이 갖는 의미에 대한 고려가 요망된다.

'조선의 신분제와 양반 문화' 부분에서는 교통과 관련된 내용을 찾기 힘든데, 다만 15세기 후반에 장시가 등장해 16세기 중엽에 전국적으로 확산된다는 사항이 주목된다.

'조선의 대외 관계와 양 난의 대내외적 영향' 부분에서 조선이 일본 · 동남아시아 여러 나라와 교류한 점, 명과의 교류, 양 난을 전후해 이루어진 교역 등이 풍부하게 제시되어 있다.

조선은 일본에 대해서도 토벌과 회유의 양면 정책을 취하였다. 고려 말 이후 왜구의 침략이 그치지 않자, 세종 때에는 이종무가 왜구의 소굴인 대마도를 토벌하였다. 이후 왜구가 진정되고 일본이 평화적 교역을 간청해 오자, 부산포, 제포(창원), 염포(울산) 등 3포를 개방해

제한된 범위 내에서 교역을 허용하였다.

　한편, 조선은 유구, 시암, 자와 등 동남아시아의 여러 나라와도 교류하였다. 이들은 각종 토산품을 조공 형식으로 조선에 가져왔고, 옷감이나 문방구 등을 답례품으로 받아갔다. 이를 통해 조선의 선진문물이 일본과 동남아시아 여러 나라에 전해졌다(미래엔, 115쪽).

　국제 교류가 이처럼 풍부하게 언급되고 있는데, 다른 교과서에도 국제교류는 상세하게 기술되어 있다. 지학사 교과서는 다음의 소항목 하에 그 내용을 제시하고 있다.

> ·명의 문화를 적극 수용하다 / 영토를 확장하고 여진을 회유하다 /
> 　3포를 열고 일본과 교역하다 / 유구 및 동남아시아 여러 나라와
> 　교류하다(지학사, 152~154쪽)
> ·일본에 통신사를 보내고 청에 연행사를 파견하다(지학사, 159~160쪽)

　지학사 이외에도 천재교육과(천재교육, 128~129쪽) 비상교육에서 발간한 책(비상교육, 142~144쪽)에도 교역 및 교류가 언급되어 있다.
　'조선 후기의 사회·경제적 변동' 부분에서는 국내 장시의 발달, 포구 상업의 발달, 상업의 발달을 전제로 한 유통망의 형성 등이 상세하게 제시되어 있다. 상업의 발달은 도로의 발달을 전제로 한 것이므로 교통사와 관련해 크게 주목할 사항이다.

> ·농업 생산력이 증대하고 유통 경제가 발달하면서 16세기에 비해
> 　장시의 수가 크게 늘어났다. 일정한 날짜에 모여 물품을 사고팔
> 　았던 지방의 장시는 5일 만에 열리는 것이 일반적이었다. 장시를
> 　무대로 활동했던 대표적 상인은 보부상이었다. 이들은 생산자와
> 　소비자를 연결해 준 행상으로, 순환하는 장날에 맞춰 장사를 하
> 　면서 각 장시를 하나의 유통망으로 연계시켰다. 아울러 자신들의

이익을 지키기 위해 보부상단이란 조합을 만들기도 하였다.

한편, 상품 교역량이 크게 늘자, 일부 장시는 상설 시장으로 발전하였다. 특히 18세기 말 송파장, 강경장, 원산장 등은 몇 개의 군현을 연결하는 상업 중심지로 성장하였다. 그 결과 이들 장시가 있던 광주, 은진, 덕원 등이 새로운 상업 도시로 발전하였다(미래엔, 139쪽).

· 조선 시대에는 도로와 수레가 발달하지 못해 대부분의 물화가 수로로 운송되었다. 이에 포구는 일찍부터 물화를 운송하는 기지 역할을 했으며, 유통 경제가 발달하면서 새로운 상업 중심지로 떠올랐다.

포구의 상거래는 수로를 이용한 교역이 활발히 이루어지면서 장시보다 규모가 훨씬 커졌다. 배를 가지고 상업 활동을 하는 선상의 활약으로 전국 각지의 포구는 하나의 유통망으로 연결되어 갔다. 또한, 주변 지역의 장시와 연계된 상품 유통의 거점 역할도 하였다.

한편, 포구와 규모가 큰 장시에서는 객주와 여각이 활동하였다. 이들은 운송업, 숙박업, 금융업 등에 종사하면서 물품의 매매를 중개하였다(미래엔, 139쪽).

· 장시가 발달함에 따라 육상 운송과 더불어 수상 운송도 발달하였다. 이에 따라 18세기에는 강경포, 원산포 등의 포구들이 상업의 중심지로 성장하였다. 이러한 포구를 거점으로 선상, 객주, 여각 등이 활발한 상행위를 하였다.

선상은 선박을 이용해서 각 지방의 물품을 구입해와 포구에서 처분하였는데, 운송업에 종사하다가 거상으로 성장한 경강상인이 대표적이었다. 그들은 한강을 근거지로 하여 주로 서남 연해안을 오가며 미곡, 소금, 어물 등을 거래하였다.

한편, 객주나 여각은 각 지방의 선상이 물화를 싣고 포구에 들어오면 그 상품의 매매를 중개하고, 부수적으로 운송, 보관, 숙박, 금융 등의 영업도 하였다(금성, 190쪽).

행상이 각 장시를 하나의 유통망으로 연계시키고 있는 점, 물화를 운송하는 기지 역할을 한 포구가 새로운 상업 중심지로 부상한 것, 포구와 장시의 객주·여각이 운송업과 숙박업에 종사한 일 등이 상세하게 기술되어 있다. 결국 육상과 수상 모두에서 교통이 크게 발달하였음을 의미하는 것이다.

국경에서의 무역도 풍부하게 언급되어 있다.

> 국내 상업이 크게 발달하면서 대외 무역도 활기를 띠었다. 청과는 국경 지대를 중심으로 국가가 공식 허용한 개시 무역이 이루어졌지만, 교역 품목과 물량이 통제되었다. 이에 만족하지 못한 상인은 사적으로 이루어지는 후시 무역을 통해 교역량을 크게 늘려갔다. 주로 은·인삼·무명 등을 수출하고, 비단·약재·문방구 등을 수입하였다.
> 일본과는 부산포에 설치한 왜관에서 개시무역과 후시 무역이 이루어졌다. 이곳에서는 인삼, 쌀, 무명을 비롯해 청에서 수입한 물품이 수출되고, 은과 구리, 황, 후추 등이 수입되었다.
> 후시 무역이 확대되면서 무역에 관여했던 만상, 송상, 내상 등이 대상인으로 성장하였다. 특히 만상은 대청 무역을 통해, 송상은 청과 일본을 연결하는 중계 무역을 통해 각각 큰 부를 축적하였다(미래엔, 140쪽).

청·일본과 개시무역과 후시무역을 활발하게 전개하였으며, 다양한 물화가 교역되었음을 서술하고 있다. 국제 교역을 중시해 기술한 것은 교류의 관점이 중시된 것과 관련됨은 물론이다.

'조선후기 사회 개혁론의 대두'에서는 교통과 관련해 주목할 점이 몇 가지 보인다. 실학자들이 교통수단인 수레와 선박에 관심을 갖고 개혁론을 주장한 점이 그것이다.

> 박지원의 제자인 박제가는 청에 사신으로 다녀온 경험을 토대로 "북학의"를 저술하였다. 이 책에서 그는 청과 해상 통상을 확대

할 것, 수레나 선박의 사용을 늘릴 것, 절약보다는 소비를 권장하여 생산을 자극할 필요가 있음을 지적하였다(천재교육, 156쪽).

· 서얼 출신 박제가는 연행 경험을 바탕으로 "북학의"를 저술하고, 상공업을 육성하고 선박, 수레, 벽돌 등 발달된 청 기술을 적극적으로 수용하자고 제안하였다. 또 생산력을 높이고자 소비를 권장해야 한다고 주장하였다. 아울러 서구의 상선들이 청에 왕래하는 것처럼 조선도 대형 선박을 건조하여 국제 무역에 적극 나서야 한다고 강조하였다(지학사, 184쪽).

그리고 지리지에서 교통을 중시하는 표기가 나타난 점도 그러한 예이다.

중국에서 서양식 지도가 전해져 정밀하고 과학적인 지도가 많이 제작되었다. 정상기의 동국지도는 최초로 100리척을 사용하여 제작하였고, 김정호의 대동여지도는 산맥, 하천, 포구, 도로망을 정밀하게 나타내고 10리 마다 눈금을 표시하였다(금성, 199쪽).

대동여지도에 포구와 도로가 정밀하게 표시되었음은 이 시기 육상교통과 수상교통이 크게 발달하였음을 의미하는 것이다. '조선 후기의 정치 변동과 제도 개편' 부분이나, '서민 문화의 전개와 영향' 부분에서는 교통과 관계된 내용을 찾기 힘들다.

2002년부터 사용된 국정 국사 교과서에서도 조선시기 교통 관련 내용을 확인할 수 있다. 도로 건설, 역참의 설치, 봉수제 정비, 조운제의 운영 등이 언급되어 있다.

· 태조는 교통과 국방의 중심지인 한양으로 도읍을 옮긴 후, 도성을 쌓고 경복궁을 비롯한 궁궐, 종묘, 사직, 관아, 학교, 시장, 도로 등을 건설하여 도읍의 기틀을 다졌다(국정, 81쪽).

· 한편, 군사 조직과 아울러 <u>교통과 통신 체계도 정비되었다.</u> 군사
적인 위급 사태를 알리기 위한 봉수제가 정비되고, 물자 수송과
통신을 위한 역참이 설치되어 국방과 중앙 집권적 행정 운영이
한층 쉬워졌다(국정, 85쪽).

· 조세는 쌀, 콩 등으로 냈다. 군현에서 거둔 조세는 강가나 바닷가
의 조창으로 운반하였다가 전라도 · 충청도 · 황해도는 바닷길
로, 강원도는 한강, 경상도는 낙동강과 남한강을 통하여 경창으
로 운송하였다(국정, 155쪽).

명이나 여진 · 일본 및 동남아시아 국가와의 교류도 언급되어 있으며
(국정, 88~89쪽), 조선후기의 경우 '사상의 대두', '장시의 발달', '포구에
서의 상업활동', '대외무역의 발달' 등의 항목 하에서 교통 · 유통망과 관
련한 서술이 보인다(국정, 170~172쪽). 박지원과 박제가가 수레와 선박
의 이용을 역설한 내용도 수록하고 있다(국정, 303~304쪽).
2010개정 교육과정에 따른 교과서의 경우 분량이 적기는 하지만 교통
관련 서술이 찾아진다.

· 일본에 제한된 무역을 허용하다(미래엔2010, 64쪽)
· 사상과 공인, 상업 자본을 축적하다 / 장시와 포구에서 상거래가
활성화되다 / 대외무역이 발달하고, 화폐가 널리 유통되다(미래
엔 2010, 90~91쪽)

· 조선 전기의 대외 관계(비상교육2010, 80~81쪽)
· 상품 화폐 경제의 발달과 자본주의적 관계의 발생(비상교육2010, 94쪽)

위에 보이는 항목으로 장시와 포구에서의 상업발달, 대외교역의 성행을
언급하고 있다. 비상교육 교과서의 다음과 같은 서술은 주목되는 내용이다.

교통과 통신 체계도 정비하였다. 지방에서 세금으로 거둔 곡식을 수로와 해로를 통해 한양으로 운반하는 조운 제도가 운영되었다. 단, 국경과 맞닿은 평안도와 함경도 지방의 세곡은 서울로 운반하지 않고 현지에서 국방비와 사신 접대비로 썼다. <u>육로로 여행하는 사람들을 위해 주요 지역에 역과 원을 설치하였으며, 국가의 위급 사태를 빠르게 알리기 위해 봉수제를 두었다</u>(비상교육2010, 69쪽).

조선시기의 교통과 관련한 서술은 이전시기보다 훨씬 풍부하다. 국제 교류에 관해서는 앞 시기와 마찬가지로 상세한 내용을 전하고 있다. 국내 교통과 관련한 내용도 비교적 자세하게 제시되어 있다. 한양이 교통에서 중요한 위치에 있다는 사실, 조선초 역참제 · 조운제 · 봉수제가 전면적으로 정비된 사실의 제시는 주목할 만하다. 조선후기 장시가 발달하고 포구 상업이 번창함에 따라 전국적인 유통망이 형성되어 상인이 활발하게 활동한 사실의 지적은 교통사에서 중요한 의미를 갖는다. 교통수단의 개선론을 기술한 것, 지도에서 교통로가 중시되었다는 것 등도 돋보이는 지적이다.

그러나 신경준의 "도로고"가 갖는 중요성을 언급하지 못한 점, 주막이 교통로에서 크게 발달한 사실을 주목하지 못한 것은 아쉬운 점이다. 그리고 교통사에서 국가 차원이 아닌 사사로운 영역의 활동공간이 크게 넓어진 점도 적극 고려할 사항이 된다.

VI. 맺음말

역사 교과서는 제한된 지면에 교육과정을 반영해 내용을 기술하고 있다. 교육과정에서 강조하는 사항이 바뀌면, 그것은 대부분 교과서에 수용된다. '교류'의 관점이 2007개정교육과정 이후 강조되면서, 한국사 교과서 전반에 걸쳐 국제 교역과 교류가 풍부하게 기술되어 있다. 그렇지만 교통사의 관점을 일관되게 견지하고 서술한 것은 아니다.

국내 교통에 한정해 보면 조운제가 비교적 빠짐없이 기록되어 있으며, 이동의 대상물이 많이 언급되어 있다. 부분적으로 교통로에 대해서도 서술하고 있지만 교통의 수단에 대해서는 관심이 별로 기울이고 있지 않다. 당연히 교통로상의 부대시설이나 국가의 교통 정책에 대해서 거의 언급이 이루어지고 있지 않다. 시기적으로 보면 교통과 관련한 내용은 조선후기를 제외하면 풍부하지 못하다고 판단된다.

개별 주제를 천착하는 연구자의 입장에서는 수록하였으면 하는 내용이 상당히 많을 것이다. 교과서는 이것을 모두 반영할 수 없는 것은 자명한 일이다. 그렇더라도 중요한 사항을 추가하거나 기존의 설명에 약간의 설명을 가하는 방법으로 개선할 여지는 많아 보인다. 특히 생활상을 기술하는 항목에서 교통에 관한 내용을 적극 기술하는 것이 바람직하다고 생각된다.

거시적으로 볼 때 교통이 갖는 중요성을 부각시킬 필요가 있다. 특히 교통로가 국가 운영의 동맥이고 신경이라는 사실이 명확하게 제시되고 있지 못하다. 교통이 발달하였기 때문에 사람과 물화·문화의 이동과 교류가 활발할 수 있었으며, 이것이 문화의 이질감이 적고 지역간 문화 수준의 차이가 크지 않게 하며, 나아가 전체 구성원이 강한 일체감을 가질 수 있게 하였다는 점을 강조할 필요가 있다. 그리고 지방행정제도를 효율적으로 운영할 수 있었다는 사실, 또 국가 경영을 원활하게 할 수 있었다는 사실도 교통의 발달과 깊은 관련을 갖는다는 점이 분명해질 필요가 있다. 교과서 서술상의 이러한 아쉬움은 연구의 부진·불충분과 깊이 연관되므로, 교통사 분야의 연구가 진전된다면 점차 개선될 것으로 여겨진다.

해방 후 고등학교 한국사 교과서의 근대 교통사 서술의 변천*

조 성 운**

Ⅰ. 머리말

한국사 교과서에 대한 연구는 일찍부터 교과서의 체제나 발행제도에 대한 연구, 교과서의 내용을 분석한 연구, 교육과정의 변천에 대한 연구 등 다양한 방향에서 매우 활발히 진행되었다. 그리고 제7차 교육과정이 마련되고 『한국근·현대사』가 편찬되면서 그 서술 내용에 대한 일부 언론과 학계에서 의문을 제기하면서 사회적으로 큰 파장을 불러왔다.

이후 한국사 교과서의 편찬과정에서 이러한 논쟁은 끊이지 않고 이어지고 있어 한국사 교과서는 현재 한국사회에서 큰 논쟁을 불러일으키는 주제가 되었다. 이와 같은 논쟁은 기존의 연구에서도 지적했듯이 학문적, 교육적 논쟁이라기보다는 이념적 성격이 강하다는 특징을 가지고 있다.

---

 * 본 논문은 필자가 동국대학교 역사교과서 연구소에서 2015년 10월 발행한 『역사와 교육』제21집에 게재한 것임을 밝힌다.
** 경기대학교 강사

이러한 상황에서 학교 현장의 교수과정에서 거의 절대적인 위치를 점하는 한국사 교과서의 내용을 검토, 분석하는 것은 이 논쟁이 적합한지 아닌지를 가릴 수 있는 중요한 토대가 될 수 있을 것이다. 특히 근대의 상징이라고도 불리는 철도를 포함한 근대교통을 분석한다면 더욱 유용할 것이라 생각된다. 이 이 논쟁의 한 축을 담당하는 세력이 식민지 근대화론을 지지하고 있기 때문이다.

그런데 한국사 교과서를 포함한 교과서는 필자 개인의 견해를 수록하는 것이 아니라 검정이건 국정이건 교육과정에 따른 것이므로 발행형태가 어떠하든 국가가 가르칠 내용에 대해 사실상 독점하고 있는 것이라 할 수 있다. 더욱이 민족이 분단된 상황에서 통일을 지향하는 과정에서 민족과 국가의 정통성을 어느 쪽이 갖고 있느냐 하는 점은 향후 통일 과정에서 중요한 분수령이 된다. 따라서 남북은 각기 민족의 정통성을 자신이 계승하고 있다고 주장한다. 이러한 상황에서 역사적으로 대한민국이 우리 민족의 정통성을 갖고 있음을 증명하고 교육하는 것은 한국사 교육이 담당해야만 하는 것이기 때문에 한국사 교육은 기본적으로 이념적일 수밖에 없는 것이라 할 것이다. 그러므로 해방 이후 한국사 교과서에는 교육과정을 제정한 각 정권의 시각이 반영되었으며, 그것은 당대 한국사 교육이 담당해야 할 과제였다고도 할 것이다.

본고에서는 이 논쟁에 직접적으로 간섭하지 않고 해방 이후 각 교육과정기에 발행된 한국사 교과서에서 근대교통의 서술이 어떻게 변화해갔는가를 천착하는 것을 직접적인 목적으로 한다. 이는 해방 이후 한국사 교과서가 어떠한 시각에서 서술되었는가를 확인하는 일차적인 과정이기 때문이다. 이를 통해 근대교통을 비롯한 근대문물의 수용에 대한 한국사 교과서의 서술 관점을 파악할 수 있을 것이다.

이 목적을 달성하기 위하여 본고에서는 교과서의 발행제도를 기준으로 교수요목기~제2차 교육과정기(제1차 검정기), 제3차 교육과정~제6

차 교육과정기(국정기), 제7차 교육과정~2009 개정 교육과정기(제2차 검정기)의 세 시기로 나누어 살펴볼 것이다. 또한 각 교육과정기의 국사 교육 목표를 분석하여 한국사 교육에 대한 해당 시기 정부의 관점을 살핀 후 이러한 목표와 관점이 교과서 서술에 어떻게 반영되었는가를 분석할 것이다. 그리고 이를 바탕으로 각 교육과정기의 근대교통 서술을 비교하여 같은 점과 다른 점을 도출할 것이다. 이를 통해 근대교통에 대한 한국사 교과서의 서술이 어떻게 변천되었는가를 천착할 수 있을 것이다.

이러한 목적을 달성하기 위하여 우선 근대교통사 연구에 대한 개략적인 검토가 필요하였으나 지면 관계상 본문 속에서 짧게 다루기로 한다. 참고로 본고의 작성에 이용된 교과서의 목록은 [표 1]과 같다.

[표 1] 본고 작성에 활용한 한국사 교과서

교육과정	저자	제목	출판사	발행 연도
교수 요목기	최남선	중등국사	동명사	1947
	오장환	중등문화사— 우리나라의문화—	정음사	1949
제1차 교육과정	이홍직	우리나라문화사	민교사	1956
	이병도	국사	일조각	1957
	조좌호	우리나라문화사	영지문화사	1960
	역사교육연구회	고등국사	교우사	1962
	김상기	고등국사	장왕사	1963
	최남선	고등국사	사조사	1965
제2차 교육과정	이원순	국사	교학사	1968
	신석호	국사	광명출판사	1968
	이현희	국사	실학사	1968
	이병도	국사	일조각	1972
제3차	문교부	국사	한국교과서주식회사	1974

교육과정	문교부	국사	한국교과서주식회사	1977
제4차 교육과정	국사편찬위원회 1종도서연구개발위원회	국사(하)	국정교과서주식회사	1982
제5차 교육과정	국사편찬위원회 1종도서연구개발위원회	국사(하)	국정교과서주식회사	1992
제6차 교육과정	국사편찬위원회 1종도서연구개발위원회	국사(하)	국정교과서주식회사	1996
제7차 교육과정	김한종 외	한국근 · 현대사	금성출판사	
2009 교육과징	한철호 외	한국사	미래엔컬쳐	2011
	한철호 외	한국사	미래엔컬쳐	2013

Ⅱ. 교수요목기~제2차 교육과정기의 근대교통사 서술

해방 이후 미군정이 수립되면서 한국 교육에서 가장 중요한 문제는 한국어와 한국사 교육이었음은 말할 것도 없다. 그리하여 조선어학회는 미군 진주 이전인 1945년 8월 25일 회의에서 임시 국어 교재의 편찬을 결의하고 9월 2일 국어교과서편찬위원회를 조직한 후 국어교과서 편찬에 착수하였고, 미군정이 관리 인쇄하기로 결정하였다. 이 결과『한글첫거름』(중등 일이학년)과『초등국어독본』(초등학교 일이학년) 상권이 편찬되어 1945년 12월 배부하였던 것이다.[2] 그리고 미군정은 한국사 교재와 지리 교재의 편찬을 진단학회에 의뢰하여 해방 이후 최초의 한국사 교과서로서 1946년『국사교본』이 편찬되었던 것이다.

그러나『국사교본』에는 철도나 도로 등 근대교통과 관련된 서술이 전

2) 김태웅, 「신국가건설기 교과서 정책과 운용의 실제」, 『역사교육』 88, 역사교육연구회, 2003, 73쪽.

혀 없으며, 『국사교본』의 저자 중의 1인인 이병도는 『국사교본』을 보완한 『새국사교본』을 1949년에 발행하였으나 이 책에도 역시 근대교통과 관련된 서술은 전혀 없다. 따라서 해방 이후 최초로 교통 관련 서술을 한 고등학교 한국사 교과서는 최남선의 『중등국사』(동명사, 1947)였다고 생각된다. 1948년 교수요목이 마련된 이후 검정된 오장환의 『중등문화사―우리나라의 문화―』에도 교통 관련 서술이 있었다. 이후 제1차 교육과정부터 현재까지 교통 관련 서술은 각급 학교 교과서에 개괄적으로나마 대부분 기술되어 있다고 할 수 있다.

  그런데 제2차 교육과정이 사실상 시작되는 1968년 이전 국내에서 이루어진 교통사 관련 연구는 거의 없다고 해도 과언이 아니다. 근대교통의 핵심이라 할 수 있는 철도와 도로에 관한 본격적인 연구는 사실상 없다.[3] 다만 식민지 시기의 철도에 관한 소수의 연구와 해방 이후 일본에서 이루어진 연구의 일부를 교과서에 반영한 것으로 보인다.[4] 따라서 제2차 교육과정기까지의 한국사 교과서의 근대교통에 대한 서술은 식민지 시기의 연구나 자료 혹은 경험에 따른 것이었지 학문적 연구의 결과를 반영한 것은 아니었다고 생각된다.

  한편 이 시기 교과서는 검정제에 의해 발행되었으므로 교과서 서술은

---

3) 철도에 관한 본격적인 연구는 아니지만 한말 수용된 서구의 과학기술에 관한 개괄적인 연구로는 林采源의 연구(「韓末에 도입된 西洋科學技術考」, 『一山金斗鍾博士稀壽紀念論文集』, 一山金斗鍾博士 稀壽紀念論文集發刊委員會, 탐구당, 1966)와 김대상의 연구(「開港 直後 釜山의 社會文化―合倂期까지의 施設面을 中心으로」, 『항도부산』 6, 부산시사편찬위원회, 1967)가 있으며, 자료의 일부(「경부철도관계자료」, 『항도부산』 4, 부산시사편찬위원회, 1964)가 공간되었을 뿐이다. 그리고 도로에 관한 연구로는 부산의 항만 건설 과정을 연구하면서 도로 건설과 관련하여 짧게 언급한 김용욱(「釜山의 築港誌」, 『항도부산』 2, 부산시사편찬위원회, 1963)의 연구가 있을 뿐이다.
4) 이 시기 일본에서 이루어진 대표적인 연구는 다음과 같다.
  高秉雲, 「日本帝國主義朝鮮植民地化過程の鐵道敷設をめぐる諸問題(上・下)」, 『歷史評論』 140・141, 歷史科學協議會, 1962.

교육과정을 기준으로 할 수밖에 없었다. 교수요목기~제2차 교육과정기의 한국사 교과서의 지상의 유의점 혹은 지도 요령은 [표 2]와 같다.

[표 2] 교수요목기~제2차 교육과정의 국사교육의 지도상의 유의점, 지도요령

교수 요목기	(3) 역사도 사회생활과의 한 부분인만큼 너무 전문적인 역사학적으로 치우치지 말고 항상 사회생활과적 견지에서 이를 다룰 것이며, 또 과거의 사실을 가르치기만 하면 그만이라는 생각을 버리고 항상 현재와 연관을 붙여 현재에 부딪친 당면문제가 그 역사적 원인이 있음을 이해시켜 학생들로 하여금 문제의 해결에 정당한 인식과 명확한 판단력을 기르게 할 것이다. (5) 종래의 역사교육에 있어서는 어떤 사실을 가르칠 때 그 경과만 중하게 다루는 일이 있었음은 역사교육상 큰 폐단이 있으니 교사는 이에 주의하여 그 사실의 원인을 모쪼록 자세히 구명하고, 그 미친 영향을 명확하게 관찰, 비판하게 할 것이다. (9) 이 요목에 제시된 교재를 그대로 묵수할 것은 아니며 때와 곳을 따라 취사선택을 달리 할 수도 있겠으나 요는 항상 종합교육을 목표로 지리, 공민 부분을 비롯하여 일반 교과목에까지라도 충분한 연락을 취하여 생명과 통일성이 있는 지식을 길러 주어야 할 것이다.
제1차 교육과정	1. 국사의 학습을 사담(史譚)이나 사실(史實)의 나열적인 기억에서 탈각시켜 국사 각 시대의 구조적(構造的) 특질과 그 각 시대 호상간의 맥락(脈略)을 골격으로 하여 과학적인 국사의 체계를 파악하게 한다. 2. 국사의 전 발전 과정을 통하여 발양된 우리 민족의 미점과 우수성을 발굴하여 민족애에 철저히 하는 동시에 또한 그 결점과 후진성을 판별하여 민족적 과업의 달성에 반성을 주게 하여 항시 현재의 위치와 실천의 계기에서 국사를 이해하게 한다. 3. 우리 민족이 각 시대에 있어서 세계사적으로 지니는 연관에 유의하여 세계사에 있어서의 국사의 특수성과 일반성을 아울러 이해케 하여 세계 사조의 진전에 기여하는 태도를 배양케 한다.
제2차 교육과정	(1) 고등학교에서의 국사 교육은 국사 발전의 역사적 사실을 이해시키는데 그칠 것이 아니라, 역사적 사실을 토대로 하여 민족의 앞날의 개척

	을 위하여 적극적으로 공헌 할 수 있는 국민이 되도록 지도하여야 한다.
	(2) 중학교 사회과 특히 제 2 학년 학습의 성과를 활용하는 한편, 고등학
	교 사회과의 다른 과목과의 관련을 충분히 유의하여 지도하여야 한다.
	(3) 국가 발전에 나타난 각 시대의 성격, 시대와 시대와의 관련성을 올
	바르게 이해할 수 있도록 지도하여야 한다.
	(4) 문화적 사실의 지도에 있어서는 문화 발달과 사회와의 관련, 전 시
	대의 문화와의 연관과 다음 시대에 끼친 영향 및 다른 나라의 문화와
	의 관계 등 여러 가지 요인에 특히 유의하여 지도하여야 한다.
	(5) 학습의 효과를 올리기 위하여 다음에 유의하여 지도하여야 한다.
	1) 교과서의 삽화를 비롯하여 적당한 시청각 교재를 충분히 활용할 것.
	2) 시간의 배경과 지리적 조건과의 연관을 고찰시키기 위하여 연표,
	역사 지도를 적절히 이용할 것.
	3) 견학, 토론, 사료 수집 등에 의한 학생의 자발적 학습의 전개를
	적절히 고려할 것

(자료) 문교부, 『중학교 사회생활과 교수요목』, 조선교학도서주식회사, 단기 4281 ; 문교부, 『고등
학교 및 사범학교 교과과정』(문교부령 제46호 별책), 1955 ; 문교부, 『인문계 고등학교 교육과정』
(문교부령 제181호), 중등교과서주식회사, 1967.

[표 2]를 통해 알 수 있는 것은 교수요목기에는 '너무 전문적인 역사학
적으로 치우치지 말고 항상 사회생활과적 견지'에서 역사를 교수해야 한
다는 측면을 강조하고 있다. 이는 미군정기의 역사교육의 목적이 신생독
립국인 한국의 민족적 정체성을 강조하는 것이 아니라 사회생활과를 통
한 미국식 자본주의체제의 이식을 목적으로 하고 있음을 보여주는 것이
다.[5] 그리하여 역사를 교수할 때에는 교과서를 그대로 '묵수'할 것이 아
니라 '취사선택'하여 지리나 공민 등 다른 과목과의 연계성을 가질 것을
강조하였다. 그리고 이를 달성하기 위하여 '이웃나라 생활'(1학년), '먼 나
라 생활'(2학년), '우리나라생활'(3학년), '인류문화의 발달', '우리나라문
화'(4, 5학년)의 순으로 교수하도록 하여 한국사보다도 세계사를 먼저 교

5) 이에 대해서는 김상훈의 연구(『1945~1950년 역사 교수요목과 교과서 연구』, 서강
대학교 박사학위논문, 2014)를 참조 바람.

수하게 하였던 것이라 판단된다.

제1차 교육과정이 마련되면서부터 미군정기의 교수요목으로부터 점차 탈피하여 새로운 교육과정을 마련할 수 있었다. 그 결과 제1차 교육과정에서는 '각 시대의 구조적 특질과 그 각 시대 호상간의 맥락'을 파악하는 것이 강조되었고, 민족애의 철저와 후진성을 판별하여 민족적 과업을 달성해야 한다고 하였다. 이는 곧 해방과 한국전쟁을 겪으면서 민족 정체성을 강화할 필요성을 반영한 것이라 할 수 있다. 그리고 이러한 민족 정체성 강화를 통해 세계 사조의 진전에 기여케 하는 방향으로 역사교육이 이루어져야 한다고 하였다. 여기에서 세계 사조란 결국 반공주의를 의미한다고 할 수 있다.[6]

그리고 제2차 교육과정이 1963년 마련되었으나 제대로 시행되지 못하고 1967년 일부 개정되어 1968년에 가서야 비로소 이 교육과정에 입각하여 새로운 교과서가 검정, 발행되었다. 이는 4·19혁명(1960)과 5·16군사정변(1961), 제3공화국의 성립(1963), 베트남 파병(1964)과 한일국교정상화(1965) 등 정치적 격변에 영향을 받은 것이라 할 수 있다. 그리하여 이 시기 역사교육은 민족의 앞날을 개척할 수 있는 국민을 양성한다는 것을 크게 강조하였다. 이는 역사교육에 대한 국가의 개입 가능성을 보여주는 것이라 할 것이다. 이에 따라 1969년에 국사교육강화위원회의 활동이 시작되고 1972년 유신체제의 성립과 그에 따른 한국사 교과서의 국정화가 이루어지게 되었던 것이다.[7]

이러한 지도상의 유의점 혹은 지도 요령에 입각하여 교과서는 서술되

---

6) 반공주의적 역사교육의 흐름에 대해서는 조성운의 연구(「반공주의적 한국사 교육의 성립과 강화—미군정기~제4차 교육과정기를 중심으로」, 『한국민족운동사연구』 82, 한국민족운동사학회, 2015)를 참조 바람.
7) 이에 대해서는 다음의 연구가 참조된다.
   이신철, 「국사교과서 정치도구화의 역사」, 『역사교육』97, 역사교육연구회, 2006 ;
   차미희, 『한국 중·고등학교의 국사교육』, 교육과학사, 2011.

고 교육 현장에서 교육되었다고 할 수 있다. 교수요목기~제2차 교육과정기까지의 고등학교 한국사 교과서의 근대교통에 대한 서술은 [표 3], [표 4], [표 5]와 같다.

[표 3] 교수요목기 고등학교 한국사 교과서의 근대교통 서술

저자	교과서	중단원 (소제목)	서술 내용	쪽수
최남선	중등국사	대한제국 (新事物)	光武年間에는 새로운 施設이 前보담 많았으나 元年에는 京仁間에 우리의 손으로 電線을 架設하야 電信自主의 始가 되고 二年에는 京城에 電車가 놓이고 三年에는 京仁鐵道가 開通되고 四年에는 洋樂으로 써 하는 軍樂隊가 設施되고 同年에 慶運宮內에 石造殿이 開工되고 五年에는 貨幣條例가 頒布되고 六年에는 國歌와 및 그 樂曲이 制定되고 또 西洋式의 劇場이 건설되어 "戲臺"라고 불렀다.	74
		아일의 결고 틈(主權의 蠶食)	二月 二十三日에는 議定書라는 것으로 써 施政改善의 忠告權과 外交機能의 制限權을 日本이 가지고 八月 二十二日에는 協約이라는 形式으로 써 財政과 外交의 監督權을 쥐어 이른바 顧問이 各機關에 들어앉였으며 이 동안에 京義·京元 兩鐵道 敷設權이하로 計多한 權益을 日本이 가져가고 이어 通信事業도 日本의 것이 되었다.	76
오장환	중등문화사 -우리나라의 문화-	새로운 시설	이 시기 외국과의 접촉이 많고, 특히 일본을 비롯한 선진 열강들의 이권쟁탈의 대상이 된 우리나라는, 그 열강의 억센 쟁탈전에 끼어, 온갖 고초와 시련을 받은 나머지, 드디어 일본제국주의의 희생이 되었지만, 이러한 복잡다단한 시기에 있어서도, 구태를 벗어나서 새로운 세계의 문화를 모방 추종한 시설이 한두 가지가 아닌 중, 특히 통신·교통 같은 과학적 시설은 급속도로 정비되었다. 교통·통신의 시설을 살펴보면, 경인선은 건양 원년에 미국사람 젬스 모어스에 의하여 착공되었다가, 광무 2년에 일본 사람에게로 그 부설권리가 넘어가, 광무 4년 7월에 개통하니, 이것이 우리나라 철도의 시초가 되는 것이요, 경부선은 역시 광무 2년에 일본 사람의 손으로 시작되어 동 8년에 개통되고, 경의선과 마산선은 광무 8년에 시작하여 동 9년에 완성되니, 그 이권은 전부 일	183~184

| | | | 본 사람이 가지고 있었다. 전차는 광무 2년에 한미합자로 한성전기회사가 창설되어, 그 해부터 착공하여 다음 해 4월에는 서대문과 청량리 간에 개통되었고, 광무 6년에는 한성·개성 간의 전화가 개통되었다. | |

[표 4] 제1차 교육과정기 고등학교 한국사 교과서의 근대교통 서술

저자	교과서	중단원 (소제목)	서술 내용	쪽수
이홍직 (1956)	우리나라문 화사	과학문명 의 수입	문호를 개방한 이래 우리나라에도 점점 서양식의 새로운 과학문명이 들어와서 국민들이 그 혜택을 입게 되었는데, 광무(光武)(1897) 이후에는 더욱 그 속도가 빨라지게 되었다. 이리하여 교통, 통신, 건축, 의학 등 각 방면에서 새로운 시설들이 많이 늘어갔던 것이다. 그러나 이러한 문명시설은 우리 민족의 손으로 건설된 것이 아니라 대부분 외국인의 손에 된 것이었으니 민족의 행복을 원한다기보다는 열국이 영리적(營利的)으로 만들은 것들이었다. 그러므로 환영되어야 할 과학문명이 때로는 민족의 저주를 받게 되는 일조차 있었던 것이다.	222
		교통시설	우리나라에서 처음으로 철도가 부설된 것은 광무 3년(1899)에 개통된 경인선이었는데 이것은 미국인이 처음 착수하였으나 일본인의 손에 완성되었다. 그후 역시 일본인이 노일전쟁 당시에 전쟁 수행의 필요에서 경부선과 경의선을 완성하였다. 전차는 광무 3년(1898)에 황실과 미국인이 합작하여 한성전기회사를 설립하고 그 해에 서대문, 청량리 간의 궤도를 완성하였으며, 이어 남대문으로 선이 갈라져 용산까지 이르렀다. 위의 한성전기회사는 광무 4년(1900)에 서울에 전등을 가설하여 널리 보급하였다.	223
이병도	국사	경제와 산업의 새시설	한편 일본은 <u>노일</u>전쟁을 전후하여 <u>경부선</u>, <u>경의선</u>, <u>경원 선</u> 등의 철도를 부설하고 전신망을 정비하였다. 우편제도에 있어서는 고종 21년 우정국을 설치하려다가 갑신정변으로 중지되고, 이듬해 전신(電信)을 맡은 전보국(電報局)이 설치되었다. 갑오경장 이후에 우체사(郵遞司)를 두어 확장하고, 37년에는 만국우편연합에 가입하였다. <u>고종</u> 20년에는 덴막(丁抹)이 <u>부산과 나가사끼(長崎)</u>	179

			사이에 해저 전신(海底電信)을 깔더니 25년에는 전보총국(電報總局)을 두어 <u>만주</u>와 전선을 연결하게 되었다.	
이홍직 (1960)	우리나라문 화사	교통시설	우리나라에서 처음으로 철도(鐵道)가 부설(敷設)된 것은 광무 3년(1899)에 개통(開通)된 경인선(京仁線)이었는데 이것은 미국인이 처음 착수하였으나 일본인의 손에 완성되었다. 그후 역시 일본인이 노일전쟁 당시에 전쟁 수행의 필요에서 경부선(京釜線)과 경의선(京義線)을 완성하였다. 전차(電車)는 광무 3년(1898)에 황실(皇室)과 미국인이 합자(合資)하여 한성전기회사(漢城電氣會社)를 설립하고 그 해에 서대문(西大門) 청량리(淸凉里) 간의 궤도(軌道)를 완성하였으며, 이어 남대문(南大門)으로 선(線)이 갈라져 용산(龍山)에까지 이르렀다. 위의 한성전기회사는 광무 4년(1900)에 서울에 전등(電燈)을 가설하여 널리 보급하였다.	223 ~ 224
조좌호	우리나라문 화사	문명의시설	우리나라도 문호를 개방한 뒤 차츰 눈뜨기 시작하여 서양의 진보된 기계문명을 수입하기 시작하더니, 광무(1897) 이후에는 교통, 통신, 건축, 의학 등 각 방면에 걸쳐 급격하게 현대식의 새로운 시설을 하게 되었다. (중략) 우리나라에 처음으로 철도가 부설된 것은 광무 3년(1899)에 개통된 경인선인데, 처음 미국인이 시작한 것을 일본인이 완성한 것이었다. 그 후 역시 일본인이 노일전쟁 때 전쟁 수행의 필요에서 경부선(1905), 경의선(1906)을 완성하였다. 전차는 광무 2년(1898)에 황실과 미국인이 합자로 한성전기회사를 설립하여 서대문과 청량리 사이에 공사를 착수하더니, 이듬해 4월에 개통하였다.	217
		무단정치	한편 일본은 조선에 도로, 철도, 항만, 항로, 통신 등의 시설을 시작하고, 도량형을 일본과 같은 표준으로 통일하고, 화폐금융제도를 정비하고, 대규모의 토지조사사업을 실시하는 등, 조선을 식민지로 지배하기 위한 기초공사를 진행하였다.	
역사교육 연구회 (1962)	고등국사		통신기관과 아울러 근대적 교통기관(交通機關)이 부설되기 시작하였다. 우리나라에서 처음으로 부설된 철도는 광무4년(1900)에 완성을 본 경인선(京仁線)이었고, 그후 광무 8년(1904) 일로전쟁 때 일본이 군사상의 목	185

			적에서 경부선(京釜線)과 경의선(慶義線)을 부설하였다. 전차(電車)는 미국인 콜부란(Coiiran)이 황실과 합자(合資)하여 설립한 한성전기회사(漢城電氣會社)가 광무 2년(1898)에 우선 서대문·청량리(淸凉里) 간을 부설하고 이듬해 개통(開通)하였으며 뒤이어 종로에서 용산(龍山)까지 이르는 전차선도 완성되었다. 이 회사는 광무 4년에 서울 시내에 전등(電燈)도 달기 시작하여 급작히 보급하였다. 고종 19년(1082)에 화륜선(火輪船 기선)을 사들여 이용하였으며 고종 26년(1889)에는 기선회사를 설립하였다. 또 기선이 다수 왕래케 되니 부산, 원산 등 10여 곳에 개항장(開港場)을 열었다.	
		일본의 무단정치	또한 그들은 우리나라의 광산(鑛山) 철도(鐵道) 및 여러 가지 이권을 독점하고 또 토지를 약탈하여 우리나라 농민으로 하여금 소작농(小作農)의 위치에 떨어지게 하였다.	190 ~ 191
김상기	고등국사	아일전쟁과 을사보호 조약	그 해 8월에 일본은 다시 제1차 한일협약을 체결하여 재정과 외교의 감독권을 쥐게 되었으며, 그 사이에 경의선과 경원선의 철도부설권을 비롯하여 많은 이권을 빼앗아 갔다.	230
		통신교통 시설	우리나라에서 최초로 부설된 철도는 광무 3년(서기 1889)에 개통된 경인선이 바 이것은 미국인이 착수하였다가 일본인이 맡아 완성한 것이다. 그 뒤 아일전쟁 때에 일본은 군용의 목적으로 경부선과 경의선을 부설하였다.	236
최남선	고등국사	보호조약 의 체결	일로의 풍운이 급하여지매 우리나라정부는 미리 국외 중립을 선언하였으나 전단(戰端)의 개시와 함께 일본군이 몰려 들러와 군용이라는 이름으로서 광대한 토지를 점유하고, 경의, 경원의 양 철도를 마음대로 급설하고 외교, 행정 기타에 간섭하였다.	193 ~ 194
		신사물	철도는 경인철가가 광무 원년에 미국인의 손으로 기공되었으나 공사 중에 일본인 측으로 넘어가서 광무 3년에 인천, 노량진 간이 개통되고 그 이듬해 서울까지 전통하니 우리나라 철도 실현의 효시였다. 경부, 경의의 양선은 광무 8년(1904) 일로 개전으로 일본이 공사를 재촉하여 그 해말에 경부선이 전통하고 그 이듬해 경의선과 마산선이 완성되었다. 경원선은 일로전쟁 중 일본이 부설권을 가져갔으나 전통한 것은 1914년이었다. 전차는 광무 2년 황실과 미국인의 합자로 설립된 한성전기회사가 서대문, 청량리 간을 부설하고 이듬해에 개	197

저자	교과서	중단원 (소제목)	서술 내용	쪽수

통되었다. 한성전기회사는 광무 4년에 전등의 영업을 개시하여 급작히 보급하게 되었으며, 전화는 처음에 경운궁 내에 궁정전용으로 시설하였으나 일반의 사용은 광무 6년이 비롯하였다.

[표 5] 제2차 교육과정기 고등학교 한국사 교과서의 근대교통 서술

저자	교과서	중단원 (소제목)	서술 내용	쪽수
이원순	국사	운수교통 의 근대화	근대적 운수교통기관의 중핵이라 할 철도는 1898년에 기공되어 2년만에 완성한 경인선, 1905년의 경부선, 다음해의 경의선의 개통으로 남북종관철도의 완성을 보았다. 이밖에 초기에 개통된 마산선이나 경원선 등도 앞의 세 철도와 같이 일본의 경제적·군사적 목적에서 완성된 것이었다. 세계 각국과의 교역활동이 시작됨에 따라 1882년에는 기선인 화륜선(火輪船)을 사들이고, 1889년에는 기선회사도 설립하였다. 1906년 치도국(治道局)을 두어, 도로의 건설과 보수 관리의 공로행정(公路行政)을 주관케 하였다.	205
		경제지배의 제1단계	한편, 경제적 착취를 촉진시키기 위한 교통·운수·통신기관의 설비를 서둘러 1914년까지 전국 중요 간선철도가 완성되었고, 1912년에는 조선우선(郵船)회사를 창립하여 해운을 독점하였으며, 일본과의 해저 전선과 각 도시간의 전신망이 정비되었다.	222
		부흥재건 의 노력	교통·통신·운수기관이 나날이 개선 발전되었고, 시멘트·유리·전원 개발 등 재건 활동의 기본산업이 건설되었으며, 비료공장의 설립도 보았다.	246
신석호	국사	을미사변과 아관파천	또한 다른 나라에도 이권을 나누어 주어 우리나라의 이권은 많이 외국인에게 넘어갔으니, 그 중 중요한 이권을 든다면 다음과 같다.	209

연대	국명	이권의 내용	
1896	러시아	함경북도 경원, 종성의 광산 채굴권 압록강 유역 및 울릉도 재목 채벌권	
1896	미국	경인선 철도 부설권, 평안북도 운산의 금광 채굴권	
1896	프랑스	경의선 철도 부설권	
1897	독일	강원도 금성의 금광 채굴권	
1898	미국	서울의 전화, 전차, 전기 부설권	
1898	일본	경부선 철도 부설권	
1900	영국	평안남도 은산의 금광 채굴권	
1900	일본	충청북도 직산의 금광 채굴권	
통신교통과 후생시설	한편 교통기관은 1900년 경인선(京仁線)이 일본인의 손에 의하여 완성되고, 1904년(광무 8년) 러일전쟁 당시 일본의 군용철도로 경부선(京釜線)이 개통되었으며, 이듬해 또 경의선(京義線)도 개통되었으나 모두 일본인이 경영하는 것이었다. 전기는 미국인 콜브란(Collbran)이 우리나라 황실과 합자하여 한성전기주식회사를 설립하고, 1899년(광무 3년)부터 처음으로 서대문과 청량리 간에 전차를 운행하였으며, 이듬해부터 서울 시내에 전기를 켜게 되었다.	219
아관파천과 대한제국 탄생	더욱이, 러시아는 알렉세프(Alexeiev)를 탁지부(度支部) 고문으로 앉혀 재정 감독권을 장악하는 반면, 1896년에는 압록강 좌안(左岸)과 울릉도의 삼림채벌권(森林採伐權), 경원(慶源), 종성(鍾城)의 채광권(採鑛權) 등의 경제이권을 탈취하였고, 군대 훈련권도 수중에 넣었다. 그뿐 아니라 이 기간부터 경인(京仁)철도부설권과 운산(雲山)의 금광 채굴권은 미국에, 경의철도부설권은 프랑스에, 금성(金城)의 금광채굴권은 독일에, 은산(殷山)의 금광 채굴권은 영국에, 경부설도부설권과 직산(稷山)의 금광 채굴권은 일본에 각각 특허되었다.	206 ~ 207
교통시설의 확장	우리나라의 교통시설은 처음 선박이나 우역(郵驛)을 이용하였으나, 1899년 경인철도가 개통되면서부터 근대적 시설로 발전하였다. 이는 미국인 모오스(J. Morse)가 착수했다가 일본이 인수하여 개통시켰다. 다음 경부간과 경의간의 철도는 일본이 일러전쟁 수행의 필요에서 급속히 가설한 군용철도였다. 경부선은 1901년에 착수하여 1904년애 완성하였고, 경의선은 1896년에 프랑스가 부설 특허권을 얻었으나 도중에 일본이 인수하여 1905년에 완성시켰다. 이후 1914년에 호남선, 경원선	213

(이현희 / 국사)

			이 개통되었다. 전차는 1898년(광무 2) 황실과 미국인 콜브란(Collbran)의 합자로 한성전기회사를 설립하고, 서대문과 청량리 사이 에 공사가 완료되었고, 이어 남대문으로 궤도가 갈라져 용산까지 확장하여 소형 전차 20여 대가 처음 서울시민의 교통을 맡았다. 또한 1900년부터는 한성전기회사가 서울 에 전등을 가설하여 밝은 세상을 맞이한 듯했다.	
		6 · 25사변 후의 재건운동	미국을 비롯한 우방국가로부터 물질적 원조로 파괴된 도로, 교량, 철도, 건물 등이 복구되고, 교육시설, 부흥 주택, 의료기관, 수리사업, 토지개량사업 등이 활발히 진행되어 활기를 띠었고, 산업시설이 재건되었다.	245
이병도	국사 (1972)	을미사변과 아관파천	1896년(건양 원년) 　러시아—함경도 경원 · 종성의 광산 채굴권 　미국—경인철도부설권, 평안도 운산 금광채굴권 　프랑스—경의철도부설권 　러시아—압록강 유역 및 울릉도 재목 채벌권 1897년(광무 원년) 　독일—강원도 당현금광채굴권 1898년(광무 2년) 　미국—서울 전차 부설권 　일본—경부철도부설권 1899년(광무 3년) 　일본 경인철도부설권(미국으로부터 인수) 1900년(광무 4년) 　영국—평안도 운산금광채굴권 　일본—충청도 직산금광채굴권 이와 같이 러시아가 이권을 차지하자, 여기에 일본 · 미 국 · 영국 · 프랑스 등도 앞을 다투어 이권 경쟁을 하게 되었다. 이 때 열강이 우리나라로부터 얻어간 이권은 위의 표와 같다.	211 ~ 212
		과학문명 의 수입	우리나라에 처음으로 철도가 부설된 것은 1899년에 개 통된 경인선이다. 이것은 처음 미국인 모오스(Morss)가 착수하였다가 일본인에게 넘겨주어 완성을 보았다. 그 후, 우리나라의 간선철도인 경부선과 경의선은 러일전 쟁을 수행하기 위한 군사적 필요에서 일본이 완성한 것	222

			으로, 경부선은 1904년에, 경의선은 그 이듬해에 각각 완공을 보았다. 전차는 1898년에 황실과 미국인이 합자하여 한성전기 회사를 설립하고, 그 해에 서대문과 청량리 간의 궤도를 완성하였으며, 다음에 남대문에서 선이 갈리어 용산에 까지 이르렀다. 또, 1900년에 이 회사가 서울에 전등을 가설하여 널리 보급시켰다. **우리 나라 최초로 거행된 경인 철도** **기공식 광경[1897 년 인천 우각리]**	
		무단정치	이와 같이, 일본은 정치적으로 심하게 탄압하는 한편, 전국의 도로와 철도·항만·항로·통신 등의 시설을 진전시키고, 화폐금융제도를 정비하는 등, 그들의 식민지 지배망은 드디어 완성을 보게 되었다.	231
		5·16혁명	또, 1968년에는 국민교육헌장을 공포하였으며, 많은 공업 시설의 건설과 경인고속도로·경부고속도로 등 정치·경제·문화·사회를 발전함으로써 민족 중흥의 터전을 이룩하였다.	251

[표 3], [표 4], [표 5]의 내용을 통해 알 수 있는 각 시기 근대교통에 대한 서술의 특징은 다음과 같다. 먼저 교수요목기의 근대교통에 대한 서술을 정리하면 첫째, 이 시기 한국사 교과서에서 근대교통을 바라보는 관점은 소제목에서 드러나듯이 교수요목기에는 '신문물', '새로운 시설', 제1차 교육과정기에는 '과학문명의 수입', '경제와 사회의 새 시설', 제2차 교육 과정기에는 '운수교통의 근대화', '과학문명의 수입'이라 하여 근대교통의 수용을 서구의 선진문물을 수용하는 것으로 이해하였다. 이러한 신사물

에 속하는 것으로는 『중등국사』(최남선)에서는 철도와 전차 외에도 전신, 군악대, 석조전, 화폐조례, 국가의 제정, 극장의 건설을 들었으며, 『중등문화사』(오장환)에서는 화폐(전환국), 병기(기기창), 서적(박문국) 그리고 광혜원, 제중원, 광제원, 적십자병원, 자혜의원 등의 의료시설, 육영공원, 경학원 등의 교육시설, 우정국 등을 들었다. 여기에서 주목되는 것은 『중등문화사』(오장환)는 박문국에서 발행한 『한성순보』를 우리나라 신식 잡지의 시초로 보았다는 점이다.

둘째, 이 시기 한국사 교과서에 기술된 철도는 경인선, 경의선, 경원선, 경부선, 마산선이며, 이 중 경인선과 경의선은 공통으로 기술되었으나 경원선은 『중등국사』, 경부선과 마산선은 『중등문화사』에만 서술되었다. 특히 일제의 대륙 침략의 시작점이라 할 수 있는 부산을 기점으로 한 경부선이 『중등국사』에 서술되지 않은 점은 특이하다고 할 수 있다. 그 이유를 알 수는 없으나 이로써 일제의 철도정책의 목적이 명확하게 드러나지 않게 서술되었다고 할 수 있다.

셋째, 전차는 『중등국사』와 『중등문화사』 모두에 수록되어 있으나 『중등국사』에서는 전차를 부설하고 운영한 한성전기주식회사를 언급하지 않은 채 1897년 경인간에 가설된 전선을 '電信自主의 始'라 하면서 이의 연장선에서 1898년 경성에 전차가 부설되었다고 기술하여 이러한 교통 · 통신기관의 설립이 대한제국의 자주정책을 구현하는 것이라 높게 평가하였다. 반면에 『중등문화사』에서는 '세계의 문화를 모방 추종한 시설' 중 급속도로 정비된 것으로 통신과 교통을 사례로 들어 그 평가가 상반되고 있음을 알 수 있다. 넷째, 그러함에도 불구하고 이 시기 철도 부설은 일제의 이권 침탈의 일환이었다는 점을 공통으로 서술하고 있다. 다만 근대도로의 건설과 관련된 어떠한 언급도 없는 것이 이 시기의 특징이다.

제1차 교육과정기의 근대교통에 대한 서술은 첫째, '과학문명의 수입', '경제와 산업의 새 시설', '문명의 시설', '신사물' 등의 소제목으로 서술하

여 근대문물의 수입 과정에서 철도, 전차 등의 근대교통시설이 수입된다
고 하여 교수요목기의 서술 시각과 큰 차이가 없다. 다만 교수요목기에
비해 철도 등 근대 문물의 도입이 '열국이 영리적'인 목적이나 '노일전쟁
당시에 전쟁 수행의 필요에 의해서' 혹은 '일로전쟁 때 일본의 군사적 필
요성'에 따라 건설된 것임을 명기하고 있어 제국주의적 침탈과 일제의 군
사적 침략에 의해 이루어졌음을 강조하였다. 이는 인류의 보편적 발전과
정에 대한 이해를 보다 중시한 사회생활과를 성립시킨 교수요목기에 비
해 한국사 교육의 특수성과 민족정신을 강조한 제1차 교육과정의 고등학
교 국사지도요령을 반영한 것으로 보인다.[8]

둘째, 『우리나라문화사』(조좌호), 『고등국사』(역사교육연구회)에는 교
수요목기에는 서술되지 않았던 식민지 시기의 교통에 대한 서술이 1910
년대 일제의 식민지 조선에 대한 통치정책인 무단정치에 대한 서술 속에
간략히 언급되었다. 구체적인 사실을 서술한 것은 아니나 철도, 도로, 항
만 등이 일제의 식민지 지배정책의 일환으로 건설되거나 활용되었다는
것이다. 이는 대한제국시기의 근대문물의 도입이 제국주의적 침략성을
띠고 있다는 서술의 연장선에서 파악하고 있음을 알 수 있다. 따라서 제1
차 교육과정기의 한국사 교육에서 근대교통에 대한 서술은 교수요목기에
비해 양적으로나 질적으로 강화되었다는 것을 확인할 수 있다. 셋째, 이
시기 한국사 교과서에는 경인선, 경부선, 경의선이 모든 교과서에 기술되

---

8) 제1차 교육과정의 고등학교 국사지도요령은 다음과 같다.
　1. 국사의 학습을 史譚이나 史實의 나열적 기억에서 탈각시켜 국사 각 시대의 구조
　　 적 특질과 그 각 시대 호상간의 맥락을 골격으로 하여 과학적인 국사의 체계를 파
　　 악하게 한다.
　2. 국사의 전 발전 과정을 통하여 발양된 우리 민족의 미점과 우수성을 발굴하여 민
　　 족애에 철저히 하는 동시에 그 결점과 후진성을 판별하여 민족적 과업의 달성에
　　 반성을 주게 하여 항시 현재의 위치와 실천의 계기에서 국사를 이해하게 한다.
　3. 우리 민족이 각 시대에 있어서 세계사적으로 지니는 연관에 유의하여 세계사에
　　 있어서의 국사의 특수성과 일반성을 아울러 이해케 하여 세계사조의 진전에 기여
　　 하는 태도를 배양케 한다.

었다. 교수요목기의『중등국사』에 경부선의 기술을 생략하였던 최남선도『고등국사』에서 이를 기술하였다. 이 시기 한국사 교과서에는 경인선은 최초의 철도라는 의미로 기술되었고, 경부선, 경의선, 경원선은 러일전쟁 시기 일제의 침략과 관련하여 서술되었다. 이외에도 경원선과 마산선의 부설도 기술한 교과서가 있었다. 넷째, 경성의 전차 건설에 대해서는『국사』(이병도)와『고등국사』(김상기)를 제외한 나머지 교과서에서 기술하였는데, 전차를 기술한 교과서는 모두 설립 주체인 한성전기주식회사를 언급하였고, 이 회사가 황실과 미국인 콜부란의 합작회사라는 점도 기술하였다.

그런데『우리나라문화사』(이홍직)과『고등국사』(역사교육연구회)에서는 전차가 개통된 이후 용산까지 연장되었다고 기술하여 전차의 확장을 언급하고 있는 점이 특징적이다. 다섯째, 본고에서 분석하고 있는 제1차 교육과정기의 7종 한국사 교과서 중 유일하게『고등국사』(역사교육연구회)에서는 1882년(고종 19)에 화륜선을 구입하여 이용하였고, 1889년에 기선회사가 설립되었고, 이 기선의 운행에 따라 부산, 원산 등 10여 곳에 개항장이 설치되었음을 기술하였다. 이는 제1차 교육과정기에 한국사 교과서의 근대교통 서술이 철도와 전차 등 육운만이 아니라 해운을 언급한 최초의 시도라 할 수 있다.

따라서 한국사 교과서의 근대교통 서술이 육운에서 해운으로까지 시선을 확장하였음을 알 수 있다. 그러나 기선의 운행에 따라 10여 곳에 개항장이 설치되었다는 기술은 조선정부의 의도에 따라 개항장이 설치되었다는 것으로 이해되어 일제의 강요 혹은 강압에 의해 개항장의 설치가 이루어졌다는 현재의 통설과는 배치된다고 하겠다.[9]

---

9) 개항장에 관해서는 다음의 연구가 참조된다.
　이현종,『開港場監理署와 居留地置廢에 關한 硏究』, 동국대학교 대학원 박사학위논문, 1977 ; 나애자,『한국 근대 해운업발전에 관한 연구(1876~1904)』, 이화여자

제2차 교육과정기의 한국사 교과서의 근대교통 기술은 제1차 교육과정기를 계승하였다고 볼 수 있다. 첫째, 철도 관련 서술은 제1차 교육과정기와 마찬가지로 일제의 침략정책의 산물로 서술되었다. 경인선, 경부선, 경의선, 경원선, 마산선이 수록되었으며, 『국사』(이현희)는 호남선을 처음으로 기술하였다. 둘째, 전차 관련 서술 역시 제1차 교육과정기의 그것과 큰 차이가 없다. 다만 『국사』(이원순)에만 전차 관련 기술이 없다는 점이 특징적이다.

셋째, 근대도로의 건설에 대해서는 『국사』(이원순)에만 기술되어 있다. 이 교과서에서는 '1906년 治道局을 두어 도로의 건설과 보수 관리의 公路行政을 주관'하게 하였다는 점을 서술하여 마치 대한제국 정부가 근대적인 도로 건설과 관리를 한 것처럼 서술하였으나 치도국은 통감부가 설치한 것으로 일제의 침략정책과 매우 밀접한 관련이 있는 것이었다.[10] 그러나 치도국에 대한 기술은 지금까지 도로에 대한 언급이 전혀 없던 교과서에 근대도로의 건설과 관리에 대한 최초의 언급이라는 의미가 있다고 할 수 있다. 넷째, 제1차 교육과정기의 『고등국사』(역사교육연구회)에서 기술되었던 화륜선과 기선회사에 대한 서술은 『국사』(이원순)에서 계승되었고, 더 나아가 식민지시기의 조선우선주식회사에 대한 기술로 이어져 일제가 해운업을 독점하였다는 점을 강조하였다.

해운업에 대한 서술은 『국사』(이원순)에서만 기술되었고 다른 교과서에서는 기술되지 않았다. 다만 『국사』(이병도)에서는 무단통치를 설명하면서 '전국의 도로와 철도 · 항만 · 항로 · 통신 등의 시설을 진전'시켰고, 이에 따라 '식민지 지배망'이 '완성'되었다고 서술하였을 뿐이다. 여기에서 주목되는 것은 해운만이 아니라 항로에 대해서도 언급하고 있다는 점

_____

대학교 대학원 박사학위논문, 1994; 민회수, 『한국 근대 개항장 · 개시장의 감리서 연구』, 서울대학교 대학원 박사학위논문, 2013.

10) 근대 도로 건설에 대해서는 조병로, (「일제 식민지시기의 도로교통에 대한 연구 (Ⅰ)」, 『한국민족운동사연구』59, 한국민족운동사학회, 2009)가 참조된다.

이다. 이에 대해서는 실증적인 연구가 필요하다 생각된다. 다섯째, 해방 이후의 현대사 서술에서 교통에 대한 기술이 등장하였다는 점을 들지 않을 수 없다. 그런데 현대의 교통사 서술은 근대문물의 도입이라는 관점이 아니라 한국전쟁 이후의 복구 과정이나 경제 발전의 과정의 서술에서 기술하고 있다. 특히 각각 1968년과 1970년에 개통된 경인고속도로와 경부고속도로는 5 · 16군사정변 이후의 '민족중흥의 터전'을 이루는 토대가 되었다고 높게 평가하였다. 이는 박정희정권의 치적을 홍보하는 의미를 갖는 것이라 생각된다.

Ⅲ. 제3차 교육과정~제6차 교육과정기의 근대교통사 서술

제3차 교육과정~제6차 교육과정기는 한국사 교과서가 국정으로 발행되던 시기이다. 이 시기 교육과정에서 제시한 국사교육의 목표는 [표 6]과 같다.

[표 6] 제3차 교육과정~제6차 교육과정기 국사교육의 목표[11]

교육과정	국사교육의 목표
제3차 교육과정	가. 국사 교육을 통하여 올바른 민족사관을 확립시키고 민족적 자부심을 키워서, 민족중흥에 이바지하게 한다.

11) 별책3(문교부령 제350호(74. 12. 31)『인문계 고등학교 교육과정』; 문교부고시 제442호(1981. 12. 31), 『고등학교 교육과정』; 문교부고시 제88-7호(1988. 3. 31), 『고등학교 교육과정』; 『고등학교 교육과정(Ⅰ)』(1992. 10)(국가교육과정정보센터 교육과정 원문 인용) 이 국사교육의 목표는 1977년 일부 개정된 국사과 교육과정에서도 그대로 유지되었다.

	나. 각 시대의 특성을 그 시대의 규범 체제와 문화 현상을 통하여 종합적, 발전적으로 파악시킴으로써, 현재를 바로 알고 미래를 내다보는 능력을 기른다. 다. 국사의 특수성과 세계사적 보편성을 인식시켜서, 민족사에 대한 긍지를 가지게 하고, 우리나라 발전에 기여하게 한다. 라. 전통 문화를 역사의식을 가지고 인식하게 하여서, 외래문화를 수용하는 바른 자세와 새 문화 창조에 이바지하는 태도를 가지게 한다. 마. 전통적 가치를 비판적으로 파악하게 하여서, 투철한 역사의식을 가지고 당면한 국가 문제 해결에 적극 참여하는 자세를 키운다.
제4차 교육과정	한국사에 대한 종합적 이해를 통하여 올바른 민족사관을 확립시키고, 우리 역사에 대한 긍지를 배양하며, 자주적인 태도로 민족중흥에 이바지 하게 한다. 1) 한국사 발전의 내재적 본질을 구조적으로 이해하며, 민족사의 특성을 인식하고 각 시대의 성격을 체계적으로 파악하게 한다. 2) 한국사의 흐름을 다각적으로 분석하고, 과학적으로 해석하며, 이를 현재의 관점에서 종합할 수 있는 능력을 기른다. 3) 우리 민족의 문화적 성과에 대하여 긍지와 자부심을 가지고 새 역사 창조에 적극적으로 참여하려는 태도를 가지게 한다.
제5차 교육과정	한국의 역사를 구조적으로 파악하여 그 발전의 특성을 이해하고, 역사 학습 과정을 통해 탐구 기능과 문제 해결 능력을 기르며, 올바른 역사의식을 바탕으로 새 문화 창조와 민주 사회 발전에 기여하게 한다. 1) 한국사의 전개 과정을 문화 및 사회 · 경제면을 중심으로 파악하여, 이를 종합적으로 인식하게 한다. 2) 한국의 전통과 문화의 특질을 세계사적 보편성과 관련시켜 인식하게 한다. 3) 역사적 사실과 각 시대의 성격을 객관적으로 해석하고, 이를 현재적 관점에서 비교, 평가할 수 있는 비판적 사고력을 기르게 한다. 4) 역사 자료를 조사, 분석, 종합하는 기능과 역사적 방법으로 문제를 해결하는 능력을 기르게 한다. 5) 향토 문화에 대한 흥미와 관심을 높이고, 민족 문화에 대한 자부심을 가지며, 새 역사 창조에 적극 참여하는 태도를 가지게 한다.

제6차 교육과정	가. 한국사의 전개과정을 정치, 사회, 경제, 문화 등 각 영역별로 파악하여, 이를 종합적으로 이해하게 한다. 나. 우리 민족의 역사적 전통과 문화의 특성을 세계사의 보편성과 관련시켜 인식하게 한다. 다. 역사 자료를 분석, 종합하는 기능과 역사의식을 바탕으로 문제를 해결하는 비판적 사고력을 높이도록 한다. 라. 향토사가 민족사의 기초를 이루고 있음을 인식하게 하여, 향토사에 대한 관심과 향토 문화에 대한 애호심을 가지게 한다. 마. 역사의 발전 과정을 올바르게 인식하여, 새 문화 창조와 자유 민주주의 사회 발전에 적극적으로 참여하는 태도를 기르게 한다.

제3차 교육과정과 제4차 교육과정기는 '10월 유신'이후의 박정희 정권과 '10 · 26사태' 이후 권력을 잡은 전두환정권시기였다. 이 시기 교육과정상의 국사교육의 가장 큰 목표는 [표 6]에서 볼 수 있듯이 '민족사관'의 확립과 '민족중흥'이었다고 할 수 있다. 5 · 16군사정변과 10월유신, 그리고 12 · 12사태와 5 · 18광주민주화운동을 탄압하면서 비정상적인 방법으로 권력을 장악한 두 정권이 자신들의 부족한 정통성을 보완하기 위한 방안으로서 민족주의를 고양시키려는 것이었다고 판단된다.

그러나 1987년 6월민주화운동을 거치고 직선제에 의해 대통령을 선출한 제6공화국 이후에는 사회의 민주화 흐름에 맞물려 국사교육의 목표도 민족주의를 고양시키는 것보다는 올바른 역사교육을 통해 한국사의 특수성을 세계사와 연결하여 종합적, 비판적으로 인식하게 하는 방향으로 전환하여 가는 것을 볼 수 있다.

한편 이 시기에는 국내에서 철도사에 대한 연구도 본격적으로 시작되었으며,[12] 한국도로공사에서는 『한국도로사』(1981)를 발간하여 우리나

---

12) 이 시기 철도사에 대한 대표적인 연구는 다음과 같다.
　　조기준, 「朴琪淙의 生涯와 企業活動」,『朴元杓先生回甲記念 釜山史研究論叢』, 朴元杓先生回甲記念論文集編纂委員會, 1970:『일제하의 민족생활사』, 고려대학교

아세아문제연구소, 1971; 안태호, 「일제하 운수업에 관한 소고」, 『한국외국어대학교논문집』, 한국외국어대학교, 1972; 배기완, 「한국 철도부설이 일반지역 경제에 미친 영향－일제시대를 중심으로」, 『단국대학교논문집』 7, 단국대학교, 1973; 이현희, 「19세기말 일제의 한국철도 부설권 쟁취문제－청일침략전쟁 전후의 철도부설권문제」, 『건대사학』 3, 건국대학교 사학회, 1973; 배기완, 「일제의 한철에 대한 투자 및 경영」, 『단국대학교논문집』 8, 단국대학교, 1974; 전국철도노동조합 편, 『鐵勞30年史』, 전국철도노동조합, 1977; 이현종, 「남만주철도주식회사의 극동연구」, 『민족문화』 4, 민족문화추진회, 1978; 철도청 편, 『韓國鐵道80年略史』, 철도청, 1979; 손정목, 「신용산과 나남의 형성과정－한반도가 일본의 군사기지화하는 과정의 연구」, 『향토서울』 36, 서울특별시사편찬위원회, 1979; 이병천, 「구한말 호남 철도부설운동」, 『경제사학』 5, 경제사학회, 1981; 박만규, 「한말 일제의 철도부설·지배와 한국인 동향」, 『한국사론』 8, 서울대학교 인문대학 국사학과, 1982; 정재정, 「한말·일제초기(1905~1916) 철도운수의 식민지적 성격(상)－경부·경의철도를 중심으로」, 『한국학보』 28, 일지사, 1982:「경부철도의 부설에 나타난 일본의 한국종관철도 지배정책」, 『한국사연구』 44, 한국사연구회, 1984:「경의철도의 부설과 일본의 한국종관철도 지배정책」, 『논문집』 3, 한국방송통신대학, 1984:「경부·경의철도의 부설과 한일토건회사의 청부공사활동」, 『역사교육』 37·38합집, 역사교육연구회, 1985:「한말 경부·경의철도부지의 수용과 연선주민의 저항운동」, 『이원순교수화갑기념사학논총』, 교학사, 1986:「조선총독부 철도국의 고용구조에 관한 연구」, 『논문집』 9, 한국방송통신대학, 1988:「대한제국기 철도건설 노동자의 동원과 연선주민의 저항운동」, 『한국사연구』 73, 한국사연구회, 1991:『일제의 한국철도침략과 한국인의 대응(1892~1945년)』, 서울대학교 대학원 국사학과 박사학위논문, 1992:「일제하 국유철도의 운수영업과 물자수송」, 『서암조항래교수화갑기념한국사학논총』, 아세아문화사, 1992:「일제침략기 한국철도사연구의 현황과 과제」, 『한국민족운동사연구』 7, 한국민족운동사연구회, 1993:「한국철도사 연구의 현황과 과제－일본제국주의와 관련하여」, 『도시행정연구』 8, 서울시립대학교 도시행정연구실, 1993:「철도의 발달과 교통운수의 국가별 특성, 1830~1945 ; 제10회 국제경제사회의(1990)를 중심으로」, 『전농사론』 1, 서울시립대학교 국사학과, 1995:『일제침략과 한국철도』, 서울대학교출판부, 1999:「일제의 대한침략정책과 경인철도 부설권의 획득」, 『역사교육』 77, 역사교육연구회, 2001:「근대로 열린 길, 철도」, 『역사비평』 70, 역사문제연구소, 2005:「조선총독부 철도국장 大村卓一과 朝滿鐵道連結政策」, 『역사교육』 104, 역사교육연구회, 2007; 박성근, 「경인선부설권과 미일관계」, 『소헌남도영박사화갑기념사학논총』, 소헌남도영박사화갑기념사학논총간행위원회, 1984; 이창식, 「일제하의 水驪·水仁線의 철도고」, 『기전문화』 3, 기전향토문화연구회, 1987; 김경림, 「일제하 조선철도12년계획에 관한 연구」, 『경제사학』 12, 한국경제사학회, 1988; 이창식, 「한말

라 도로의 역사를 개괄하기도 하는 등 교통사에 대한 관심과 연구가 높아
졌다. 따라서 교과서에는 이러한 연구의 성과가 반영되었다.

이러한 국사교육 목표의 변화와 연구성과의 축적에 수반하여 교과서
의 근대교통 서술도 [표 7], [표 8], [표 9], [표 10]과 같이 변하였다.

[표 7] 제3차 교육과정기 고등학교 한국사 교과서의 근대교통 서술

저자	교과서	소제목	서술 내용	쪽수
문교부	국사 (1974)	과학문물의 수입	철도는 최초로 서울 인천 간의 경인선이 개통되었다. 처음 부설권을 얻은 미국은 모오스가 착공하였으나, 일본에게 전매되어 완공되었다. 그 뒤 일본은 러일전쟁 중에 군사적 목적에서 우리나라를 남북으로 통과하는 경부선과 경의선을 부설하여 대륙 침략의 간선으로 이용하였다. 한편 황실과 미국인 콜브란의 합자로 설립된 한성전기회사에 의하여 전차를 들여와 운행하기 시작하였다. 이어 한성전기회사는 서울에 최초로 전등을 가설하였다.	187

경부철도의 이면사 발굴-『各司謄錄』의 훈령과 보고를 중심으로」, 『기전문화』
10, 기전향토문화연구회, 1992; 도면회, 「일제 침략정책(1905~1910년)에 대한 연
구성과와 과제」, 『한국사론』25, 국사편찬위원회, 1995; 김원수, 「일본의 경의철
도 부설권 획득기도와 용암포사건-러일 개전과 관련하여」, 『한일관계사연구』9,
한일관계사학회, 1998; 김민영, 「식민지시대 노무동원 노동자의 송출과 철도ㆍ
연락선」, 『한일민족문제연구』4, 한일민족문제학회, 2003; 김찬수, 「일제하 수원
지역의 철도교통」, 『수원학연구』2, 수원학연구소, 2005; 김민영 외, 『철도 지역의
근대성 수용과 사회경제적 변용』, 선인, 2005; 임채성, 「만철의 화북분리공작과 화
북진출-철도운영을 중심으로」, 『경제사학』40, 경제사학회, 2006; 사카모토 유
이치, 「식민지기 조선철도에 있어서 군사수송-시베리아 출병, 만주사변과 부산
을 중심으로」, 『한국민족문화』28, 부산대학교 한국민족문화연구소, 2006; 허영
란, 「시가지 개조를 둘러싼 지역주민의 식민지 경험-안성의 철도ㆍ시장ㆍ공원 그
리고 지역주민」, 『역사문제연구』17, 역사비평사, 2007; 허우긍ㆍ도도로키 히로
시, 『개항기 전후 경상도의 육상교통』, 서울대학교출판부, 2007.

		대한제국과 러일전쟁	러시아는 랴오뚱반도를 청에게 돌려주게 한 뒤 청 과 비밀협상을 맺어 시베리아 철도가 만주를 통과 하는 권리를 차지하고 뤼순과 따롄을 조차하였다.	192
		대한제국의 붕괴	일본은 전세가 유리하여짐에 따라 우리나라 통신 망을 점유하고, 해안과 하천의 자유 항해권을 차지 하고, 경의 간과 경부 간의 철도를 부설하고, 또한 울릉도의 속도인 독도를 일본 영토로 편입하였다.	193 ~ 194
		식민지 경제	러일전쟁 이래 추진된 도로, 교통, 철도, 항만 · 수리 등의 점유 확충과 화폐금융의 독점 등 식민지 지배 의 전 단계적인 조치가 끝나고 , 1910년부터 농업, 상업, 어업, 광업, 임업 등의 모든 산업을 식민지 경 제로 개편하여 최대한의 착취를 감행하였다.	203
		식민지 경제	모든 산업은 총독부의 보호 아래 일본인 회사가 경영하도록 하였으나, 사실 총독부 자체가 우리 나라에서 가장 큰 기업체나 다름없었다. 총독부 는 철도, 항만, 통신, 항공 등을 독점 경영하고, 인삼, 소금, 아편 등을 전매하였다.	205

[표 8] 제4차 교육과정기 고등학교 한국사 교과서의 근대교통 서술

저자	교과서	소제목	서술 내용	쪽수
국사편 찬위원 회 1종도 서연구 개발위 원회	국사	개화사상과 개화운동	경제체제에 있어서는 공장제도를 도입하여 근대 산 업을 일으키려 하였다. 그리고 교통에 있어서는 철 도와 증기선을 도입하여 발전시키려 하였고, 통신 에 있어서는 근대적 우편제도와 전신을 도입하여 발전시키려고 하였다.	71
		근대문물 의 수용	개항 이후 근대 과학문물과 기술이 도입되어 통신, 교통, 전기, 의료, 건축, 산업 등 각 분야에 새로운 시 설이 생기고, 생활양식이 변모하였다. 더욱이 독립 협회의 활동을 전후해서는 일반 국민의 근대 문명 에 대한 각성이 높아져 근대적 시설이 촉진되었다. (중략) 철도는 서울-인천 간의 경인선이 최초로 개통되었	87 ~ 88

			다. 처음에는 부설권을 얻은 미국인 모오스(Morss)가 착공하였으나, 일본회사에 잇권이 전매되어 완공되었다. 그 뒤 러일전쟁 중에 일본은 군사적 목적으로 한반도를 남북으로 연결하여 대륙과의 교통을 편리하게 하기 위해 경부선과 경의선을 부설하였다. 한편, 황실과 미국인 콜부란(Collran)의 합자로 설립된 한성전기회사가 전차를 부설하여 운행하기 시작하였다. 이어 한성전기회사는 서술에 최초로 전등을 가설하였다. 경인선 기공식　경인설은 우리 나라에서 최초로 부설된 철도이다.	
		러·일간의 각축	청과는 만주와 조선에 대한 일본의 침략을 방어하기 위한 공수동맹을 맺어, 시베리아 철도가 만주를 횡단할 수 있도록 동청(東淸)철도부설권을 얻었다.	91 ~ 92
		열강의 잇권 침탈	미국은 운산금광채굴권과 경인철도부설권 및 서울의 전기, 수도 시설권을, 프랑스는 경의철도부설권을, 독일은 강원도 금성의 당현금광채굴권을, 영국은 평안도 은산금광채굴권을 차지하였다. 그 중에서 경인철도부설권은 원래 일본이 차지하려던 것을 미국인에게 주었으나, 결국 일본인에게 상당한 권리금을 받고 팔아버리고 말았다. 이처럼 부국자강의 원천이 되는 광산, 삼림, 철도 등의 각종 잇권이 열강의 손으로 넘어가자, 부태하고 무능한 정부에 대한 국민의 비난이 크게 일어나게 되었다.	92 ~ 93
		토지의 수탈	개항 이후 조선은 일본의 제국주의적 자본주의의 침략을 극복하기 위하여 노력하였다. 그러나 러일전쟁 이래 추진된 일본의 도로, 교통, 통신, 철도, 항	121

			만, 수리, 산림 등의 점유 확대와 화폐 금융의 침식 등 경제 침투를 완전히 배제하지 못한 채 국치를 당하였다.	
		산업의 침탈	모든 산업은 총독부의 비호 아래 일본인 회사가 경영하였으나, 조선총독부 자체가 큰 기업체나 다름없었다. 따라서 총독부는 철도, 항만, 통신, 항공, 도로 등을 독점 경영하였고, 담배, 인삼, 소금 등을 전매하였다. 이렇게 하여 한국의 민족자본은 위축되고 그 발전의 길이 막히게 되었다.	123 ~ 124
		휴전반대 와 전후 복구	남침 중에 사상자와 전재민은 약 150만명에 달하였고, 국토는 초토화되었으며, 건물, 도로, 공장, 발전시설 등 모든 산업시설은 방화, 파괴되었다.	164
		휴전반대 와 전후 복구	따라서, 교통, 통신, 운수기관이 점차 개선, 발전되었을 뿐 아니라 시멘트, 전력 등 기간산업시설도 갖추어져 경제발전의 기틀이 잡혀져 갔다.	165
		국력의 신장	그리고 산업의 발달을 뒷받침하기 위하여 경부고속도로를 비롯한 고속도로를 건설하여 전국이 1일생활권 속에 들게 되었다.	170

[표 9] 제5차 교육과정기 고등학교 한국사 교과서의 근대교통 서술

저자	교과서	소제목	서술 내용	쪽수
국사 편찬 위원회 1종 도서 연구 개발 위원회	국사(하)	대한제국	정부의 상공업 진흥책이 실시되어 섬유, 철도, 운수, 광업, 금융 분야에서 근대적인 공장과 회사들이 설립되었다. 상공업 진흥책에 따라 설업 교육이 강조되었고, 근대 산업 기술을 습득하기 위해 외국에 유학생이 파견되었으며, 각종의 실업 학교와 기술 교육 기관도 설립되었다. 그리고 교통, 통신, 전기, 의료 등 각 분야에 걸친 근대적 시설이 확충되어 갔다.	98
		제국주의 열강의 경제 침탈	열강의 이권 탈취는 아관파천 시기부터 두드러져 러시아와 일본을 비롯한 열강은 철도부설권, 광산채굴권, 삼림채벌권 등 중요한 이권을 빼앗아 갔다.	108

일본의 토지 약탈	일본인에 의한 대규모의 토지약탈은 러일전쟁을 계기로 본격화되었다. 일본은 철도 부지와 군용지의 확보를 구실로 토지 약탈을 자행하였다. 일본은 경인선과 경부선을 부설하면서 철도 부지 중 국유지는 무상으로 약탈하였고, 사유지는 조선 정부가 소유자로부터 사들여 제공하도록 강요하였다.	109
경제적 침탈 저지운동	나아가 미국, 독일 등 열강이 차지한 철도, 광산, 삼림에 관한 이권에도 반대운동을 전개하였다. 이와 같은 독립협회의 이권수호투쟁으로 한동안 열강의 이권 침탈은 크게 줄어들었다.	111
근대적 상업 자본의 성장	문호 개방 이후 일본 자본가들이 조선에 진출하여 대규모의 운수회사를 설립하고, 해상과 육상의 운수업을 지배해 갔다. 이에 국내 기업가들은 외국의 증기선을 구입하여 그들에 대항하려 하였고, 해운회사, 철도회사, 광업회사 등을 설립하여 민족자본의 토대를 굳히고자 노력하였다.	113
과학기술의 수용	1890년대에 이르러 개화 지식인들은 근대적 과학기술의 수용을 위해서는 교육제도의 개혁이 급선무임	119 ~

			을 인식하게 되었으며, 갑오개혁 이후에 이를 위하여 유학생의 해외 파견을 장려하고, 교육시설을 갖추는데 노력하였다. 그 결과로, 경성의학교, 철도학교, 광업학교 등 각종의 근대적인 기술교육기관이 설립되었다.	120
		근대시설의 수용	개항 이후 근대문물과 과학기술을 도입하여 교통, 통신, 전기, 의료, 건축 등 각 분야에서 새로운 시설을 갖추었고, 이에 따라 생활양식도 변모하게 되었다. (중략) 근대적 교통시설로서 철도는 경인선이 최초로 부설되었는데, 이것은 외국인에 의해 이루어졌다. 경부선과 경의선은 러일전쟁 중에 일본의 군사적 목적에 의하여 부설되었다. 한편, 황실과 미국인의 합자로 설립된 한성전기회사가 발전소를 건설하고, 서대문과 청량리 사이에 최초로 전차를 운행하였다.	120 ~ 121
		산업의 침탈	조선총독부나 총독부의 비호를 받는 일본인 회사가 철도, 항만, 통신, 항공, 도로 등을 독점 경영하였고, 담배, 인삼, 소금 등을 전매하였다. 이리하여 민족자본은 위축되고 경제 발전의 길이 막히게 되었다.	154
		휴전과 전후 복구	이 전쟁 중에 사상자는 약 150만명에 달하였고, 국토는 초토화되었으며, 건물, 도로, 공장, 발전 시설 등 대부분의 산업시설이 파괴되었다. 동시에 남북간의 대립은 더욱 날카로워져서 조국의 평화적 통일을 어렵게 만들었다. 휴전과 동시에 대한민국은 황폐된 국토의 재건과 부흥을 서둘렀다. 미국 등 자유우방도 이를 도와주었다. 복구사업은 국민적 참여와 열의에 의해 급속도로 진행되었고, 생산활동도 점차 회복되어 갔다. 교통, 통신기관이 점차 개선, 발전되었을 뿐만 아니라 시멘트, 전력 등 기간 산업시설도 갖추어져서 경제 발전의 기틀이 잡혀갔다.	179
		경제개발 5개년 계획의 추진	그리고 산업의 발달을 뒷받침하기 위하여 경부고속도로를 비롯한 여러 고속도로를 건설하여 전국이 1일생활권에 들게 되었다.	191

[표 10] 제6차 교육과정기 한국사 교과서의 근대교통 서술

저자	교과서	소제목	서술 내용	쪽수
국사편찬위원회 1종 도서 연구 개발 위원회	국사(하)	대한제국	정부의 상공업 진흥책이 실시되어 섬유, 철도, 운수, 광업, 금융 분야에서 근대적인 공장과 회사들이 설립되었다. 이에 따라 실업 교육이 강조되었고, 근대 산업 기술을 습득하기 위해 외국에 유학생이 파견되었으며, 각종의 실업 학교와 기술 교육 기관도 설립되었다. 그리고 교통, 통신, 전기, 의료 등 각 분야에 걸친 근대적 시설이 확충되어 갔다.	95
		제국주의 열강의 경제 침탈	열강의 이권 탈취는 아관파천시기부터 두드러져 러시아와 일본을 비롯한 열강은 철도부설권, 광산채굴권, 삼림채벌권 등 이권을 빼앗아갔다.	105
		일본의 토지 약탈	일본인에 의한 대규모의 토지 약탈은 러일전쟁을 계기로 본격화되었다. 일본은 철도 부지와 군용지의 확보를 구실로 토지 약탈을 자행하였다. 일본은 경인선과 경부선을 부설하면서 철도부지 중 국유지는 약탈하였고, 사유지는 조선정부가 소유자로부터 사들여 제공하도록 강요하였다. 일제의 토지 측량	106
		근대적 상업자본의 성장	경강상인은 개항 후 정부의 세곡운반이 일본인의 증기선에 독점되어 큰 타격을 받게 되자 그들도 증기선을 구입하여 일본상인에 대항하려 했으나 성공하지는 못하였다. (중략) 문호개방 이후 일본자본가들이 조선에 들어와 대규모의 운수회사를 설립하고 해상과 육상의 운수업을 지배해 갔다. 이에 국내 기업가들은 외국의 증기선	110

			을 구입하여 그들에 대항하려 하였고, 해운회사, 철도회사, 광업회사 등을 설립하여 민족자본의 토대를 굳히고자 노력하였다(이곳에 다음과 같이 각주를 붙였다. 대한협동우선회(1900), 인천윤선주식회사(1900) 등의 해운회사와 이운사(1899), 통운사(1901) 등의 육운회사 등이 설립, 운영되었다. 또 철도부설권이 외국에 넘어가는 상황에서 일부 기업가들은 부하(釜下)철도회사(1898), 대한철도회사 (1899) 등 내국인 자본에 의한 철도회사를 설립하였다. 광산채굴권이 외국인에게 넘어가는데 자극을 받아 해서철광회사(1900), 수안금광합자회사(1903) 등 광업회사가 설립되었고, 기타 각종 회사가 무수히 설립되었다).	
		과학기술의 수용	1890년대에 이르러 개화지식인들은 근대적 과학기술의 수용을 위해서는 교육제도의 개혁이 급선무임을 인식하게 되었다. 이에 갑오개혁 이후 정부는 유학생의 해외 파견을 장려하고, 교육시설을 갖추는데 노력하였다. 그 결과 경성의학교, 철도학교, 광업학교 등 각종 근대적인 기술교육기관이 설립되었다. 초창기의 기차	116
		근대시설의 수용	개항 이후 근대문물과 과학기술이 도입되어 교통, 통신, 전기, 의료, 건축 등 각 분야에 새로운 시설이 갖추어지고 이에 따라 생활양식도 변모하게 되었다. (중략) 	117 ~ 118

			근대적 교통시설로서 철도는 경인선이 최초로 부설되었는데 이것은 외국인에 의해 이루어졌다. 경부선과 경의선은 러일전쟁 중에 일본의 군사적 목적에 의하여 부설되었다. 한편 황실과 미국인의 합자로 설립된 한성전기회사가 발전소를 건설하고, 서대문과 청량리 사이에 최초로 전차를 운행하였으며 서울 시내 일부에 전등을 가설하였다.	
		산업의 침탈	이리하여 한국인의 기업활동이 억압되고 민족산업의 성장이 저해되었다. 철도, 항만, 통신, 항공, 도로 등은 조선총독부와 일본의 대기업이 독점하였고, 인삼, 소금, 담배 등은 조선총독부가 전매하였다. 이에 민족자본이 위축되고 경제발전의 길이 막히게 되었다.	138
		과학대중 화운동	3·1운동 이후 세계 열강이 부국강병의 수단을 과학 기술의 진흥에서 구하였다는 사실을 인식하게 된 민족지도자들은 우리 민족이 살아날 수 있는 지름길은 과학의 진흥에 있다고 보았다. 더욱이 제1차 세계대전 때에 처음으로 등장한 전차, 항공기 등 과학기술의 성과는 당시 과학기술 만능이라는 생각을 세계에 불러일으켜 열강들은 앞을 다투어서 과학기술의 진흥에 노력하고 있었다. 특히 당시 항공기는 과학 기술의 상징이었다. 이러한 시기에 안창남의 고국 방문 비행은 우리 민족에게 큰 감명과 충격을 안겨주었다. 그의 비행술은 "우리도 하면 된다"는 자신과 긍지를 온 민족에게 심어주었다. 당시 동아일보를 비롯한 민족지와 잡지 등에서도 과학의 대중화를 주장하였다.	178 ~ 179
		휴전과 전후 복구	이 전쟁으로 남한의 사상자 수만도 150만명에 달하였고, 수많은 전쟁 고아가 발생하였다. 그리고 국토는 초토화되었으며 건물, 도로, 공장, 발전시설 등 대부분의 산업시설이 파괴되었다. 이와 동시에 남북간에는 전쟁으로 인하여 적대감정이 팽배하게 되었으며, 그 결과 평화적인 통일보다는 대결의 국면으로 치닫는 민족의 비극이 확대될 수밖에 없었다.	200

| | | 경제발5
개년계획
의 추진 | 아울러 산업발달을 뒷받침하기 위한 사회간접자본
의 확충으로 경부고속국도를 비롯한 여러 고속도로
망을 확충하여 전국을 1일생활권에 속하게 하였다. | 215 |

[표 7], [표 8], [표 9], [표 10]을 통해 제3차~제6차 교육과정기 한국사 교과서의 근대교통 서술에 대해 알 수 있는 것은 첫째, 근대 문물의 수용을 '과학문물의 수입', '개화사상과 개화운동', '근대적 시설의 수용' 등의 소제목 하에 서술하였다는 점에서 철도 관련 서술은 제1차 교육과정과 제2차 교육과정기와 마찬가지로 일제의 침략정책의 산물로 기술하였다. 경인선, 경부선, 경의선 등 간선만을 기술하였고, 경원선, 마산선, 호남선 등은 기술하지 않아 철도에 대한 구체적 사례는 이전 시기보다 축소되었음도 확인된다. 다만 제6차 교육과정기에 '근대적 상업자본의 성장'에 각주를 달아 일부 기업가들이 부하철도회사, 대한철도회사 등을 설립하였다는 점을 서술하여 우리 민족에 의한 철도부설 노력도 행하여졌다는 점도 서술하였다.

둘째, '대한제국과 러일전쟁', '대한제국의 붕괴', '제국주의 열강의 각축', '러일간의 각축', '열강의 잇권 침탈', '토지의 수탈', '제국주의 열강의 경제 침탈', '일본의 토지 약탈', '경제적 침탈 저지운동' 등의 소제목에서는 철도를 비롯한 근대교통의 수용이 제국주의적 침략의 일환이었음을 강조하고 있다. 이는 근대문물의 수용이 곧 우리나라 혹은 우리 민족의 근대적 발전만을 의미하는 것은 아니라는 점을 강조하고 있다고 생각된다. 셋째, 제4차 교육과정기에는 개화의 흐름에 따라 철도만이 아니라 증기선의 도입도 고려했다고 기술하여 육상교통뿐만 아니라 해상교통에까지도 관심을 가지고 있었음을 서술하였다. 제5차 교육과정기에는 일본자본의 침탈에 대항하여 국내 기업가들이 외국의 증기선을 구입하여 이에 대항하려 하였다고 기술하여 해상교통에 대한 기술이 보다 구체화되었고, 제6차 교육과정에서는 각주 처리를 통해 대한협동우선회사, 인천윤선회사 등의 해운회사와 이운사, 통운사 등의 육운회사가 설립되었다는 점을 강조하여 해상교통에 대한 서술이 더욱 강화되었음을 확인할 수 있다. 넷째, 전차에 대한 기술은 제2차 교육과정기까지의 서술을 그대로 답습하였다고 볼 수 있으나 용산으로까지 전차가 연장되었다는 서술이 빠진 점에서는 오히려 약화되었다는 느낌도 갖게 한다.

다섯째, 제2차 교육과정기에 서술되었던 치도국에 대한 기술은 삭제되어 근대도로교통에 대한 서술이 전혀 이루어지지 않았음을 알 수 있다. 이는『한국도로사』의 간행이 이루어졌음에도 불구하고 그 연구성과가 교과서에 반영되지 않았음을 보여주는 것이라 할 수 있다. 여섯째, 식민지 시기에 대한 서술이 대폭 증가하면서 식민지 교통에 대한 서술도 증가하였다. 다만 이러한 서술이 철도나 도로, 항만 등에 대한 구체적인 기술이 아니라 일제의 식민지 경제정책 혹은 식민지 지배정책을 설명하는 과정에서 단발적으로 서술되어 일제의 수탈체제를 강조하는 사례로서 기술되었다는 한계가 있다.

일곱째, 해방 이후 교통에 대한 서술에서는 한국전쟁 과정에서 철도나 도로, 건물 등 기간시설의 파괴와 전쟁 이후 이의 복구에 대한 서술에서 교통시설이 언급되고 있으며, 경제개발5개년계획이 진행되는 과정에서 건설된 경부고속도로에 대해서는 전국이 1일 생활권에 들어가게 되었다는 의미에서 서술하였다. 이는 고속도로의 건설이 5 · 16군사정변 이후의 '민족중흥의 터전'을 이루는 토대가 되었다는 제2차 교육과정기의 기술과는 일정한 차이를 보이는 것이라 할 수 있다. 다만 경제개발5개년계획이 박정희정부에 의해 추진되었다는 점에서 5 · 16군사정변의 긍정적 의미를 뒷받침하는 것으로도 이해할 수 있을 것이다.

Ⅳ. 제7차 교육과정~2009 개정 교육과정기의 근대교통사 서술

제7차 교육과정이 실시되면서 한국사 교육에 큰 변화가 초래되었다. 한국사 과목이 『국사』와 『한국근·현대사』로 나뉘면서 『국사』는 국정으로, 『한국근·현대사』는 검정으로 발행되었으며, 『국사』는 제10학년에 국민공통과목으로 선정되어 필수과목이 되었으나 『한국근·현대사』는 제11학년과 제12학년에서 선택하도록 하였던 것이다. 또한 대학수학능력시험에서 『한국근·현대사』는 『국사』와 함께 선택과목이 되어 자연계열의 학생들은 사실상 『한국근·현대사』를 배울 수 없는 구조가 되어버렸다.

그러나 이 시기 『한국근·현대사』는 당대까지 축적된 연구성과를 반영하였다는 측면에서 우리나라 역사교육의 획기가 되었다는 것은 부인하지 못할 것이라 생각된다.

제7차 교육과정부터 2009 교육과정기의 국사교육의 목표는 [표 11]과 같다.

[표 11] 제7차 교육과정~2009 교육과정기의 국사교육의 목표[13)]

교육과정	국사교육의 목표
제7차 교육과정	가. 10학년의 우리 역사 이해를 토대로 근·현대사의 전개 과정을 다각적으로 분석하고 해석하여 종합적으로 인식한다.

---

13) 제7차 교육과정기 국사교육의 목표는 『한국근·현대사』(교육부고시 제1997-15 〔별책 7〕, 『사회과 교육과정』), 2009 교육과정기는 『역사』(교육과학기술부 고시 제2009-10호〔별책 7〕, 『사회과 교육과정』), 2009 개정교육과정기는 『한국사』(교육과학기술부 고시 제2011-361호〔별책 7〕, 『사회과 교육과정』)의 것을 인용하였다.

	나. 학습 내용을 구조화하여 주제 중심의 시대사로 파악함으로써 우리의 근·현대사를 체계적으로 이해한다. 다. 우리 역사에 대한 자긍심을 바탕으로 근·현대사에 나타난 특성을 세계사적 보편성과 관련하여 이해한다. 라. 역사 의식을 가지고 우리 민족의 현실을 인식하여 당면 문제를 해결하는 데 적극적으로 참여하는 자세를 가진다. 마. 우리 근·현대사의 흐름을 객관적으로 해석하고, 이를 세계사적 관점에서 비교, 평가할 수 있는 능력을 기른다. 바. 역사 자료를 조사, 분석, 종합하는 기능과 역사 인식을 토대로 문제를 해결하는 능력을 기른다.
2009 교육과정	가. 우리나라와 세계 역사를 체계적이고 종합적으로 파악한다. 나. 현대와 가까운 과거에 대한 이해를 심화함으로써 현대 세계와 우리 국가와 사회에 대한 통찰력을 확대한다. 다. 다양한 역사적 자료를 탐구하고 해석하는 과정을 통해 스스로 문제의식을 가지고 비판적으로 사고하는 능력을 기른다. 라. 현대 사회가 직면한 문제들에 대한 역사적 배경과 상호 관련성을 파악하여 그 의미와 가치를 평가할 수 있도록 한다. 마. 다양한 삶의 방식에 대한 이해를 기초로 다른 문화와 전통을 존중하는 태도를 기른다.
2009 개정 교육과정	가. 중학교에서 학습한 역사에 대한 기본적 이해를 바탕으로 사회·경제적 변동과 문화성격을 아우르면서 한국사의 특성을 다각적으로 분석하여 종합적으로 인식한다. 나. 오늘날 우리의 삶은 과거 역사의 산물임을 이해하되 각 시대 우리나라 역사의 전개과정을 세계사의 맥락 속에서 심층적으로 이해한다. 다. 우리 역사가 외부 세계와 교류하고 발전하는 과정에서 다양한 문화적 성격을 가짐과 동시에 한국사의 정체성을 유지해왔음을 이해한다. 라. 우리 역사와 관련된 자료를 분석하고 비판하는 종합적인 탐구활동을 통해 역사적 사고력을 키운다. 마. 우리 역사를 삶의 과정으로 이해하여 현대사회발전에 능동적으로 참여하는 태도를 기른다.

[표 11]에서 볼 수 있듯이 이 시기의 한국사 교육에서 중요하게 여겨진 것은 제5차 교육과정기 이래 강조되던 한국사의 특수성과 세계사의 보편성을 이해하는 것이었다. 이러한 측면에서 근대문물의 수용에 대한 보다 깊은 이해가 필요하게 되었다. 즉 근대교통을 포함한 근대문물의 수용은 제국주의의 침략의 산물이었다는 전통적인 서술 관점에서 벗어나 근대문물 수용의 양지와 음지를 동시에 사고할 수 있도록 기술되었다는 것이 이 시기 한국사 교과서의 특징이라 할 수 있다. 이를 [표 12], [표 13], [표 14]를 통해 확인할 수 있다.

[표 12] 제7차 교육과정기 한국근 · 현대사 교과서의 근대교통 서술

저자	교과서	소제목	서술 내용	쪽수
		서양 열강과 잇달아 맺은 조약	19세기 중엽에 유럽은 활기가 넘쳤다. 온 유럽에 철도가 놓이고 철도는 사람들에게 장밋빛 미래를 꿈꾸며 레저와 여행을 즐길 수 있게 하였다. 빠르게 달리는 기차에 타면 이제까지 꿈꾸지 못하였던 새 인생인 펼쳐졌다. 기차역은 시끄럽고 검댕이가 날리고 연기가 자욱하였지만 누구 하나 불평하지 않았다.　1등칸이든 3등칸이든 기차를 타면 누구나 가본 적이 없는 곳을 구경할 수 있었다. 경마, 뱃놀이 등 이제까지 해보지 못한 새로운 여가 생활을 즐길 수 있었다. 유럽 사람들이 가장 가고 싶어하는 곳 중 하나가 프랑스 파리였다. 거리는 밝게 빛나고 도로는 넓었다.	52

			우아한 여성, 멋진 가게, 활기찬 거리가 여행객을 맞이하였다. 파리에 오면 공기마저 달콤한 것 같았다. 그러나 유럽 사람들에게 이렇게 꿈과 낭만을 주던 기차는 제국주의 침략의 중요한 도구로 이용되기도 하였다. 제국주의 각국은 침략 대상지나 식민지에 철도를 놓아 군사적 활동이나 경제 수탈의 발판으로 삼았다.	
		보빙사, 미국에 가다	사절단은 그 해 9월 2일 샌프란시스코에 도착하였고, 미 대륙 횡단 기차편으로 12일 시카고에 도착하여 대단한 환영을 받았다.	53
			정부는 행정과 군사 개혁 등에 필요한 정보와 참고 자료를 수집하기 위해 일본과 청에 사절을 파견하였다. 일본에 파견된 조사시찰단은 약 3개월 동안 일본의 정치, 군사, 교통, 농업, 과학 기술 등 다양한 선진 문물을 자세히 보고 돌아왔다(1881). (중략) 고종 개화에 관한 교서를 내리다 저들의 종교는 사악하다. 마땅히 음탕한 소리나 치장한 여자를 멀리 하듯이 해야 한다. 하지만 저들의 기술은 이롭다. 잘 이용하여 백성들을 잘 살게 할 수 있다면 농업, 양잠, 의약, 병기, 배, 수레에 대한 기술을 꺼릴 이유가 없다. 종교는 배척하되 기술을 본받는 것은 함께 할 수 있다. 결코 충돌하는 것이 아니다. 지금 강약의 형세가 이미 큰 격차로 벌어졌다. 만약 저들의 기술을 본받지 않는다면 어떻게 저들에게 모욕을 받지 않고 저들이 엿보는 것을 막을 수 있겠는가?(고종실록, 1882년 8월 5일) 사절단은 그 해 9월 2일 샌프란시스코에 도착하였고, 미 대륙 횡단 기차편으로 12일 시카고에 도착하여 대단한 환영을 받았다.	60
		일본의 근대화를 보는 두 개의 눈, 엇갈리는	〔자료 2〕 일본은 진실로 강하더이다 고종 : 일본의 제도가 굉장하고 정치가 부강하다고 하는데 참으로 그러한가. 홍영식 : 그 제도가 굉장하기는 하나 다 쌓여서 이루어진 것입니다. 그 재정으로 말하면 시작하는 일이 번	61

		진단과 평가	다하여 늘 모자람을 걱정하며 그 군정으로 말하면 강하지 않은 것은 아니나 다 밤낮으로 부지런히 한마음으로 힘을 합한 데에서 이루어진 것이니, 그 한 일로 그 나타난 거을 보면 참으로 어려운 일이 아닙니다. 	
		대한제국과 광무개혁	이밖에 상공업 장려책을 실시하여 섬유, 운수, 광업, 금융, 철도 등의 분야에서 근대적 회사들이 설립되었다.	87
		제국주의 열강의 경제적 침탈	청일전쟁이 끝난 다음 제국주의 열강들은 광산, 산림, 철도 등 주요 이권 침탈에 본격적으로 손을 뻗쳤다. 특히 아관파천 무렵부터는 최혜국조항을 내세워 저마다 이권을 빼앗아갔다. 여기에는 일본을 비롯하여 러시아, 미국, 프랑스, 영국 등이 가담하였다. 러일전쟁 이후에 일본은 철도부지와 군용지 확보를 명목으로 대한제국정부가 갖고 있던 국유지와 역둔토를 빼앗았다. 군용지에 필요한 지역을 거의 제한 없이 차지하였고, 군 주둔지 근처의 토지를 대량으로 약탈하기도 하였다. 또한 경부선을 비롯한 여러 철도를 부설하면서 민간인이 소유하고 있던 농토를 철도부지에 편입시키고 농민들을 강제로 철도 부역에 동원하였다. 문명과 수탈의 두 얼굴, 철도 철도는 교통혁명을 가져온 대표적인 발명품으로 근대 문명의 총아였다. 그러나 철도 주변의 주민들과 철도 부설공사에 동원된 노동자들은 각지에서 공사 현장이나 철도를 공격하거나 열차 운행을 방해하였으며, 일본인과 친일파들을 습격하기까지 하였다. 이들은 왜 일제의 가혹한 탄압과 보복에도 불구하고 철도를 파괴하려 했을까? 1906년 5월 15일자 <대한매일신보>는 "철도가 지나는 지역은 온전한 땅이 없어 기력이 남아 있는 사	106

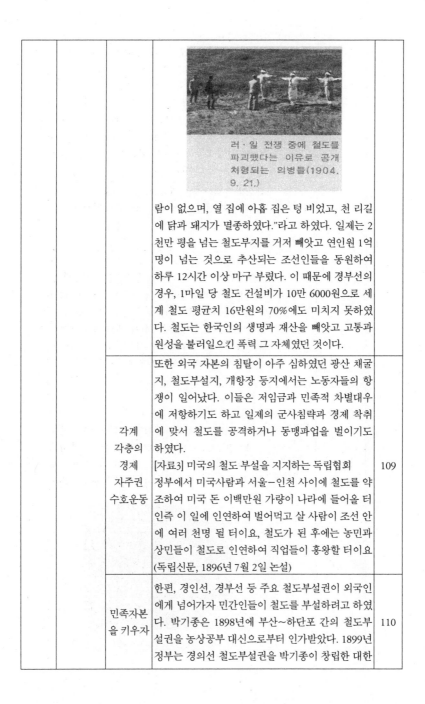

러·일 전쟁 중에 철도를 파괴했다는 이유로 공개 처형되는 의병들(1904. 9. 21.)

람이 없으며, 열 집에 아홉 집은 텅 비었고, 천 리길에 닭과 돼지가 멸종하였다."라고 하였다. 일제는 2천만 평을 넘는 철도부지를 거저 빼앗고 연인원 1억 명이 넘는 것으로 추산되는 조선인들을 동원하여 하루 12시간 이상 마구 부렸다. 이 때문에 경부선의 경우, 1마일 당 철도 건설비가 10만 6000원으로 세계 철도 평균치 16만원의 70%에도 미치지 못하였다. 철도는 한국인의 생명과 재산을 빼앗고 고통과 원성을 불러일으킨 폭력 그 자체였던 것이다.

		각계 각층의 경제 자주권 수호운동	또한 외국 자본의 침탈이 아주 심하였던 광산 채굴지, 철도부설지, 개항장 등지에서는 노동자들의 항쟁이 일어났다. 이들은 저임금과 민족적 차별대우에 저항하기도 하고 일제의 군사침략과 경제 착취에 맞서 철도를 공격하거나 동맹파업을 벌이기도 하였다. [자료3] 미국의 철도 부설을 지지하는 독립협회 정부에서 미국사람과 서울—인천 사이에 철도를 약조하여 미국 돈 이백만원 가량이 나라에 들어올 터인즉 이 일에 인연하여 벌어먹고 살 사람이 조선 안에 여러 천명 될 터이요, 철도가 된 후에는 농민과 상민들이 철도로 인연하여 직업들이 흥왕할 터이요 (독립신문, 1896년 7월 2일 논설)	109
		민족자본을 키우자	한편, 경인선, 경부선 등 주요 철도부설권이 외국인에게 넘어가자 민간인들이 철도를 부설하려고 하였다. 박기종은 1898년에 부산~하단포 간의 철도부설권을 농상공부 대신으로부터 인가받았다. 1899년 정부는 경의선 철도부설권을 박기종이 창립한 대한	110

			철도회사에 허가해주었으나 자금 부족으로 모든 노력이 수포로 돌아가고 말았다. (옆주) 개항 후 철도 건설의 움직임 1880년대 후반에 우정사가 설립되어 우리 힘으로 철도를 건설하려는 움직임이 나타났다. 1894년에는 공무아문에 철도국이 생겨 철도체계를 통일시키려고 시도하였으나 자체 자본의 부족으로 철도건설은 외국인의 손에 넘어가게 되었다.	
		서양 과학기술의 수용 움직임	갑오개혁 이후에는 과학 기술과 제도의 도입에도 관심을 기울였다. 이에 따라 해외에 유학생을 보내고 국내에 경성의학교, 철도학교, 광무학교 등 각종 기술학교를 설립하였다.	121
		근대문물의 도입, 생활은 편리해졌으나…	근대 산업의 근간이라 할 철도와 전기에도 많은 관심을 두었다. 철도는 1899년에 경인선이 개통된 이후 경부선(1905), 경의선(1906)이 차례로 개통되었다. 황실은 미국인과 합자로 한성전기회사를 만들고 발전소를 건설하였다. 서대문에서 청량리 사이에 처음으로 전차의 운행이 시작되었으며, 서울 시내 일부에 전등을 가설하였다. 아울러 서울의 도로와 하천을 정비하였다. 새로운 운송수단, 전차의 등장 세계 최초의 전기기관차는 1878년 독일 지멘스사에서 제작한 것으로 1879년 베를린 박람회에 출품되어 운행되었다. 우리나라의 경우 1899년 서울 서대문에서 청량리까지 노면 전차가 최초로 운행되었다. 불태워진 전차 잔해	122

| | | | 전차 운영을 맡은 한성전기회사에 거금을 투자한 고종은 자주 황실 전용 열차를 타고 청량리에서 내려 왕비가 잠들어 있는 홍릉에 가서 슬픔을 달랬다. 일본 교토전차회사에서 초청한 일본인 운전기사가 운전하는 전차는 40명이 앉을 수 있는 개방식이었다. 전차는 근대화의 상징으로 많은 사람들의 환영을 받았지만 크고 작은 사고들이 잇달았다. 개통식 날 전차 송전선을 끊었다고 지목된 두 사람이 재판도 없이 처형되었다. 189년 전차가 등장한 지 1주일 만에 탑골공원 앞에서 다섯 살짜리 어린이가 치여 죽는 교통사고가 발생하였다. 이 광경을 본 군중들이 격분하여 전차를 가로막으며 운전사와 차장을 폭행하고 전차를 불태워버렸다. | |
| | | 서양 근대 문물의 수용, 겉과 속 | [자료 1]서울, 몰라보게 달라졌다
한국의 발전은 단지 넓은 도로를 만드는 것에만 있었던 것은 아니다. 수없이 많은 좁은 길들이 넓혀지고 도로는 포장되어 자갈이 깔리고 있다. 그리고 돌을 재료로 한 배수구는 그 양쪽 측면을 따라 만들어지고 있다. 이러한 많은 작업과 함께 자극적이고 혐오스럽던 서울의 악취는 사라졌다. 위생에 관한 법령이 시행되었고, 집 앞에 쌓인 눈을 그 집 식구들이 치우는 것이 의무일 정도로 한국의 문화 수준은 높아졌다. 그 변화는 너무 커서 나는 1894년이었다면 서울의 특징을 나타내는 한 장면이라고 해서 사진을 찍었을지도 모를, 그 특징적인 빈민촌을 발견할 수가 없었다 (이사벨라 버드 비숍, <한국과 그 이웃 나라들>)

[자료 2] 연놀이 하지 마라, 전신선 다칠라

도로와 하수도 정비(1903). 서울을 근대 도시로 개조하기 위한 노력은 도로와 하수도 정비로 이어졌다. 청경궁, 홍화문 앞 도로와 하수도를 정비하는 모습이다 | 123 |

| | | | 전신선을 놓는데 많은 조선인들이 강제 동원되었다. 그러면서도 품삯을 제대로 받지 못하였기 때문에 전신시설은 의병들에 의해 절단되고 파손되기도 하였다. 이 때 전신을 이용한 사람들은 주로 외국인들이었고 조선사람들은 거의 없었다. 그런데 경무청은 아이들의 연놀이를 금지한다고 발표하였다. 이는 연줄이 전신용 전깃줄에 얽혀 전신이 잘 통하지 않는 사건이 자주 발생한 데 따른 것이다.
과제1 자료1을 참고하여 철도, 전차, 통신시설이 도입되기 전 생활이 어떠하였는지, 100년 전의 우리 동네의 모습을 상상하여 그려보자.

경인선 개통식(1899). 미국인 모스가 경인 철도 부설권을 얻어 기공식을 가졌으나 도중에 일본인에게 매각하였다. 최초의 기관차에 내걸린 성조기와 일장기가 그 사정을 말해 주고 있다. | |
| | | 일제 강점기, 우리 사회의 달라진 것들 | • 변해 가는 서울 4대문과 궁궐로 대표되는 한성은 모든 것의 중심이요, 희망이기도 하였다. 최고 통치자인 왕과 그를 보필하는 신하들이 기거하였기 때문이다. 개항 이후 한성은 달라졌다. 외국인들이 들어오고, 새로운 물품들이 들어왔다. 거리에는 그런 상품을 파는 상점들이 즐비해지고, 도로에는 전차가 달리게 되었다. 그리고 상점 건물들은 점차로 높아져 가고 '쇼윈도'라는 진열장도 생겼다. 1920년 말에 전기가 보급되자 서울의 밤거리도 달라졌다. 네온사인이 등장하여 거리를 밝히고 사람들을 유혹하였다. 네온으로 치장한 도시의 상품 진열장은 새로운 유행을 전파하였다. 그러나 이런 풍경 뒤에는 일제하 서민들의 고통스런 생활이 숨겨져 있었다. | 224 |

1930년대 태평로, 남대문로(왼쪽)와 명동 상가 입구 (오른쪽)

● 교통의 변화

전통시대 우리나라 사람들은 걸어다니거나 말이나 소가 끄는 수레, 배 등을 이용하였다. 19세기 말 경 인선 철도의 개통으로 우리의 교통은 바뀌기 시작 하였다. 철도는 제국주의 침략의 첫 신호였지만 우 리의 생활을 크게 변화시켰다.

일제시기 택시 등의 자동차가 등장하면서 도심에서 는 점차 인력거에 매달려 살던 서민들은 자동차의 등장으로 생존권의 위협을 받고 열차는 꿈과 희망 과 동경보다는 식민지 백성의 상처로 남아서 우리 들에게 서러움을 심어주었다.

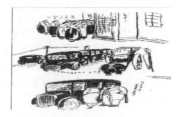

<조선지광>, 1929년 1월호 삽화 구호품에 의지하 는 가난한 일상과 새로운 자동차의 물결에 밀려 직 업을 잃어버린 인력거꾼, 부르주아지의 사치와 허 영을 풍자하고 있다.

| 과학 대중화 운동 | 떴다 보아라, 안창남 비행기
제1차 세계대전 이후 항공기는 과학기술의 상징이 었다. 우리나라 최초의 비행사인 안창남은 미국인 비행사의 비행묘기에 자극을 받았다. 그는 비행사 가 되려는 뜻을 품고 일본으로 건너가 비행기 조종 | 236 |

및 정비 과정을 익혔다.

1922년 12월 안창남은 여의도 상공에서 수만 관중이 지켜보는 가운데 고국 방문 비행을 성공적으로 마쳐 국민들의 민족적 자긍심으로 고취시켰다. 그 무렵에는 엄복동이라는 소문난 자전거 선수도 있었다. 그래서 사람들은 이런 노래를 불렀다.

"떴다 보아라 안창남 비행기 내려다 보아라 엄복동 자전거"

안창남 고국 방문 비행 기사

안창남 비행가는 당시 민족적 울분을 달래줄 수 있는 정신적 자주 역할을 하였다.

관동대지진 이후 그는 중국혁명을 통해 민족해방을 이룰 수 있다는 신념 아래 중국혁명군 부대의 항공학교 교관으로 활약하면서 중국인과 독립운동가들에게 비행술을 가르쳤다. 그는 국내에 비행대를 설치해 항일독립운동을 벌이려는 계획을 세웠으나 1930년 비행기 추락사고로 뜻을 이루지 못하였다.

[표 13] 2009 교육과정 고등학교 한국사 교과서의 근대교통 서술(2011년 검정)

저자	교과서	소제목	서술 내용	쪽수
한철호 외	한국사	회사를 설립하여 상권 잠식에 대항하다	한편 정부에서도 세곡을 효율적으로 운반하기 위해 광제호·해룡호 등 기선을 구입했으며, 이운사(利運社)란 해운회사도 만들어 세곡 운반뿐 아니라 화물과 승객 수송까지 사업을 확대해 나갔다. 그러나 갑오개혁으로 조세를 화폐로만 납부하게 되면서 그 운영이 위축되어 결국 일본자본에 잠식되었다.	142

		일본과 러시아, 만주·한 반도를 둘러싸고 대립하다	남하 정책을 추진하며 만주 지역에도 깊은 관심을 보이던 러시아는 일본이 랴오둥 반도를 차지하자 프랑스, 독일과 함께 일본을 압박하여 이를 반환시켰다(삼국간섭, 1895). 그 대가로 러시아는 청으로부터 다롄, 뤼순을 조차*하여 해군 기지를 만들고 만주의 철도 부설권을 얻었다. 또한, 의화단 운동을 진압하기 위해 파견한 군대 일부를 만주의 철도를 보호한다는 구실로 계속 주둔시켰다. 영국은 이에 반발하여 일본을 이용하여 러시아를 견제하고자 하였다. 뒤늦게 중국 분할에 참여한 미국도 러시아의 독주를 막기 위해 일본을 지지하였다. 이러한 배경 속에서 영일동맹이 체결되었다(1902).	149
		신해혁명, 2000년 황제체제 를 끝내다	의화단 운동이 실패한 후 혁신의 필요성을 느낀 수구 세력은 개혁을 선언했으나(광서 신정, 1908) 이는 정권 연장 수단에 불과하였다. 또한, 청 정부는 열강에게 배상금을 지불하기 위해 민간 철도를 국유화하여 이를 담보로 외국에 차관을 얻고자 하였다. 이에 각지에서 철도 국유화 반대 운동이 일어났고, 혁명 단체와 연결된 군인들이 우창에서 봉기하였다(신해혁명, 1911).	153
		구본신참의 원칙 아래 광무개혁을 추진하다	또한, 서양의 기술과 기계를 적극 도입하여 상공업을 진흥시키려는 식산 흥업정책을 펼쳤다. 그 결과 철도, 전기, 해운, 광업, 금융 분야에서 근대적인 시설이 마련되고 공장과 회사들이 설립되었다. 근대적 산업 기술을 습득하기 위해 외국에 유학생을 파견하고 실업 학교와 기술 교육 기관도 세웠다. 그리고 전화를 가설하고 우편·전보망을 확충했으며, 전차 선로와 철도를 부설하는 등 교통·통신산업도 발전하였다.	171
		제국주의 열강이 경제적 침탈에 열을 올리다	청·일 전쟁 이후 고종이 러시아 공사관으로 처소를 옮기는 아관 파천이 일어나면서 조선에 대한 열강의 경제적 침탈은 더욱 심해졌다. 그 결과 일본, 러시아, 미국, 프랑스, 독일 등에 광산·삼림 등의 자원뿐만 아니라 철도·전차·해운·어업·전기 등 수많은 이권이 넘어갔다. 청·일 전쟁 이후 토지를 사들여 농장을 경영해 왔던 일본은 러·일 전쟁을 계기로 대대적으로 토지를	188

			약탈하였다. 철도 부지와 군용지를 확보한다는 구실로 엄청난 규모의 토지를 강탈했던 것이다.	
		민족자본과 기업을 육성하자	정부의 상공업 진흥정책에 부흥해서 대한협동우선회사, 대한철도회사, 신석연초합명회사 등 각종 회사들도 설립되었다.	190
		근대적 사회의식의 형성과 그 한계	양반과 상민이 타는 칸이 나뉘어 있는 전차(1903)	193
		근대문물, 생활의 편리함인가, 침략의 도구인가?	194쪽, 화륜차 소리는 우레와 같아 천지가 진동하고, 기관차의 굴뚝 연기는 하늘 높이 아오르더라. 차창에 앉아서 밖을 내다보니 산천초목이 모두 움직이는 것 같고, 나는 새도 미처 따르지 못하더라(독립신문, 1899년 9월) 동도서기론의 주장 옛날의 범선과 오늘의 증기선은 선박의 에와 지금이 다름입니다. …… 오늘날 나라를 다스리는 이가 서법(西法)의 편리함을 인정하지 아니하고, 옛 제도의 불편하고 현실에 맞지 아니한 것을 전적으로 쓴다면 부강의 도를 생각하지 않는 것입니다(윤선학의 상소문 중에서, 1882)	194
		근대적 시설이 지닌 양면성	황실과 미국인의 합작으로 세워진 한성 전기 회사는 발전소를 세우고 서울에 전등과 전차를 가설하였다. 전차는 서대문과 청량리 사이를 최초로 운행하였다. 철도는 경인선에 이어 러·일 전쟁 중 일본이 군사	195

적 목적으로 경부선, 경의선을 가설하였다. 그 과정
에서 엄청난 양의 토지가 철도 부지로 수용되면서
민중의 생활 기반을 파괴했기 때문에 철도에 대한
민중의 반감은 매우 컸다.
이와 같이 근대 시설은 국내 기술과 자본의 부족으로
말미암아 외국인과 외국 자본에 의존하는 경우가 많
았고, 일본 등 제국주의 열강이 우리나라에 대한 정
치적·경제적·군사적 침략을 목적으로 설치하였다.

[자료 1] 철도를 파괴하려다 처형되는 애국지사들
러일전쟁 중에 일제의 침략 수단인 철도를 파괴하다
가 잡힌 김성삼, 이춘근, 안순서 등은 서울 마포 부
근 야산 언덕에서 일본군에게 총살되었다. 이들은
비적으로 취급되어 군법회의에서 사형을 언도받은
직후 곧바로 처형되었다(1904. 9. 21)

[자료 2]아리랑 타령
아리랑 고개에 정거장을 짓고 전기차 오기를 기다린다
문전의 옥토는 어찌 되고 쪽박의 신세가 웬말인가
밭은 헐려서 신작로 되고 집은 헐려서 정거장 되네

바다에서 땅속까지 잠식하는 일본자본 주의	또, 어업령·광업령·은행령 등의 법령을 제정하여 경제활동을 허가제로 전환하고, 인삼·담배·소금 등에 대해 전매제를 실시함으로써 민족 자본의 성장 가능성을 차단하였다. 대규모의 임야 조사 사업 (1917~35)도 실시하여 방대한 지역의 임야를 국유 림으로 편입시켰다. 철도, 도로, 항만 등의 기간 시 설도 새로이 건설되고 정비되었다. 이를 통해 한국 에서 생산되는 식량·자원의 일본 반출과 일본 상품 의 한국 판매가 더욱 쉬워졌다.	225

				(지도) 간선철도망과 주요 항만 서울을 중심으로 한 X자 형태의 간선철도망은 남으로는 한국을 일본 경제권에 편입시켰고, 북으로 대륙침략을 위한 발판 역할을 담당하였다.	
		침략전쟁을 위해 인력과 물자를 수탈하다	그리고 국민 징용령을 내려 청장년들을 탄광, 철도 건설 현장, 군수 공장 등에 끌고 가서 노예처럼 일을 시켰다. 이때 사할린이나 남양군도까지 끌려간 사람 중에는 광복 이후에도 귀국하지 못한 경우가 많이 있다. 전쟁 막바지에는 여자 정신 근로령을 만들어 수십만 명의 여성들을 군수 공장에서 일하게 했으며, 그중 많은 젊은 여성을 전쟁터로 보내 일본군 '위안부'가 되게 하였다. 어린 학생들마저 근로 보국대라는 조직을 만들어 전쟁물자 조달에 동원하였다.	281
		일제 강점기의 경제 개발 어떻게 볼 것인가?	일제 강점기에는 철도와 도로, 항만 등 사회간접자본의 확충이 활발히 이루어졌다. 1930년대에는 일본의 대기업들이 한국에 본격적으로 투자하면서 중화학 공업, 광업 등이 성장했고, 대규모의 공장이 많이 들어섰다. (하략)	282
		제1, 2차 경제개발5개년계획, '수출만이 살길이다!'	제2차 경제 개발 5개년 계획(1967~1971)에서는 경부 고속 국도 등 사회 간접자본을 확충하고, 경공업 및 비료·시멘트·정유 산업 육성을 통한 산업 구조 개편에 주력하였다. 이는 베트남 파병에 따른 특수로 큰 성과를 거두었다.	374
		급격한 도시화	이에 따라 서울 등 대도시에는 고층빌딩이 즐비하게 들어섰고 도로가 넓게 재정비되었다.	380

[표 14] 2009 개정 교육과정 고등학교 한국사 교과서의 근대교통 서술(2013년 검정)

저자	교과서	소제목	서술 내용	쪽수
한철호 외	한국사	구본신참의 원칙 아래 광무개혁을 추진하다	근대적 산업기술을 습득하기 위해 외국에 유학생을 파견하고 실업학교와 기술교육기관도 세웠다. 그리고 전화를 가설하고 우편·전보망을 확충했으며, 전차선로와 철도를 부설하는 등 통신·교통기관도 발전시켜 나갔다.	205
		제국주의 열강이 경제적 침탈에 열을 올리다	일본인들은 청일전쟁 이후부터 토지를 사들여 농장을 경영하였다. 그 후 일본은 러일전쟁을 도발하면서 철도부지와 군용지를 확보한다는 구실로 엄청난 규모의 토지를 빼앗았다. 1908년에는 동양척식주식회를 세워 황무지, 관청이나 역에 딸린 토지 등을 대규모로 약탈하였다(지도 참조).	222
		회사를 설립하여 상권 잠식에 대항하다	한편 정부에서는 세곡을 효율적으로 운반하기 위해 해룡호 등 기선을 구입하고, 이운사 등 해운회사도 만들어 세곡 운반 뿐만 아니라 화물과 승객 수송까지 사업을 확대해 나갔다. 그러나 갑오개혁 이후 조세의 금납화로 결국 일본 자본에 잠식되었다.	223
		서양의 뛰어난 기술을 받아 들이자	화륜차 소리는 우레와 같이 천지가 진동하고, 기관차의 굴뚝 연기는 하늘 높이 솟아오르더라. 차창에 앉아서 밖을 내다보니 산천초목이 모두 움직이는 것 같고, 나는 새도 미처 따르지 못하더라(독립신문, 1899년 9월) 【주제열기】 당시 기차의 평균 시속은 20km/h 정도였다고 한다. 오늘날과는 비교가 안되지만 기차를 타보고 난 후의 경이로움이 잘 드러나 있는 글이다. 당시 기차는 생활의 편리함을 가져다 주고 경제 발전을 촉진하는 근대 문명의 상징이었다. 그런데 왜 기차에 태극기가 아닌 일장기와 성조기만 걸려	228

| | | | 있는 것일까? 개항 이후 등장한 다양한 근대문물의 내용과 그 의미를 살펴보자.

【사료읽기】 동도서기론의 주장
옛날의 범선과 오늘의 증기선은 선박의 에와 지금이 다름입니다. …… 오늘날 나라를 다스리는 이가 서법(西法)의 편리함을 인정하지 아니하고, 옛 제도의 불편하고 현실에 맞지 아니한 것을 전적으로 쓴다면 부강의 도를 생각하지 않는 것입니다(윤선학의 상소문 중에서, 1882) | |
| | | 근대문물
수용의
빛과
그림자 | 황실과 미국인의 합작으로 세워진 한성전기회사는 발전소를 세우고 서울에 전등과 전차를 가설하였다. 
전차는 서대문과 청량리 구간에서 최초로 운행되었다. 철도는 경인선에 이어 일본이 군사적 목적으로 경부선, 경의선을 가설하였다. 그 과정에서 엄청난 토지가 철도부지로 수용되어 민중의 생활기반을 파괴했기 때문에 철도에 대한 민중의 반감은 매우 컸다. 이와 같이 근대시설은 국내 기술과 자본의 부족으로 대부분 외국의 기술과 자본에 의존했고, 일본 등 제국주의 열강이 정치 · 경제 · 군사적 침략을 목적으로 설치한 것이 많았다.

| 교통 | · 전기 : 한성전기회사가 서대문~청량리에 가설(1899)
· 철도 : 경인선(1899), 경부선(1905), 경의선(1906) |

[자료 1] 애국지사들의 처형장면
러일전쟁 중에 일제의 침략 수단인 철도를 파괴하다가 잡힌 김성삼, 이춘근, 안순서 등은 서울 마포 부근 야산 언덕에서 일본군에게 총살되었다. 이들은 비적으로 취급되어 군법회의에서 사형을 언도받은 직후 곧바로 처형되었다(1904. 9. 21) | 229 |

			땅속부터 바다까지 잠식하는 일본자본 주의	철도, 도로, 항만 등의 기간시설도 새로이 건설되고 정비되었다. 이는 한국에서 생산되는 식량, 자원의 일본 반출과 일본상품의 한국 판매를 편리하게 하려는 의도였다.	244
			일제 강점기의 경제 개발 어떻게 볼 것인가?	일제 강점기에는 철도와 도로, 항만 등 사회간접자본의 확충이 활발히 이루어졌다. 1930년대에는 일본의 대기업이 한국에 본격적으로 투자하면서 중화학공업과 광업 등이 성장했고, 대규모의 공장이 많이 들어섰다. 인구도 크게 늘고, 국민총생산이 증가했으며, 경제성장률도 세계 평균보다 높았다. 이와 같은 개발과 성장이 당시 한국인에게 어떠한 의미였을까? (하략)	251
			식민지 도시화가 진행되다	개항 이후 서울, 평양 등과 함께 일제 침략의 전진기지였던 개항장이 근대적인 도시로 바뀌어갔다. 이후 철도가 건설되면서 대전과 신의주 등이 물산의 집산지로서 신흥도시로 성장했고, 일본과 교역량이 늘어나면서 군산, 목포 등 항만도시가 발달하였다. 식민지 공업화가 추진되면서 함흥, 청진 등 북부지방의 공업도시도 빠르게 성장하였다. 반면 공주, 경주, 개성 등과 같이 식민 지배정책에서 상대적으로 소외되면서 성장이 정체된 전통도시도 있었다. 1930년대 후반 서울, 부산, 평양 등 대도시는 인구가 빠르게 늘고 급속히 팽창하였다.	281

			도시에는 신작로가 뚫리고 새로운 시가지가 형성되었다. 일본인은 시가지 중심을 차지하고 도시의 경제권을 장악하였다. 일본인이 거주하는 도시의 중심 상권이 외형적으로 크게 발전해 간 반면, 거적을 둘러친 토막집에 사는 도시빈민층도 크게 늘어났다.	
			제2차 경제개발5개년계획(1967~1971)에서 경부고속국도 등 사회간접자본을 확충하고, 경공업 및 비료, 시멘트, 정유산업 육성을 통한 산업구조 개편에 주력하였다.	338
			1960, 70년대 경제개발계획이 추진되면서 산업화와 도시화가 빠르게 진행되었다. 소득이 늘면서 1970년대에는 텔레비전이, 1980년대 이후에는 자동차가 대중화되었으며, 주거형태도 점차 아파트로 변모하였다. 대도시에는 고층 빌딩이 즐비하게 들어섰고, 도로가 넓게 재정비되었다.	344

제7차 교육과정부터 2009 교육과정기는 한국근 · 현대사와 한국사 교과서가 검정으로 발행된 시기이다. 따라서 이 시기의 한국사 교과서에 대한 분석은 각 시기별 검정교과서를 모두 분석해야 하겠으나 교육과정과 집필지침 등에 의해 규정되었다는 점과 출판사별로 교과서를 분석하기에는 분량이 많으므로 학교현장에서 가장 많이 채택되었다고 전해지는 출판사의 교과서에 한정해서 검토하기로 한다.

[표 12], [표 13], [표 14]는 제7차 교육과정기의 한국근 · 현대사 교과서, 2009 교육과정의 2011년 검정 한국사 교과서와 2013년 검정 한국사 교과서의 교통 관련 서술을 도표화한 것이다. 첫째, 제7차 교육과정기의 『한국근 · 현대사』는 현재까지 발행된 모든 한국사 교과서 중에서 근대 교통 관련 서술이 가장 많은 교과서이다. 또한 사료, 사진, 옆주 등 다양한 학습자료를 활용하여 교과서를 편찬하면서 본문 서술은 상대적으로 축소하였다. 즉 교과서 집필자의 시선을 배제하고 자료 학습을 통해 학생들이

당대인들의 교통관이나 교통시설에 대해 보다 알기 쉽게 이해할 수 있도록 하였다. [표 12]에서 확인할 수 있듯이 '고종, 개화에 관한 교서를 내리다', '일본은 진실로 강하더이다', '문명과 수탈의 두 얼굴, 철도', '미국의 철도 부설을 지지하는 독립협회', '서울, 몰라보게 달라졌다' 등과 같은 사료, '이 때 세계는', '근대화된 도쿄의 긴자거리(왼쪽)와 산업의 발달을 보여주는 공장 모습', '러일전쟁 중에 철도를 파괴했다는 이유로 공개 처형되는 의병들', '불태워진 전차 잔해', '도로와 하수도 정비', '경인선 개통식', '1930년대 태평로, 남대문로(왼쪽)와 명동 상가 입구(오른쪽)', '『조선지광』 1929년 1월호 삽화', '안창남의 고국 방문 비행 기사', '양반과 상민이 타는 칸이 나뉘어 있는 전차(1903)', '일장기가 걸려 있는 열차' 등의 사진 자료, '간선철도와 항만' 등의 지도, '개항 후 철도 건설의 움직임'과 같은 엮주 등 다양한 자료를 확인할 수 있다. 이러한 교과서 편집방향은 2009 교육과정에서도 확인된다.

둘째, 교수요목기 이래 근대교통 서술의 기본적 시각은 그대로 유지되었으나 이른바 '뉴 라이트'의 공세에 대한 대응 차원에서 문명의 이기와 제국주의 침략의 도구라는 근대문물의 이중성을 보다 강조하였다. 그리하여 '일본의 근대화를 보는 엇갈리는 진단과 평가', '근대문물의 도입, 생활은 편리해졌으나……', '서양 근대문물의 수용, 겉과 속', '우리 사회의 달라진 것들', '근대적 사회의식의 형성과 그 한계', '근대문물, 생활의 편리함인가, 침략의 도구인가?', '근대적 시설이 지닌 양면성', '일제 강점기의 경제 개발 어떻게 볼 것인가?', '근대문물 수용의 빛과 그림자', '식민지 도시화가 진행되다' 등의 소제목으로 일제의 침략과 지배에 따른 근대문물의 수용과 그 이면의 우리 민족의 삶의 상태에 대해 심도 있게 기술하였다. 셋째, 제6차 교육과정기까지에는 경인선, 경부선, 경의선 등의 철도의 부설에 대해서는 일제의 침략과 토지 수탈이라는 관점에서 기술되었고 이러한 시각은 현재에까지 유효하다. 그러나 제7차 교육과정의 『한국근 · 현대사』에서는 박기종의 대한철도회사의 철도 부설에 대한 노력을 민족자본의 육성이라는 관점에서 파악하였다. 제6차 교육과정기에 각주에서 언급한 정도에 그쳤던 우리 민족의 철도 건설에 대한 노력이 교과서 본문에 명기된 것이 특징이라 할 수 있다. 또한 경인선, 경부선, 경의선 외의 다른 철도에 대한 기술이 없다는 점에서 제3차 교육과정~제6차 교육과정기까지의 서술과 마찬가지이다.

넷째, 전차에 대한 기술도 지금까지의 한성전기회사를 언급하면서 서대문~청량리 구간을 운행했다는 정도에서 제7차 교육과정기 이후에는 전기의 보급과 상업의 발달 그리고 도로의 건설에 따른 자동차의 도입과 발달 등 식민지 근대도시의 발달과 연관지어 설명하고 있다. 이는 앞에서도 언급한 바 있는 '뉴 라이트'사관에 대한 대응이라는 차원에서 이해된다고 할 수 있다. 다섯째, 해운에 대한 서술도 제6차 교육과정에 이어 비교적 구체적으로 서술되었다. 제7차 교육과정기의 『한국근 · 현대사』에서는 해운업에 대한 기술이 빠졌으나 2009 교육과정에서는 광제호 · 해룡호 등의 기선 구입과 이운사의 설립에 따른 해운업의 발달을 세곡 운반으로부터 화물과 승객 수송으로 그 목적이 변하였다고 서술하였다.

여섯째, 근대도로의 건설에 대해서도 지금까지와는 달리 보다 구체적으로 기술되었다. 제2차 교육과정기의 『국사』(이원순)에서 처음으로 치도국을 기술한 이래 도로와 자동차에 대한 기술은 사실상 없었다. 그러나 제7차 교육과정기 『한국근 · 현대사』에서는 '한국의 발전은 단지 넓은 도로를 만드는 것에만 있었던 것은 아니다.'는 이사벨라 버드 비숍의 『한국과 그 이웃나라들』의 일부를 자료로 인용하여 당시 19세기말 서울에 근대적인 도로가 건설되었음을 보여주고 있다. 그리고 1920년대에는 서울에 상점이 즐비하였고, 도로에는 전차가 달리게 되었으며, '쇼윈도'라는 진열장이 생겼다는 점, 택시 등의 자동차가 등장하면서 인력거에 종사하던 사람들의 생계가 위협을 받게 되었다는 점 등을 기술하여 일제 강점기에 도로 교통이 상당히 발달했다는 점을 서술하였다. 일곱째, 제7차 교육과정기에는 항공에 대한 기술도 과학대중화운동과 연관지어 기술되었다. 1922년 안창남의 고국 방문 비행에 대한 신문기사를 자료로 제시하는 한편 이러한 근대 기술을 민족독립운동으로 승화시키려 했다는 점을 강조하였다. 그러나 2009 교육과정기에는 항공과 관련된 언급이 교과서에서 제외되었다. 이는 교과서 근대사 서술 분량의 축소와 관련있는 것으로 판단된다. 여덟째, 일제 강점기의 교통에 대한 언급은 제6차 교육과정기의 그것과 큰 차이는 없다. 다만 제7차 교육과정기는 『한국근 · 현대사』였으므로 교통에 대한 서술이 보다 구체적이고 그 분량이 증가하였다고 생각된다.

V. 맺음말

이상의 정리를 통하여 해방 이후 고등학교 한국사 교과서의 근대교통사 서술에 대해 살펴보았다. 이를 통해 우리는 한국사 교과서의 근대교통사 서술이 매우 미흡하였음을 확인할 수 있었다. 그러한 상황에서도 근대교통사 서술은 주로 철도교통을 위주로 서술되었고, 도로나 선박, 항공 등에 대한 서술은 거의 이루어지지 않았음도 확인되었다. 다만 최근에 발간된 교과서에는 이전 시기의 교과서보다 근대교통사 서술이 증가되었음도 확인되어 근대교통사의 서술이 강화되고 있음도 확인된다.

이러한 경향은 근대교통사에 대한 연구가 깊어짐과 동시에 교통에 대한 일반적인 인식이 심화되었기 때문이라 생각된다. 특히 제7차 교육과정기의 한국근·현대사에는 이러한 인식이 분명하게 반영되어 있다고 할수 있다. 그러나 2009 교육과정기에 접어들면서 이른바 '뉴라이트'적인인식이 교과서에 반영되면서 근대교통사는 이들에 의해 '식민지 근대화론'을 강조하는 사례로 인용되기도 하였다. 향후 이에 대한 대책이 필요하다고 판단된다.

이상의 정리를 통하여 고등학교 한국사 교과서의 근대교통 관련 서술은 다음과 같이 정리할 수 있다. 첫째, 교수요목기 이래 현재에 이르기까지 한국사 교과서에서는 근대교통의 수용은 근대문물의 수용의 과정에서함께 이루어진 것으로 서술하였다. 그러나 교수요목기에는 『중등국사』(최남선)에서는 1897년 경인간에 가설된 '電信自主의 始'라 하면서 이의연장선에서 수용된 근대문물의 수용이 자주적으로 이루어진 것으로 기술한 반면 『중등문화사』(오장환)는 '세계의 문화를 모방 추종'한 시설로 기술하여 그 평가가 상반되었음을 알 수 있다. 그리고 제1차 교육과정기에는 이러한 근대교통의 수용은 제국주의의 침탈과 일제의 군사적 필요성에 따라 건설된 것임을 명기하였고, 식민지시기의 교통에 대한 서술도 이루어지기 시작하였다.

둘째, 이러한 근대교통은 주로 철도를 중심으로 한 것이었으나 제2차교육과정기의 『국사』(이원순)에서 처음으로 치도국을 언급하여 근대도로의 건설과 관리에 대해 기술하였다. 그러나 근대도로에 대해서는 다른교과서에서는 기술되지 않고 일제의 식민통치를 개괄할 때 언급되는 정도로 그쳤다가 5·16군사정변 이후이 박정희정권의 경제개발을 설명하면서 경인고속도로와 경부고속도로의 건설을 '민족중흥의 터전'을 이루는 토대로 기술하여 정권 홍보의 역할을 하였다고 생각된다.

셋째, 제3차 교육과정부터 제6차 교육과정기의 『국사』는 학계에서 정리된 통설을 집필자의 관점에 따라 다양하게 서술하던 검정제가 아닌 국정에 의해 발행하게 되었다. 이는 역사교육에 국가의 시각이 일방적으로 반영되는 상황을 맞이한 것이다. 따라서 근대교통의 서술도 국가의 필요에 따라 지금까지 중요하게 취급하지 않던 고속도로를 언급하면서 국가발전의 토대가 되었다고 서술하였다. 고속도로가 갖는 의미를 낮게 평가해서는 안되겠으나 그것이 국가발전의 토대가 되었다는 것은 지나친 과장이라 할 수 있다.

넷째, 제7차 교육과정기 이후의 한국사 교과서는 이른바 '뉴라이트사관'과의 전쟁이라 불릴 수 있을 정도로 식민지 근대화론을 비판적으로 다루고 있다. 이 시기에는 생활사에 대한 인식이 일반화되면서 근대 도시사에 대한 관심이 강조되던 시대 분위기에 편승하여 한국사 교과서에도 이러한 연구 성과를 반영하는 것은 타당하다 할 수 있다.

이러한 타당성이 '식민지 근대화론'에 정당성을 부여하는 것은 아니다. 한국사회에서 교과서는 이른바 '바이블'과 같은 역할을 하기 때문에 식민지시기 일제의 지배정책을 긍정하는 것은 후속세대에 대한 정당한 역사교육이 아니기 때문이다. 따라서 이 시기 한국사 교과서에는 교통 관련 서술이 강화되는 한편 식민지 근대화론에 대한 비판도 적극 반영되어 있는 것이 특징이다.

동아시아사 교과서의 교통사
서술과 역사교육*

최 진 열**

I. 머리말

2007년 개정 교육과정에서 새로 신설된 <동아시아사>[1]는 당시 노무현 정부의 '동북아 균형자'론과의 이해 일치,[2] 국경 · 영해 분쟁 등 한 · 중 · 일 세 나라의 외교 갈등에 대한 역사교육 강화 여론[3] 등이 복합적으로 작용하여 한국사와 세계사를 통합하는 대안[4]으로 새로 탄생한 교과서이다.

---

* 본 논문은 필자가 동국대학교 역사교과서 연구소에서 2015년 10월 발행한 『역사와 교육』제21집에 게재한 것임을 밝힌다.
** 한국전통문화대학교 강사
1) 이 글에서는 교과서 제목인 동아시아사를 <동아시아사>로 표기하여 동아시아의 역사를 지칭하는 '동아시아사'와 구별하여 사용하였다. 즉 <동아시아사>는 2014년 이전에는 2종, 2014년 이후 사용 중인 3종의 교과서를 총칭한다. 이하 한국사와 세계사 교과서도 교과서 이름일 경우 < >안에 넣어 표기한다.
2) 池牟善, 「<동아시아사> 과목의 신설과 교육과정 개발」, 『歷史敎育』128, 2013, 74쪽.
3) 교육인적자원부, 「역사과목독립과 수업시수 확대 등을 담은 역사교육강화 방안 발표」, 2006. 12. 26, 4~5쪽 붙임. 「역사교육에 대한 국민의식 여론조사 결과」.
4) 신성곤, 「역사교과서의 국사와 세계사 편제−다양한 통합 방안의 모색」, 역사교과서

그러나 '지역사로의 동아시아사'5)를 표방한 <동아시아사>가 <한국사>와 <세계사> 사이에서 자리매김하기에는 모호하고 동아시아 지역 체계의 이해에 도움이 되는지 회의적인 견해가 제기되기도 한다.6) 이후 동아시아사와 관련된 각종 담론에 대해 많은 연구가 발표되었으나,7) <동아시아사> 교과서 텍스트 분석에 치중한 연구는 적다.

<동아시아사> 텍스트 분석은 <동아시아사>가 한국, 중국, 일본, 베트남과 몽골고원의 유목민 등 다양한 지역의 역사를 다루었기 때문에 전체적인 연구보다 단원별 분석,8) 전근대9) 혹은 근현대,10) 특정 국가,11) 특

체제 모색을 위한 워크숍 자료, 2005, 1~2쪽.

5) 池田善, 「<동아시아사> 과목의 신설과 교육과정 개발」, 107쪽.

6) 박근칠, 「<동아시아사>교과서의 기술내용과 개선 방안: 2012년판 <동아시아사> 전근대 부분을 중심으로」, 『동북아역사논총』 40, 2013, 147쪽, 주) 18.

7) 안병우 연구책임자, 『동아시아사 교육과정 시안 개발』(2006년 동북아역사재단 학술연구과제 연구결과보고서), 2006; 김기봉, 『(역사를 통한) 동아시아 공동체 만들기』, 푸른역사, 2006; 황지숙, 「상대화 시각의 동아시아사 인식과 교육방안」, 『역사교육연구』 5, 2007; 김성수, 「동아시아론의 전개와 역사 텍스트 속의 동아시아」, 『역사교육』 102, 2007; 백영서, 「자국사와 지역사의 소통—동아시아인의 역사서술의 성찰」, 『역사학보』 196, 2007; 김기봉, 「탈근대에서 국사와 동아시아사」, 『역사학보』 197, 2007; 신성곤, 「한국 '동아시아사' 교과서의 구성과 그 특징」, 연민수 등, 『동아시아 역사교과서의 주변국 인식』, 동북아역사재단, 2008; 정연, 「<동아시아사> 교과서의 한국사 서술 검토」, 한국역사교육학회, 『역사교육연구』 14, 2011; 역사학회 편, 『동아시아사의 방법과 서술—한국사 및 세계사와 연관하여』(역사학회 창립60주년기념 추계학술대회), 2012; 장수덕, 「<동아시아사>교육과정의 이해」, 『역사와 역사교육』 24, 2012; 이동욱, 「<동아시아사> 과목의 성격과 교재구성방안」, 『역사와 교육』 7, 2013.

8) 장수덕 · 임환, 「<동아시아사>교과서 분석—동아시아 역사의 시작」, 『역사와 역사교육』 24, 2012; 김봉석 · 김슬기, 「<동아시아사>교과서 분석—'II. 인구 이동과 문화의 교류'를 중심으로」, 『역사와 역사교육』 24, 2012; 문경호 · 장성예, 「<동아시아사>교과서 분석—'III. 생산력의 발전과 지배층의 교체'를 중심으로」, 『역사와 역사교육』 24, 2012; 임영태 · 우종원, 「<동아시아사>교과서 분석—국제질서의 변화와 독자적 전통의 형성」, 『역사와 역사교육』 24, 2012; 김정분 · 이정교, 「<동아시아사>교과서 분석—'V. 국민 국가의 모색'을 중심으로」, 『역사와 역사교육』 24, 2012; 윤세병 · 김현경, 「<동아시아사>교과서 분석—오늘날의 동아시아」,

수 주제[12] 등 일부만을 다룬 연구가 대부분이다. 이러한 선행연구는 2011년 교육과정에 따라 2012년 교육현장에 보급된 <동아시아사> 교과서 2종(교학사와 천재교육)을 분석대상으로 삼았다. 그러나 2014년부터 새 교과과정에 따라 비상교육의 교과서가 출판되어 현재 3종(교학사, 비상교육, 천재교육)의 <동아시아사> 교과서가 교육현장에서 사용되고 있다. 따라서 바뀐 <동아시아사> 텍스트의 분석은 현재까지 거의 진행되지 않았다.

<동아시아사>는 동아시아 3국의 상호 이해와 교류에 초점을 맞추었지만, 정작 동아시아의 교통로나 교류에 대해 다룬 선행연구는 거의 없다. 이 글에서는 선행연구에서 다루지 않은 동아시아 교통사 서술 문제에 천착하여 <동아시아사>의 교통로와 교류와 관련된 교과서의 원문과 지도, 사진, 그림, 학습자료를 분석하려고 한다. 이 글에서 다루는 교통사는 육상과 해상 교통로 및 교통로를 통한 상품의 교역과 문화 교류에 한정한다.

2장에서는 <동아시아사>의 목차와 각종 자료 통계의 비교 분석을 통해 신판 <동아시아사>의 서술 특징을 검토한다. 3~5장에서는 동아시아와 관련된 교통로와 관련된 <동아시아사> 교통사 서술을 유형별로 살펴본다. 3장에서는 동아시아와 다른 지역(非동아시아), 특히 중국과 아시아·유럽을 잇는 동서교통로와 동서교류 및 교역을 <동아시아사>에서 어떻게 서술했는지 비교·검토한다. 4장에서는 동아시아 상호간의

『역사와 역사교육』 24, 2012.
9) 박근칠, 「<동아시아사>교과서의 기술내용과 개선 방안: 2012년판 <동아시아사>전근대 부분을 중심으로」, 『동북아역사논총』 40, 2013.
10) 유용태, 「동아시아 지역사 서술의 현황과 과제고등학교 <동아시아사>(2012) 근현대 부분을 중심으로」, 『동북아역사논총』 40, 2013.
11) 정연, 「<동아시아사> 교과서의 한국사 서술 검토─대단원 I, II를 중심으로」, 『역사교육연구』 14, 2011.
12) 조영헌, 「<동아시아사> 교과서의 '은 유통과 교역망' 주제의 설정과 그 의미」, 『동북아역사논총』 39, 2013.

교통로와 교역의 양상에 대한 <동아시아사> 서술을 분석한다. 5장에서는 동아시아 각국의 국내 교통로와 국내의 교역과 상업에 대한 <동아시아사> 서술을 살펴본다.

Ⅱ. <동아시아사>의 내용과 개관

본장에서는 3종의 <동아시아사> 내용을 살펴보기 위해 3종의 <동아시아사> 목차를 비교하였다.

[표 1] <동아시아사> 목차 비교[13]

'교학사'	'비상교육'	'천재교육'
Ⅰ. 동아시아 역사의 시작과 국가의 형성 [단원 열기] [대단원 마무리]	Ⅰ. 국가의 형성 [단원 열어보기] [단원 마무리하기]	Ⅰ. 동아시아 역사의 시작 [대단원 마무리]
1. 동아시아의 자연환경과 생활 양식 [생각 열기] (1) 우리가 사는 동아시아 [생각 넓히기] '동아시아'는 어디서 유래한 말일까? (2) 동아시아의 자연환경 [탐구활동] 자연환경에 따른 생활과 문화의 차이 (3) 동아시아의 다양한 생활 양식 [생각 넓히기] 벼농사와 농경 문화는 동아시아 사회의 형성	1. 자연환경과 생업 (1) 동아시아 학습의 중요성 [생각자료] 동아시아사, 편견을 벗어나 서로를 이해하기 (2) 동아시아의 자연환경과 생업 [생각자료] 설악산보다 낮은 타이산 산(泰山) [생각자료] 절기를 통해 본 농경민의 생활 [생각 키우기] 유목민과 농경민, 서로에 대한 편견 [특강] 만리장성, 유목 민족과	1. 동아시아와 동아시아사 학습 동아시아의 지역 범주 [이야기 속으로] 동아시아의 영물 삼족오 동아시아의 자연환경 동아시아사 학습의 의의 [이야기 속으로] 한·중·일 문화교류의 장 베세토 연극제 [주제탐구] 동아시아의 자연환경과 인문지리적 특징을 파악하고 동아시아사 학습이 왜 필요한지 생각해 보자.

---

13) 손승철, 외 6인, 『동아시아사』, 교학사, 2013; 황진상 외 5인, 『동아시아사』, 비상교육, 2013; 안병우 외 8인, 『동아시아사』, 천재교육, 2013. 이하 재인용시 출판사 이름을 따서 '교학사', '비상교육', '천재교육'으로 약칭한다.

에 어떤 영향을 주었을까? [탐구활동] 유목 사회의 풍습과 특징 [생각 넓히기] 조개더미를 보면 신석기 사람들의 생활 모습을 알 수 있다? [역사는 흐른다] 벼농사의 전래와 동아시아의 음식 문화	농경 민족의 경계 [중단원 정리하기]	[사진으로 보는 동아시아] 동아시아의 세계 자연 유산
2. 동아시아의 선사 문화 [생각 열기] (1) 동아시아의 선사 인류와 문화 [생각 넓히기] 동아시아 사람들은 어디서 기원하였을까? (2) 다양한 신석기 문화의 전개 (3) 청동기 문화의 발전과 교류 [역사는 흐른다] 동아시아의 여러 청동기 문화	2. 신석기 문화 (1) 동아시아에 등장한 인류 (2) 동아시아에 등장한 신석기 문화 [생각 키우기] 버려진 것도 소홀히 할 수 없다. [특강] 옥과 벼농사를 통한 동아시아 교류 [중단원 정리하기]	2. 선사 문화의 전개 동아시아 역사의 시작 동아시아의 신석기 문화 [더 알아보기] 토기에 새겨진 동아시아 신석기인의 미의식 청동기 문화의 발전 [그때 세계는] 고대 문명의 성립 [주제탐구] 대표적인 유물과 유적을 통해 구석기·신석기·청동기 시대의 동아시아 사람들의 생활 모습을 재구성해 보자.
3. 국가의 성립과 발전 [생각 열기] (1) 중원 농경 국가의 형성과 발전 [탐구활동] 정전제와 철제 농기구 [탐구활동] 진의 통일 정책 [열린자료] 토지의 집중과 호족의 등장 (2) 여러 나라의 성립과 국제 정세 [생각 넓히기] 흉노와 한의 대결은 비단길 개척에 어떤 영향을 미쳤을까? [열린자료] 유목·수렵민의 기마 전술과 마구 [탐구활동] 고조선의 멸망과 베트남 지역의 독립 운동 [역사는 흐른다] 동아시아 여러 지역의 신화	3. 국가의 성립과 발전 (1) 중국 농경 지역의 국가 형성과 발전 [생각자료] 주의 봉건제와 정전제 [생각자료] 유가와 법가 [특강] 인구 분포로 본 중심지와 주변 [역사 속 인물] 유방과 항우 (2) 유목 지역의 국가 형성과 발전 [생각자료] 흉노의 통치 조직 (3) 한반도·일본·베트남 지역의 국가 형성과 발전 [특강] 인구 분포로 본 중심지와 주변 [역사 속 인물] 유방과 항우 [중단원 정리하기]	3. 농경 사회와 목축 사회 기후 환경과 생업 [이야기 속으로] 콩으로 만든 조미료 장 이야기 [더 알아보기] 몽골의 세시풍속 농경과 농경 사회 [그때 세계는] 그 지역만의 농작물과 가축이 있었다 목축과 목축 사회 [농경민과 목축민의 사계절] [동아시아 사람들] 풍습의 본질을 이해한 중향열 [주제탐구] 한족이 세운 국가와 북방 민족이 세운 국가의 세력 관계 변화를 기후 변화라는 관점에서 탐구해 보자.

		4. 국가의 성립과 발전 황허 강 중류 지역에서의 국가 성립 [그때 세계는] 통일의 기운이 무르익다 중원의 통일과 여러 나라의 성립 [이야기 속으로] 숙명의 맞수 항우와 유방 국가 체제 정비와 상호 교섭 [더 알아보기] 건국 신화의 형성과 역할 [해상무역을 배경으로 성립된 나라들] [동아시아 사람들] 신화 속의 건국자, 홍브엉과 진무 [주제탐구] 진이 성장하는 과정에서 정비된 여러 제도를 통해 국가가 성장하려면 어떤 요소들이 필요한지 알아보자.
II. 동아시아 세계의 성립 [단원 열기] [대단원 마무리]	II. 동아시아 세계의 성립 [단원 열어보기] [단원 마무리하기]	II. 인구 이동과 문화의 교류 [대단원 마무리]
1. 지역 간 인구 이동과 전쟁 [생각 열기] (1) 인구 이동과 국가의 성립 [생각 넓히기] 동아시아의 인구 이동은 유럽 세계에 어떠한 영향을 주었을까? [탐구활동] 만리장성의 역할 [생각 넓히기] 유목 문화는 중원 문화에 어떠한 영향을 미쳤을까? (2) 국가의 통합과 발전 [탐구활동] 고구려의 세력 확장 [열린자료] 고구려 유민의 이동 (3) 문물 전파와 교류 증대 [생각 넓히기] 한반도의 토기는 스에키 토기에 어떠한 영향을	1. 인구 이동과 전쟁 (1) 인구 이동에 따른 국가의 형성 [생각 키우기] 호한 융합 (2) 통일 국가 및 지역 국가의 성립과 인구 이동 [역사 속 인물] 당 태종과 연개소문 (3) 교류의 확대와 문화 전파 [생각 키우기] 스에키 토기와 도래인 [중단원 정리하기]	1. 인구 이동과 교류의 증대 인구 이동의 전개 이주 정권에서 지역 국가로 [그때 세계는] 게르만 족이 유럽으로 이주하다 [더 알아보기] 동아시아사의 관점에서 본 삼국 통일 전쟁 문물의 전파와 상호 교류의 증대 [도래인이 전한 선진 문물] [동아시아 사람들] 구법승 엔닌과 해상왕 장보고 [주제탐구] 기원 전후~7, 8세기경 집단적 인구 이동의 실태를 사례로 확인하고, 그것이 동아시아 사회에 미친 영향에 대해 알아보자.

끼쳤을까? [집중 탐구] 무령왕릉을 통해 본 동아시아의 문화 교류 [역사는 흐른다] 장안, 도시의 모범이 되다		
2. 책봉 · 조공과 동아시아의 국 제 관계 [생각 열기] (1) 책봉 · 조공 관계의 형성 [탐구활동] 다양한 책봉 · 조공 관계 [열린자료] 남북조의 분열을 이 용한 고구려의 등거리 외교 정책 (2) 국제 관계의 변동 [탐구활동] 유목 민족과 중원 왕조의 관계 변화 [탐구활동] 동아시아 각국의 천 하관 [역사는 흐른다] 7세기 동아시 아의 국제 전쟁, 백강 전투	2. 동아시아의 다양한 국제 관계 (1) 책봉과 조공 제도 [생각 키우기] 한과 흉노는 대 등한 관계? (2) 다원화된 국제 외교 (3) 당 중심의 국제 질서 형성 [생각 키우기] 동아시아 각국의 천하관 [중단원 정리하기]	2. 불교의 전파와 토착화 대승 불교의 성립과 발전 [그때 세계는] 이슬람교의 성립 과 확산 불교의 동아시아 전파와 토착화 불교와 동아시아 사회 [이야기 속으로] 용이 된 선묘 이야기 [탑 형식의 지역적 개성] [동아시아 사람들] 편력하는 구 법자들 [주제탐구] 불교와 관련된 유적 과 유물, 사료, 자료 등을 활용 하여 불교가 동아시아 사회에 끼친 영향에 대해 다각도로 탐 구해 보자.
3. 율령과 유교에 기초한 통치 체제 [생각 열기] (1) 율령과 유교의 성립 [열린자료] 유가 사상과 유교 [탐구활동] 가혹한 법가 정치와 진의 멸망 [탐구활동] 새로운 시대, 새로 운 통치 이념으로서의 유교 (2) 율령과 유교의 확산 [열린자료] 동아시아 각국의 형 벌 제도 [탐구활동] 신분과 남녀에 따른 불평등한 형벌	3. 율령과 유교에 기초한 통치 체제 (1) 율령과 유교의 결합 [생각 키우기] 법가와 유가의 법에 대한 인식 (2) 수 · 당의 율령 체제 [생각 키우기] 다양한 관리 선 발 제도 자료 (3) 동아시아 각국의 율령 수용 과 양상 [생각자료] 공자를 기리는 문묘 [중단원 정리하기]	3. 율령 체계의 수용 율령과 유교 [더 알아보기] 동중서의 사상과 한 무제의 유교 진흥 수 · 당의 율령 체계 율령 체계의 전파와 지역적 특징 [이야기 속으로] 형벌 제도를 바꾸게 한 소녀의 효성 [동아시아 사람들] 관리의 두 유형, 질도와 만석군 [주제탐구] 자료를 통해 수 · 당 율령의 특징을 파악하고, 동아 시아의 각 지역에서 당의 율령 체계를 받아들이는 양상에 대 해 탐구해 보자.
4. 불교의 전파와 수용 [생각 열기]	4. 불교의 전파와 문화 교류 (1) 불교의 전파와 토착화	4. 국제 관계와 외교 활동 조공과 책봉이라는 외교 형식

(1) 불교의 성립과 전파 [생각 넓히기] 불교에서 불상은 언제 등장하였을까? [탐구활동] 불교 수용의 정치적 배경 (2) 한반도와 일본, 베트남에서 의 불교 수용 [탐구활동] 불교 수용을 둘러싼 갈등 (3) 불교를 통한 동아시아의 문 화 교류 [탐구활동] 동아시아의 승려가 함께 세운 도다이 사 [집중 탐구] 국적을 넘나든 승 려들의 구법 [역사는 흐른다] 동아시아 사회 와 도교	[생각 키우기] "부모은중경" [생각자료] 일본 불교의 토착화 (2) 동아시아 불교의 역할 [생각 키우기] 황제를 닮은 불상 (3) 불교를 통한 동아시아 문화 교류 [역사 속 인물] 법현과 현장 [특강] 사원의 구조 [중단원 정리하기]	[이야기 속으로] 왕소군과 한 · 흉노 외교 [더 알아보기] 유교적 세계관과 조공 · 책봉의 외교 형식 다원적 외교의 전개 당 대의 동아시아 [고구려의 자주 외교] [동아시아 사람들] 동아시아 외 교의 승부사, 김춘추 [주제탐구] 동아시아 각국의 외 교 관계와 관련된 여러 가지 자 료를 통해 조공 · 책봉 관계의 실상을 확인해 보자.
Ⅲ. 국제 관계의 변화와 지배층 의 재편 [단원 열기] [대단원 마무리]	Ⅲ. 국제 관계 변화와 지배층의 재편 [단원 열어보기] [단원 마무리하기]	Ⅲ. 생산력의 발전과 지배층의 교체 [대단원 마무리]
1. 유목 민족의 성장과 다원적 국제 관계 [생각 열기] (1) 유목 민족의 성장과 고려 · 송의 성립 [생각 넓히기] '차이나(China)' 와 '키타이(Kitai)' [열린자료] 황제 중심의 국가 체제를 만들다 (2) 다원적 국제 관계의 형성 [탐구활동] 고구려 땅의 계승권 을 주장한 고려와 요 [집중 탐구] 유목 민족 왕조의 중원 지배 (3) 몽골 제국과 일원적 국제 질서의 성립	1. 유목 민족의 성장과 다원적 국제 관계 (1) 북방 민족의 성장 [생각 키우기] 북방 민족과 변발 (2) 다원적 국제 관계의 전개 [생각자료] 여러 황제의 출현 [역사 속 인물] 옹오꾸엔, 천 년 에 걸친 중국 지배에 마침표를 찍다! (3) 교류의 증대와 해상 무역의 발달 [생각자료] 유목 민족과 차(茶) [중단원 정리하기]	1. 북방 민족의 성장 북방 민족의 성장과 동아시아 국제 관계의 다원화 [이야기 속으로] 은 대신 차로 지급한 말 값 몽골 제국의 성립과 발전 [그때 세계는] 십자군 전쟁이 일어나다 교역망의 통합과 다양성의 확대 [더 알아보기] 북방 민족 국가 와 불교 [원의 쇠퇴 이후 동아시아 세계] [동아시아 사람들] 몽골제국 시 대의 국제인 [주제탐구] 다양한 자료를 이용 하여 몽골 제국이 세계 제국으

[생각 넓히기] 몽골 제국은 어떻게 세계를 정복할 수 있었을까? [탐구활동] 몽골 제국의 대칸과 고려 국왕 [생각 넓히기] 원의 일본 침공은 왜 실패하였을까? [탐구활동] 동서 국제 교역을 촉진한 역참		로 성장할 수 있었던 배경을 알아보자.
2. 새로운 지배층, 사대부와 무사 [생각 열기] (1) 농업 생산력의 증대와 상공업의 발달 [열린자료] 송 대의 상업 발달 (2) 과거제와 사대부의 성장 [열린자료] 송 대 과거제의 의미 [생각 넓히기] 과거제는 어떻게 발전하였을까? [열린자료] 고려의 과거 제도 도입과 정착 [탐구활동] 조선의 문신 관료 (3) 무사가 지배한 일본 사회 [탐구활동] 율령 체제와 막부 지배 체제하의 신분 세습 [생각 넓히기] 쇼군과 천황의 이원적 지배 체제는 어떻게 공존하였을까?	2. 생산력의 발전과 새로운 지배층의 등장 (1) 농업 생산력의 발달과 소농 경영 [생각 키우기] 발달된 농기구의 사용 (2) 상공업의 발달 (3) 과거제와 문신 관료의 등장 [생각자료] 과거제의 이면 [역사 속 인물] 왕안석과 사마광. [생각자료] 고상한 선비의 멋, 사대부 문화 (4) 무인의 성장과 무사 정권의 성립 [중단원 정리하기]	2. 농업의 발전과 소농 경영 농업 생산력의 발전 [이야기 속으로] 학자 시인 농사꾼 소농 경영의 전개 [그때 세계는] 삼포제가 확산되고 농업이 발전하다 수공업과 상업의 발달 [동아시아 사람들] 나라 살림의 기반 생산의 주인공, 농민 [주제탐구] 10세기 이후 동아시아 각국에서 농업 생산력이 발전하고, 그에 따라 상업과 수공업이 발전하는 모습을 여러 가지 자료를 통해 알아보자.
3. 성리학의 전개 [생각 열기] (1) 성리학의 성립과 특징 [생각 넓히기] 중화와 화이론은 무엇일까 [탐구활동] 유교적 덕목의 현재적 의미 (2) 성리학의 지역적 전개와 교류 [생각 넓히기] 유교 윤리의 생활화 [열린자료] 하야시 라잔과 일본 성리학의 성격	3. 성리학의 성립과 확산 (1) 성리학의 성립 [역사 속 인물] 유학을 통해 세상의 이치를 논한 사상가, 주희 (2) 성리학의 확산 [생각자료] 경복궁에 담긴 성리학적 원리 [특강] 성리학의 원리와 성리학적 질서 (3) 성리학의 사회 규범화 [생각자료] 성리학의 보급에 따른 혼인 풍습의 변화	3. 새로운 지배층의 등장 문신과 무인 과거제의 시행과 문인 관료층의 형성 [이야기 속으로] 천하가 근심하기 전에 먼저 근심하라 [출세의 길, 과거] 무인의 성장과 무사 정권의 성립 [그때 세계는] 유럽에서 봉건 사회가 형성되다 [이야기 속으로] 쇼군을 위해 분재를 태운 쓰네요

[열린자료] 사행을 통한 동아시아 3국의 학술 교류 [집중 탐구] 서원과 향약 [역사는 흐른다] 동아시아 지식인의 교류	[중단원 정리하기]	[출세의 길, 과거] [동아시아 사람들] 역사의 라이벌 [주제탐구] 명·청과 조선의 과거제와 고려와 일본의 무인 정권의 구조를 각각 비교해 보자. [사진으로 보는 동아시아] 동아시아의 사대부와 사무라이의 그림
4. 동아시아 국제 질서의 재편과 동요 [생각 열기] (1) 명 중심의 국제 질서 재편 [탐구활동] 조선 시대 사람들의 세계 인식 [탐구활동] 감합 무역의 성립 (2) 해금과 왜구 [생각 넓히기] 왜구는 어떤 사람들이었을까? [탐구활동] 계해약조와 임신약조 [열린자료] 황폐해진 교토의 모습	4. 몽골 제국 이후의 지역 내외 교류 (1) 몽골 제국의 성립 [생각 키우기] 칭기즈 칸의 경영 리더십 [역사 속 인물] 말 위에서 천하를 다스릴 수 없음을 간언한 야율초재 [특강] 몽골 군대의 힘 (2) 원의 지배와 동아시아 각국의 대응 [생각자료] 색목인(色目人)과 회족(回族) (3) 세계적 교역망의 형성 [생각자료] 한반도에서 발견된 원나라 무역선, 신안선 (4) 새로운 국제 관계의 전개 [중단원 정리하기]	4. 성리학의 성립과 확산 성리학의 성립과 발전 성리학의 확산 [그때 세계는] 스콜라 철학이 발달하다 [더 알아보기] 성리학의 수용과 시대 상황 정치 이념에서 사회 규범으로의 확산 [이야기 속으로] 성리학 생활 속에 스며들다 [주희와 왕수인이 들려주는 주자학과 양명학] [주제탐구] 15세기 이후 성리학이 수용되면서 동아시아 각 나라에 나타난 사회 변화의 모습을 살펴보자.
IV. 동아시아 사회의 지속과 변화 [단원 열기] [대단원 마무리]	IV. 동아시아 사회의 지속과 변화 [단원 열어보기] [단원 마무리하기]	IV. 국제 질서의 변화와 독자적 전통의 형성 [대단원 마무리]
1. 동아시아의 국제 전쟁 [생각 열기] (1) 16세기 중반의 동아시아 [생각 넓히기] 바스쿠 다 가마의 인도 항로 개척은 동아시아에 어떤 결과를 가져왔을까? (2) 임진·정유 전쟁의 발생과 전개	1. 17세기 전후 동아시아 전쟁 (1) 16세기 동아시아의 정세 [생각 키우기] 통신사의 상반된 보고 (2) 임진·정유 전쟁 [생각 키우기] 임진왜란? 임진 전쟁 [생각자료] 오늘날 언어 속의	1. 17세기 전후의 동아시아전쟁 16세기 동아시아의 정세 [더 알아보기] 만리장성 [그때 세계는] 성 바르톨롬메오의 대학살 임진 전쟁과 병자 전쟁 [더 알아보기] 청의 주력군 팔기병

[생각 넓히기] 동아시아 3국은 임진 전쟁을 어떻게 인식하고 있을까? [탐구활동] 임진 전쟁 때 끌려 간 조선 사람들 (3) 정묘 · 병자 전쟁의 발생과 전개 [생각 넓히기] 팔기제는 어떤 구조였을까? (4) 명 · 청 교체와 동아시아 정세의 변화 [생각 넓히기] 동림당이란? [열린자료] 삼번의 난과 조선의 반응	임진 전쟁 [특강] '임진 · 정유 전쟁' 한눈에 보기 (3) 정묘 · 병자 전쟁 [생각 키우기] 임진 전쟁과 정묘 전쟁에 대한 명의 입장 [역사 속 인물] 이자성과 오삼계 [특강] '정묘 · 병자 전쟁' 한눈에 보기 (4) 전쟁을 통한 교류 [생각자료] 전쟁에 포로로 끌려 갔다 돌아온 사람들 [중단원 정리하기]	전쟁의 피해, 전쟁을 통한 교류 [전쟁과 무기의 발달] [동아시아 사람들] 전쟁을 통해 나라를 오간 사람들 [주제탐구] 17세기에 동아시아에서 일어난 전쟁의 배경과 전개 양상 및 각국의 피해상을 살펴보고, 전쟁 이후 조선과 청, 조선과 일본 사이에 나타난 국제 질서의 변화를 살펴보자.
2. 16~19세기의 사회 변동 [생각 열기] (1) 농업 생산력의 발달과 인구 증가 [생각 넓히기] 임진 전쟁이 끝난 뒤인 광해군 대에 출간된 "동의보감"은 어떠한 역할을 하였을까? [생각 넓히기] "비황초목도"가 등장한 배경은 무엇일까 (2) 상공업의 발달 [열린자료] 조선 상업의 중심지 한강과 한양 [탐구활동] 교토의 니시진 (3) 도시의 발달 [탐구활동] 대운하와 도시 발달 [생각 넓히기] 화성은 어떻게 건설되었을까? [생각 넓히기] 산킨코타이 제도는 왜 실시되었을까	2. 16~19세기의 사회 변화 (1) 17세기 이후 동아시아의 인구 증가 [생각자료] 17~18세기 일본의 인구 변화 (2) 상공업의 발달 [생각자료] 일본의 조카마치(城下町) [특강] 각국의 상인들 (3) 도시의 성장 [생각자료] 산킨코타이 제도와 혼진(本陣) [생각 키우기] 동아시아 삼국의 도시화율 비교 (4) 17세기 이후의 사회 변화 [중단원 정리하기]	2. 교역망의 발달과 은 유통 동아시아 교역망의 발달 유럽의 진출과 교역망의 확대 [더 알아보기] 류큐 왕국의 중계 무역 [동아시아 사람들] 서구의 과학 기술을 전한 유럽인 [이야기 속으로] 홍차 우연한 산물? 무역의 발달과 은 유통의 활성화 [더 알아보기] 조선의 은 정련법 [그때 세계는] 아스텍 문명의 파괴 [주제탐구] 16세기 이후 은의 유통이 활발해지고 교역망이 확대되면서 동아시아에 나타난 사회 변화의 모습을 알아보자. [교역의 거점, 항구 도시]
3. 학문과 과학 기술, 서민 문화 의 발전 [생각 열기] (1) 동아시아 3국의 학문 발달	3. 학문과 과학 기술, 서민 문화 (1) 16세기 이후 동아시아의 학풍 [생각 키우기] "사고전서"의 편찬 (2) 서양 학문의 수용과 과학	3. 인구 증가와 도시화 급격한 인구 증가 상업과 도시의 발달서민 문화 의 발달

[생각 넓히기] 고문사(古文詞) 운동이란 [탐구활동] 사문난적으로 몰린 박세당 [열린자료] 고학의 선구자 야마가 소코 (2) 새로운 학풍의 등장 [탐구활동] 고증학과 공양학 [생각 넓히기] 실학이란? [생각 넓히기] 스기타 겐파쿠가 네덜란드 의학서를 번역한 까닭은 (3) 서민 문화의 성장 [탐구활동] "홍루몽"과 청 대 사회 [탐구활동] 판소리 다섯 마당 [생각 넓히기] 서민 문화를 살찌운 출판업과 대본옥의 융성	기술의 발달 [생각자료] 서양이 중국에 진 빚 [생각 키우기] 곤여만국전도(坤與萬國全圖), 중화주의와 타협의 산물인가 [역사 속 인물] 도쿠가와 요시무네와 건륭제의 세계 인식 (3) 서민 문화의 발달 [생각자료] 마오쩌둥도 즐겨 읽은 "홍루몽(紅樓夢)" [특강] 한·중·일의 전통 공연 문화 [중단원 정리하기]	[그때 세계는] 감자와 옥수수가 유럽에서 재배되다 [동아시아 각국의 전통극] [동아시아 사람들] 서민 예술가 [주제탐구] 18세기 이후 인구가 증가하면서 동아시아 각국에서 나타난 도시와 상업 발달, 그리고 서민 문화의 발달 모습을 살펴보자. [사진으로 보는 동아시아] 동아시아의 세계문화유산
4. 교역 관계의 변화와 서구와의 교류 [생각 열기] (1) 16세기 중반의 동아시아 [열린자료] 임진 전쟁 이후 조선의 대일 적개심과 왜관 [탐구활동] 중국 무역선과 무역품 [집중 탐구] 중계 무역으로 번영한 류큐 (2) 동아시아 3국의 은 유통 [탐구활동] 포토시 은광과 은의 이동 [열린자료] 김육이 본 중국인과 은 [열린자료] 임진 전쟁과 은 [탐구활동] 조선의 인삼과 일본의 은 (3) 서구와의 교류 [생각 넓히기] 청은 서양 사절을 어떻게 대했을까?	4. 지역 내 교역 관계의 변화, 서구와의 교류 (1) 동아시아의 전통 질서와 교역 관계 [생각자료] 류큐 왕국의 발전과 쇠퇴 (2) 동아시아 교역의 변화와 은 유통 [생각 키우기] 조선의 '연은 분리법(鉛銀分離法)' 개발과 임진 전쟁 [생각 키우기] 조선 인삼과 인삼대왕고은(人蔘代往古銀) [생각 키우기] 중국의 비단 수입과 은 지출 (3) 서구와의 교류와 교역망의 확대 [생각자료] 광둥 무역 체제와 아편 전쟁 [중단원 정리하기]	4. 전통 사회의 완성 청 대의 중국 사회 [그때 세계는] 프랑스 혁명이 일어나다 [더 알아보기] 청에 대한 영국의 오해 후기의 조선 사회 에도 시대의 일본 사회 [더 알아보기] 시마바라의 반란 17~19세기의 베트남 사회 [이야기 속으로] 응우옌 왕조 최고의 공신 보따인 [동아시아 각국의 전통 옷] [동아시아 사람들] 18세기의 지도자 [주제탐구] 명·청, 조선 후기, 에도 시대의 일본에서 발달하였던 학문과 각 학문을 대표하는 학자들을 알아보자.

[탐구활동] 홍대용의 지전설과 의산문답 [역사는 흐른대] 연행사와 통신사		
Ⅴ. 근대 국가 수립의 모색 [단원 열기] [대단원 마무리]	Ⅴ. 근대 국가 수립의 모색 [단원 열어보기] [단원 마무리하기]	Ⅴ. 국민 국가의 수립 [대단원 마무리]
1. 개항과 근대 국가 수립 [생각 열기] (1) 서구 열강의 침략과 3국의 개항 [열린자료] 개항 이전부터 통상을 주장한 박규수 [집중 탐구] 청·일본·조선의 개항 (2) 자강을 위한 노력 [열린자료] 양무운동의 추진 방향 [생각 넓히기] 천황은 어떻게 신격화되었을까 [탐구활동] 개화와 개화파에 대한 민심의 변화 (3) 동아시아 질서의 재편 [생각 넓히기] 영국은 왜 거문도를 점령하였을까? [탐구활동] 시모노세키 조약과 동아시아 정세 [역사는 흐른대] 19세기 서구 열강의 동남아시아 침략과 동북아시아	1. 근대화 운동과 국제 관계 변동 (1) 동아시아의 개항 [생각 키우기] "만국공법"과 동아시아 각국의 서로 다른 인식 [생각 키우기] 동아시아 각국의 개항 모습은 어떠했을까 (2) 각국의 근대화 운동 [생각 키우기] 개항 이후 서구 문물의 수용에 대한 동아시아 각국의 태도 [역사 속 인물] 이와쿠라 사절단 [역사 속 인물] 조선의 개화 지식인과 일본 지식인의 교류, 그리고 갑신정변 [생각 키우기] 대일본 제국 헌법과 대한제국 국제의 성격 (3) 동아시아 국제 질서의 변동 [역사 속 인물] 후쿠자와 유키치의 '문명론'과 '탈아론', 그리고 침략의 합리화 [특강] 그림으로 보는 근대화 속 일본 [중단원 정리하기]	1. 개항과 국민 국가 수립 노력 서양 세력의 등장과 동아시아의 개항 근대적 개혁의 추진 [그때 세계는] 제국주의 국가 간에 충돌이 일어나다. 국민 국가의 수립과 좌절 [더 알아보기] 각국의 헌법 비교 [아시아에서 근대화에 성공한 나라, 일본] [동아시아 사람들] 개혁을 추진한 사람들 [주제탐구] 18세기에 동아시아 각국에서 이루어진 개항의 양상을 살펴보고, 그 후 전개된 근대 개혁은 어떠한 형태와 내용으로 전개되었는지 알아보자. [국민 국가란 무엇인가?]
2. 러·일 전쟁과 3국의 다른 길 [생각 열기] (1) 삼국 간섭과 동아시아 정세 [열린자료] 러시아의 랴오둥 반도 반환 요구(1895. 4) [생각 넓히기] 변법자강 운동	2. 제국주의 침략과 민족 운동 (1) 일본의 제국주의적 침략 [특강] 근대화의 상징 철도 [생각자료] 21개조 요구 (2) 민족 운동 [생각자료] 19세기 후반 각국의	2. 제국주의 침략과 피해 제국주의 침략 전쟁의 전개 [이야기 속으로] 홋카이도(北海道)라는 이름의 유래와 아이누 족 일본 제국주의의 한국 지배 세계 대전과 일본의 아시아 침략

당시 서구식 의회는 어떤 의미였을까? [탐구활동] 1880~1890년대 조선을 둘러싼 서구 열강의 움직임 (2) 러·일 전쟁과 동아시아 [열린자료] 러·일 전쟁과 독도 [탐구활동] 대한 제국의 운명을 결정한 열강 간의 조약 [열린자료] 러·일 전쟁으로 확보한 만주 권익 지키기 (3) 한·일 강제 병합, 신해혁명과 동아시아 [생각 넓히기] 일본과 러시아는 만주 지역의 이권을 어떻게 분할하였을까? [탐구활동] 신해혁명의 의미	민족 운동 [생각자료] 판보이쩌우와 "월남망국사" [생각자료] 국민당의 북벌 [중단원 정리하기]	[그때 세계는] 전체주의가 확산되다. 침략 전쟁에 따른 피해 [역사의 현장] '쌀 전쟁' – 일본군과 베트남 농민의 싸움 [서양 제국주의와 일본 제국주의] [동아시아 사람들] 침략과 저항의 당사자들 [주제탐구] 제국주의 국가인 서구 열강과 일본의 야욕은 제국주의 침략 전쟁으로 이어졌다. 이들 전쟁 때문에 동아시아 각국이 입은 피해를 알아보자.
3. 반제 민족 운동과 워싱턴 체제 [생각 열기] (1) 3국의 새로운 모색 [열린자료] 신해혁명에 대한 신규식의 기대 [생각 넓히기] 일본이 상설 부대로서 조선군을 설치한 이유는? (2) 제1차 세계 대전과 동아시아 [열린자료] 일본의 침략을 비판하고 평화를 외친 사람들 [탐구활동] 일본의 '21개조 요구' [탐구활동] 민족 운동의 주체로 나선 학생들 (3) 워싱턴 체제와 동아시아의 민족 운동 [생각 넓히기] 한국인 민족 운동 세력이 워싱턴 회의를 기대한 이유는 무엇일까? [집중 탐구] 제1차 세계 대전 전후의 일본	3. 침략 전쟁의 확대와 국제 연대 (1) 일본의 침략 전쟁 확대 [생각자료] 만주 사변과 리튼 조사단 [생각 키우기] 대동아 공영권의 허구 (2) 일본의 침략 전쟁에 따른 동아시아 인의 고통과 피해 (3) 반전·평화 운동 [역사 속 인물] 고토쿠 슈스이와 우치무라 간조의 반전론 [생각자료] 평화의 언어 에스페란토 (4) 국제적 연대를 통한 항일 투쟁의 전개 [역사 속 인물] 한국인을 도운 일본인 변호사 [생각자료] 한·중 항일 연대 [중단원 정리하기]	3. 민족주의와 민족운동 19세기 후반의 민족 운동 민족주의 사상의 확산 [그때 세계는] 러시아에서 혁명이 일어나다. 제국주의 침략에 저항한 민족 운동 [더 알아보기] 우셔 사건 [입헌파와 혁명파의 민족주의] [동아시아 사람들] 제국주의 침략에 맞선 사람들 [주제탐구] 19세기 말~20세기 초에 동아시아 각국에서는 제국주의 침략에 맞서 민족의식이 고취되고 다양한 민족 운동이 전개되었다. 이들 민족 운동의 전개 양상을 살펴보자.

[열린자료] 북벌의 목적과 전개 과정 [탐구활동] 국민 혁명군의 북벌과 한국인의 민족 운동 전략		
4. 일본의 침략 전쟁 확대와 민중의 피해 [생각 열기] (1) 만주 사변과 무장 저항 [열린자료] 만주 침략과 일본의 대외 전략 [열린자료] 한국인과 중국인의 항일 연대 (2) 중 · 일 전쟁과 총동원 체제 [탐구활동] 제2차 국 · 공 합작에 대한 중국 공산당의 입장 [생각 넓히기] 일본이 조선에 대륙 병참 기지를 만들려 한 이유는 무엇일까? [집중 탐구] 항일 투쟁 속에서의 반전 연대와 동아시아 평화 (3) 아시아 · 태평양 전쟁과 건국 준비 [열린자료] 일본의 동남아시아 침략 논리 [탐구활동] 건국을 준비한 한국인과 베트남인	4. 서구 문물의 수용 (1) 서구 근대 지식과 사상의 유통 (2) 근대 학교와 신문의 등장 [특강] 동아시아의 여성, 세상으로 나오다 [생각자료] 신문의 고백(告白) (3) 전통적 일상의 변화 [생각자료] 동아시아의 잃어버린 시간과 음력 [중단원 정리하기]	4. 평화를 향한 노력 반전 · 반제 사상의 형성 [더 알아보기] 안중근의 동양 평화론 항일을 위한 국제 연대 [이야기 속으로] 조선 의용군 마지막 분대장 김학철 [역사의 현장] 국회에서 반전 연설을 하는 사이토 타카오 [동아시아 사람들] 일본 제국주의에 맞선 일본인 [주제탐구] 동아시아 지역에서 일본 제국주의의 침략에 맞서 싸운 국제적 연대는 어떠한 것이 있는지 알아보자.
5. 서구 문물의 수용과 사회의 변화 [생각 열기] (1) 세상을 보는 새로운 눈 [열린자료] 만국 공법하에서의 국제 관계 [탐구활동] 량치차오가 말하는 강자의 논리 (2) 근대 지식의 통로, 신문과 학교 [열린자료] 한글 신문을 발행한 이유		5. 서구 문물의 수용과 사회 변화 자강과 침략의 논리, 사회 진화론 신문과 근대 학교의 등장 [더 알아보기] 청년의 탄생 양력의 채택과 철도의 건설 [이야기 속으로] 철도는 이득 혹은 손해? 도시의 형성 여성의 권리 신장과 여성 교육 [그때 세계는] 여성 해방의 효시 "인형의 집" [동아시아의 크리스트교]

[탐구활동] 일본 근대 교육의 목표 (3) 일상에서 공간과 시간의 변화 [열린자료] 일상에서 서구식 시간 관념을 규격화한 시간표 (4) 서구식 도시의 생성 [탐구활동] 도시와 여성		[동아시아 사람들] 문화 발전의 선각자들 [주제탐구] 개항 이후 동아시아 각국에는 자연스럽게 서양 근대 문물이 들어왔다. 서양 근대 문물의 수용으로 말미암은 동아시아 각국의 생활 모습의 변화를 알아보자.
VI. 오늘날의 동아시아 [단원 열기] [대단원 마무리]	VI. 오늘날의 동아시아 [단원 열어보기] [단원 마무리하기]	VI. 오늘날의 동아시아 [대단원 마무리]
1. 전후 처리와 동아시아의 냉전 [생각 열기] (1) 미·소의 동아시아 정책과 전후 처리 [열린자료] 베트남 민주 공화국의 독립 선언(1945. 9) [탐구활동] 대일본 제국 헌법과 평화 헌법 (2) 냉전 체제의 고착화 [열린자료] 중국 방면 미군 사령관의 종합 정세 평가 [생각 넓히기] 티베트 문제는 왜 일어났을까? [생각 넓히기] 샌프란시스코 강화 조약의 문제점은 무엇이었을까? (3) 냉전 체제의 변화와 해체 [탐구활동] 파리 평화 협정(1973) [생각 넓히기] 미국과 중국의 화해는 어떤 의미가 있었을까? [열린자료] 한·중 외교 관계 수립에 관한 공동 성명(1992) [집중 탐구] 동아시아 국가의 국교 정상화와 과거 청산	1. 전후 처리와 동아시아의 냉전 (1) 제2차 세계 대전의 전후 처리와 냉전의 형성 [생각자료] 일본 패전 후의 흐름과 신헌법 [특강] 동아시아 전후 처리 과정에서의 미해결 과제 (2) 동아시아에서의 열전 (3) 냉전의 완화와 국교 수립 [생각자료] 서울 올림픽과 탈냉전 [중단원 정리하기]	1. 전후 처리와 국교 회복 제2차 세계 대전과 전후 처리 구상 [더 알아보기] 일본의 항복과 소련 동아시아의 전후 처리 [역사의 현장] 전쟁의 볼모 오키나와 동아시아 각국의 국교 수립 [이야기 속으로] 평풍이 중국을 세계로 이끌어내다 [도쿄 재판과 샌프란시스코 강화 조약] [주제탐구] 동아시아의 각국 간에 이루어진 국교 수립 과정을 알아보자.
2. 경제 성장과 교역의 활성화 [생각 열기] (1) 한국과 일본의 경제 발전	2. 경제 성장과 교역의 활성화 (1) 동아시아 국가들의 경제 성장 과정	2. 냉전과 전쟁 국공 내전 6·25 전쟁

[생각 넓히기] 6 · 25 전쟁은 일본의 경제 발전에 어떤 영향을 주었을까? [탐구활동] 아시아의 네 마리 용 (2) 계획 경제를 추구한 사회주의 국가 [탐구활동] 서로 다른 방식으로 이루어진 동아시아 각국의 토지 개혁 [생각 넓히기] 대약진 운동은 중국 경제와 동아시아에 어떤 영향을 미쳤을까? [열린자료] 북한의 경제 위기 (3) 지역 내 경제 교류의 활성화 [생각 넓히기] 경제 성장은 중국의 대외 정책에 어떠한 영향을 주었을까?	[생각 키우기] 동아시아형 발전 모델 (2) 일본과 한국, 타이완의 경제 성장 [생각자료] 한강의 기적과 그 이면 (3) 사회주의 국가들의 개방과 경제 발전 [생각 키우기] 대약진 운동과 인민공사 정책 [특강] 중국과 북한의 자본주의 경제 실험 (4) 경제 교류의 활성화 [생각자료] 한 · 중 · 일 공동 경제 기금, '치앙마이 이니셔티브' [중단원 정리하기]	[그때 세계는] 마셜 정책이 시행되고 코메콘이 성립하다 베트남 전쟁 [역사의 현장] 베트콩의 지하 동굴 [전쟁이 남긴 비극] [주제탐구] 베트남 전쟁의 피해 양상과 동아시아에서 일어난 전쟁의 처리 과정을 살펴보자.
3. 정치 · 사회의 발전 [생각 열기] (1) 일본의 정치 [탐구활동] 일본 정치의 우경화 (2) 한국의 정치 [생각 넓히기] 동아시아의 민주화 운동은 상호 간에 어떤 영향을 주었을까? (3) 중국의 정치 [탐구활동] 톈안먼 광장에서 민주화를 요구한 시민들 (4) 베트남과 북한의 정치 [생각 넓히기] 왜 김대중 대통령은 베트남 전쟁 참전에 대해 사과하였을까? [탐구활동] 남북 기본 합의서 (1991. 12) (5) 동아시아의 사회 변화 [탐구활동] 남녀 차별 금지법(2003) [역사는 흐른다] 동남아시아 국가들의 정치 · 경제 변화	3. 정치 · 사회의 발전 (1) 민주주의의 발전 [특강] 한국과 타이완의 민주화 (2) 사회주의 국가들의 체제 변화 [생각 키우기] 중국의 사회 변화 요구와 한계 [생각 키우기] 북한의 선군 정치와 북핵 문제 (3) 사회 변화와 시민운동의 활성화 [생각 키우기] 동아시아 탈원전 네트워크 [중단원 정리하기]	3. 경제 성장과 역내 교역 활성화 일본, 한국의 고도성장과 동아시아형 발전 모델 [이야기 속으로] 동아시아형 발전 모델 사회주의권의 개방과 경제 발전 [이야기 속으로] 도이머이가 베트남 경제 발전을 이끌다 역내 교역과 동아시아 경제권 형성 [동아시아 사람들] 경제 발전에 일생을 바친 사람들 [주제탐구] 동아시아의 나라들은 짧은 기간에 전쟁의 구렁텅이에서 세계 경제의 중심으로 성장하였다. 동아시아에서 이루어진 경제 성장 과정과 현재 각국의 경제 상황을 살펴보자.

4. 동아시아의 역사 갈등과 화해 [생각 열기] (1) 새로운 국제 관계의 모색 (2) 동아시아의 역사 문제 [열린자료] 일본 우익의 중학생용 역사 교과서 [탐구활동] 고구려와 발해에 대한 한국과 중국의 인식 차이 (3) 영토를 둘러싼 문제 [탐구활동] 동아시아의 영토 분쟁 (4) 화해와 협력을 향하여	4. 갈등과 화해 (1) 동아시아 갈등의 배경과 특징 (2) 역사 갈등 [생각자료] 독도의 첫 번째 주민 [생각 키우기] 위안부? 성노예 [특강] 위안부 문제 해결을 위한 국제 연대 (3) 영토 문제로 인한 갈등 [특강] 21세기 냉전의 바다 [생각 키우기] 공동 역사 교재 집필 (4) 화해를 위한 노력 [중단원 정리하기]	4. 민주화와 사회 변화 민주주의 정치의 발전 [역사의 현장] 동아시아의 평화적 정권 교체 사회주의 체제의 변화 [더 알아보기] 문화 대혁명과 홍위병 [그때 세계는] 동유럽의 사회주의 정권이 무너지다 한국, 일본, 중국의 사회 변화 [더 알아보기] 동아시아의 교육열 [주제탐구] 제`2차 세계 대전이 끝난 후 동아시아에서는 민주화를 위한 노력이 전개되었다. 한국, 중국, 일본의 민주화는 어떤 과정을 거치며 진행되었는지 알아보자.
		5. 동아시아의 갈등과 화해 영토를 둘러싼 대립 [역사의 현장] 센카쿠 열도(댜오위다오)에서 일본과 중국이 충돌하다 역사 문제로 인한 갈등 [더 알아보기] 히노마루와 기미가요 [이야기 속으로] 백두산 천지를 걸어서 한 바퀴 화해를 위한 노력 [역사의 현장] 동아시아 시민이 교과서 채택 저지 운동에 힘을 합치다 [동아시아의 이주민과 갈등, 재일 한국인의 삶] [동아시아 사람들] 자신을 바쳐 동아시아를 사랑하다. [주제탐구] 독도 연구소 (http://www.dokdohistory.com)를 방문하여 살펴보고, 다음 탐

		구 활동을 완성해 보자. [사진으로 보는 동아시아] 현대 동아시아 10대 뉴스
부록 동아시아 연표 찾아보기 사진 및 인용 자료 출처	부록 연표 찾아보기 사진출처 참고문헌	부록 역사 연표 찾아보기 참고 문헌 사진 출처 인터넷 사이트

【범례】 로마숫자는 대단원, 아라비아숫자는 중단원, 괄호숫자는 소단원, [ ]는 각종 학습자료를 지칭한다.

[표 1]의 목차를 검토하면 세 교과서의 대단원과 중단원의 목차 제목이 상당히 유사함을 알 수 있다. 자세히 살펴보면, '교학사'와 '비상교육'의 목차 제목과 순서가 거의 비슷한 반면, '천재교육'은 다른 두 교과서와 목차가 다른 부분이 많다. '천재교육'의 대단원1 중단원3은 '농경 사회와 목축 사회'를 두어 전근대 경제의 기본적인 생산 양식은 농경과 목축을 집중적으로 서술하였다. 또, '교학사'와 '비상교육'의 대단원1 중단원3에 배치된 '국가의 성립과 발전'을 중단원4에 배치하였다.

그래서 다른 두 교과서보다 대단원1에서 중단원의 수가 하나 더 늘었다. '천재교육'의 대단원3 중단원3은 '새로운 지배층의 등장'을 두어 중세 동아시아 3국 지배층의 특징을 과거제도와 문인 관료, 무사로 대비시켰다. '교학사'에서는 중단원3에서 (2)과거제와 사대부의 성장과 (3)무사가 지배한 일본 사회, '비상교육'에서는 (3)과거제와 문신 관료의 등장과 (4)무인의 성장과 무사 정권의 성립 등 소단원에서 다룬 것과 명확히 대비된다. 비록 과거제도가 수대에 처음 창시되었지만, 송대 이후 중국사회의 성격을 근본적으로 바꾸어 놓았음을 고려하면,[14] '천재교육'에서 이를 독

---

14) 국내의 중국 과거제도에 대한 연구는 吳金成,「中國의 科擧制와 그 政治·社會的 機能─宋·明·淸時代의 사회의 階層移動을 중심으로─」,『科擧』, 一潮閣, 1981;

립된 중단원으로 배치한 것은 적절한 설정이다. '천재교육'의 대단원4 중단원2에서는 '교역망의 발달과 은 유통'을 다루었다. 다른 두 교과서에서도 은 유통 문제를 다루었지만, '교학사'에서는 중단원4의 (2)동아시아 3국의 은 유통에서, 비상교육은 중단원4의 (2)동아시아 교역의 변화와 은 유통에서 다루었다. '천재교육'이 다른 두 교과서보다 동아시아와 非동아시아의 교역과 은 유통 문제를 비중있게 다루었다. 또 '천재교육'의 대단원 4 중단원4 '전통 사회의 완성'은 중국의 청대와 조선 후기, 일본의 에도시대를 다루었다. '교학사'에서는 중단원1의 (4)명·청 교체와 동아시아 정세의 변화에서 '비상교육'은 중단원2의 (4)17세기 이후의 사회 변화에서 간단히 서술하였다.

대단원5는 세 교과서의 목차와 내용이 모두 달랐다. 19세기를 다룬 대단원5는 동아시아 근현대사에 대한 서로 다른 관점을 비교하기 좋은 소재이다. 대단원6에서 '천재교육'은 중단원2에 '냉전과 전쟁', 중단원4에 '민주화와 사회 변화'를 두었다. 이 두 중단원의 내용은 나머지 두 교과서에서도 다루었다. 냉전은 '교학사'와 '비상교육'에서 중단원1 '전후 처리와 동아시아의 냉전'에서 다루었다. 민주화 역시 '교학사'와 '비상교육'에서 중단원3 '정치·사회의 발전'에서 서술하였다. 서술 내용과 상관없이 '천재교육'은 분명한 목차 제목을 달아서 냉전과 민주화를 강조하였다.

교통사의 관점에서 '비상교육'의 대단원3 중단원4 '몽골 제국 이후의 지역 내외 교류'는 몽골제국 시대 유라시아 대륙의 문화교류와 상품 교역을 전문적으로 다루었다는 점에서 참신한 시도이다. 또 '비상교육'의 1장에서 신석기시대를 중단원으로 독립하여 서술한 반면, 나머지 두 교과서

何柄棣, 曺永祿 等譯, 『中國科擧制度의 社會史的 硏究』, 東國大學校 出版部, 1987; 기병태, 『중국과거제도의 사회사적 연구』, 동국대학교출판부, 1993; 김쟁 WJ, 『중국문화와 과거제도』, 중문출판사, 1994; 진정, 김효민 옮김, 『중국 과거 문화사-중국 인문주의 형성의 역사-』, 동아시아, 2003; 히라다 시게키(平田茂樹), 김용천 옮김, 『과거와 관료제』, 동과서, 2007 참조.

에서는 선사시대에 통합하여 서술하였다. 이는 2007년과 2011년 교육과정의 단원명과 내용요소를 제시한 후 이에 따라 집필하도록 했기 때문에 교과서의 목차 제목이 거의 비슷한15) 이전의 <동아시아사>와 약간 다른 점이다. 즉 새로 개편된 <동아시아사>는 대강의 단원명과 내용요소를 토대로 집필진의 개성과 관심사에 따라 내용의 일부를 자율적으로 정했음을 알 수 있다. 이는 중단원의 개수가 교과서마다 다른 점에서도 확인된다.

[표 2] <동아시아사> 대단원별 중단원 개수16)

출판사＼대단원	1	2	3	4	5	6	총계
'교학사'	3	4	4	4	5	4	24
'비상교육'	3	4	4	4	4	4	23
'천재교육'	4	4	4	4	5	5	26

[표 2]에서 알 수 있듯이 대단원 2-4는 중단원의 개수가 4개로 같았고, 대단원 1과 5-6만 중단원 개수가 달랐다. 세 교과서 가운데 '천재교육'은 중단원의 개수가 가장 많은 26개였고, '비상교육'은 23개였다. 중단원의 개수가 세 출판사의 <동아시아사>에서 다른 것은 집필에 자율성이 보장되었음을 알 수 있다.

또 2007년과 2012년 <동아시아사>에서 적용된 원칙, 즉 시대의 순서

---

15) 연구책임자 안병우, 「'동아시아사' 교육과정 시안 개발 과정과 내용」, 『동아시아사 교육과정 시안 개발』(2006년 동북아역사재단 학술연구과제 연구결과보고서), 2006, 112쪽; 池車善, 「<동아시아사> 과목의 신설과 교육과정 개발」, 『歷史敎育』 128, 2013, 103쪽, 주) 58; 박근칠, 「<동아시아사>교과서의 기술내용과 개선 방안: 2012년판 <동아시아사>전근대 부분을 중심으로」, 『동북아역사논총』 40, 2013, 169~171쪽.
16) 출전은 [표 1] <동아시아사> 목차 비교.

로 서술하지만 '주제별 기술'에 따른다는 원칙[17]은 2014년 <동아시아사> 교과서에도 적용되었다. 2단원의 1절(중단원) 인구이동과 3절의 율령과 유교에 기초한 통치 체제, 3단원 3절의 성리학('천재교육'에서는 4절), 4단원 1절 동아시아 국제 전쟁(임진왜란과 병자호란 등), 5단원 5절 서구 문물의 수용('비상교육'에서는 4절), 6단원 4절 동아시아의 역사 갈등과 화해 등이 대표적인 예이다.

<동아시아사> 3종의 내용 분석은 지면의 한계상 상세히 다루기 어렵다. 세 출판사의 <동아시아사>를 간단히 비교하면, 전체적인 내용의 분량과 깊이, 가장 많은 사용한 각종 시각적 이미지[18]는 '천재교육'이 가장 뛰어나다. 그러나 대학생, 혹은 동아시아 각국사 연구자들도 잘 알지 못했던 지식까지 소개하고 서술하는 것이 고등학교 학생들의 눈높이에 맞춘 교과서는 아니다. 교통사 서술의 관점에서 보면, '비상교육'이 교통로와 교역의 양상을 다른 두 교과서보다 잘 정리하고 서술하였다. 또 '비상교육'은 중단원마다 단원 요약을 두어 학생들의 요점 정리와 학습에 가장 신경쓴 교과서로 평가할 수 있다.

<동아시아사>의 재량적 서술과 다양성은 본문뿐만 아니라 다양한 학습자료와 지도, 사진, 그래프의 활용에서도 확인된다.

[표 3]에서 확인할 수 있듯이 <동아시아사>는 지도와 사진, 그림, 그래프, 도표 등의 활용에서 출판사 및 집필진의 개성이 보이고 있다. 예컨대 '교학사'는 가장 많은 지도를 사용하였다. 반면 '비상교육'은 가장 많은 도표를 활용하였다. 이는 중단원의 마무리(정리)에서 최소 2개 이상의 도표를 사용하여 중단원 본문의 내용을 요약적으로 정리했기 때문이다. '천

---

17) 동아시아교육과정시안개발정책위원회(2011. 8. 26), 『동아시아개정시안연구결과 보고서』, 국사편찬위원회(내부자료) 참조.
18) 시각적 이미지는 [표 3] <동아시아사>의 지도, 사진과 그림, 그래프 개수 비교 참조.

재교육'은 가장 많은 사진과 그림, 그래프를 동원하여 시각적인 효과를 극대화하였다.

[표 3] <동아시아사>의 지도, 사진과 그림, 그래프 개수 비교[19]

단원	'교학사'					'비상교육'					'천재교육'				
	지도	사진과 그림	그래프	도표	학습 자료	지도	사진과 그림	그래프	도표	학습 자료	지도	사진과 그림	그래프	도표	학습 자료
1	16	122			20	18	44	1	14	19	19	136	1	9	20
2	19	73		7	30	12	79		15	19	10	72		14	20
3	11	64		6	33	11	108		12	23	6	89	3	15	24
4	8	98		4	38	8	100	3	16	30	17	113	8	5	26
5	17	83	8	14	45	7	108	2	12	28	7	111	2	4	29
6	7	84	8	8	31	10	81	6	16	23	7	94	15	3	27
합계	78	524	16	39	197	66	520	12	85	142	66	615	29	50	146

<동아시아사>에는 지도와 사진, 그림, 그래프, 도표 등 시각적인 자료 뿐만 아니라 각종 학습자료가 제시되었다. '교학사'에서는 단원 열기, 대단원 마무리, 생각 열기, 생각 넓히기, 탐구활동, 역사는 흐른다, 열린자료, 집중 탐구 등 8개, '비상교육'에서는 단원 열어보기, 단원 마무리하기, 생각자료, 생각 키우기, 특강, 중단원 정리하기, 역사 속 인물 등 7개, '천재교육'에서는 대단원 마무리, 이야기 속으로, 주제탐구, 사진으로 보는 동아시아, 더 알아보기, 그때 세계는, 동아시아 사람들, 이름없는 전문 주제 등 8개의 각종 학습자료가 있다.

　<동아시아사>의 대단원 앞에는 단원 설명이 있다. 예컨대 '교학사'는 단원 열기, '비상교육'은 단원 열어보기, '천재교육'은 명칭은 없지만 역시

---

19) [표 1]의 출전과 동일.

단원 설명에 대한 글이 있다. 그리고 3종 모두 대단원을 요약정리하는 '대단원 마무리'('교학사'와 '천재교육')과 '단원 마무리하기'('비상교육')이 있다. 특이한 점은 '비상교육'에는 '중단원 정리하기'를 두어 각 중단원의 내용을 요약하고 정리하는 공간을 마련하였다. 그밖에 여러 가지 이름이 붙은 학습자료에서는 단원의 본문에서 설명하지 못하거나 알아야 하는 지식을 설명하고 있다. 이 가운데 '천재교육'의 '그때 세계는'은 동아시아의 역사에 함몰하기 쉬운 단점을 보완하기 위해 해당 단원의 시대와 비슷한 유럽과 기타 지역의 주요 사건을 다루었다. 예컨대 대단원 2의 중단원 1 '인구 이동과 교류의 증대'의 '그때 세계는'에서 '게르만 족이 유럽으로 이주하다'를 두어[20] 동아시아의 인구이동과 국가 건설이 동아시아만의 문제가 아니라 유럽에서도 발생한 현상이었음을 서술하여 이 문제를 세계사의 전체적인 시각에서 설명하려고 하였다.

III. 동아시아와 非동아시아의 교통로와 교역

1. 동서교역로 서술

유라시아의 동서 교역로는 초원길, 비단길, 바닷길이 있다.[21] 초원길은

---

20) '천재교육', 52쪽.
21) 리히트호펜(Ferdinand von Richthofen)이 명명한 비단길은 허튼(S. Hutton)과 헤르만(A. Herrmann)이 범위를 확장하였다. 2차 세계대전 이후 동양학자들의 동서문명 교류 연구를 통해 동서교역로의 길이가 12,000km로 늘었으며, 비단길(오아시스로)와 초원길(초원로), 바닷길(해로)를 합하여 모든 동서교역로와 동일어인 실크로드의 개념을 확장하였다(K. Enoki & Matsuda etc., *Research in Japan in History of Eastern and Western Cultural Contacts*, Tokyo, 1957; 深田久彌 · 長澤和俊, 『シルクロード―過去と現在―』, 白水社, 1968, 41~43쪽; 정수일, 『고대 문명 교류사』, 사계절,

유라시아 대륙의 초원지대를 지나가는 길이다. 구석기 시대의 비너스와 동물 문양과 등자 등 스키타이 문화의 전파 등에 공헌하였다. 또 흉노와 투르크계 유목민, 몽골 등이 이 초원지대를 통해 몽골고원에서 중앙아시아, 동유럽, 서남아시아 등 유라시아의 여러 지역으로 이동하였다. 그리고 돌궐과 몽골처럼 서방 지역을 정복하는 길이기도 하였다.22)

비단길은 리히트호펜(Ferdinand von Richthofen)이 China(1877)에서 사용된 자이덴슈트라쎄(Die Seidenstrasse)에서 처음 사용한 단어이다.23) 중국에서 중앙아시아, 인도, 지중해세계로 이어지는 교통로가 주로 비단을 교역했던데서 착안하여 붙여진 이름이다. 수천에서 수만 마리의 낙타를 끄는 대상(caravan)이 원격지 교역에 종사하며 중국산 비단과 사치품, 약재 등을 거래하였다. 이 길은 상품뿐만 아니라 대승불교, 이슬람교, 마니교, 네스트리우스파 기독교 등 여러 종교가 전파되는 포교의 길이기도 했다.24)

바닷길은 페르시아만, 혹은 홍해에서 인도, 동남아시아, 중국 동남해안으로 이어지는 해상교통로로 대항해시대(지리상의 발견) 후추 등 향신료의 교역으로 유럽인들에게 알려졌다.25) 이 세 교통로를 확장하여 3대 간선과 5대 지선의 동서교통로가 존재했다고 보기도 하며 동서교통로를 실크로드라고 칭하기도 한다.26)

2001, 603~605쪽.
22) 정수일, 『고대 문명 교류사』, 618~621쪽. 두 번째 인용하는 논문과 연구서는 '저자 이름, 제목'으로 약칭한다.
23) 위와 같음, 603~604쪽.
24) 국내의 비단길 저서나 역서는 張澤和俊, 이재성역, 『실크로드의 역사와 문화』, 민족사, 1994; 수잔 휫필드, 김석희역, 『실크로드이야기』, 이산, 2001; 정수일, 『문명의 루트 실크로드-비단길 속에 감추어진 문명교류사』, 효형출판, 2002; 정수일, 『실크로드 문명기행(오아시스로 편)』, 한겨레출판, 2006 등 참조.
25) 바닷길에 대해서는 주경철, 『대항해 시대-해상 팽창과 근대 세계의 형성-』, 서울대학교출판부, 2008 및 同氏, 『문명과 바다-바다에서 만들어진 근대』, 산처럼, 2009 참조.
26) 정수일, 『고대 문명 교류사』, 603~675쪽. 이밖에 동서교역로와 교역, 문명교류는

<동아시아사>에서는 위의 단락에서 서술한 유라시아의 3대 동서교역로인 비단길(사막로, 오아시스로), 초원길(초원의 길, 초원로), 바닷길을 종합적이고 체계적으로 서술하지 않았다. 다만 3대 동서교역로를 다룬 지도는 교과서 본문에 삽입하였다. 그러나 지도만을 제시하였을 뿐 구체

정수일, 『씰크로드학』, 창비(창작과비평사), 2001 참조.

'교학사', 45쪽, <당 대의 주요 교역로>

안병우 외 8인, 『동아시아사』 천재교육, 2013, 94쪽, <동서 교통로>

적으로 3대 교역로에 대한 설명은 없다.[27] 이와 달리 3대 교역로의 개별
적인 서술은 교역로마다 차이가 크다.

먼저 비단길에 대한 <동아시아사>의 서술을 살펴보자.

> (가) [생각 넓히기] 흉노와 한의 대결은 비단길 개척에 어떤 영향을 미쳤을까
> 한 무제는 서역의 월지와 공동 전선을 펴 흉노를 협공할 목적으로 기원전 139
> 년 장건을 서역으로 파견하였다. 장건은 약 13년 만에 장안으로 돌아와 서역
> 에서 보고 들은 바를 전하였다. 이때 무제는 중원의 비단이 서역에서 매우 비
> 싼 값에 팔린다는 사실에 주목하였다. 이 비단은 한이 그동안 흉노에 공물로
> 바치거나 흉노가 약탈해 간 것이었다. 한 무제는 비단 수출과 중앙아시아 지역

---

27) 반면 금성출판사의 세계사에서는 3개의 동서교통로 지도와 함께 각 교통로의 개념
   과 특징을 설명하였다(김형종, 외 5인, 『세계사』, 금성출판사, 2013, 72쪽, 더 알아
   보기<로마와 한을 이어 준 고대 동서 교통로>).

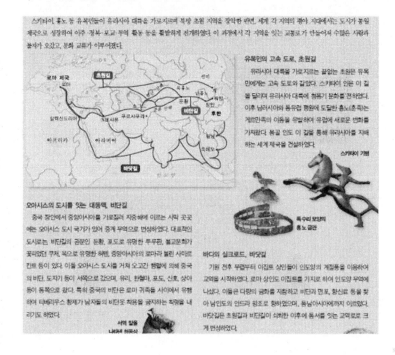

의 말 확보를 위해 서역 경영을 시작하였다. 이를 통해 동서 무역로인 비단길이 개척되었다.[28)]

(나) 한 무제는 사방으로 영토를 넓혔다. 무제는 흉노 토벌에 나서 흉노를 일시적으로 고비 사막 북쪽으로 쫓아냈다. <u>흉노를 토벌하고 견제하면서 장건을 서역으로 파견하여 대월지국과의 제휴를 도모하였는데, 이 과정에서 비단길이 개척되었다.</u> 기원전 111년에는 베트남의 남비엣을 멸망시키고 9개의 군을 설치하였으며, 기원전 108년에 고조선을 정복하여 낙랑군 등 4개 군을 두고 많은 중국인을 이주시켰다. 그러나 잦은 전쟁으로 국가의 재정이 어려워지자 소금, 철 등을 국가에서 독점하여 판매하고 상공업을 통제하였다.[29)] (강조는 필자)

(다) 또한, 실크 로드를 통한 서역과의 교류가 활발해지면서 장안은 세계 물산의 집결지가 되었다. 이곳에 로마, 아라비아, 페르시아, 중앙아시아의 상인들이 왕래하고 거주하면서 서역의 종교, 기술, 생활 습관이 유입되었다.[30)]

(가)는 '교학사', (나)는 '비상교육'의 비단길 개통 관련 기록이다. (다)는 당의 수도 장안의 동서교류 서술이다. (가)에서는 장건(張騫)의 서역 사행과 비단길 개통을 전한 무제의 대흉노정책에 초점을 맞추어 자세히 서술하였다. (나)에서는 한 무제의 대외 팽창 과정을 나열하는 과정에서 비단길 개척을 간단히 언급한 수준이었다. 이밖에 비단길은 국제도시 당 장안으로 각지의 사람들이 모이는 수단,[31)] 바닷길의 대체 수단,[32)] 혜초의 여행 경로,[33)] 몽골 제국 치하의 동서교역[34)] 등에서 간단히 언급되었다. 다

---

28) '교학사', 30쪽.
29) '비상교육', 31쪽.
30) '비상교육', 46쪽.
31) '교학사', 47쪽, "당의 수도 장안에는 비단길, 초원길, 바닷길을 따라 동·서의 여러 지역에서 유학생, 승려, 군인, 상인들이 모여들었다. 전성기에는 100만여 명의 인구가 있었다고 한다."
32) '비상교육', 86쪽, "북방 민족의 압박으로 비단길 무역의 주도권을 상실한 송은 당 후기부터 중시되었던 해상 무역을 더욱 활발히 하였다."
33) '천재교육', 55쪽, "바닷길과 비단길을 통해 인도를 여행하고 당에 돌아와"왕오천

만 (다)에서 볼 수 있듯이, '비상교육'에서만 당대(唐代) 비단길이 교역과 문화전파에 끼친 영향을 서술하여 비단길의 역사적 의의를 간략히 언급했을 뿐이다.

다음으로 바닷길을 살펴보자. 앞에서 언급한 것처럼 3종의 <동아시아사>에는 바닷길의 정의나 지리적 범위에 대해 전혀 언급하지 않았다. 그리고 바닷길은 동아시아 이외의 지역, 즉 동남아시아, 인도양 주변, 유럽 등 다른 지역과의 교역에 대해 서술하거나 동아시아 내부의 교역을 다루었다. 여기서는 전자에 대해 살펴본다.

(라) 송 대 이후 고려와 일본을 비롯하여 동남아시아, 인도, 페르시아, 아라비아로 이어지는 해상 교역권이 형성되었다.[35]

(마) 멀리 동남아시아와 아라비아 상인까지 동아시아 각국에 내왕하며 서역과의 무역도 활발히 전개되었다. 아라비아 상인은 배를 타고 명주(닝보)와 벽란도까지 내왕하며 보석, 향료 등을 가져와 중국산 비단, 도자기 등과 교환해 갔다. 이 당시 명주(닝보), 취안저우를 중심으로 많은 수의 아라비아 상인들이 모여들어 장기 체류하기도 하였다. 송은 당 대의 시박사를 확대 설치하여 관세 업무를 맡기고 번방(蕃坊)을 두어 외국 상인의 생활에 불편함이 없도록 하였다. 이 과정에서 이슬람의 천문학, 지리학, 수학이 중국에 전해졌고, 송의 제지술과 인쇄술, 나침반 등이 아라비아와 유럽에 전파되었다.[36]

축국전"을 지은 혜초는 신라 출신이었다."
34) '비상교육', 115쪽, "몽골이 대제국을 건설한 후, 이른바 '몽골의 평화' 시기가 펼쳐졌다. 이 시기에 초원길, 비단길, 바닷길이 모두 번성하게 되었고, 유라시아를 아우르는 진정한 의미의 '세계사'가 만들어졌다."; '천재교육', 94쪽, "몽골 제국의 등장으로 초원길이나 비단길 주변에서 동서 교역을 방해하거나 독점하고 있던 나라들이 사라지고 동서를 잇는 시장망이 안정적으로 연결되었다."
35) '교학사', 76쪽.
36) '비상교육', 86쪽.

(라)는 '교학사', (마)는 '비상교육'에서 송대 바닷길을 통한 중국과 동아시아 이외 지역의 교역을 서술한 부분이다. (라)와 (마)의 인용문 앞에는 송과 요, 금, 고려, 서하, 일본의 교역이 서술되었다. '천재교육'은 송대 바닷길을 통한 교류를 서술하지 않았고, (라)에서 보듯이 '교학사'는 바닷길을 통한 해상교역을 간단히 서술하였다. 반면 '비상교육'은 송대 바닷길을 통한 해상교역을 가장 상세하게 기록하였다. (라)에서는 교역뿐만 아니라 아라비아의 각종 과학과 학문이 중국으로, 중국의 4대 발명품 가운데 세 가지인 제지술, 인쇄술, 나침판이 아라비아를 통해 유럽으로 각각 전파되었음을 특기하였다.

이밖에 몽골제국 시대와 명청시대 바닷길에 대한 서술은 동아시아와 非동아시아의 교류 속에서 통합적으로 다루어지고 있다. '교학사'에서는 정화의 대항해,[37] 대항해시대,[38] 16세기 세계 은의 유통[39] 등 3개, '비상교육'은 당 대의 동서 문화 교류,[40] 제목없음(유럽인의 몽골 여행),[41] 정화의 대항해,[42] 16~17세기의 세계 교역망[43] 등 4개, '천재교육'은 동서 교통로,[44] 정화의 항해,[45] 16~17세기의 교역망,[46] 은의 유통과 유입[47] 등 4개 등 바닷길과 관련된 지도를 수록하였다. 3종에서 정화의 대항해(남해 원정)와 대항해시대의 교역망 지도가 공통적으로 실렸다.

위에서 살펴본 것처럼 유라시아의 3대 교역로를 통합적이고 체계적으

---

37) '교학사', 98쪽.
38) '교학사', 108쪽.
39) '교학사', 138쪽.
40) '비상교육', 46쪽.
41) '비상교육', 115쪽.
42) '비상교육', 116쪽.
43) '비상교육', 161쪽.
44) '천재교육', 94쪽.
45) '천재교육', 96쪽.
46) '천재교육', 144쪽.
47) '천재교육', 146쪽.

로 서술하지 않은 <동아시아사>는 중국-티벳-네팔-인도를 잇는 차
마고도(茶馬古道)는 학습자료에서 자세히 설명하였다.

(바) [생각 자료] 유목 민족과 차(茶)
흔히 '일상다반사(茶飯事)'라는 표현을 쓰듯이 차(茶)를 마시는 것은 우리 생활
과 떼어 놓을 수 없는 문화이다. 차는 언제부터 마시기 시작했을까? 이미 한 대
이전부터 차를 마시는 풍속이 있었다. 당을 거쳐 송 대 들어서는 차의 종류도
늘어나고, 사대부뿐 아니라 일반 백성에게까지 차가 보급되었다.
이 시기 변방의 유목 민족들에게까지 차가 퍼지기 시작하였다. 유목 민족에게 차
는 어떤 의미가 있었을까? 그들에게 차는 단순한 기호 식품이 아니었다. 우유
와 육류를 주식으로 하는 이들에게 차는 소화를 돕는 역할을 하였다. 그러나
더 중요한 것은 차를 통해 비타민을 공급받을 수 있었다는 점이다. 송 대 '차마
고도'가 번성하게 된 이유 중에 하나가 고산 지대에 거주하는 민족들에게도 차
가 중요한 영양 공급원으로 인식되었기 때문이다.[48]

(사) [이야기 속으로] 은 대신 차로 지급한 말 값
중국의 윈난, 쓰촨에서 티베트를 넘어 네팔, 인도까지 약 5,000km에 이르는
교역로가 있다. 중국의 차와 티베트의 말이 교역되었다고 해서 차마고도(茶馬
古道)라고 불리는 길이다. 이 길이 차마 교역을 위해 본격적으로 이용된 것은
송 대부터였다.
송은 문치주의를 표방하면서 군사력이 약화되어 북방민족의 침입을 자주 받
았는데, 티베트로부터 말을 사들여 그들을 막으려 하였다. 한편, 티베트 인에
게는 송에서 나는 차가 매우 중요한 물건이었다. 차는 유목민이 비타민을 얻을
수 있는 거의 유일한 수단이었기 때문이다. 그리하여 송은 은이나 비단 대신에
차를 말 값으로 지급하며 티베트와 교역을 시작하였다.[49]

인용문 (바)는 '비상교육', (사)는 '천재교육'의 학습자료이다. (바)와 (사)
를 앞의 (가)~(마)에서 단편적이고 소략하게 서술된 유라시아의 3대 교역

---

48) '비상교육', 85쪽.
49) '천재교육', 91쪽.

로와 비교하면 많은 지면을 할애했음을 알 수 있다. 차마고도는 KBS에서 2006년 4월부터 2007년 8월까지 약 1년 4개월 동안 고품위 HD영상으로 촬영한 6부작 다큐멘타리이다. KBS에서 '차마고도'라는 이름으로 방영되어 큰 반향을 일으킨 후 유명해진 차마고도가 '비상교육'과 '천재교육'에 반영된 것으로 보인다. 차마고도에 대한 서술은 '비상교육'과 '천재교육'이 다르다. (바)는 송대 중국과 주변 유목민이 중국의 차와 유목민의 말을 교환하였다고 기록했지만, 차마고도가 구체적으로 어느 곳을 지나는 교통로인지 명시하지 않았다. 또 유목민들이 우유와 육류의 소화와 비타민 공급을 위해 차가 필요했다고만 서술하였다.

반면 (사)는 차마고도가 비타민 섭취라는 유목민들의 필요성뿐만 아니라 당시 요(거란), 서하(탕구트), 금(여진) 등 북방 세력과의 전쟁을 위해 말이 필요했음을 언급하였다. 따라서 (사)에서는 중국과 티벳 유목민 양쪽의 이해관계가 맞아떨어져서 중국의 차와 티벳의 말이 교환되었음을 입체적으로 서술하였다. 그러나 이는 학습자료만의 비교일 뿐이다. (바), 즉 '비상교육'에는 대단원3 중단원1의 본문에 "한편, 당시 송이 북방 민족을 막기 위해 티베트산 말을 수입하고 차를 지급하는 형태로 교역이 이루어지면서 차마고도(茶馬古道)가 번성하였다."[50]라는 차마고도의 기능을 요약하였다.

따라서 (바)의 학습자료는 송과 티벳의 이해관계가 맞아 떨어져 차와 말을 바꾼 차마고도를 보다 구체적으로 설명하는 보충적인 성격을 지닌 학습자료였다. 반면 (사)는 본문에 서술하지 않은 차마고도에 대한 모든 정보와 지식을 제공해야 했기 때문에 (바)보다 자세한 정보를 '이야기 속으로'라는 학습자료에 추가한 것이다. 차마고도의 서술에 한정하면, '비상교육'이 본문에서 간단한 지식을 전달하고 학습자료에서 상세한 정보를

---

50) '비상교육', 85쪽.

전달함으로써 학생들에게 단편적인 지식과 심화지식을 동시에 제공하여 교육적 효과가 있을 것으로 생각된다.

<동아시아사>의 전근대시대 부분에서 바닷길을 통한 교역과 문화의 전파가 자세하게 기록된 반면, 근현대시대 바닷길의 중요성은 거의 간과되었다. 유럽사의 시각에서는 대항해시대 이후 유럽과 非유럽의 바다를 제패한 포르투갈, 에스파냐, 네덜란드, 영국의 순서로 사실상 제해권과 전세계 교역권을 장악하였다고 본다. 그러나 전 세계의 세력균형이 무너진 것은 영국에서 시작된 산업혁명과 제국주의의 팽창이 시작된 19세기 이후이다.

따라서 해군과 제조업, 금융업을 바탕으로 전세계를 지배한 영국(Pax Britanica)과 미국(Pax Americana) 등 해상제국의 등장을 고려하면 근현대시대 바닷길에 대한 서술이 별로 없다는 것은 의외이다. 다만 '교학사'에서는 동아시아와 非동아시아의 바닷길을 언급하였다.

> (아) 영국은 싱가포르-홍콩-상하이로 연결되는 국제 항로를 운영하였다. 이후 미국의 우편선이 샌프란시스코-요코하마-상하이를 오갔고, 일본도 요코하마와 상하이를 왕복하는 정기 항로를 개설하였다.[51]
>
> (자) 요코하마는 상하이, 싱가포르, 샌프란시스코와의 정기 항로를 통해 세계와 연결되었다. 이곳의 최대 수출품은 생사였다.[52]

(아)와 (자)는 상하이와 요코하마의 도시를 설명하는 구절에서 두 항구도시가 세계와 연결되었음을 서술하기 위해 등장한 구절이다. 단편적이지만, 상하이와 요코하마는 동아시아의 다른 나라와 동남아시아, 미국과의 항로가 개설되었던 국제도시였음을 확인할 수 있다.

---

51) '교학사', 191쪽.
52) '교학사', 192쪽.

마지막으로 3종의 <동아시아사>에서는 초원의 길(초원로)에 대한 언급이 거의 없다. 세계사의 관점에서 흉노의 서진과 훈족의 동고트 공격은 유럽 고대의 종말과 중세의 시작의 계기가 된 게르만족의 대이동과 중앙아시아의 인종분포를 바꾼 투르크인의 서진,[53] 몽골의 세계정복이 초원의 길을 통해 이루어졌다. 이처럼 유목민과 유목국가의 관점에서 중요한 초원의 길을 <동아시아사>에서 다루지 않은 것은 유감이다.

2. 동아시아와 非동아시아의 교류와 교역

1절에서 살펴본 것처럼 <동아시아사>는 유라시아의 동서 교역로를 체계적이고 종합적으로 서술하지 않았다. 반면 유라시아 동서 교역로를 통한 교역과 교류는 상세히 다루었다. 먼저 몽골제국 시대의 교역과 교류를 살펴보자.

[표 4] 몽골제국 시대 교역과 교류

	'교학사'	'비상교육'	'천재교육'
단원 명칭	육상과 해상에서 동서 국제 교역이 활발해지다	세계적 교역망의 형성	교역망의 통합과 다양성의 확대
본문	몽골 제국은 교역로를 정비하고 치안 확보에 힘써 유라시아 대륙에 평화와 번영을 가져왔다. 몽골은	교역망의 통합 몽골이 유라시아를 아우르는 대제국을 건설함으로써 교역을 방해하던 민족, 국	몽골 제국은 정복지를 원활하게 통치하고자 제국 전역에 역참을 설치하였다. 역참이란 간단한 숙박

---

53) 丁載勳, 「遊牧民族의 移動과 定着」, 『東洋史學硏究』 103, 2008, 109~110쪽. 몽골 고원에 있던 투르크계 유목민의 중앙아시아 진출에 대한 개설서는 스기야마 마사아키 지음, 이진복 옮김, 『유목민이 본 세계사』, 학민사, 1999, 250~258쪽; 고마츠 히사오 등 지음, 이평래, 옮김, 『중앙 유라시아의 역사』, 소나무, 2005, 3장 2절 투르크화의 진행 참조.

광활한 영토를 통치하기 위해 대도를 중심으로 제국 전체에 간선 도로와 역참을 설치하였다. 교역을 허가받은 사람은 누구나 역참에서 말과 마차, 식량과 숙소를 제공받으며 안전하게 통행할 수 있었다. 역참을 통해 안전한 원거리 여행이 가능해지면서 동서 간에 인적·물적 교류가 활발해지고, 각 지역의 문화가 자연스럽게 교류하였다. 특히 종교에 대해 관용적인 정책을 실시하여 각 지역에서 다양한 종교 활동이 보장되었다. 해상 교역도 활발하여 항저우, 취안저우, 광저우 등의 항구가 번성하였다. 원은 강남과 대도를 연결하는 기존의 운하를 보수하고 새로운 운하도 건설하였다. 도자기와 비단이 동남아시아와 이슬람 지역을 거쳐 전 세계로 수출되었고, 금과 은이 유입되었다. 이에 따라 각종 물품과 다양한 사람들이 육상과 해상을 통해 동서로 오가는 국제 교역망이 형성되었다. 고려 또한 원이 주도하는 세계 교역권에 포섭되어 있었다. 서역의 상인들이 고려에 드나들었고, 고려의 상인이 국제 교역에 참여하기도 하였다. 원이 발가와 같은 장애물이 사라지게 되자 동서 교류는 역사상 어느 시기보다 활발해졌다. 우구데이 칸은 제국 전역을 관통하는 도로망을 건설하고 일정한 간격으로 역참을 설치하였다. 이는 초기에 사신과 군대의 원활한 이동을 목적으로 고안된 것이었으나, 점차 상인의 이동이 빈번해지며 제국의 통합과 동서 간 교류의 증대를 가져왔다. 원과 여러 울루스가 대립할 때도 역참제는 그대로 존속되어 교류에 기여하였다. 역참은 중국을 중심으로 한 직할지에만 1만 4천 개가 존재하였다.

몽골은 바닷길에도 큰 관심을 가져 광저우, 취안저우 등 해안의 주요 항구에 시박사를 두어 관리하고, 정부의 선박을 이용해 직접 투자할 만큼 해상 무역에 적극적이었다. 여기에 나침반의 사용, 조선술 발달, 해도의 제작 등이 더해지자 송 대 이후 지속된 해상 무역이 더욱 번영하였다. 이 당시 상인들은 대형 범선(정크선)을 타고 취안저우, 광저우 등에서 출발해 인도양을 거쳐 아라비아의 바그다드와 타브리즈까지 왕래하였다.

교역의 증가에 따라 화폐시설과 말, 식량을 갖추어 두고 통행증을 지닌 관리나 사절이 이용할 수 있게 한 곳이다. 수도 카라코룸으로부터 간선 도로를 따라 약 30킬로미터 간격으로 배치하여 원의 영역 내에만 약 1,500곳을 설치하였는데, 초원이나 사막에도 설치하였다. 이를 통해 중앙과 지방은 물론, 제국의 전 지역이 빠르게 연결될 수 있었다.

몽골 제국의 등장으로 초원길이나 비단길 주변에서 동서 교역을 방해하거나 독점하고 있던 나라들이 사라지고 동서를 잇는 시장망이 안정적으로 연결되었다. 이에 쿠빌라이 칸은 바닷길마저 장악하려고 일본과 베트남, 참파와 자와에 원정대를 보내기도 하였다.

항저우와 취안저우에는 시박사를 설치하여 동남아시아와 인도양으로 항해하는 무역선을 관리하였다. 그리하여 13세기에는 취안저우를 중심으로 고려, 일본, 베트남, 동남아시아를 잇는 동아시아 교역망이 만들어졌다. 이 교역망은 동남아시아를 거쳐 페르시아만에 이르는 인도양 교역망과 연결되었고, 다시 북아프리카에 이르는 아라비아 상인의 교역망과 지중해 교행한 지폐인 교초가 고려에 유입되어 유통되기도 하였다. 일본은 원과 사신의 왕래가 없었지만, 교역을 통해 중국의 동전을 수입해서 사용하였다(81쪽).

의 수요가 늘어나자 지폐인 교초가 발행되어 통상과 교역에 널리 사용되었다. 교초는 제국 내에서 은과 교환이 가능하였고, 오래전부터 은 본위를 채택하고 있던 이슬람권과 함께 유라시아 대부분을 은 교역망으로 통합하는 데 기여하였다(114쪽).

몽골의 평화

몽골이 대제국을 건설한 후, 이른바 '몽골의 평화' 시기가 펼쳐졌다. 이 시기에 초원길, 비단길, 바닷길이 모두 번성하게 되었고, 유라시아를 아우르는 진정한 의미의 '세계사'가 만들어졌다. 제국의 교역로를 따라 마르코폴로, 카르피니, 뤼브룩 등 상인이나 사절들이 몽골을 찾아왔다. 이들이 남긴 기록과 여행기는 동양에 대한 유럽인의 호기심을 자극하고 지리적 시야를 넓혀 주었다. 또한, 몽골의 종교 관용 정책에 따라 크리스트교, 경교, 이슬람교, 라마교 등 많은 종교가 발달하였다. 몽골 황실은 라마교를 믿고 국사(國師) 파스파가 만든 문자(파스파 문자)를 공식 문자로 지정하였다.

몽골은 서방의 문물 중 발달된 이슬람 문화에 큰 자극을 받았다. 원 대에는 이

역망으로 연결되었다. 교역이 발달하자 단일 화폐의 필요성이 높아졌다. 이에 쿠빌라이는 지폐인 교초를 발행하여 초기의 주요 화폐였던 비단과 은을 대신하게 하였다. 이는 유럽보다 400여 년이나 앞서 지폐를 통용시킨 것이다. 그런데 교초는 언제든 은과 교환할 수 있는 안정된 화폐였으므로, 국내를 넘어 광범위하게 유통되었다.

… (중략) …

동서 교류도 활발하게 이루어졌다. 서아시아의 천문학과 역법, 수학, 지도학 등이 동아시아에 소개되었고, 중국의 인쇄술, 나침반 등이 서아시아와 유럽에 전파되었다. 그러나 교류의 확대가 반드시 긍정적인 결과만을 가져온 것은 아니었다. 14세기에 유럽에서 수많은 인명 피해를 낳았던 흑사병은 본래 미얀마 지역의 풍토병이었으나 몽골군의 미얀마 원정을 계기로 초원 지대로 옮겨졌고, 동서 교역망을 통해 유럽으로 전해졌던 것이다(94~95쪽).

		슬람의 천문 관측 기구를 사용하여 '수시력'을 만들었는데, 동아시아 각국은 이를 받아들여 사용하였다. 남송 정벌에 사용된 회회포와 바그다드 공성전에 사용된 투석기는 이슬람 기술자들이 제작하였다. 이슬람 지도 제작법도 전래되어 이들의 지리적인 범주가 이슬람과 유럽으로까지 확대되었다(115쪽).	
학습 자료	[탐구활동] 동서 국제 교역을 촉진한 역참(81쪽)	[생각 자료] 한반도에서 발견된 원나라 무역선, 신안선(114쪽) [단원의 중심 주제 탐구] (118~119쪽)	[동아시아 사람들] 국경을 넘나들며 산다. 몽골 제국 시대의 국제인(97쪽) [단원의 중심 주제 탐구] (118~119쪽)
사진/ 그림	원 대 가톨릭교도의 묘비 (중국 푸젠 성 취안저우, 81쪽), 역참을 이용할 수 있는 증명패(81쪽)	역참 통행증(114쪽), 원 대에 제작된 실크 덮개(114쪽), 마르코 폴로(초상화, 115쪽), 원 대의 청화 백자(115쪽)	역참 통행증(94쪽), 교초(94쪽), 카라코룸(94쪽), 경교의 십자가(94쪽)
지도	몽골 제국 성립 이후 동서 세계를 연결하는 주요 교통로(81쪽)	(유럽인의 몽골여행)(115쪽)	동서 교통로(94쪽)

[표 4]에 따르면, '교학사'는 네 단락 가운데 역참이 두 단락, 해상교통로와 교역이 한 단락, 몽골제국의 국제적인 교역망이 고려와 일본에 끼친 영향 한 단락으로 몽골제국 시대의 교역과 교류를 서술하였다. '비상교육'은 역참제(육상교통)와 해상교통로 및 교역, 교초와 은의 유통을 각각 한 단락, 동서 문화와 학문의 교류 두 단락을 다루었다. '천재교육'은 역참(육상교통), 바닷길 진출 배경과 실상, 바닷길을 통한 교역, 교초, 몽골치하의 동서 문화교류를 각각 한 단락씩 서술하여 모두 다섯 개 단락으로 서술하였다.

학습자료는 '교학사'가 1개를 둔 반면, '비상교육'과 '천재교육'은 2개를 배치하였다. 사진과 그림의 이미지 자료도 '교학사'가 2개를 배치한 반면, '비상교육'과 '천재교육'은 각각 4개씩 배열하였다. 지도는 3종 모두 1개씩 배치하였다. 학습자료와 각종 시각자료(사진, 그림, 지도)의 수를 비교하면 '교학사'보다 '비상교육'과 '천재교육'이 배나 더 많이 배치되었다. '교학사'에서만 학습자료와 시각적 이미지 가운데 몽골제국의 교통로 유지에 필수적인 역참을 학습자료에서 따로 설명하였다.

반면 역참 통행증 사진과 몽골제국 시대 유라시아 동서교역로 지도는 모든 동아시아사 교과서에서 집어넣었다. 동서교역을 상징하는 사진으로 '교학사'는 중국 복건성(푸젠성) 천주(취안저우)의 가톨릭교도 묘비, '천재교육'은 경교의 십자가를 실어 유럽의 종교가 몽골과 중국본토에 전파되었음을 독자들에게 알려주려고 하였다. 반면 '비상교육'은 유럽 신화의 모티브를 채용한 실크 덮개와 이슬람과 유럽54)에 수출된 청화백자 사진을 동시에 전시하여 몽골 치하 동서교류가 일방적인 것이 아니라 쌍방향 소통이었음을 학생들에게 제시하였다.

[표 4]에서 비교할 수 있듯이, '교학사'와 '천재교육'이 몽골제국시대의 육상교통로와 해상교통로를 거의 비슷한 비중으로 다루었다. 반면 '비상교육'은 육상교통로를 역참제로 간단히 서술하고 바닷길(해상교통로)을 자세히 다루었다. 그리고 '교학사'는 몽골제국 시대 유라시아 교통로와 교역에만 서술의 초점을 맞추었다. 반면, '천재교육'은 문화와 학문, 전염병의 교류 등을 서술하여 몽골제국 시대의 동서 교역과 교류를 포괄적으로 서술하였다. '비상교육'은 '천재교육'과 비슷한 서술을 하면서도 몽골제국 시대에 유라시아를 아우르는 '세계사'가 만들어졌다고 기술하였다.

---

54) '비상교육' 115쪽 사진의 설명에는 청화백자가 주로 이슬람에 수출되었다고 기록하였다. 그러나 유럽에도 대거 수출되어 중국의 청화백자 열풍을 일으켰다.

이는 몽골제국 치하에서 진정한 '세계사'가 만들어졌다는 학계의 최근 연구성과55)를 반영한 것이다. 따라서 '비상교육'에서는 [단원의 중심 주제 탐구]에서 몽골제국 시대의 세계관 확대가 지도 제작에 준 영향을 학생들에게 환기하는 질문을 던지고 있다.56)

위에서 살펴본 몽골제국 시대의 동서 교류처럼 3종의 <동아시아사>에서 비중있게 다루는 내용이 대항해시대 이후 동아시아와 유럽, 신대륙의 교역, 특히 은의 유통이다.

[표 5] 대항해시대 이후 동아시아의 교역

	'교학사'	'비상교육'	'천재교육'
단원 명칭	(3) 동아시아 3국의 은 유통	(3) 서구와의 교류와 교역망의 확대	유럽의 진출과 교역망의 확대
본문	은이 중국으로 몰려들다 1498년 포르투갈이 인도 항로를 개척한 이후 유럽의 선박들이 동아시아로 밀려들었다. 곧이어 에스파냐가 남미에서 잉카와 아스테카 문명을 무너뜨렸고, 이후 에스파냐의 무역선이 대서양과 인도양, 태평양을 가로질러 전 세계를 무대로 활동하였다. 향료를 구하기 위해 동아시아 해역까지 진출한 포르투갈 상인들은 마카오를 거점으로 중계 무역을 시작하였다. 이들은 중국에서 비단과 생사, 도자기 등을 구입하여	유럽 상인의 진출 유럽과 중동 지역에서 향신료에 대한 수요가 증가하자 유럽 상인들은 향료를 찾아 동남아시아로 몰려들기 시작하였다. 16세기 후반 이후 믈라카와 말루쿠 제도 등지에서는 향료뿐만 아니라 중국산 비단과 차, 도자기 등이 활발하게 거래되었다. 일본과 명 사이의 조공 무역이 단절되면서, 포르투갈 상인은 두 나라를 중계하고 큰 이득을 챙겼다. 포르투갈 상인은 1557년 명으로부터 마카오 거주를 허락받았고, 1570	14세기 이후에는 동아시아의 교역망이 동남아시아를 통해 인도, 나아가서는 유럽과 연결되었다. 이에 명과 인도의 상인들이 향신료를 사러 동남아시아로 몰려들었으며, 믈라카를 비롯한 동남아시아의 섬과 도시들은 무역의 중심지로 성장하였다. 15세기에 명 상인들은 이 지역 상품의 대부분을 사들였다. 유럽과 중동에서 향신료 시장이 급격하게 성장함에 따라 유럽 상인들이 동남아시아로 몰려들었고, 이들은 향

---

55) 오카다 히데히로 지음, 이진복 옮김, 『세계사의 탄생』, 황금가지, 2002; 김호동, 『몽골제국과 세계사의 탄생』, 돌베개, 2010.
56) '비상교육', 118~119쪽.

유럽으로 가져가거나 일본 등지에 팔았다. 이 과정에서 다량의 은이 중국으로 흘러 들었다.

중국에서 은이 화폐로서 본격적으로 주목받기 시작한 것은 원 말부터였다. 본래 중국의 은 생산량은 많지 않았는데, 16세기 이후 일본과 포르투갈 상인들과의 교역을 통해 엄청난 양의 은이 명으로 쏟아져 들어왔다. 16세기 중반 에스파냐가 페루의 포토시를 비롯한 남미의 광산에서 생산한 은 또한 필리핀을 거쳐 중국으로 들어왔다. 마닐라를 거점으로 명의 비단과 도자기 등이 은과 교환되어 남미와 유럽으로 수출되었다. 시기에 따라 증감이 있었지만 16세기 말부터 1630년대까지 해마다 정도의 외국 은이 들어오면서 중국은 '외국 은의 무덤'이라 불릴 정도였다. 중국은 이때부터 본격적인 은 경제 시대에 접어들었다(138쪽).

은, 중국 사회를 바꾸다

상업이 발달하고 대외 무역이 활발해지면서 은은 명의 구석구석으로 흘러들었다. 베이징과 양쯔 강 하류 등 정치 · 경제의 중심지는 물론 농촌에서도 농산물을 팔아 받은 은으로 세금을 납부

년경 일본으로부터 나가사키 항에서의 무역을 허락받았다. 이들은 인도에서 은화와 기름을 가져와 마카오에서 명의 생사와 비단, 약재로 교환하였다. 이후 일본에서 이 품목들을 은으로 교환한 후, 다시 마카오에서 금이나 비단, 도자기를 사서 유럽으로 수출하였다. 포르투갈 상인들은 나가사키에서 가져온 일본 은과 페루의 포토시 광산에서 채취한 아메리카 은을 중국에 팔면서 은 무역을 주도해 나갔다.

에스파냐는 1570년경 필리핀에 마닐라를 건설한 후, 갈레온 무역을 통해 아메리카 대륙에서 생산된 멕시코의 은과 중국 상품을 교환하였다. 이렇게 마닐라에 운반된 아메리카의 은은 대부분 중국으로 유입되었다.

네덜란드 상인은 바타비아를 거점으로 일본으로도 진출하였다. 에도 막부는 17세기에 들어와 에스파냐와 포르투갈의 내항을 금지하였으나, 네덜란드 상인에게는 나가사키에서 무역하는 것을 허락하였다. 네덜란드선은 중국산 생사나 직물류 등을 가져와 일본의 은과 구리로 교환하였다. 막부의 무역 통제 정책은 네덜란드 동인도 회사에 독점적인 이익을

신료뿐 아니라 중국의 도자기와 차, 비단 등도 구입하였다. 그리하여 동남아시아의 향신료 무역은 16세기 후반에서 17세기 전반에 절정에 달하였다.

유럽 상인의 선두는 포르투갈이었다. 포르투갈은 중계무역의 중심지인 믈라카를 점령하고, 마카오를 거쳐 일본의 나가사키에 진출하였다. 그들은 조총과 화약 및 명의 생사와 비단을 일본에 팔고, 일본이 결제한 은으로 명의 비단이나 도자기를 사서 믈라카를 거쳐 유럽으로 수출하였다.

포르투갈의 뒤를 이어 진출한 에스파냐는 필리핀 제도에 기지를 건설하였으며, 이에 따라 마닐라가 '갈레온 무역'의 중심지로 부상하였다. 에스파냐 상인은 멕시코의 아카풀코에서 가져온 은을 명 상인이 가져온 비단, 면직물, 도자기와 교환하였다. 16세기 말에는 네덜란드 상인이 진출하였다. 네덜란드 상인은 향신료 산지인 말루쿠 제도의 지배권을 포르투갈로부터 빼앗고, 일본에 진출하여 나가사키에 머무르며 중국과 교역하였다. 17세기 중엽에 동남아시아 섬 지역 대부분을 장악한 네덜란드는 마침내 동아시아 교역

하였다. 몽골, 여진 등 유목민족도 점차 명의 은 경제권으로 편입되었다. 은이 널리 유통되면서 조세 제도도 은 위주로 바뀌었다. 16세기 후반 명에서는 세금과 요역을 은으로 납부하는 일조편법이 전국적으로 시행되었다. 조세를 은으로 납부하면서 세금을 걷고 운반하는 것이 훨씬 편리해졌다. 한편, 외국 은에 대한 의존도가 높아지면서 명의 경제는 은 유입량의 변화에 따라 크게 흔들리게 되었다. 비단과 도자기 등의 수출 대금으로 들어온 은은 주로 중국 변방지역으로 유입되었다. 그런데 이 은이 제대로 순환하지 않자 민간에서는 은 부족으로 고통을 겪었다. 또한 17세기 후금의 위협이 높아져 국방비로 들어가는 은의 지출은 급격히 증가한 데 비해, 에스파냐의 쇠퇴로 무역을 통한 은 유입이 줄자 명의 경제가 위기에 빠질 정도였다. 17세기 후반 청의 중원 지배가 안정된 이후 중국 상인과 유럽 상인들의 교역이 늘어나면서 은은 다시 대량으로 유입되었다. 청은 도자기, 생사, 차 등을 수출하고 그 대금으로 은을 들여왔다. 그러나 청은 무역을 통제하여 18세기 중엽 이후 유럽 상인

안겨다 주었다. 네덜란드는 동남아시아의 대부분의 섬을 장악하고 동아시아 교역을 주도해 갔다(161쪽).

동아시아 교역망의 확대와 은 유통

유럽 상인들이 중국과 일본을 비롯한 동아시아 일대에 적극적으로 진출한 이유 중하나는 일본 은을 중국에 팔아서 얻는 막대한 이익 때문이었다. 전 세계의 은의 최종 수요국은 중국이었는데, 중국은 유럽보다 은의 가치가 2배 정도 높았으므로 단순히 은을 중국에 가져가는 것만으로도 큰 이익을 얻을 수 있었다. 여기에 세계적인 은 생산국인 일본은 중국산 생사와 비단 등을 원하고 있었으므로 유럽 상인들은 이들 두 나라를 중계하면서 이익을 챙길 수 있었던 것이다. 16세기 이후 동아시아의 상업 발달은 은 유통의 활성화와 함께 이루어졌다. 당시 은 유통의 중심 지역은 유럽인이 거점 지역으로 삼고 있었던 플라카와 마카오, 마닐라, 중국의 광저우와 타이완, 일본의 나가사키 등이었다. 특히, 유럽 인들에 의한 아메리카의 은의 유입은 동아시아의 교역망을 세계로 연결해 주는 역할을 하였다.

에서 가장 큰 영향력을 발휘하는 유럽 국가가 되었다.[57] 유럽 인이 동아시아에 진출하고, 아메리카 대륙의 은이 공급됨으로써 동아시아 교역망은 세계로 연결되었다. 이에 16~17세기에 동남아시아는 '상업의 시대'라고 불릴 만큼 무역이 발달하였다. 명·청 상인과 유럽 상인, 일본의 상인이 이곳에서 활약하였으며, 류큐와 플라카의 중계 무역이 활성화되었다. 1570년대 후반에는 광저우도 주요 항구로 성장하였다. 이에 따라 명의 남부지역이 세계 교역망에 편입되었다. 17세기 후반에 청에 항복할 때까지는 타이완도 중요한 무역 중심지였다. 동남아시아 무역이 활성화되면서 동남아시아에는 여러 나라 사람들이 거주하는 항구 도시가 출현하고, 이슬람교와 크리스트교도 본격적으로 전래되었다. 또, 아메리카로부터 고추, 감자, 고구마, 옥수수, 담배 등이 아시아에 전해졌다. 명·청과 일본의 도자기가 유럽에 대량으로 판매되었으며, 이를 계기로 유럽에서는 도자기의 복제 기술이 발달하였다. 18세기 중엽에는 영국이 진출하여 청과의 무역에서 주도권을 장악하였다. 영국의

들은 오로지 광저우 한 곳에서만 무역이 가능하였고, 거래 또한 공행이라 불리는 관허 상인들에 의해 제한적으로 수행되었다(139쪽).	한편, 18세기에 들어와 영국과 중국의 교역이 시작되었다. 청은 영국에 차와 비단, 도자기 등을 수출하였고, 영국은 은으로 결제하였다. 이러한 무역의 형태는 영국의 동인도 회사에 큰 이익을 주었으나, 영국으로서는 막대한 은이 유출되는 결과를 초래하였다. 영국은 이러한 상황을 개선하기 위하여 인도에서 재배한 아편을 중국에 팔아 얻은 은으로 중국산 물품을 구매하는 이른바 '삼각무역'을 하였다. 1773년부터 시작된 삼각 무역으로 인하여 청의 막대한 은이 유출되었고 물가도 크게 올랐다(161~162쪽).	동인도 회사는 면직물과 비단, 차를 사들이고 은과 인도산 목화를 수출하였다. 그런데 시간이 흐르면서 차의 수요가 급격하게 늘어나면서 영국이 지출하는 은의 규모도 커졌고, 이를 감당할 수 없게 된 영국은 18세기 말부터 은 대신 아편을 청에 팔았다. 이에 따라 청의 은이 거꾸로 유럽으로 유출되었다(145쪽).
학습자료 [생각 넓히기] 바스쿠 다 가마의 인도 항로 개척은 동아시아에 어떤 결과를 가져왔을까?(138쪽) [탐구활동] 포토시 은광과 은의 이동(138쪽)	[생각자료] 광둥 무역 체제와 아편 전쟁(162쪽)	[이야기 속으로] 홍차, 우연한 산물(145쪽)
사진 / 그림 중국에서 유통되던 은의 모습(138쪽)	크리스트교의 전래(162쪽)	갈레온 무역(144쪽), 아리타(이마리) 자기(145쪽), 독일의 마이센 자기(145쪽)
지도	16~17세기의 세계 교역망(161쪽)	16~17세기의 교역망(144쪽)

[표 5]에서는 대항해시대 이후 유럽의 포르투갈, 에스파냐, 네덜란드가 중국과 일본으로 진출하며 기존의 동아시아 교역망이 유럽 및 기타 지역

---

57) '천재교육', 144쪽.

의 교역망과 접촉하면서 동아시아의 교역 대상이 확대되었음을 서술하였다. 3종의 <동아시아사> 본문을 보면 포르투갈과 네덜란드 등 유럽상인이 중국으로 진출하여 중국의 특산물인 도자기와 비단, 차 등을 수입하고 결제대금을 은으로 지불하였다고 서술하였다.[58] 전체적으로 능동적인 유럽 상인과 수동적인 중국 상인의 모습이 그려진다. 그리고 '비상교육'과 '천재교육'은 포르투갈에 이어 유럽-인도양-동아시아 교역과 제해권을 장악한 네덜란드가 동아시아, 혹은 동남아시아 교역을 장악하였다고 서술하였다. 이는 현행 고등학교 <세계사>의 기본적인 관점이기도 하다.

대항해시대 이후 군사·경제적으로 우세한 유럽과 열등한 아시아라는 등식은 몽테스키외, 헤겔, 베버, 마르크스 등 근대 유럽 학자들의 주장[59]과 영국식의 산업혁명과 제국주의 팽창 이후 지금까지 지속되고 있는 서세동점(西勢東占)은 이러한 관점의 정치·경제적 배경이다.[60]

몽테스키외, 헤겔, 베버, 마르크스와 달리 중국의 경제적 발전을 긍정했던 아담 스미스[61]의 견해를 20~21세기에 부활시킨 안드레 군더 프랑크[62]와 소위 캘리포니아 학파[63]는 1500년부터 19세기 중반까지 중국이

---

58) '교학사', 139쪽; '비상교육', 161-162쪽; '천재교육', 144~145쪽.
59) Charles de Montesquieu, The Spirit of the Laws I, trans. Thomas Nugent, New York: Hafner, 1965, pp.269~273, pp.311~312; 강성호, 「아시아적 생산양식 논쟁과 시대구분 문제」, 『서양사학연구』 3, 1999, 82쪽; 강진아, 「중국의 부상과 세계사의 재조명-캘리포니아 학파에서 글로벌 헤게모니論까지」, 『역사와경계』 80, 2011, 149~150쪽.
60) 유럽 중심주의에 대한 개략적인 학설 소개는 주경철, 『대항해시대』, 35~39쪽 참조.
61) 조반니 아리기 지음, 강진아 옮김, 베이징의 애덤 스미스 (길, 2009), 16~17쪽의 재인용(Giovanni Arrighi, Adam Smith in Beijing, Lineages of the Twenty First Century (New York: Verso Press, 2007)의 국역판).
62) 안드레 군더 프랑크 저, 이희재 역, 『리오리엔트』, 이산, 2003.
63) "캘리포니아 학파(California School)"는 미국의 사회학자 프랑크 (A.G. Frank)가 유럽중심주의적 경제사에 반대하는 포머란츠(Kenneth Pomeranz), 웡(R. Bin Wong), 리(James Lee) 등의 학자들이 캘리포니아주의 대학교에서 근무하는데 착안하여 명

세계의 경제를 주도했다고 주장하였다.[64] 국내에서는 앵거스 메디슨의 통계를 이용해 1820년대까지 중국의 GDP가 세계 1위였고, 중국과 인도를 합하면 전 세계 총생산의 거의 50%를 차지했음이 지적되었다. 즉 인구와 총생산(GDP) 통계를 보면 19세기 초까지 세계의 중심은 아시아였다.[65] 일본에서는 중국과 인도를 포함한 아시아의 경제적 우위와 아시아 교역망의 존재를 긍정하는 '아시아 교역권' 담론이 출현하였다.[66]

그러나 현재 대학교 서양사 개론서나 중고등학교 <세계사> 교과서에서는 아직 군더 프랑크나 캘리포니아 학파의 주장과 앵거스 매디슨의 경제통계 성과가 반영되지 않았다.[67]

명한 용어이다(Patrick Manning, "Introduction", AHR Forum: Asia and Europe in the World Economy, *American Historical Review* 107, 2002, 420쪽)

64) 강진아, 「16~19세기 중국 경제와 세계체제-'19세기 분기론'과 '중국 중심론'」, 『이화사학연구』 31, 2004; 로버트 B. 마르크스 지음, 윤영호 옮김, 『다시쓰는 근대 세계사 이야기-세계화와 생태학적 관점에서』, 코나투스, 2007; 강진아, 「동아시아로 다시 쓴 세계사-포머란츠와 캘리포니아학파」, 『역사비평』 82, 2008, 235~265쪽; 강성호, 「안드레 군더 프랑크」, 역사비평 편집위원회, 『역사가들: E. H. 카에서 하워드 진까지』, 역사비평사, 2010; 강진아, 「중국의 부상과 세계사의 재조명-캘리포니아 학파에서 글로벌 헤게모니論까지」, 『역사와경계』 80, 2011, 145~186쪽.

65) 주경철, 『대항해시대』, 28~31쪽.

66) 濱下武志, 『近代中國の國際的契機』, 東京: 東京大學出版會, 1990; 濱下武志 · 川勝平太 編, 『アジア交易圈と日本工業化: 1500-1900』, 東京: リブロポート, 1991; 杉原薰, 『アジア間貿易の形成と構造』, 東京: ミネルヴア書房, 1996; 濱下武志, 『朝貢システムと近代アジア』, 東京: 岩波書店, 1997; 川勝平太 編, 『アジア太平洋經濟圈史』, 東京: 藤原書店, 2003; 岩井茂樹, 「16世紀中國における交易秩序の探索-互市の現實とその認識」, 『中國近世社會の秩序形成』, 京都: 京都大學人文科學硏究所, 2004; 檀上寬, 「明代"海禁"の實像-海禁=朝貢システムの創設とその展開」, 『港町と海域世界』, 東京: 靑木書店, 2005; 岩井茂樹, 「淸代の互市と"沈默外交"」, 夫馬進 編, 『中國東アジア外交交流史の硏究』, 京都大學學術出版會, 2007. '아시아 교역권론'의 국내 소개와 비판은 하세봉, 「80년대 이후 일본학계의 "아시아 교역권"에 대한 논의-학문적 맥락과 논리를 중심으로」, 『중국현대사연구』 2, 1996; 박혁순, 「일본의 아시아 교역권론에 대한 비판적 검토」, 『아시아문화연구』 2, 1998 참조.

67) 일본의 중국경제사 성과를 집대성한 『中國經濟史』에서도 캘리포니아 학파를 언급

[그래프 1] 17~19세기 중국 · 인도 · 유럽의 GDP 점유율[68]

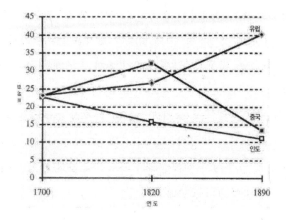

[그래프 2] 1750~1900년 제조업 점유비율[69]

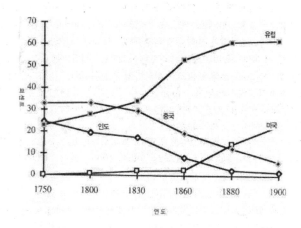

했지만, 이들의 연구성과를 본문에 반영하지 않았다(岡本隆司 編, 『中國經濟史』, 名
古屋: 名古屋大學出版會, 2013)

68) 로버트 B. 마르크스 지음, 윤영호 옮김, 『다시쓰는 근대세계사 이야기-세계화와
생태학적 관점에서』, 188쪽, 도표 5.1. 세계 GDP 점유율, 1700~1890.

69) 위와 같음, 189쪽, 도표 5.2. 세계 제조업 점유율, 1750~1900.

[그래프 1]과 [그래프 2]는 영국의 경제사학자 앵거스 메디슨(Angus Medison)의 GDP 및 제조업 점유율 그래프를 인용한 것이다.[70] [그래프 1]에 따르면, 중국과 인도는 1700년 무렵 유럽 전체의 GDP와 같은 규모였으며, 각각 전세계 GDP의 1/4를 차지하였다. 인도는 이후 전세계 GDP 점유율이 떨어져서 1820년에는 15%에 불과했지만, 중국은 1820년 30~35%를 점하였다. 따라서 두 나라의 GDP 합계는 전 세계 GDP의 절반에 달한다.[71] [그래프 2]에서 볼 수 있는 것처럼 1750년 전세계 제조업의 30%를 상회하던 중국은 1830년 이후 점유율이 줄어들었지만, 유럽과 차이는 크지 않았다. 이처럼 경제통계로 추산한 중국의 경제는 19세기 초 중반까지 유럽 대륙 전체의 경제력보다 뒤지지 않았다.

이는 안드레 군더 프랑크와 캘리포니아 학파의 주장과 일치한다. 로버트 B. 마르크스는 1998년 캘리포니아 스톡턴의 퍼시픽대학교가 개최한 퍼시픽 센추리 콘퍼런스에서 제기한 안드레 군더 프랭크와 케네스 포메란츠의 영향을 받았다고 술회하였다. 그리고 그들의 주장을 수용하여 휘티어칼리지의 세계사개론 교재를 출판하였다.[72] 이 책은 『다시쓰는 근대 세계사 이야기』라는 제목으로 2007년에 국내에 번역되었다. 현재 유럽사와 중국사 연구자들 사이에 이러한 주장에 대한 적극적인 교과서 수록 검토는 별로 없는 것 같다.

오히려 [표 5]에서 보듯이, '비상교육'과 '천재교육'은 중국과의 막대한 무역 적자를 기록한 영국이 인도에서 재배한 아편을 중국에 수출한 결과 중국에서 대량의 은이 유출되었음을 서술하였다. 이는 근대사를 서술한

---

70) 원전은 Angus Medison, *The World Economy: Historical Statistics*, OECD Development Centre, 2004 참조.
71) 주경철, 『대항해시대』, 30~31쪽.
72) 로버트 B. 마르크스 지음, 윤영호 옮김, 『다시쓰는 근대세계사 이야기-세계화와 생태학적 관점에서-』, 6~7쪽.

대단원 5에서 다룰 아편전쟁(중영전쟁)과의 논리적 일관성을 위한 것으로 생각된다.

Ⅳ. 동아시아 내부의 교통로와 교역

<동아시아사>에서는 동아시아와 非동아시아의 교역뿐만 아니라 동아시아 여러 나라의 교통과 교통로, 교역에 대해 상세히 서술하였다. 아래 [표 6]는 <동아시아사> 가운데 교통, 교역과 관련된 단원의 목차를 정리한 것이다.

[표 6] 동아시아 내부의 교통로와 교역 관련 단원과 학습자료

단원	'교학사'	'비상교육'	'천재교육'
1		1.2.1 [특강] 옥과 벼농사를 통한 동아시아 교류	1.4.3. [해상무역을 배경으로 성립된 나라들]
2	2.1.3. 문물 전파와 교류 증대		
3	3.1.3. [탐구활동] 동서 국제 교역을 촉진한 역참 3.4.2. 해금과 왜구	3.1.3. 교류의 증대와 해상무역의 발달 [생각자료] 유목 민족과 차(茶) 3.4.3 세계적 교역망의 형성 [생각자료] 한반도에서 발견된 원나라 무역선, 신안선	3.1.1. 북방 민족의 성장과 동아시아 국제 관계의 다원화 [이야기 속으로] 은 대신 차로 지급한 말 값 3.1.3. 교역망의 통합과 다양성의 확대 [원의 쇠퇴 이후 동아시아 세계] [동아시아 사람들] 몽골제국 시대의 국제인
4	4.4.1. 16세기 중반의 동아시아	4.4. 지역 내 교역 관계의 변화, 서구와의 교류	4.2.2. 동아시아 교역망의 발달

		(1) 동아시아의 전통 질서와 교역 관계 [생각자료] 류큐 왕국의 발전과 쇠퇴 (2) 동아시아 교역의 변화와 은 유통 [생각 키우기] 조선 인삼과 인삼대왕고은(人蔘代往古銀) [생각 키우기] 중국의 비단 수입과 은 지출	4.2.3. 무역의 발달과 은 유통의 활성화 [주제탐구] 16세기 이후 은의 유통이 활발해지고 교역망이 확대되면서 동아시아에 나타난 사회 변화의 모습을 알아보자.
	4.4.2. 동아시아 3국의 은 유통		
5			
6	6.2.3. 지역 내 경제 교류의 활성화	6.2.4. 경제 교류의 활성화	6.3. 경제 성장과 역내 교역 활성화

[표 6]을 보면 동아시아의 교통로와 동아시아 각국 사이의 무역에 대한 서술은 3단원과 4단원에 집중되었음을 알 수 있다. 4단원은 10~16세기, 5단원은 16~19세기의 동아시아 각국을 다루고 있다. <동아시아사>의 목차와 내용을 검토하면 1~2단원은 주로 문화의 교류에 집중되었고, 3~4단원은 동아시아 역내의 교역에 서술이 집중되었음을 확인할 수 있다. 1단원과 2단원에서는 동아시아가 교류를 거치면서 서로 영향을 주고 받다가 당대(唐代)에 율령과 당의 제도, 불교, 유교, 한자를 받아들여 이러한 요소를 공유하는 동아시아 세계가 형성되었다고 서술하였다.

따라서 교통이나 교역로에 대한 서술이 부족하였다. 2단원에서 교통로와 교역에 대한 서술이 3~4단원과 비교하여 부족한 것은 사실이었지만, 전혀 없었던 것은 아니었다. '교학사'에서는 2단원의 52쪽에 '8세기경 동아시아 교역로'라는 지도를 게시하고 "당과 신라, 발해, 일본은 주로 바닷길을 통해 교류하였다."[73]라는 설명을 지도 아래에 덧붙였다. '비상교육'

---

73) '교학사', 52쪽.

에서도 2단원의 44쪽에 '8세기 후반의 동아시아 교류'라는 지도를 두고 "당과 신라, 발해, 일본이 주로 해로를 통해서 교역하고 있다. 특히, 황해를 횡단하는 해로는 한반도와 일본까지 이어짐으로써 중국의 선진 문물이 일본에 전파되는 데 중요한 역할을 하였다."74)라고 서술하였다. 이러한 서술은 2장에서 살펴본 것처럼 유라시아의 3대 교역로를 다룬 지도에서는 초원의 길과 비단길, 바닷길을 서술하지 않았던 서술 태도와 상반된다.

이는 동아시아와 非동아시아의 교통과 교역보다 동아시아 역내의 교류를 강조하는 <동아시아사>의 서술 방침 때문이라고 생각된다. '천재교육'의 2단원(1중단원)의 '한반도 남부를 중심으로 본 동아시아 교역로와 문화의 교류'75)도 동아시아 교역로에 대한 설명은 없지만, 동아시아에 체계적인 교통로(교역로)가 존재했음을 시각적으로 제시하였다.

이처럼 동아시아 역내의 교통로와 교역을 강조한 <동아시아사>는 육로보다 해로의 중요성을 강조하였다. 이는 '교학사' 2단원의 삼국시대(한국) 교류에 대한 서술에서 잘 드러난다.

> 바다를 통해 교류하다
> 동아시아 각국은 주로 바다를 통해 교류하였다. 가야는 낙동강 하류에서 풍부하게 생산되는 철을 바탕으로 낙랑 및 왜를 연결하는 중계 무역을 벌였다. 한강 유역에 자리잡은 백제도 해상 교역을 통해 중원 지역 및 왜와 교류하였다. 특히 남조로부터 불교와 학문, 벽돌 기술 등 다양한 문물을 수입하였다. 고구려는 남북조 모두와 교류하였으며 전진으로부터 불교를 수용하였다. 초기 신라는 고구려와 백제를 통해 중원과 교류하고, 동해와 남해의 해상권을 확보하여 왜와 교류하였다.76)

---

74) '비상교육', 44쪽.
75) '천재교육', 54쪽.
76) '교학사', 44쪽.

위의 인용문에서는 한반도의 가야와 백제, 고구려, 신라가 바다를 통해 중국, 왜 등과 물자를 교류하고 기술과 학문, 종교(불교)를 수입했다고 기록하였다. 전체적으로 삼국시대 한반도와 왜는 동아시아 여러 나라와의 교역을 통해 발전했다는 뉘앙스가 느껴진다. 동아시아의 바닷길에 대한 강조는 '천재교육'의 학습자료에서도 보인다.

해상무역을 배경으로 성립된 나라들

평원 지대에 있던 진, 한 등이 농경을 배경으로 성립되고 초원지대에 있던 흉노가 유목을 배경으로 성립되었다면, 쓰시마, 제주도, 오키나와 등의 섬 지역에서는 교역을 배경으로 소국이 성립되었다. 섬 지역은 바다를 이용하여 멀리 떨어진 곳까지 왕래하며 교역에 종사하여, 농업 지역의 생산력을 훨씬 뛰어넘는 수익을 기대할 수 있었다.

현재의 쓰시마 섬에는 쓰시마국이 있었다. 쓰시마국은 농경지가 거의 없는 곳에서 성립된 탓에 주로 한반도와 일본 열도를 오가며 교역하였다. 이를 통해 오랫동안 한반도와 일본 열도를 연결하는 다리 구실을 하였다. 701년에 일본에서 율령이 시행되면서 쓰시마 섬으로 개칭될 때까지 존속하였다.

현재의 제주도에는 탐라국이 있었다. 탐라국의 형성과 관련하여, 제주시 삼양동에 집터 유적과 쓰레기 폐기장 등이 포함된 대규모 유적지가 남아 있다. 탐라국은 5세기 이후 백제, 신라, 왜 등과 교류하면서 오랫동안 국가로 존속하였다. 그러나 고려 건국 이후 고려의 속국이 되었다가 1105년에 고려의 한 군(郡)으로 편성되었다.

시기적으로 많이 늦기는 하지만 15세기에는 오키나와 섬에 류큐 왕국이 성립되었다. 류큐 왕국은 동북아시아와 동남아시아를 잇는 해상로에 있어 명 · 청, 동남아시아, 조선 등과의 무역으로 번영하였다. 그러나 17세기 초에 일본의 유력 씨족이었던 시마즈 씨의 침입을 받아 그 지배 아래 놓였고, 1879년에 일본의 오키나와 현으로 편입되었다. 한반도와 일본 열도에서는 조개로 만든 국자가 발견되는데, 이는 오키나와에서 자생하는 앵무조개로 만든 것이다.

이처럼 섬 지역에서 성립된 소국들은 해산물을 가공하여 수출하거나 중계 무역을 통해 생업을 영위하면서, 동아시아의 바다를 연결하였다.77)

위의 인용문은 동아시아의 섬나라 쓰시마(對馬島), 탐라, 류큐(琉球)가 해상교역을 통해 번영했다고 서술하였다. "섬 지역은 바다를 이용하여 멀리 떨어진 곳까지 왕래하며 교역에 종사하여, 농업 지역의 생산력을 훨씬 뛰어넘는 수익을 기대할 수 있었다."라는 문장은 바로 아래 농업이 거의 불가능한 쓰시마 섬의 예와 모순되는 논리의 부적합함이 보인다.

오히려 농경을 통한 자급자족이 불가능하기 때문에 바다를 통해 주변 지역과 교류했다는 서술이 세 섬(열도)의 상황에 부합할 것이다. 이러한 논리적 결함을 제외하면 세 나라의 해상교역과 번영은 동아시아 바닷길이 교통로와 교역에 중요했음을 부각시키는 효과가 있었다.

이어서 3단원(10~16세기)과 4단원(16~19세기)의 동아시아 역내 교역을 살펴보자.

[표 7] <동아시아사> 3~4단원 동아시아 역내 교역

단원	'교학사'	'비상교육'	'천재교육'
3단원 (송대~ 고려)	해상 교역권이 형성되다 송은 요, 서하, 금 등과 국경에서 교역하였다. 그러나 조선술이 발달하고 나침반을 항해에 이용하면서 해상 교역의 비중이 점차 커졌다. 송은 취안저우, 명주, 광저우 등의 국제 무역항에 시박사를 설치하여 재정 수입을 확보하였다. 남송 대에는 취안저우가 국제 무역항으로 성장하였다. 주로 서적, 비단, 도자기, 차 등을 수출하고 향료	해상 무역의 발달 북방 민족의 압박으로 비단길 무역의 주도권을 상실한 송은 당 후기부터 중시되었던 해상 무역을 더욱 활발히 하였다. 이에 따라 10세기 이후에는 해로를 통한 대규모 국제 무역이 전개되었다. 이 당시 송의 명주(닝보)와 일본의 하카타, 고려의 벽란도는 동아시아 국제항으로서 해상 무역의 중심지였다. 송 대해양 진출이 가능했던 이	

77) '천재교육', 42쪽.

	와 보석등을 수입하였다. 고려는 예성강 어귀의 벽란도에 무역항을 열고 여러 나라와 교역하였다. 요의 요구로 송과 사신 왕래를 단절한 이후에도 상인의 왕래를 통해 다양한 물품을 교역하였다. 요·금과의 교역에서는 은, 모피, 말을 수입하고 식량이나 농기구를 수출하였다. 서역과의 교류도 활발하여 아라비아 상인들은 수은, 향료, 산호 등을 가지고 와서 벽란도에서 교역하였다. 일본은 송과 국교를 맺지 않았지만 상인을 통해 동전을 비롯하여 약품, 도자기, 서적 등을 수입하였다. 다량으로 유입된 송의 동전이 화폐로 유통되면서 상공업의 발달을 촉진하였다. 많은 일본 승려가 송을 왕래하면서 불교문화를 일본에 전하였다. 고려와의 교역도 활발하여 고려로 수은, 황 등을 가지고 와서 식량, 인삼, 서적 등으로 바꾸어 갔다(76쪽).	유는 조선술과 항해술의 발달에 있었다. 견고하게 만들어진 무역선(정크선)과 나침반을 이용한 항해술은 고려와 일본뿐만 아니라, 동남아시아와 아라비아까지의 해상 활동을 가능하게 하였다. 이 시기 송의 동전, 비단, 서적, 도자기 등이 바닷길을 통해 해외로 대량으로 공급되어 여러 지역에 큰 자극을 주었다. 송에서 고려로 수출된 도자기는 이후 고려청자 제작에 영향을 미쳤고, 송의 동전은 일본에서 화폐로 사용되면서 화폐 경제를 발달시켰다. 고려의 사신이 송에 갈 때도 해로를 이용하였다. 일본의 가마쿠라 막부는 송과 정식적인 외교 관계를 맺지 않았으나, 민간 상인들이 해로를 이용해 사무역을 전개하였다(86쪽)	
4단원 (명청~ 조선)	명은 조공 무역만을 허용하는 해금 정책을 실시하여 사무역을 통제하였다. 엄격한 해금 정책으로 생계를 위협받던 명 상인들은 동남아시아 상인과 밀무역을 시작하였다. 북쪽	명 중심의 조공 무역 15~16세기의 동아시아 국제 질서는 명과 각 지역 국가 간의 책봉·조공 관계로 성립되어 있었다. 이에 따라 중국을 중심으로 하는 동아시아 국가 간의 무역은	동아시아 교역망의 발달 명은 송이나 원과 달리 해금 정책을 펴고 조공의 형태로만 무역하였다. 조선, 류큐, 베트남을 비롯한 동남아시아의 여러 나라가 명에 조공하였으며 몽골은 사

국경에서도 교역의 제한으로 밀무역이 성행하였다. 타타르를 제압한 오이라트는 교역 통제에 불만을 품고 명을 공격하였다. 명 황제가 직접 원정에 나섰지만 토목보에서 크게 패하고 포로로 잡히기도 하였다(토목보의 변, 1449). 15세기 이후 밀무역이 성행하자 명은 시박사에서의 무역을 제한적으로 허가하였다. 그러나 밀무역 상인들은 경제가 발달한 강남 지역으로 북상하여 쌍서도를 중심으로 밀무역을 계속하였다. 쌍서도는 명, 동남아시아, 일본, 포르투갈 등지의 상인이 모이는 국제적인 밀무역 항구로 번성하였다. 명은 대규모 군대를 파견하여 쌍서도를 초토화하였다. 그 결과 밀무역 상인들이 해적화하였고, 명에서는 이들을 왜구라고 불렀다.

이 사건을 통해 사태의 본질을 깨달은 명은 푸지엔의 월항을 조공국 상인에게 개방하고 관세를 징수하기로 결정하였다(1567). 그러나 왜구에 대한 경계 때문에 일본 상인의 입항을 허가하지 않았다. 일본 상인들은 동남아시아 등지에서 중국 상인과 교역하

조공 무역이 중심이었다. 명은 건국 초부터 해금 정책(海禁政策)을 통해 민간 무역을 엄격히 금지하고, 정규 조공 사절단에게만 무역을 허가하였다. 명이 발급한 감합을 가진 사절단은 명이 지정한 장소에서만 교역하는 것이 의무였다. 감합 무역에는 조공과 회사(回賜)의 형식을 취하는 공무역뿐만 아니라 역관들이 사행에 따라가서 개인적으로 교역하는 사무역도 포함되어 있었는데, 이러한 사행 무역은 정식 감합을 지급받아 행하는 합법적인 무역의 한 형태로 보호받았다.

조선은 조천사(朝天使)라 불리는 사절을 명에 정기적으로 파견하였다. 사행 무역의 교역 과정에서 조선은 명으로부터 생사와 비단, 약재, 서적 등을 수입하고, 인삼과 종이 등을 수출하였는데, 그 과정에서 역관들은 은을 매개로 한 무역을 통해 큰 이득을 챙겼다.

일본의 무로마치 막부는 명과 조공 관계를 맺고 사절단을 파견하였다. 그 과정에서 명으로부터 생사와 비단, 도자기, 서적 등을 수입하고, 금과 동, 유황, 칼 등을 수출하였다(156쪽).

절단을 보냈다. 명은 정규 조공 사절에게 무역 허가증인 감합을 지급하였다. 명에 조공하는 국가들 사이에도 직·간접적으로 광범위한 교역망이 형성되었다. 해금 정책으로 말미암아 밀무역이 성행하였다. 국내에서 수요가 증가한 은을 사들이고 새로운 상품의 판로를 찾으려는 명의 상인과, 동전을 비롯한 명의 물품을 구하려는 일본 상인이 중국 동남부 연안의 섬 지역에서 왜구로 가장하여 밀무역에 나섰던 것이다. 이에 명은 왜구를 적극적으로 토벌하여 상당한 효과를 거두었으나, 밀무역을 근절할 수는 없었다. 게다가 상인들의 잇따른 요청으로 16세기 후반에는 동남아시아 방면의 도항과 무역을 허용하였다.

명의 조공 무역 정책과 해금 정책으로 류큐의 중계 무역이 활발해졌다. 류큐는 14세기 후반부터 16세기 전반에 걸쳐 명에 조공 사절을 보냈으며, 도자기, 생사 등을 사들여 일본, 동남아시아 등지에 팔았다. 명과 조선에는 류큐산 조개 껍데기·직물·쇠가죽·유황과, 일본산 칼·부채·구리, 동남아시아산 상아·

였다. 그 결과 남중국해를 중심으로 명, 동남아시아, 일본, 포르투갈, 에스파냐로 이어지는 교역권이 형성되었다(101쪽).

…(중략)…

한편, 외국 은에 대한 의존도가 높아지면서 명의 경제는 은 유입량의 변화에 따라 크게 흔들리게 되었다. 비단과 도자기 등의 수출 대금으로 들어온 은은 주로 중국 변방 지역으로 유입되었다. 그런데 이 은이 제대로 순환하지 않자 민간에서는 은 부족으로 고통을 겪었다. 또한 17세기 후금의 위협이 높아져 국방비로 들어가는 은의 지출은 급격히 증가한 데 비해, 에스파냐의 쇠퇴로 무역을 통한 은 유입이 줄자 명의 경제가 위기에 빠질 정도였다.

17세기 후반 청의 중원 지배가 안정된 이후 중국 상인과 유럽 상인들의 교역이 늘어나면서 은은 다시 대량으로 유입되었다. 청은 도자기, 생사, 차 등을 수출하고 그 대금으로 은을 들여왔다. 그러나 청은 무역을 통제하여 18세기 중엽 이후 유럽 상인들은 오로지 광저우 한 곳에서만 무역이 가능하였고, 거래 또한 공

주석·소목·향신료 등을 수출하였다. 그러나 명 후기에 해금이 완화되어 이 지역에서 사무역이 발달하자 류큐의 중계 무역은 쇠퇴하였다(142쪽).

【지도】동아시아 교역망 (14세기 후반~16세기 전반) (142쪽)

조선은 명과 조공 무역을 통해 종이와 붓·화문석·인삼 등을 수출하고, 비단·약재·서적 등을 수입하였다. 일본과는 세종 때 왜구의 소굴인 쓰시마를 정벌하고 나서 남해안의 세 항구를 개방하는 한편, 무역선의 수를 제한하였다. 그러나 3포의 난이 일어나고 이를 계기로 일본 상인에 대한 통제가 강화되면서 16세기 중반 이후 교역의 기회는 더욱 축소되었다. 조선은 일본으로부터 구리와 유황, 향료 등을 수입하고 식량과 옷감, 서적 등을 수출하였다. 류큐와 시암(타이), 자와 등의 동남아시아 상인들도 조선에 와서 교역하였다.

무로마치 막부는 명과 조공 관계를 맺고 16세기 중반까지 조공 무역 사절단

행이라 불리는 관허 상인들에 의해 제한적으로 수행되었다(139쪽).		을 파견하였다. 이후 조공 관계를 단절하였다가 16세기 말~17세기 초에 무역을 허가하는 슈인장을 발급하여 교역을 통제하면서 큰 이익을 얻었다. 그 외에 일본 상인들은 필리핀의 마닐라 등에 진출함으로써 화교와 함께 동남아시아의 해상 세력으로 등장하였다. 한편, 막부는 네덜란드 상인들에게 나가사키를 개방하였다. 일본은 이를 통해 서양 문물을 수용하여 난학을 발전시켰다. 임진 전쟁으로 동아시아 각국의 교역 관계는 일시적으로 중단되었다. 그러나 조선과 일본은 곧 선린 관계를 수립하고 교역을 재개하였다. 이 시기에는 쓰시마와 부산의 왜관이 양국 무역에서 중요한 역할을 하였다. 청이 들어선 후 조선은 청과 조공 관계를 맺었으나, 일본은 조공을 하지 않고 조선과 류큐를 통해 청과 교역하였다. 청 초기에 반청 운동을 막기 위해 동남 해안 지역에 해금령을 반포하였다. 그 결과 동아시아 세계에서 무역이 크게 위축되었다. 그러나 17세기 후반에 반청 운동을 주도하던 타이완의 정씨 세

			력이 정복되어 해금령이 해제되자 청의 선박이 일본에 오게 되었고, 청과 일본의 무역은 막부가 무역량을 규제할 정도로 활발해졌다(143쪽).

[표 7]에서는 동아시아 역내 3개 국 이상의 교통과 교역을 서술한 본문을 비교한 것이다. 따라서 두 나라 사이의 교통과 교역, 문화적 교류 등은 포함하지 않았다. 그러나 자세히 살펴보면, 3개 국 이상의 동아시아 다국(多國)간의 교역에 대한 서술이 부족하여 '교학사'와 '비상교육'의 4단원도 2국 사이의 교역을 종합한 것이라는 비판도 가능하다. 그리고 외교관계 사이에 포함된 교역 관련 기록도 [표 7]에 수록하지 않았다. 따라서 [표 7]에 한계가 있음을 미리 밝힌다.

[표 7]을 보면 중국의 송대, 즉 우리나라의 고려시대를 다룬 3단원의 동아시아 교역은 '교학사'와 '비상교육'에만 자세히 서술되었다. 반면 '천재교육'은 이 당시 동아시아의 대외관계만을 서술하였을 뿐[78] 교역의 발달을 거의 서술하지 않았다. 학습자료(이야기 속으로)에 차마고도[79]에 대한 일화를 삽입하였을 뿐이다. '교학사'는 송을 중심으로 고려와 일본 사이의 교역이 발전하였다고 기술하였다. 또 마지막 단락에서는 동아시아뿐만 아니라 동남아시아, 인도, 페르시아, 아라비아로 이어지는 해상 교역권이 형성되었다고 서술하였다. '교학사'에서는 송대, 즉 고려시대에 이미 동아시아 각국의 교역이 활발했다고 서술하였다.

그리고 [표 7]에 나열한 본문의 다음 단락에서는 非동아시아와의 교역도 활발했음을 서술하였다(2장의 인용문 (마) 참조).[80] '비상교육'은 '교학

---

78) '천재교육' 3단원 1. 북방 민족의 성장(90~91쪽).
79) '천재교육', 91쪽.

사'의 서술 관점과 기본적으로 같지만, 송대 중국의 해상교역을 구체적으
로 설명하였다. 즉 송대 중국인들은 무역선(정크선)과 나침반을 이용하여
원양 항해를 하였다. 또 [표 7] 본문 뒤에서 아라비아와의 교류를 통해 중
국의 발명품인 제지법과 나침반, 인쇄술을 아라비아에 전파하였고, 아라
비아의 천문학과 수학, 지리학을 중국이 받아들였다고 서술하였다(3장의
인용문 (바) 참조).[81]

[표 7]의 4단원 란에 수록되지 않은 두 나라 사이의 교류, 특히 명과 조
선, 명과 일본, 청과 조선, 청과 일본, 조선과 일본의 관계 등은 '교학사'와
'비상교육'에 기록되었다.[82] 반면 '천재교육'은 '동아시아 교역망의 발달'
이란 소단원에 명청시대 동아시아 교역을 통합적으로 서술하였다. '천재
교육'은 16~19세기 동아시아에 상호 밀접한 교역권이 성립되었다는 서
구 학계의 견해[83]와 조공시스템 혹은 호시(互市)로 포장된 동아시아, 혹
은 동아시아 교역권을 주장한 일본 학계의 견해,[84] 중국을 중심으로 한
동아시아와 전세계의 은 교역 등[85] 선행연구를 충실히 수용하여 정리한
것으로 보인다.

---

80) '교학사', 76쪽.
81) '비상교육', 86쪽.
82) '교학사', 134-136쪽, 140-141쪽; '비상교육', 156~157쪽, 159~160쪽;
83) Angela Schottenhammer ed., *Trade and Transfer Across the East Asian 'Mediterranean'*,
Wiesbaden: Harrassowitz, 2005; Angela Schottenhammer ed., *The East Asian
Mediterranean: maritime crossroads of culture, commerce and human migration*, Wiesbaden:
Harrassowitz, 2008.
84) 濱下武志, 『朝貢システムと近代アジア』; 岩井茂樹, 「16世紀中國における交易秩
序の探索-互市の現實とその認識」; 檀上寬, 「明代"海禁"の實像-海禁=朝貢シス
テムの創設とその展開」; 岩井茂樹, 「淸代の互市と"沈默外交"」.
85) 2011년 동아시아사 교과서를 분석한 한계가 있지만, 16-19세기 은 교역과 동아시
아 교역권에 대한 선행연구 소개는 조영헌, 「<동아시아사> 교과서의 '은 유통과
교역망' 주제의 설정과 그 의미」 참조.

Ⅴ. 동아시아 국내 교통로와 교역

1. 전근대 동아시아 국내 교통로와 교역

<동아시아사>는 교과목의 개설 당시 한국사 중심의 동아시아사가 아니라 지역사로서의 동아시아사를 서술의 기본 원칙으로 정하였다.[86) 따라서 <동아시아사>는 동아시아 각 나라의 역사를 주제별로 모아 놓은 모자이크의 성격도 지닌다. 이는 교통로와 교역도 동아시아와 非동아시아, 동아시아 역내의 교통로와 상호 교역뿐만 아니라 개별 국가의 교통로와 교역, 상업에 대한 서술도 당연히 존재한다. [표 8]은 <동아시아사>에서 교통로와 교역(상업 포함)과 관련된 본문, 지도, 학습자료를 모아서 정리한 것이다.

[표 8]에서 알 수 있듯이, <동아시아사>의 각국 국내 교통로와 교역 서술은 주로 3단원과 4단원이 많았다. '비상교육'과 '천재교육'은 3단원(10~16세기)과 4단원에서 모두 교통로와 교역을 다룬 반면, '교학사'는 4단원(16~19세기)에서만 다루었다. 2단원의 경우 각 나라의 교통로와 교역에 대한 서술은 거의 보이지 않지만, 수 양제(隋煬帝)가 만든 대운하의 중요성을 강조하기 위하여 '교학사'와 '비상교육'은 지도와 함께 대운하에 대한 설명을 붙였다.[87)

---

86) 신성곤, 「역사교과서의 국사와 세계사 편제 ─ 다양한 통합 방안의 모색 ─」(역사교과서 체제 모색을 위한 워크샵 자료, 2005, 1~2쪽; 교육인적자원부, 『사회과교육과정별책』, 2007, 82~83쪽; 池㐤善, 「<동아시아사> 과목의 신설과 교육과정 개발」, 『歷史教育』 128, 2013, 107쪽.

87) '교학사', 58쪽, "수대의 운하: 605년부터 610년에 걸쳐 건설된 대운하는 약 2,000km가 넘는 거대한 인공 수로이다. 대운하의 건설로 교통과 물자 수송은 물론 황허 강과 양쯔 강 유역의 문화 교류가 이루어졌다."; '비상교육', 43쪽, "대운하 : 수 양제는 남북을 잇는 대운하를 완성하였다. 대운하를 통해 강남의 물자를 화북 지방의 중앙

[표 8] <동아시아사> 각국별 교통로와 교역 서술

	'교학사'	'비상교육'	'천재교육'
본문	【중국】 명·청, 전국의 상권을 좌우하는 대상인이 성장하다(4.2.2; 119쪽) 【한국】 조선, 상공업이 발달하고 사상이 증가하다(4.2.2; 120쪽) 【일본】 일본, 상업 도시가 번성하다(4.2.2; 124쪽)	3.2.2 상공업의 발달 (송)(92쪽) 4.2.2 상공업의 발달(명청) (138~139쪽)	수공업과 상업의 발달 (3.2, 송; 104쪽) 상업과 도시의 발달 (4.3, 명청; 154~155쪽)
학습 자료	【중국】 [탐구활동] 대운하와 도시 발달(122쪽)		
지도	【중국】 수대의 운하(58쪽) 【한국】 주요 장시와 상인 분포(120쪽), 조운의 발달(123쪽)	대운하(43쪽), 17세기 이후 동아시아의 상공업과 무역의 발달(139쪽)	송대의 산업(104쪽), 명·청 대 상업과 수공업의 발달(154쪽)

[표 8]과 <동아시아사> 본문에서 알 수 있듯이, 동아시아 각 나라의 교통로와 교역을 서술하는 방식이 다름을 알 수 있다. '교학사'는 4단원, 즉 명청시대와 조선, 덕천막부(도쿠가와 막부)의 교통로와 교역에 대해 서술하였다. 또 '비상교육', '천재교육'과는 달리 나라별로 서술하였다. 지도는 조선시대 주요 장시와 상인 분포88)와 조운의 발달89)의 두 지도에 육상교통로와 해상교통로를 표시하였다. 그리고 '탐구활동'이라는 학습자료에 그림90)과 함께 명청시대 대운하의 기능에 대해 다루었다. '비상교

정부와 동북부 지방의 군대에 공급하여 통일 제국의 통치를 원활히 하였다."
88) '교학사', 120쪽.
89) '교학사', 123쪽. 지도에는 "세곡을 운송하는 길목에 조창이 발달하면서 물류의 거점으로 자리 잡았다."라는 설명을 붙였다.
90) '교학사', 122쪽, "대운하의 모습(청대의 판화): 명·청 대 강남과 베이징을 잇는 물류의 대동맥 구실을 한 대운하는 도시 발달에 커다란 영향을 미쳤다."

육'과 '천재교육'은 상공업의 발달('비상교육'), 수공업과 상업의 발달과 상업과 도시의 발달('천재교육')이라는 제목 아래 중국과 한국, 일본의 교통로와 교역, 도시의 발전을 나라별로 서술하였다. 또 '비상교육'과 '천재교육'은 '교학사'와 달리 주로 중국이나 동아시아 전체의 교통로와 교역 상황을 다룬 지도를 실었다.

교통사의 관점에서 보면 <동아시아사> 각 나라 안의 교통로와 교역 서술에서 교통로에 대한 설명이 부족하다. 예외적으로 '교학사'에서는 중국 대운하의 중요성을 '탐구활동'이라는 학습자료에 설명하였다.

[탐구활동] 대운하와 도시 발달
대운하는 수 대에 처음 만들어졌다. 대운하는 남송 대에 금이 화베이 지방을 점령하면서 기능이 중지되었다. 13세기 후반 원이 중국을 통일하고 베이징을 수도로 정하면서 남방의 물자를 수도까지 수송해야 할 필요성이 커지자 운하를 다시 확장하였다. 명 대 영락제가 베이징을 수도로 정하면서 강남에서 베이징에 이르는 오늘날의 모습으로 자리 잡았다. 대운하를 따라 항저우, 양저우, 린칭 등의 도시가 발달하였다. 그러나 청 말에 해운이 발달하고 철도가 개설되면서 대운하의 기능은 축소되었다.
1. 원과 명이 대운하를 정비한 목적을 말해 보자.
2. 대운하와 도시 발달의 관계를 조사해 보자[91]

위의 '탐구활동'에서는 원대부터 청대까지 대운하의 번성과 쇠퇴에 초점을 맞추어 설명하는데 그쳤다. "13세기 후반 원이 중국을 통일하고 베이징을 수도로 정하면서 남방의 물자를 수도까지 수송해야 할 필요성이 커지자 운하를 다시 확장하였다."라는 구절에서 대운하가 남방의 물자를 북방의 베이징까지 수송하는 기능을 서술하였다. 그러나 대운하가 경제적 격차가 큰 남방과 북방의 경제적 통합에 기여했다는 역사적 의의를 누

91) '교학사', 122쪽.

락한 점이 교육적인 측면에서 아쉬운 점이다. 그러나 근대에 철도의 개설에 따라 대운하의 기능이 쇠퇴했다는 구절은 교통사 서술의 입장에서 중요한 지적이다.

[지도 1] 에도 시대의 3도와 5가도[92]

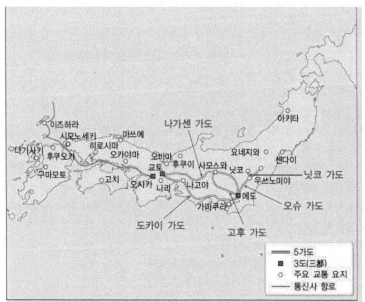

○ 에도 시대의 3도와 5가도 | 상업의 발달로 도시가 발달하였고, 조닌이 즐기는 가부키와 같은 오락 문화가 발달하였다. 전국적인 정치, 상업, 문화의 중심지로서 3도가 발달하고, 에도에서 여러 지방으로 통하는 5개의 주요 간선 도로가 개설되어 공무 여행자나 화물 수송에 이용되었다.

교통사의 입장에서 <동아시아사> 서술에서 아쉬운 점은 덕천막부 시대 주요 간선도로의 착공이 일본의 교통과 물자 수송에 끼친 영향을 간과한 점이다. '교학사'와 '천재교육'은 덕천(토쿠가와) 막부 시대 일본의 경

---

92) 조한욱 외 5인, 『세계사』, 비상교육, 2013, 138쪽.

제 발전과 교역(상업) 발달, 도시의 성장을 서술하면서 간선도로의 건설을 비중있게 서술하지 않았다.93) 반면 '비상교육'은 본문에 "막부의 통화 체제 정비에 따른 화폐 경제의 발전과 전국 규모의 육로(5가도) 및 해상 교통 체제의 확립은 상공업 성장에 큰 동력이 되었다."94)라고 하여 간선도로, 즉 5가도(街道)의 중요성을 서술하였다. 그리고 왼쪽에 5가도의 정의를 간단히 서술하여95) 학생들이 쉽게 이해할 수 있도록 하였다. 오히려 <세계사>에서 이를 잘 설명하기도 한다.

위의 [지도 1]에서 보듯이 참고로 <세계사> 가운데 덕천막부 시대의 도로망을 지도와 함께 설명을 곁들여 이해하기 쉽게 설명하는 교과서도 있었다.96)

2. 근현대 교통로

<동아시아사>의 근현대사에 해당하는 5~6단원에는 교통로와 교역에 대한 서술이 적다. 거의 유일하게 철도에 대한 서술이 <동아시아사>에 공통적으로 보인다. 아래 [표 9]은 철도나 기차에 대한 <동아시아사> 서술을 비교한 것이다.

---

93) '교학사'에서는 상공업과 도시의 발달을 서술하면서 도로망 확충 혹은 개선에 대해 언급하지 않았다. '천재교육'에서는 "산킨고다이 제도도 교통망과 여관업의 발달, 전국적인 도로망의 정비를 통해 상업 발달을 촉진하는데 기여했다."('천재교육', 154쪽)라고 서술하여 산킨고다이 제도가 상업 발달의 주요 원인이었고 전국적인 도로망 확충은 부수적인 요인으로 보았다.

94) '비상교육', 138쪽.

95) '비상교육', 138쪽, "5가도(街道) : 에도 막부에서 여러 지방으로 통하는 방사선 모양의 5개의 간선 도로."

96) 조한욱 외 5인, 『세계사』, 비상교육, 2013, 138쪽, <지도> 에도 시대의 3도와 5가도; 최상훈 외 6인, 『세계사』, 교학사, 2013, 140쪽, <지도> 에도 막부 시대의 일본.

[표 9] 철도와 기차 서술

	'교학사'	'비상교육'	'천재교육'
본문	철도의 두 얼굴, 문명을 전파하고 침략을 안내하다 철도는 영국 산업 혁명의 산물로, 일본과 청에서는 1870년대 철도가 부설되기 시작하였다. 일본에서는 도쿄와 요코하마 사이에 철도가 개통되면서 도보로 10시간 걸리던 거리가 53분밖에 걸리지 않게 되었다. 청에서도 영국인이 상하이에 철도를 개설하였다. 일본과 청에서는 철도 부설을 반대하는 사람이 많았다. 철도로 인해 생활을 편리하게 해지는 면도 있었지만, 국방 문제와 더불어 외국인의 경제·문화적 침투가 초래할 나쁜 영향을 우려하였기 때문이다. 그러나 메이지 천황과 일본의 개혁가들은 서구 문물을 도입하는 데 철도가 매우 중요하다는 사실을 깨닫고 있었다. 메이지 정부는 물론 민간 자본도 철도 부설에 적극적이었다. 러·일 전쟁이 끝난 1905년 무렵 일본에서는 철도가 일본의 동서를 관통하였다. 일본과 비슷한 시기에 철도가 있었던 청에서는 정부가 철도를 사들인 후 파괴해 버렸다. 외국인이 청의 주권을 무시하는 행위를 다시는 하	공간의 재편성과 생활의 변화, 기차 동아시아 사람들에게 근대 문명의 속도감을 가장 실감나게 보여 주는 신문물은 기차였다. 증기 기관에 의해 빠르게 달리는 기차는 이동 시간을 크게 줄여 주었고, 거주 지역의 확대를 가져왔다. 또 장거리 이동을 가능하게 하였고, 철도역 주변과 철도가 지나는 지역에 새로운 상권이 형성되는 데 크게 영향을 미쳤다. 동아시아 각국이 기차를 도입하는 모습은 서로 달랐다. 중앙 집권 체제를 확립해야 할 필요성이 컸던 일본은 1872년 도쿄와 요코하마 사이에 첫 철도를 개통하고 철도망을 점차 늘려 정치적·군사적 목적으로 이용하였다. 반면, 한국, 중국에서는 열강이 철도를 따라 들어올 수 있다는 우려가 확산되는 상황에서 철도 부지로 땅을 빼앗기고, 거주지와 무덤이 파괴된다는 풍수상의 이유로 철도 건설에 반대하는 경향이 강하였다. 실제로 외세 침략에 반발한 한국의 의병과 중국의 의화단은 철도를 파괴하기도 하였다. 이로 인해 자발적인 철도 개발이 지	철도는 초기에는 동아시아 사회에서 서구 열강의 침략 도구로 인식되었다. 한국의 철도 부설권은 제국주의 국가 간의 경쟁 대상이었고, 철도망은 청·일 전쟁과 러·일 전쟁에서 군사 수송에 활용되었다. 이에 대한 저항으로 한국에서 의병들이 철도나 철도 공사장을 공격하기도 하였다. 중국에서도 열강의 침략이 쉬워지는 점, 경제적 침탈의 확대, 크리스트교의 전파 및 풍수 문제 등을 우려하여 철도 건설에 부정적이었다. 반면에 일본 정부는 철도를 문명의 이기로 보고 일찍부터 철도 부설에 관심을 기울였다. 최초의 철도는 도쿄와 요코하마 사이에 놓았다. 철도의 이점이 널리 알려지면서 각 지역에서는 철도 부설 유치 운동이 전개되기도 하였다. 이처럼 철도는 인구 이동, 상품 유통, 인적 교류 등을 촉진하였다. 철도 여행이 가능해지면서 사람들의 활동 공간과 시야는 크게 확대되었다(217쪽).

	지 못하도록 경고하려는 것이었다. 이후에도 청에서는 철도 부설 문제를 둘러싸고 찬반 논쟁을 거듭하다 1889년에 국가 정책으로 철도 부설을 확정하였다. 그러나 정부와 민간 모두 철도 부설에 필요한 자본을 조달할 능력이 부족하였으므로, 열강의 자본과 기술을 끌어들일 수밖에 없었다. 한편, 청·일 전쟁에서 승리한 일본은 식민지로 차지한 타이완에 남북을 관통하는 철도 부설을 추진하여 1908년에 완성하였다. 일본은 조선에서도 경인선을 건설하였다. 또한, 러·일 전쟁 와중에 침략 전쟁을 원만히 수행하기 위해 군대와 조선 민중을 동원하여 경부선과 경의선을 완공하였다. 일본은 포츠머스 조약으로 남만주 철도의 부설권도 확보하였고, 철도로 일본과 조선, 만주를 연결함으로써 만주 침략의 발판을 마련하였다. 일본은 철도 부설을 반대하는 조선인을 탄압하였으며, 여러 지역의 철도를 통제하고 효과적으로 운영하기 위해 대한 제국의 철도 표준시를 강제로 일본에 맞추었다(188쪽).	연되었고, 철도에 관한 이권을 제국주의 열강과 일본에게 빼앗겼다(209쪽).	
지 도	【지도】 철도와 배를 이용한 이동로(1917) : 1939년에는 부산에서 베이징까지 35	

	시간 가량 걸리는 직행 열차가 운행되었다(188쪽).		
사진	【사진】 선·만 철도 여행 안내 책자(1932) : 다롄에서 열린 만주 대박람회를 위해 발행된 안내 책자이다(188쪽).		
학습자료		[역사 속 인물] 근대화의 상징 철도(183쪽)	[주제탐구] 철도의 등장과 생활의 변화 ❸[자료3]에 등장하는 철도를 통하여, 철도의 긍정적 측면과 부정적 측면을 두 가지씩 날해 보자(223쪽).

　[표 9]에서 정리한 <동아시아사>의 근대 동아시아 삼국의 철도 부설에 대한 기록을 보면 철도의 신속성과 철도 도입에 대한 삼국의 다른 대응 방식을 주로 서술하였다. 본문을 자세히 분석하면 구체적인 서술 태도는 다르다. '교학사'에서는 지도와 사진을 첨부하여 철도의 신속성과 대중성을 시각적으로 설명하려고 하였다. 그리고 일본이 철도를 조선과 만주 침략의 도구이자 발판으로 사용했음을 네 번째 단락에서 자세히 서술하였다.[97]

　'비상교육'은 '역사 속 인물'이라는 학습자료에 '근대화의 상징 철도'라는 제목으로 철도와 근대화의 관계를 서술했으나,[98] 동아시아 삼국의 철도 부설에 대한 다른 대응을 서술한 본문의 내용을 자세히 풀어쓰는데 그쳤다. 일본의 철도 건설 목적이 물자 수송을 통한 교역(상업)과 제조업의 발전이 아니라 중앙집권강화와 부국강병에 치우쳤다는 서술은 '근대화의 상징 철도'라는 제목과 어긋난다. 다음 단락에서 중국과 한국에서 철도 부설을 격렬하게 반대했다는 서술 역시 '근대화의 상징 철도'라는 제목과 다르다.

---

97) '교학사', 188쪽.
98) '비상교육', 183쪽.

유럽과 미국의 역사에서 철도는 산업화(산업혁명)에 큰 영향을 주었다. 그리고 각국의 철도 건설은 산업화의 시작 혹은 성숙과 동일시되었다. 아래는 철도가 산업화(산업혁명)에 끼친 영향을 서술한 세계사 교과서의 서술이다.

(차) 영국의 스티븐슨이 제작한 여객용 증기 기관차가 1825년에 스톡턴에서 달링턴 구간을 운행하는 데 성공하였고, 1830년에는 맨체스터에서 리버풀 구간의 철도가 개통되었다. 당시 사람들은 증기 기관차를 보고, '연기를 내뿜는 말'이라고 부르기도 하였다. 그 후 전 유럽 대륙에 거미줄같이 촘촘하게 철도망이 건설되었고, 철도는 산업 자본주의의 대동맥이 되었다. 미국에서도 1869년에 대륙 횡단 철도가 건설되어 방대한 지역을 하나의 시장으로 묶어 냈다. 1830년 영국 스티븐슨이 만든 기차는 한 시간에 46 km를 갔으나, 기차의 속도는 점점 빨라져 19세기 후반에는 한 시간에 120 km에 육박하여 '총알 같다'는 말이 나올 정도였다.99)

(카) [탐구활동] 산업화의 확산100)

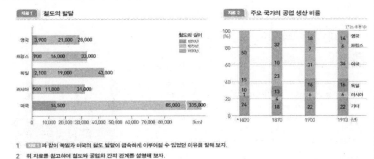

(차)에서는 빠른 속력으로 달리는 철도의 신속성뿐만 아니라 철도가 경제에 끼친 영향을 잘 서술하였다. "철도는 산업 자본주의의 대동맥이 되

---

99) 김형종, 외 5인, 『세계사』, 239쪽.
100) 위와 같음, 231쪽.

었다"라는 구절은 철도의 경제적 영향을 잘 요약한 문장이다. 위의 인용문에서는 철도가 유럽 및 미국에 촘촘히 건설되어 유럽의 각 나라, 혹은 유럽 대륙과 미국을 하나의 시장으로 묶었음을 서술하였다. 즉 산업화(산업혁명)의 결과로 탄생한 공장제 기계공업의 대량생산체제는 철도를 통해 상품을 빠른 속도로 운반하여 대량소비를 가능하게 하였다. (차)에서 구체적으로 서술하지 않았지만, 철도 건설이 철광 채취(광산업), 제철업, 기계공업, 건설업 등 다양한 산업에 파급효과가 있었다.

(카)의 <자료 1>에서 1870년 건설된 철도의 길이가 길었던 독일과 러시아, 미국의 공업생산 비율(<자료 2>)이 50년 전인 1820년보다 급격히 증가했음을 확인할 수 있다. 이는 철도 건설이 공업(제조업) 발달과 비례하였음을 시사한다. 금성출판사의 <세계사>는 두 개의 도표를 통해 철도와 공업 발전의 관계를 학생들에게 추론하도록 하였다.101)

반면 비상교육의 <세계사>는 직설적으로 철도가 산업화에 끼친 영향을 서술하였다. 아래의 인용문을 살펴보자.

(타) '철마'의 힘102)

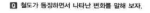

탐구활동 **'철마'의 힘**

철도는 산업 혁명의 산물이자 추진력이었다. 철도는 원자재와 상품을 빠르게 수송할 수 있게 해 주었다. 그리고 철도에 필요한 석탄, 기관차, 철도 차량, 철도 선로는 석탄 및 금속 생산과 공학을 발달시켰다. 또, 기차의 속력과 편리함 때문에 대규모 공업 도시들이 성장할 수 있었다. 기차가 시간표에 따라 운행되면서 시간을 지키는 것이 중요한 일이 되었고, 영국 전역이 지역 시간대 대신 그리니치 표준시(GMT)에 맞추어 생활하게 되었다.

🔲 철도가 등장하면서 나타난 변화를 말해 보자.

○ 스티븐슨의 증기 기관차 '로켓호'

"철도는 산업 혁명의 산물이자 추진력이었다."라는 문장은 철도가 산업화에 끼친 영향력을 간단하게 요약하였다. 이어서 서술한 문장들처럼

---

101) (타)의 [탐구활동] 2 참조.
102) 조한욱 외 5인, 『세계사』, 198쪽.

철도는 교통과 수송뿐만 아니라 연관 산업을 발전시켰고 사람들의 생활을 발전시켰다. 비상교육의 <세계사>는 이를 부각시켜 철도가 산업화 과정에서 긍정적인 역할을 맡았음을 간결하고 분명하게 서술하였다.

이는 <동아시아사>에서는 찾아볼 수 없는 내용이다. '천재교육'은 동아시아에서 발생한 사건과 비슷한 유럽 혹은 기타 지역의 사건 등을 '그때 세계는'이라는 학습자료에서 소개하였지만,[103] 철도가 경제발전 혹은 산업화(산업혁명)에 끼친 영향은 서술하지 않았다. 3종의 <동아시아사>에서 철도에 대한 한국과 중국의 부정적인 반응에 초점을 맞추는 것보다 유럽과 미국이 철도 건설로 어떻게 경제발전에 성공했는지를 비교하여 서술하는 방식이 학생들에게 쉽고 입체적으로 교육하는 방법일 것이다.

마지막으로 '교학사'에서는 부산항[104]과 요코하마[105]의 도시 상황을 설명하면서 해상 교통과 철도 교통에 대해 간략히 다루었다.

---

103) '천재교육', 217쪽.
104) '교학사', 192쪽, "부산항은 청 · 일 전쟁과 러 · 일 전쟁 때 조선과 중국 대륙으로 이동하는 일본군의 집결지이자 병참의 거점이었다. 또, 면방직 제품이 수입되고 곡물이 유출되는 대일 무역의 통로였다. 1904년 경부선이 완공되고, 이듬해 시모노세키와 부산을 오가는 항로가 운영되면서 조선의 대일 무역 적자는 더욱 증가하였다. 개항장에서 객주를 운영하던 조선 상인은 공동 조직을 만들어 일본의 경제 침략에 대응하였지만, 메이지 정부의 지원을 받는 일본 상인을 당해낼 수 없었다."
105) '교학사', 192~193쪽, "요코하마는 상하이, 싱가포르, 샌프란시스코와의 정기 항로를 통해 세계와 연결되었다. 이곳의 최대 수출품은 생사였다. 외국인은 내지 통행권이 없어 일본 상인이 생산지에서 구입한 생사를 다시 매입하였다. 생사를 비롯한 대부분의 수출품이 생산지에서 요코하마로 직송되어 사회 문제가 일어나자, 에도 막부에서 이를 통제하려 했지만 열강의 반대로 효과를 거두지 못하였다. 한편, 거류지와 그 주변에는 일본 상인이 현지 물품을 구입하는 데 필요한 자금을 지원하는 일본인 은행이 발달하였다. 그러나 청 · 일 전쟁 이후 오사카와 고베를 통해 중국 · 조선과의 무역량이 증가하면서 생사 생산지와 멀리 떨어진 요코하마의 무역은 쇠퇴하였다. 더구나 1899년 거류지 제도가 폐지되면서 외국인이 도쿄로 이주하는 경우가 많았다. 이후 요코하마는 공업 지대로 탈바꿈하였다."

VI. 맺음말

본문에서 <동아시아사>의 교통사 서술을 유라시아 동서교통로(동아시아와 非동아시아의 교역로), 동아시아 내부('동아시아권')의 교통로와 교역, 동아시아 각국 내부의 교통로와 교역으로 나누어 3종의 교과서를 비교·검토하였다. 본래 <동아시아사>는 한·중·일 3국의 상호 이해 증진과 상대방의 역사 이해를 위한 목적이 있었기 때문에 교류에 주로 초점이 맞춰졌다. 기원전후부터 10세기를 다룬 2단원('교학사'와 '비상교육'은 동아시아 세계의 성립, '천재교육'은 인구 이동과 문화의 교류)은 주로 문화와 종교, 율령, 정치체도를 다루었다. 반면 교통로나 교역은 상대적으로 서술 분량이 적었다.

10~16세기를 다룬 3단원('교학사'와 '비상교육'은 국제 관계(의) 변화와 지배층의 재편, '천재교육'은 생산력의 발전과 지배층의 교체)과 16~18세기를 다룬 4단원('교학사'와 '비상교육'은 동아시아 사회의 지속과 변화, '천재교육'은 국제 질서의 변화와 독자적 전통의 형성)에서는 상품 교역을 집중적으로 서술하였다. 18세기부터 1945년을 다룬 5단원('교학사'와 '비상교육'은 근대 국가 수립의 모색, '천재교육'은 국민 국가의 수립)과 1945년 이후를 다룬 6단원(오늘날의 동아시아)에서는 교통로와 교역에 대한 서술이 적었다. 요컨대 10세기 이전에는 문화의 교류와 전파, 10~18세기에는 각종 교역에 대한 서술이 많았다.

이는 <동아시아사> 편찬의 방침과 목적 때문이기도 하지만 실제로 몽골제국 치하의 동서교역의 발달과 소위 대항해시대(지리상의 발견, 신항로의 발견) 이후 인도양과 대서양, 태평양을 통한 해상교역의 증가를 반영한 것이다.

<동아시아사>는 처음부터 교통사에 초점을 맞춘 것이 아니라 교역에

초점을 맞추었기 때문에 교통사의 관점에서 보면 유라시아 동서교통로 (소위 '실크로드')나 동아시아 내부의 교통로 등 교통로를 체계적으로 서술하지 않았다. 비록 교통로와 관련된 지도는 많이 게재하였지만, 각각의 교통로의 특징 등을 서술하지 않았다. 따라서 교통로의 설명이 없는 교통로 지도는 단순한 이미지 자료 제시에 불과하다.

몽골제국 시대 유라시아의 동서교역과 '세계사의 출현'은 학계의 연구성과를 충실히 반영하여 서술하였다. 16~18세기를 다룬 4단원도 최근 연구성과가 점증하는 해양사, 혹은 해상교역의 연구성과를 잘 반영하였다. 이는 동아시아 내부의 상호 교역과 은 교역망의 서술에서 잘 드러났다. 그러나 중국을 중심으로 한 동아시아의 교역과 경제력이 다른 지역보다 앞선다는 안드레 군더 프랑크와 소위 캘리포니아 학파, 앵거스 매디슨의 경제통계는 <동아시아사>에 전혀 반영되지 않았다. 이는 <동아시아사>뿐만 아니라 <세계사> 서술에서도 공통되는 점이다. 학계에서 이 문제를 검토하고 <동아시아사>와 <세계사>에 반영되기를 기대한다.

동서문명의 교류와 교통로를 중심으로 본 고등학교 <세계사> 교과서 서술 분석*

박 재 영**

I. 머리말

인류는 다양한 지역적, 역사적, 언어적, 문화적, 종교적, 정치·사회적인 특성에 따라 다양한 형태의 문명을 계승·발전시켜왔다. 다양한 인류의 문명은 아직도 각 지역별 문명의 특색을 유지하고 있지만, 현대사회의 교통·통신·미디어의 발전과 더불어 그 경계가 점점 무너져가며, 전 인류가 하나의 문명권으로 통합되어가는 과정이 진행 중이다. 현대 문명의 통합 현상은 일방적인 문명의 전달이 아니라 각 문명의 교류와 상호 영향이 문명의 순환성을 매개로 급속하게 진행되고 있다.

하지만 문명의 교류와 순환은 현대에 이르러 갑자기 등장한 것은 아니다. 이미 고대 유라시아 대륙에서는 민족과 이동과 문화의 교류가 시작되

---

* 본 논문은 필자가 동국대학교 역사교과서 연구소에서 2015년 발표한 원고를 수정, 보완해서 「중앙사론」 42(2015)에 게재한 것임을 밝힌다.
** 중앙대학교 문화콘텐츠기술연구원 연구교수

었으며, 이러한 교류는 고대 이후 중세를 거쳐 근대에 이르기까지 문명의 전파와 수용이라는 차원에서 유라시아 대륙의 서부와 동부로 광범위하게 확대되어갔다.

문명의 전파는 세 가지 측면에서 진행되었는데, 첫째로 민족의 이동, 둘째로 전쟁, 셋째로 문명 간의 교류라고 할 수 있다. 우선 민족의 이동은 문화의 전체적인 이동을 의미하는 것이고, 전쟁은 정복을 통한 이질적인 문명의 강제적 수용과 융합이 이루어지는 것이고, 교류는 문명 간에 결여된 것들을 교류하고 수용하여 문명의 발전에 기여하게 되는 것이다. 이 세 가지는 문명 전파라는 차원에서 절대적인 조건이며, 이 세 가지 과정을 통하여 동·서양 문명은 상호 간의 상승작용을 이끌었다. 그리고 이것은 현재 동·서양 문명에 혼재되어 나타나는 문명의 순환적 요인들의 유산으로 증명되고 있다.

문명의 교류와 순환적 가치를 이해하는 것이 중요한 이유는 크게 두 가지 차원에서 생각할 수 있다. 첫 번째로는 문명의 교류와 순환성으로 인한 문명들의 상승 작용에 대한 이해가 각 지역적 문명들을 파악하는데 중요한 요소라는 것이다. 이것은 지역학적 연구가 아니라 인문학적 연구를 통해서 가능한 것이며, 동시에 인문학적인 가치를 나타내는 것이다. 두 번째는 이질적 문화의 수용과 흡수에서 비롯되어 발전된 각 문명들의 현재적 의미를 이해하는 것이다. 이것은 각 지역의 문명들이 하나의 세계 문명으로 통합되는 과정이 진행 중인 현대 사회에서 이질적 문명에 대한 배타적 편견과 문명 충돌을 피할 수 있는 학술적 기반의 제공을 통해서 가능하다. 바로 여기에 왜곡되고 굴절된 타 문명(문화·종교)에 대한 이미지를 분석하고, 새로운 패러다임을 제시할 수 있는 인지사학적인 연구의 효용이 있는 것이다. 하지만 현재 국내외 연구들에서는 현대 사회에서 요구하는 이러한 필요조건을 충족시키는 연구가 미진한 상황이다.

위와 같은 기본 인식하에, 본 연구에서는 현행 고등학교 세계사 교과서[1)의 체제와 내용을 동 · 서양 문명의 교류와 순환의 관점에서 접근해 보고자 한다. '모든 길은 로마로 통한다'는 말이 있듯이 시간과 공간을 초월해서 인적 · 물적 자원의 이동과 교류는 그것이 '초원의 길'이든, '비단 길'이든, '바닷길'이든 '길'을 통해서 이루어졌으며, 이 '길'은 인간의 역사가 시작된 이래 지금까지 지구촌 사회가 하나의 통합된 문명권으로 나아가는데 있어서 결정적인 역할을 했기 때문이다.

머리말에 이은 제2장에서는 세계사 교과서의 단원 구성과 서술 체제상의 특징을 파악할 것이며, 제3장에서는 문명의 교류와 순환에 결정적인 영향을 끼쳤던 이슬람 상인의 상업 활동, 몽골 제국의 교역로, 신항로의 개척 이후 세계 교역망의 통합 관련 내용의 분석을 시도하였으며, 맺음말에서는 문명의 교류와 순환의 시각에서 볼 때, 고등학교 세계사 교과서의 체제와 내용이 그에 어느 정도 부합하고 있는가를 논해 보고자 한다.

Ⅱ. 세계사 교과서 서술 체제 분석

먼저, 고등학교 세계사 교과서 관련 연구 경향을 일별해 보면, 세계사 교과목의 특성 및 내용 분석 및 구성 원리에 관한 연구가 주류를 이루고 있다.[2) 여기에는 지금까지 세계사 교과서의 문제점으로 지적되어 온 '유

---

1) 본 연구에서는 2011년 8월 교육과학기술부의 검정을 통과한 3종(더텍스트, 교학사, 금성출판사)의 교과서와 2013년 8월 검정을 통과한 2종(비상교육, 천재교육)의 교과서가 분석 대상이다. 강택구 외 5인, 『고등학교 세계사』, 더텍스트, 2011; 최상훈 외 7인, 『고등학교 세계사』, 교학사, 2013; 김형종 외 5인, 『고등학교 세계사』, 금성출판사, 2013; 조한욱 외 5인, 『고등학교 세계사』, 비상교육, 2014; 김덕수 외 7인, 『고등학교 세계사』, 천재교육, 2014.
2) 강선주, 「세계화시대의 세계사교육: 상호관련성을 중심으로 한 내용구성」, 『역사교육』 82, 2002; 강선주, 「문화적 접촉과 교류의 역사'의 내용선정 방안」, 『역사교육

럽 중심, 중국 부중심'의 교과서 내용구성이 포함된다.3) 제7차 개정 교육과정과 관련해서는 한국사와 세계사를 통합하는 서술 체제와 내용구성 방안에 대한 연구가 진행되다가4), 최근에는 지구사적 관점에서 세계사 교과서의 재구조화에 대한 논의가 진행 중이라 할 수 있다.5)

<표 1> 세계사 교과서의 지역적 범위 확대

교육과정	지역적 범위
제1차 교육과정	오리엔트문명, 중국, 일본, 유럽(그리스, 로마, 지중해 문명), 인도, 이슬람세계
제7차 교육과정	오리엔트문명, 중국, 일본, 유럽, 이슬람세계, 정복왕조, 우리나라, 동남아시아, 비잔틴제국, 인도, 아프리카, 라틴 아메리카, 오세아니아

<표 1>에서와 같이, 교육과정이 개편되는 과정에서 세계사 교과서가 다루고 있는 지역적 범위도 점차 확대되어 갔음을 알 수 있다.6) 제1차 교

연구』 3, 2006.
3) 강선주, 「유럽중심주의 담론을 통해 본 역사교육의 과제」, 『역사교육』 131, 2014; 강철구, 「한국에서 서양사를 어떻게 보아야 하나 – 유럽중심주의의 극복을 위한 제언 –」, 『서양사론』, 제92호, 2007; 양호환, 「역사교과서의 서술과 유럽중심주의」, 『역사교육』 117, 2011; 이영효, 「세계사교육에서 '타자읽기':서구중심주의와 자민족중심주의를 넘어」, 『역사교육』 86, 2003.
4) 구난희, 「세계사 교육과정의 현황과 개선 방안」, 『역사교육』 제93집, 2005, pp.109~110.
5) 김원수, 「새로운 시대의 새로운 세계사 글로벌 히스토리(Global History)와 역사들의 지평을 넘어서」, 『서양사론』, 제92호, 2007; 김원수, 「역사교육의 전지구적 전환: 새로운 세계사의 전개」, 『역사교육연구』 15, 2012; 남철호, 「글로벌 히스토리(Global History)' 지구화 시대의 새로운 세계사」, 『계명사학』 22, 2011; 박혜정, 「하나의 지구, 복수의 지구사」, 『역사학보』 214, 2012; 임지현, 「'지구사' 연구의 오늘과 내일: '지구적 차원에서 지구사를' 학술대회를 다녀와서」, 『역사비평』 83, 2008; 정선영, 「지구적 시각에 기초한 세계사 교육에의 접근방안」, 『역사교육』 85, 2003; 조지형, 「새로운 세계사와 지구사: 포스트모던 시대의 성찰적 역사」, 『역사학보』 173, 2002.
6) 신유아, 「고등학교 세계사 교과서 내용구성의 문제점 및 개선 방안」, 『역사교육논

육과정에서는 오리엔트문명, 중국, 일본, 유럽, 인도, 이슬람 세계 등 5개 지역에 대한 역사가 다루어졌지만, 제4차 교육과정에서는 동남아시아, 제5차 교육과정에서는 비잔틴 제국, 제6차 교육과정에서는 아프리카와 라틴 아메리카, 제7차 교육과정에서는 정복왕조와 우리나라, 2011 개정 교육과정에서는 오세아니아가 추가되어 세계사의 지역적 범위가 지구상의 모든 대륙으로 확대되었다.[7]

<표 2> 분석대상 교과서

집필자	교과서	출판사	교육부 검정	출판년도	단원수	쪽수
강택구 외 7인	고등학교 세계사	더텍스트	2011(전시본)	2011	8단원	296쪽
김덕수 외 7인	고등학교 세계사	교학사	2011. 08. 19	2013	8단원	343쪽
김형종 외 5인	고등학교 세계사	금성출판사	2011. 08. 19	2013	8단원	400쪽
조한욱 외 5인	고등학교 세계사	비상교육	2013. 08. 30	2014	7단원	304쪽
최상훈 외 7인	고등학교 세계사	천재교육	2013. 08. 30	2014	7단원	351쪽

본 연구자는 분석 대상 고등학교 세계사 교과서를 <표 2>와 같이 5종으로 구분하였다. 여기에는 2011년 8월 교육부 검정을 통과한 <더텍스트(전시본)>, <교학사>, <금성출판사> 교과서[8] 및 2013년 8월 교육

집』제54집, 2015, pp.84~86.
7) 같은 논문, pp.84~85.
8) 2009 개정 교육과정에 의한 2011년 교과용도서 검정 고등학교 세계사 교과서 합격본은 교학사, 천재교육, 금성출판사, 더텍스트 4종이다.
(http://www.history.go.kr/board/boardDetail.do?groupId=000000000303&menuId
=000000000496&pageId=000000000016&itemId=&action=%2Fboard%2FboardL
ist.do&itemIndex=43&condition=&keyword=&category=&totalCount=46&page=

부 검정을 통과한 <비상교육>, <천재교육>가 포함된다.9) 위와 같이 분석 대상 교과서를 선택한 이유는 2011년 교육부 검정본과 2013년 검정본 세계사 교과서에 서술된 내용과 단원 구성에 차이가 있기 때문이다. <표 2>에서 보이는 바와 같이, 2011년 검정본이 8단원으로 구상된 데 비하여 2013년 검정본은 7단원으로 단원 수가 줄어들었음을 알 수 있다.

분석 대상 교과서의 체제 및 내용 구성의 공통점을 보면 다음과 같다. 첫째, 교육과학기술부에서 고시한 2009 개정 교육과정의 세계사 교육의 목표와 성취기준에 충실하게 따르면서 학습 내용을 구성하고 있다. 둘째, 중학교 역사와의 계열성을 염두에 두고, 고등학교 <한국사> 및 <동아시아사>와의 연계를 고려하여 심화된 자료와 다양한 내용을 갖추고 있다. 셋째, 단원 도입 부분에는 단원 개관, 중단원 개요, 학습 목표 등을 두어 학습 방향과 학습 목표를 스스로 확인할 수 있도록 하였다.

넷째, 각 단원과 주제의 학습 목표 및 제시된 자료의 특성에 맞는 탐구 과제를 제시하여, 학생들의 학습 부담을 줄이고 자기 주도적 학습이 가능하도록 구성하였다. 다섯째, 사진, 그림, 지도, 도표 등과 도움 글을 적절하게 사용하여 역사의 흐름을 파악할 수 있는 역사학습이 이루어지도록 고려하였다. 여섯째, 세계사는 동양과 서양의 끊임없는 교류를 통해서 상호 간에 문명을 발전시켜왔음을 이해할 수 있도록 교류사를 강조하였다. 이를 통하여 인류의 역사는 지역 내의 상호 접촉에서 지역 간의 상호 접촉으로 변화해 가면서 역사발전을 이루었다는 점을 이해하도록 하고 있다.

또한, 교과서의 목차는 단원이 어떻게 구성되어 있으며, 각 단원은 어떠한 내용을 담고 있는가를 한 눈에 파악할 수 있게 해 주는 중요한 요소

5&rowPerPage=10&searchKeyword=)

9) 2009 개정 교육과정에 따른 교과 교육과정 적용을 위한 2013년 고등학교 역사과 교과용도서 검정 합격 결정 공고(국사편찬위원회 공고 제 2013-9호)를 보면, 천재교육, 교학사, 비상교육, 금성출판사에서 신청한 고등학교 세계사 교과서 4종이 교육부 검정을 통과한 사실을 알 수 있다.

이다. 단원 구성은 교육부가 제시하고 있는 세계사 교육 목표와 성취기준에 의거하고 있으며, 분석 대상 교과서의 목차를 비교해 봄으로써 각 교과서의 체제와 서술상의 특징을 파악할 수 있을 것이다.

<표 3> 출판사 별 세계사 교과서 단원 구분

교과서		출판사				
		더텍스트 (2011)	교학사(2013)	금성출판사 (2013)	비상교육 (2014)	천재교육 (2014)
단원명	I	역사와 인간	역사와 인간	역사와 인간	역사와 인간	역사와 인간
	II	도시문명의 성립과 지역 문화의 형성	도시문명의 성립과 지역 문화의 형성	도시문명의 성립과 지역 문화의 형성	문명의 성립과 통일 제국	문명의 성립과 통일 제국
	III	지역 문화의 발전과 종교의 확산	지역 문화의 발전과 종교의 확산	지역 문화의 발전과 종교의 확산	지역 세계의 재편과 성장	지역 세계의 재편과 성장
	IV	지역 경제의 성장과 교류의 확대	지역 경제의 성장과 교류의 확대	지역 경제의 성장과 교류의 확대	지역 세계의 통합과 세계적 교역망	지역 세계의 통합과 세계적 교역망
	V	지역 세계의 팽창과 세계적 교역망의 형성	지역 세계의 팽창과 세계적 교역망의 형성	지역 세계의 팽창과 세계적 교역망의 형성	서양 국민 국가의 형성과 산업화	서양 국민 국가의 형성과 산업화
	VI	서양 근대 국민국가의 형성과 산업화	서양 근대 국민국가의 형성과 산업화	서양 근대 국민국가의 형성과 산업화	제국주의의 침략과 민족 운동	제국주의의 침략과 민족 운동
	VII	제국주의의 침략과 민족 해방운동	제국주의의 침략과 민족 운동	제국주의의 침략과 민족 운동	현대 세계의 변화	현대 세계의 변화
	VIII	현대 세계의 변화	현대 세계의 변화	현대 세계의 변화		

<표 3>을 보면, 출판사 별 교과서 단원 구성을 일목요연하게 알아 볼
수 있는데, 가장 눈에 띄는 점은 2011년 검정본 교과서(더텍스트, 교학사,
금성출판사)는 2009 개정 교육과정에 따라 인류의 출현부터 현재까지의
세계사가 8개 단원으로 구성되어 있는 반면, 2013년 검정본(비상교육, 천
재교육) 교과서는 7개 단원으로 구성되어 있다는 점이다.

　2011년 검정본의 제4단원 <지역 경제의 성장과 교류의 확대>와 제5
단원 <지역 세계의 팽창과 세계적 교역망의 형성> 두 개 단원이 2013년
검정본에서는 제4단원 <지역세계의 통합과 세계적 교역망>으로 통합
되었음을 알 수 있다. 단원 구성이 변화에 따라 중단원, 소단원의 구성 또
한 달라지게 되었는데, <표 4>는 2011년 검정본과 달라진 2013년 검정
본의 IV · V 단원 구성을 보여주고 있다.

<표 4> 지역 세계의 통합과 세계적 교역망 관련 단원 구성(IV · V단원 비교)

교과서		출판사				
		더텍스트(IV · V)	교학사(IV · V)	금성출판사(IV · V)	비상교육(IV)	천재교육(IV)
단원	IV	1.동아시아 세계의 발전과 경제적 성장 1)송의 변천과 경제 · 문화적 성장 2)북방민족의 성장과 정복 왕조 3)고려와 일본의 발전 4)동아시아 교역권의 형성 2.이슬람 세계의 확대 1)이슬람 세계의	1.동아시아의 경제 성장과 교역 1)동아시아의 정치 변동 2)동아시아의 경제 성장 3)동아시아교역권 4)동아시아 사회의 문화 발달 2.이슬람 세계의 교역 확대 1)이슬람 세계의 확대 2)이슬람 상인의	1.동아시아 세계와 경제 성장 1)송의 발전 2)북방 민족의 대두 3)고려와 일본 4)동아시아 교역권의 등장 2.몽골 제국과 동서 교역망의 통합 1)칭기즈 칸과 몽골 제국 2)몽골 제국의 동서 교류 3.이슬람 세계의	1.동아시아 세계의 변화와 교역 1)명 · 청 제국의 발전 2)명 · 청 제국의 경제와 사회 변화 3)조선과 에도 막부의 변화 4)동아시아의 국제 교역과 문화교류 2.인도와 동남아시아 세계의 발전 1)무굴 제국의 발전 2)동남아시아 여	1.동아시아의발전 1)명 · 청의 건국돼 발전 2)명 · 청의 사회와 경제 3)명 · 청의 사상과 문화 4)동아시아 세계의 발전 2.인도와 서아시아 세계의 발전 1)이글람 세계의 새로운 지배자,

	변천과 경제 · 문화적 성장 2)이슬람 세계의 확대 3)인도양과 사하라 횡단 교역권의 형성 **3.중세 유럽 사회의 변화와 지중해 교역** 1)봉건제의 발달 2)봉건 국가의 발달과 중세 문화 3)십자군 원정과 유럽 사회의 변화 4)도시의 성장과 지중해 교역 **4.몽골 제국의 등장과 교역망의 통합** 1)몽골 제국의 성립과 발전 2)몽골 제국의 교역망 통합과 동서 교류	활약과 인도양 교역권 3)사하라 횡단 교역 **3.유럽의 경제 성장과 지중해 교역** 1)유럽사회의 변화 2)지중해 교역권의 변화 **4.몽골 제국의 성립과 동서 문화의 교류** 1)몽골 제국의 성립 2)동서 교역망의 통합	**확대와 교역** 1)셀주크 튀르크와 아프리카의 이슬람화 2)인도와 동남아시아의 이슬람화 3)이슬람 세계의 교역 **4.중세 유럽의 사회 변화** 1)봉건 사회의 변화 2)봉건 사회의 위기와 중앙 집권 국가의 성장 3)새로운 변화의 태동	러 국가의 발전 **3.서아시아 세계의 발전** 1)티무르 왕조와 사파비 왕조 2)오스만 제국 **4.유럽사회의 변화** 1)르네상스 2)종교 개혁 3)신항로의 개척과 유럽사회의 발전 4)절대 왕정 5)세계 교역망의 통합	튀르크 2)무굴 제국의 성립과 발전 3)지중해의 새로운 강자, 오스만 제국 4)사파비 왕조의 성립과 발전 **3.유럽 세계의 팽창** 1)르네상스와 종교개혁 2)신항로의 개척과 유럽의 팽창 3)절대 왕정의 등장 **4.세계 교역의 확장** 1)유럽 교역망의 확장 2)세계 교역망의 통합
V	**1.동아시아 사회의 성숙과 교역의 확대** 1)명과 청의 발전 2)조선과 일본의 발전 **2.동남 · 서아시아의 발전과 교역의 확대** 1)인도와 동남아시아의 발전	**1.명 · 청 제국과 동아시아 세계의 성장** 1)명 · 청 제국과 중화 질서 2)명 · 청대의 사회 · 경제와 문화 3)조선과 일본의 발전 **2.이슬람 세계의 확대**	**1.명 · 청 제국과 동아시아** 1)명 · 청대의 정치와 사회 2)명 · 청대 경제 발전과 동서 교류 3)조선과 에도 막부 4)동아시아의 경제 변화		

| | | 2)서아시아의 발전

3.유럽의 성장과 확대
1)근대 의식의 각성
2)프로테스탄트 종교개혁과 크리스트교의 분화
3)절대주의의 성립과 발전

4.은의 유통과 세계 교역망의 통합
1)대서양 교역의 확대
2)세계적 교역망의 형성 | 1)티무르 왕조와 사파비 왕조
2)인도의 무굴제국
3)오스만 제국

3.유럽사회의 변화와 절대주의 등장
1)인간 중심 사상의 부활
2)신항로의 개척
3)절대 왕정의 성립과 발전

4.교류의 확대와 세계적 교역망의 형성
1)아시아 세계의 교역 확대
2)대서양 무역 | 2.무굴 제국과 동남아시아의 발전
1)무굴 제국의 발전
2)동남아시아 여러 나라의 발전

3.서아시아 전통 사회의 발전
1)티무르 제국과 사파비 왕조
2)오스만 제국의 발전

4.유럽의 새로운 변화
1)신항로 개척과 유럽 사회의 발전
2)절대 왕정의 성립과 발전 | | |

* 더텍스트, 교학사, 금성출판사(4단원: 지역 경제의 성장과 교류의 확대/5단원: 지역 세계의 팽창과 세계적 교역망의 형성)/비상교육, 천재교육(4단원: 지역 세계의 통합과 세계적 교역망)

먼저, 단원 Ⅰ은 <역사와 인간>이라는 주제로 내용 구성 또한 역사 학습의 의의와 세계사 학습의 중요성을 언급하고 있다는 점에서 별다른 차이점이 보이지 않는다. 단원 Ⅱ의 경우, <도시 문명의 성립과 지역 문화의 형성>이라는 주제가 <문명의 성립과 통일제국>으로 바뀌면서 고대 동서양 문명의 형성과 발전을 개괄하고 있다. 단원 Ⅲ은 <지역문화의 발전과 종교의 확산>이라는 단원명이 <지역 세계의 재편과 성장>이라는 주제로 바뀌면서 내용 구성에도 변화를 보이고 있다. 2011년 검정본 단원 Ⅳ의 중국 송 대와 정복왕조 관련 내용이 단원 Ⅲ에서 다루어지고 있으며, 2011년 검정본 단원 Ⅳ의 중세 유럽 관련 내용이 2013년 검정본에서는 단원 III에 배치되어 있다. 또한, 2011년 검정본 단원 IV에서 언급하고 있는 '동서 교역권의 형성과 변화(동아시아 교역, 몽골제국의 교역망, 인도양 교역, 지중해 교역, 아프리카 사하라 횡단 교역)'의 내용이 2013년 검정본에서는 단원 III의 '지역 세계 간의 교류와 발전'이라는 장에서 다루어지고 있다.

가장 많은 변화를 보이고 있는 것은 2011년 검정본의 단원 IV(지역 경제의 성장과 교류의 확대), V(지역 세계의 팽창과 세계적 교역망의 형성)가 2013년 검정본에서는 단원 IV(지역 세계의 통합과 세계적 교역망)로 통합되었다는 점이다. 2011년 검정본 단원 V에 있던 '명·청 사회와 경제' 내용이 2013년 검정본에서는 단원 IV에 배치되어 있으며, '세계 교역의 확장(아시아 세계의 변화와 교역, 아프리카 왕국과 교역, 대서양 교역, 세계 교역망의 통합)' 관련 내용이 2013년 검정본에서는 '세계 교역의 확장(유럽 교역망의 확장, 세계 교역망의 통합)'으로 축소되었다.

2009 개정 교육과정에 나타난 특징은 종전보다 지역과 문명 사이의 교류와 교역에 대해 강조점을 두었다는 것이다. 이는 세계화의 흐름과 학계에서 새롭게 제기된 연구 경향을 교과서에 반영한 시도라 하겠다. 교통사적 측면에서 보았을 때, 2011년 검정본의 제4단원 <지역 경제의 성장과 교류의 확대>와 제5단원 <지역 세계의 팽창과 세계적 교역망의 형성> 두 개 단원은 단원 명 뿐만 아니라 내용 구성 역시 상당히 고무적인 것이라 평가할 수 있겠지만, 그 두 개의 단원이 2013년 검정본에서 제4단원 <지역세계의 통합과 세계적 교역망>으로 통합되었다는 점은 2009년 개정 교육과정 세계사 교육목표와 성취기준으로 보았을 때, 개정의 취지가 무색해지는 결과라 하겠다.

III. 세계사 교과서 내용 분석

　분석 대상인 다섯 권의 세계사 교과서의 각 시대별·지역별 내용과 보조 자료를 전반적으로 검토하고 이에 대한 분석을 수행한다는 것은 엄청난 시간과 노력이 요구되는 작업이다. 이러한 작업은 필자의 역량 밖의 일이기 때문에 인류 역사의 전개 과정에서 아시아·이슬람 세계·유럽 더 나아가 아메리카와 아프리카, 오세아니아 대륙을 연결하고 문명의 교류에 커다란 영향을 끼쳤던 이슬람 상인의 교역활동과 몽골제국 지배하의 동서 교류, 신항로의 개척 이후 세계 교역망의 통합을 중심으로 분석 대상 세계사 교과서의 내용을 파악해 보고자 한다.

　이에 따라, 동·서양 문명의 교류와 순환에 초점을 맞추어 접근하고자 하는 본 연구가 분석대상으로 주목하는 것은 첫째, 문명의 전달자 역할을 했던 이슬람 세계와 몽고이다. 그 이유는 이슬람 세계는 문명의 전달과 수출을 동시에 수행한 반면, 몽고는 문명을 전달하는 중간자적인 역할만을 수행했다는 차이점이 있기는 하지만, 이슬람 세계와 몽고가 동·서양 문명을 모두 직접 접촉한 집단으로서 동·서양 문명교류에 있어서 지대한 공헌을 했기 때문이다. 둘째, '신항로의 개척' 이후 유럽인들에 의해 주도된 세계적 규모의 교역망의 통합에 주목하고자 한다.

1. 이슬람 상인의 교역 활동

　이슬람 세계는 동·서양 문명 교차의 중심으로 자체적으로도 독창적인 문화를 발전시키고 중아아시아, 서아시아, 동남아시아, 아프리카 등지로 이슬람교를 전파시켰으며, 유럽과 동아시아 문명을 이어주는 가교의 역할을 했다는 중요한 역사적 의미를 가진다. 이슬람 제국은 유럽과 아시아를 잇는 통로에 자리 잡고 있으면서 육로와 해로를 통한 자유로운 상업활동을 보장하였기 때문에 중계 무역이 활발하였고 이를 통하여 동 · 서 문화와 경제 교류에 커다란 기여를 하였다. 분석 대상 교과서들은 모두 이점에 대하여 언급하고 있지만, 출판사들마다 조금씩 강조하는 내용이 다르게 나타나고 있음을 파악할 수 있다.

<표 5> 이슬람 상인의 교역 활동 관련 서술 내용 비교

출판사	금성출판사	천재교육
단원명	IV.3.3 이슬람 세계의 교역(p.168)	III.5.1 유라시아와 인도양 교역(pp.143~146)
서술내용	"이슬람 제국은 자원이 풍부하고 유럽과 아시아를 잇는 통로에 자리 잡고 있어서 해로와 육로를 통한 중개 무역이 활발하였다. 이슬람 대상들은 내륙 아프리카에서 중앙아시아를 거쳐 중국까지 왕래하였고, 상선은 지중해는 물론 인도양에서 남중국해, 나아가서는 고려에까지 왕래하면서 해상 무역을 주도하였다. 이들은 비단, 향신료, 목재 등을 주로 거래하여 막대한 이익을 올렸을 뿐만 아니라 제지법, 나침반, 화약과 같은 중국 문물을 유럽에 소개하여 유럽의 과학 기술 발달에 큰 자극을 주었다."(p.168) "(......)아프리카는 7세기 이후 이슬람 상인들이 진출하면서 교역	"사막길(비단길)이 가장 번성한 것은 7~8세기 중국 당 대였다. (......) 이 시기에 아라비아 반도에서 발흥한 이슬람 세력은 이집트, 페르시아를 정복하고 서아시아 일대에 제국을 형성하였다. 이슬람 제국은 육상과 해상의 교역로를 활발히 개척하여 동 · 서 문물의 교류를 더욱 활성화 시켰다."(P.144) "이슬람 제국은 당과의 탈라스 전투(751)에서 승리하여 중앙아시아에 이슬람 세력의 기반을 굳혔고, 유목 민족들 사이에도 이슬람교가 퍼졌다. 또, 이 전쟁을 계기로 중국의 제지술이 이슬람 세계에 알려졌으며, 이어 유럽에도 전해졌다."(P.145) "이슬람 상인들은 다우 선을 타고 여름 계절풍을 이용하여 인도양을 건너 인도로 간 다음, 동남아시아, 동아시

| 이 크게 발전하였다. 대상 무역을 통해 아라비아 반도, 페르시아 등지에서 많은 이슬람 상인들이 들어왔고, 이들 중 일부는 북동부 아프리카에 정착하여 이슬람의 상업 문화를 전파하였다."(p.169) "인도와 동남아시아에서는 이슬람 상인이 진출하고 이슬람교가 확산되면서 상업과 교류가 더욱 활발해 졌다. 10세기 후반부터는 (……) 인도와 동남아시아의 항구는 토착 상인과 이슬람 상인, 중국 상인들로 넘쳐 났다. 인도와 동남아시아 지역에서 가장 인기 높은 교역품은 향신료였다. 동남아시아 지역은 후추와 육두구 같은 향신료를 거래하는 시장이 되었고, 인도 해안 지역 역시 염료, 후추, 비단 교역이 두드러졌다."(p.170) | 아로 항해하였고, 겨울 계절풍을 이용하여 되돌아갔다. 이 과정에서 서아시아의 양탄자와 유리, 인도의 면직물과 향신료, 동남아시아의 각종 향신료, 중국의 비단, 차, 도자기 등을 교역하였다. 또 이슬람 상인들은 동아프리카 연안의 도시 국가들을 장악하고 아프리카 내륙의 상아, 황금, 노예 등을 인도양의 다른 지역 상품들과 교역하였다."(P.146) "소금과 황금 생산지와 사막의 오아시스를 연결하는 교역로를 따라 도시들이 성장하였다. 이를 장악하기 위해 경쟁과 정복 활동이 벌어졌고, 이에 따라 여러 강력한 왕국들이 나타났다가 사라졌다. 8-9세기 이후 이슬람 세력이 이 지역으로 확산되면서 사하라 횡단 교역은 지중해와 서아시아, 인도양 교역망과 연결되어 더욱 번성하였다."(P.147) |

<표 5>에서 보이는 바와 같이, <금성출판사> 교과서는 이슬람 대상들의 활동 영역이 지중해, 인도양, 남중국해, 나아가서는 고려에까지 왕래하면서 해상 무역을 주도하였고, 중국 문물을 유럽에 소개하여 유럽의 과학 기술 발달을 자극하였다는 내용과 함께, 인도와 동남아시아는 물론 멀리 아프리카에까지 진출하여 이슬람 상업 문화를 전파한 사실을 다른 교과서들에 비해 비교적 상세히 서술하고 있다.

아울러 <더 알아보기> 코너에서는 별도로 제지법의 전파와 관련하여 '종이의 길(페이퍼 로드)' 지도를 통하여 중국의 제지술(2세기 초)이 시간

의 흐름에 따라 이슬람 세계(751, 탈라스 전투)와 유럽(12세기 중반)에 전파된 시기와 전파 경로를 '사마르칸트지'에 그려진 세밀화와 함께 소개하고 있다.[10] <더텍스트>의 경우 2쪽에 걸쳐 이슬람 상인의 활약을 인도양 교역과 사하라 횡단 교역에 초점을 맞추어 설명하고 있으며, <도움글>을 통해 중국과 이슬람 세계의 교역 내용을 보완하고 있는데, 이와는 달리 <교학사> 교과서는 5쪽을 할애하여 인도양 교역권에 포함되어 있는 이슬람 문화권, 힌두 문화권, 불교 및 유교 문화권과 그 교차지역을 지도로 제시하고 있다.

또한 <깊이 알기>와 <단원 특집> 코너를 통해 정향, 후추, 계피, 육두구 등의 향신료에 대한 설명과 사진을 제시하고 있으며, 이슬람 세계의 시장 '바자르'를 소개하고 있다. 2011년 교육부 검정을 통과한 3권의 교과서가 단원 IV에서 위의 내용을 언급한 반면, 2013년 검정본인 <천재교육>과 <비상교육>은 단원 III에서 이슬람상인들이 주도한 유라시아와 인도양, 지중해와 사하라 횡단 교역의 내용을 '몽골 제국과 교역망의 확장'을 포함하여 다루고 있다. <천재교육>의 경우 동·서 교역로를 초원길, 사막길(비단길), 바닷길로 구분하여 교역망이 활발하게 이용된 시기와 교역품에 대하여 서술하고 있으며, <깊게 알아보다> 코너에서는 다우 선을 이용한 인도양 교역 내용을 배의 그림과 함께 제시하고 있으며[11], <비상교육> 교과서의 이슬람 상인 교역 활동에 대한 내용 서술은 2쪽 분량에 그치고 있어 가장 빈약하다.[12]

---

10) 김형종 외 5인,『고등학교 세계사』, 금성출판사, 2013, p.169.
11) 김덕수 외 7인,『고등학교 세계사』, 천재교육, 2014, p.146.
12) 조한욱 외 인,『고등학교 세계사』, 비상교육, 2014, pp.102~103.

<지도 1> 이슬람 상인의 교역 활동

지도	출판사	
	금성출판사(p.168)	천재교육(p.100)
이 슬 람 상 인 의 활 동	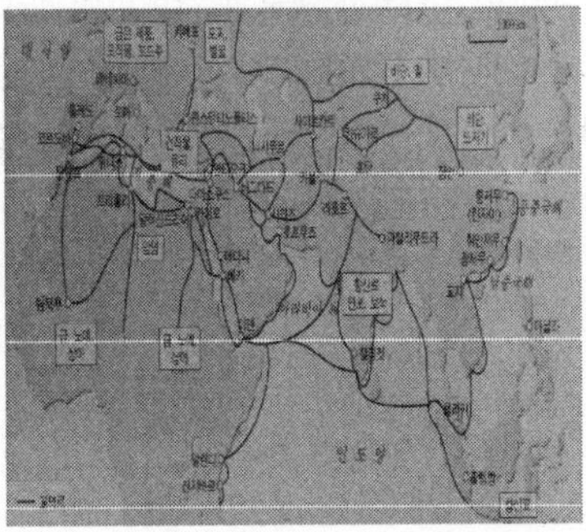	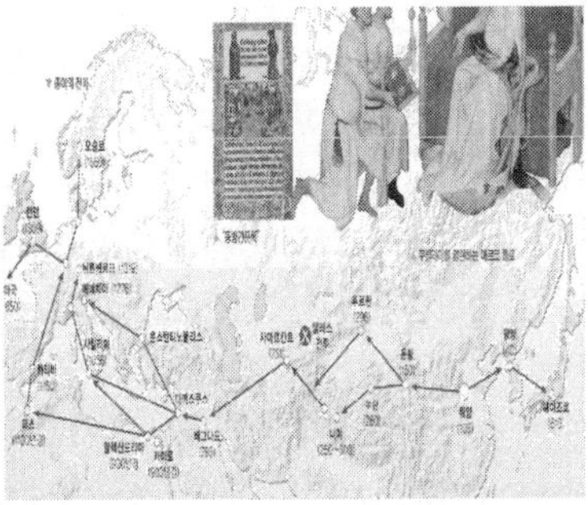

2. 몽골 제국 시기 동서 교류 및 교역

칭기스칸은 1206년 몽골 유목민을 통합하고 "대몽골 올로스(Yeke Mongol Ulus)"를 건설하였다. 그의 후손들은 유라시아 전역을 점차 통일하여 거대한 유목제국으로 만들어 나갔다. 이 과정에서 대몽골 올로스(Ulus)는 유라시아의 초원지대와 농경지대를 모두 아우르는 '세계제국'으로 발전하였다. 몽골 제국의 영토적 팽창은 몽골에 의한 평화를 일컫는 소위 '팍스 몽골리카(Pax Mongolica)'라는 하나의 통일된 세계 질서를 만들어냈다. 몽고의 유럽 원정은 동·서양 문명 모두에게 돌발적인 사건이었으며, 동시에 동·서양 문명의 본격적인 접촉을 야기 시킨 사건이었다. 몽골은 문명(문화)의 창조자라기보다는 동·서양 문명의 장점을 수용하고 서로에게 전파한 전달자로서 그 역사·문화적으로 차지하는 의미가 지대하다.[13]

<표 6> 몽골제국 시기 동서 교류 및 교역 서술 내용 비교

출판사	금성출판사	천재교육
단원명	IV.2.2 몽골 제국의 동서 교류	III.1.4 원 제국 III.5.3 몽골 제국과 교역망의 확장
서술 내용	"아시아와 유럽에 걸친 대제국을 건설한 뒤 몽골은 원활한 통치를 위해 제국 전체에 역참을 설치하였다. 역참망의 형성으로 몽골 대칸의 허가를 받은 사람들은 누구나 말과 마차, 식량 및 숙소를 제공받으며 자유롭게 통행할 수 있었다. 이를 통해 사절이나 관리 등 공무 인원의 여행과 물자 운송이 체계적으로 이루어졌고, 신속한 공문서 전달도 가능해져 제국 전역에 지배력을 강화할 수 있었다. 강남의 곡물을 대도로 운반하기 위한 대운하도 수리되어 항저우에서 대도까지 수로가 연결되었고, 해운도 편리해져 수백 만 석의 곡물이 운송되었다."(p.158) "몽골 제국은 육로와 해로를 통해 만들어진 교통로를 이용하여 세계를 하나로 연결시키고 적극적인 상업활동에 나섰다. 유목민의 군사력과 바다와 육지의 비단길을	"원 대에는 초원길, 사막길(비단길), 바닷길이 노두 활짝 열렸다. 당 후기부터 활발해지기 시작한 바닷길은 송 대를 거쳐 원 대에 더욱 번성하였다. 광저우, 항저우, 취안저우 등에는 시박사가 설치되어 관세를 거두었다. 원 내에 초원길, 사막길(비단길), 바닷길이 하나로 연결된 거대한 교역망이 완성되었다."(p.100) "몽골 제국은 유라시아 대륙을 하나의 질서 속에 편입하여 문물의 교류를 증진시켰다. (......) 제국 통치를 위해 역참제를 시행하였다. 역참은 제국 전체에 일정한 간격으로 역사를 세우고 병사와 말을 배치시켜 공무를 띠고 왕래하는 관리에게 편의와 숙식을 제공하는 제도였다. 이를 통해 사람들의 이동과 물자 수송이 원활히 이루어졌고 중앙의 명령을 신속히 전달할 수 있었다. (......) 몽골 제국 초창기부터 특히 이슬람 상인들의 교역 활동이 두드러졌다. 끊어

13) 국내에서는 몽고와 관련된 연구가 대부분 고려시대의 정치사적인 차원에서 진행되었기 때문에 문명의 전달자로서의 몽고의 의미를 간과하고 있다. 몽고의 유럽원정에 대한 연구는 이미 유럽에서는 상당한 관심의 대상이었으나, 연구의 주제들은 매우 제한적이었고, 그나마도 대부분 연대기적인 서술에 불과하다. 이렇듯 유럽과 한국에서의 몽고연구가 미약한 이유는 유럽과 중국의 문헌적 비교 고찰이 미진했고, 침략자라는 인식이 몽고가 이뤄낸 역사적 · 문화적 업적에 대한 평가는 제대로 이루어지지 않았다.

연결하는 상인의 활동이 결합하면서 동서를 연결하는 교역망은 크게 확장되었다. 중국에서 동남아시아를 거쳐 인도양으로 이어지는 해상 무역도 더욱 발전하여 항저우, 취안저우, 광저우 등 항구 도시가 계속 반영을 누렸다."(P.159)
"몽골이 지배하는 거대한 제국이 형성되고, 이제가지 없었던 활발한 인적 교류와 이동이 이루어지자 각 지역의 문화 역시 자연스럽게 교류되었다. (......) 이러한 교류를 통해 중국의 역사와 학문이 이슬람권에 전파되었고, 송 대에 발명된 화약, 나침반, 인쇄술이 서양에 전파되었다. 이슬람 천문학과 수학 등이 중국에 전해진 것도 이때였다. 원 대의 곽수경은 이슬람 역법의 영향을 받아 수시력을 만들었고, 라시드 앗딘은 <집사>라는 역사서를 편찬하였는데, 이 책은 '최초의 세계사'라 일컬어지고 있다."(P.159)

졌던 사막길(비단길)이 이어졌고, 각 지역의 상공업이 활기를 띠었으며, 육로와 해로를 통한 동서 교류가 더욱 번성하였다.(P.150)
"몽골 제국의 지배로 유라시아 대륙의 육지와 바다의 교역망은 서서히 하나로 통합되었다.(......) 유라시아 일대의 동서 교류가 발달하자 인도, 서아시아, 유럽 등 각 지역의 물자 교류뿐 아니라 학자와 선교사들의 왕래로 학문과 종교, 문화의 교류도 활발하였다.(......) 이처럼 몽골 제국의 지배 시기에 동아시아 교역망, 인도양 교역망, 중앙아시아 교역망이 연결되고, 더 나아가 아라비아 반도와 동아프리카, 지중해와 서유럽 교역망까지도 연결되는 거대한 아프로-유라시아 교역망으로 확장되었다."(p.151)

분석 대상인 5종의 고등학교 <세계사> 교과서는 몽골의 성장으로부터 대제국을 이루기까지의 과정을 비교적 상세히 다루고 있으며, 원나라의 정치·경제·사회·문화적 특징도 자세히 서술하고 있다. 첫째, 원제국의 정치적 변천에 대해서는 칭기즈칸의 몽골제국 건국, 몽골의 세계원정, 쿠빌라이 칸의 원 제국 건설과 중국 지배, 4 칸국의 성립, 고려 복속과 일본 원정 등이 공통적으로 다루어지고 있다. 둘째, 몽골 유목민족의 문화와 관련해서는 몽골 제일주의와 민족 차별 정책, 종교적 관용과 파스파

문자의 사용, 라마교의 발전, 다민족 문화 융합 등에 대한 서술이 두드러진다. 셋째, 몽골 제국과 동서 문화의 교류에 대해서는 육상무역과 해상무역의 발전, 이슬람 과학의 중국 전래, 역전제 실시, 중국의 비단과 도자기, 인쇄술의 서양전래, 마르코 폴로와 이븐 바투타의 중국 여행기 등이 교과서에 공통적으로 소개되고 있다.

　보다 구체적으로 몽골 제국과 동·서 문화의 교류 내용을 교과서 별로 살펴보면 아래와 같다. 먼저, <더텍스트>는 몽골 제국의 건설로 교역망이 통합되고 단일 화폐 경제권이 형성된 사실과 몽골 제국 내에서 동·서 교류가 활발한 가운데 이슬람 문화가 동아시아와 유럽에 끼친 영향을 서술하고 있으며 '탐구학습'란에서는 몽골의 역참제도를 제시하고 있다.[14] <금성출판사> 교과서는 몽골이 세계 제국을 건설하게 된 과정을 설명하면서, 원 제국이 동·서 문화에 끼친 영향을 마르코 폴로와 이븐 바투타의 기록을 <자료 1, 2>에 제시하여 원 대의 동·서 교류를 나타내는 지도와 함께 제시하여 학생들의 이해를 돕고 있다.[15]

　<교학사> 교과서는 세계 각 지역에서 형성된 교역망이 몽골 제국의 성립으로 통합된 사실과 이를 바탕으로 각 지역의 경제권이 하나로 연결되면서 민족의 교류와 문화의 다양성이 촉진되었다는 점을 강조하고 있는데, <사료읽기> 코너에서는 원 대의 화폐 정책과 대외 교역 정책을 <원사>의 인용을 통해 제시하고 있다.[16] 2013년 검정본인 <천재교육>과 <비상교육>은 단원 Ⅲ에서 몽골 제국을 다루고 있는데 두 교과서 모두 <탐구활동>과 <깊게 알아보다> 코너에서 이븐 바투타의 여행기를 소개하고 있으며, 몽골 제국 시기 동·서 교류의 내용을 각각 1, 2쪽 분량으로 소략해서 유라시아 교역망 지도와 함께 제시하고 있다.[17]

---

14) 강택구 외 5인,『고등학교 세계사』, 더텍스트, 2011, p.133.
15) 김형종 외 5인,『고등학교 세계사』, 금성출판사, 2013, p.160.
16) 최상훈 외 7인,『고등학교 세계사』, 교학사, 2013, p.148.

<지도 2> 몽골 제국 시기 교역로 지도 비교

지 도	출판사	
	금성출판사(p.160)	천재교육(p.151)
원 대 의 동 서 교 류	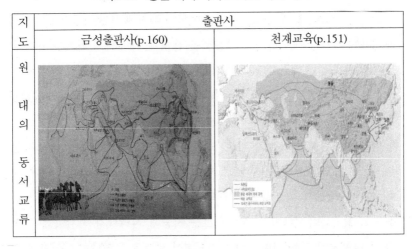	

 몽골은 역사 교과서에만 남아있는 역사 속의 존재가 아니라 우리나라
와 관계를 맺고 있는 북방민족 중 유일하게 실체가 남아있는 국가이다.
그럼에도 불구하고, 대부분의 교과서는 몽골을 역사 속의 국가로만 취급
하고 있다. 세계사 교과서 모두 부록으로 7~10페이지 분량의 역사 연표
를 제시하고 있음에도 불구하고, 1924년 몽골 공화국의 성립이나 1990년
한·몽 수교, 수교 이후의 경제 교류와 자원협력 등에 대해서는 전혀 언급
이 없다. 결국, 한국 <세계사> 교과서 속의 몽골은 원제국의 몰락과 함께
기억 속에서 사라진 역사 속의 제국에 그치고 있는 아쉬움이 있다.

3. 신항로의 개척과 교역망의 세계적 확대

 신항로의 개척은 중세 초기부터 시작된 '아시아-이슬람 위주'의 세계

---

17) 김덕수 외 7인, 『고등학교 세계사』, 천재교육, 2014, p.151; 조한욱 외 5인, 『고등
   학교 세계사』, 비상교육, 2014, p.89.

를 본격적으로 유럽 중심으로 바꾼 계기가 되었다. 신항로의 개척으로 유럽인들이 마침내 본격적으로 유럽을 벗어나 각지에 식민지를 건설하면서 아시아와 이슬람 세력을 꺾고 주도권을 잡게 된 세계사적 의미를 가진다. 유럽과 비유럽 문화권의 접촉 과정에서 유럽의 팽창이 비유럽 지역에 준 충격과 영향은 문화 교류의 불균형과 문화 소통의 일방성이 심화되어가는 가운데 전 지구적인 차원에서 나타났다.

　신항로의 개척과 그 이후 나타나게 된 세계 교역망의 통합에 대해서 분석 대상 5종 교과서는 공통적으로 다음과 같은 사항을 서술하고 있다. 첫째, 신항로의 개척 이전의 세계 교역망은 인도양을 중심으로 이루어졌고, 동쪽으로는 동아시아지역, 서쪽으로는 지중해 지역까지 퍼져있었다. 둘째, 유럽인들에 의해 신항로가 개척되면서 새로운 교역망이 대서양 지역까지 확장되었다. 셋째, 신항로의 개척 이후 유럽은 아프리카 해안, 인도 남부 해안, 동남아시아 등지에 무역 거점을 확보하고 아메리카 대륙을 장악하면서 대서양 무역을 확대하였다. 넷째, 유럽인들은 대서양 무역에 적극적으로 참여하면서 아메리카의 은을 바탕으로 막대한 부를 축적하였다. 다섯째, 유럽인들의 활동으로 아메리카의 은이 유럽을 거쳐 중국으로 흘러 들어갔고, 점차 은을 매개로 한 세계적 교역망이 형성되어 갔다.

<표 7> 신항로의 개척과 교역망의 세계적 확대

출판사	금성출판사	천재교육
단원명	V.1.4 동아시아의 경제 변화 V.4.1 신항로의 개척과 유럽 사회의 발전	IV.4.1 유럽 교역망의 확장 IV.4.2 세계 교역망의 통합
서술 내용	"동아시아 교역이 활발해지면서 중국의 차, 비단, 생사, 면직물, 도자기 등이 대량으로 동남아시아와 유럽에 수출되었다. 유럽은 신	"포르투갈은 유럽을 소위 '대항해시대'로 이끌었다. 포르투갈은 아프리카 서부와 동부 해안에 거점을 확보하고 인도 서남부 해안의 캘리컷, 코친, 고

대륙의 은을 그 대금으로 지불하였기 때문에 막대한 양의 은이 중국으로 들어오게 되었다. 은의 유통이 세계적 규모로 확대되면서 중국 경제는 크게 팽창하였고, 은 경제가 확립되었다."(P.208)

"대서양 연안에 위치하여 지중해 무역에서 불리했던 에스파냐와 포루투갈은 새로운 항로를 개척하여 경제적 이익을 얻고자 신항로 탐험을 적극적으로 지원하였다. 에스파냐 여왕의 후원을 받은 콜럼버스는 서인도 제도에 도착하였고(1492), 포루투갈의 바스쿠 다 가마는 희망봉을 돌아 인도의 캘리컷에 도착하였다(1498). 마젤란은 대서양을 횡단하고 신대륙 남단과 태평양을 건너 필리핀에 도착하였으나 원주민에 의해 살해당하였다. 그러나 그의 일행은 항해를 계속하여 인도양과 희망봉을 거쳐 3년 만에 에스파냐로 돌아갔다(1522). 이는 최초의 세계 일주였으며, 이로써 지구가 둥글다는 사실이 입증되었다."(P.223)

"유럽 경제의 중심도 지중해에서 대서양으로 이동하였다. 또한, 대서양을 무대로 삼각 무역이 이루어지면서 유럽 중심의 세계 경제 체제가 성립하였다. 대서양 연안의 국가들은 경쟁적으로 해상 진출에 나섰고, 아시아와 아메리카 대륙을 식민지로 만들었다."(P.226)

아 등을 점령하여 무역기지로 삼았다. 이어서 동서 바닷길의 중심지인 믈라카 해협을 장악하고 동남아시아로 진출하였다. 포르투갈은 인도의 고아, 서아시아의 호르무즈, 동남아시아의 믈라카를 3대 거점으로 삼아 해상 무역권을 장악해 갔다."(p.189)

"이스테카와 잉카를 정복한 에스파냐는 그들의 금·은을 약탈하고 원주민을 강제 동원하여 금광, 은광 개발에 몰두하였다. 볼리비아의 포토시와 멕시코의 사카테카스에서 대량의 은이 생산되었고, 유럽으로 운반되었다."(p.190)

"신항로 개척 이후 유럽인들의 교역은 지중해에서 점차 대서양으로 확대되었다. (......) 이처럼 아메리카와 아프리카, 유럽을 잇는 대서양 교역권이 성장하면서, 유럽은 아메리카에서 대량의 은을 약탈하였을 뿐만 아니라 아프리카의 흑인 노예와 아메리카의 상품 작물 플랜테이션을 연결하는 삼각 무역을 통해 막대한 이익을 얻었다. 그 이윤을 바탕으로 아메리카 식민지를 지배하고 유럽 경제 성장의 기반을 다졌다."(p.191)

"유럽이 무력을 앞세워 아시아로 진출하면서, 이슬람 상인과 인도·중국 상인들이 장악하고 있던 동서 교역망의 주도권은 유럽인들에게 넘어가기 시작하였다. 유럽인들은 대서양무역에서 축적한 이윤을 바탕으로 아시아와의 직접 교역을 확대해 나갔고, 그 결과 아메리카, 아프리카, 유럽, 그리

| | | 고 아시아의 물품들이 서로 교역되면서 세계 전 대륙이 연결된 세계 교역망을 형성하게 되었다."(p.193) |

그렇다면 개별 교과서에 나타난 신항로의 개척을 전후로 한 변화 양상에 대한 서술 내용은 어떻게 다르게 서술되어 있을까? 먼저, <더텍스트>는 신항로의 개척이 세계사에 끼친 영향을 아메리카의 식민화, 아프리카 흑인노예 무역을 중심으로 서술하고 있으며, <인물과 역사> 코너에서도 에스파냐의 정복자 코르테스와 피사로에 의한 아즈텍 문명과 잉카 문명의 파괴 사실을 소개하고 있다.[18]

또한 유럽인들이 주도한 세계 교역망의 통합과 아메리카의 은이 유럽을 거쳐 중국으로 유입되는 경로를 지도로 표시하고 있다.[19] <금성출판사> 교과서는 유럽 세력이 신대륙에 침투하면서 아메리카 문명이 붕괴되는 과정과 유럽인에 의한 아프리카 노예무역의 전개, 세계 경제의 출현을 서술하면서 <교류와 만남> 코너에서는 유럽인들에 의해 아메리카로 건너간 각종 전염병으로 인하여 엄청난 인명 피해가 있었음을 밝히고 있다.[20] 아울러 <더 알아보기>에서는 신항로의 개척 이전과 이후 세계 무역의 변화를 두 장의 지도로 제시하여 학생들의 이해를 돕고 있다.

<교학사> 교과서는 신항로의 개척 이후 대서양이 새로운 무역의 중심지가 되고 세계의 교역망이 은을 매개로 통합되는 과정을 서술하면서, <도움학습>란에서는 대서양 무역이 아메리카에 가져온 변화로 백인, 아메리카 원주민, 아프리카 흑인 간의 인종 혼혈 및 아메리카 은의 유통 경로를 알려주는 <지도>를 제시하고 있다.

---

18) 강택구 외 5인, 『고등학교 세계사』, 더텍스트, 2011, p.167.
19) 같은 책, p.170.
20) 김형종 외 5인, 『고등학교 세계사』, 금성출판사, 2013, p.224.

2011년 검정본과는 달리, 2013년 검정본 <천재교육>과 <비상교육> 교과서는 '신항로의 개척과 유럽의 팽창(단원 IV.4.3)'이 중단원 3에서, '세계 교역망의 확장(단원 IV.4.1−2)' 내용이 중단원 4로 분리되어 다루어지고 있다. 신항로의 개척과 관련하여 <천재교육>은 콜럼버스, 아메리고 베스푸치, 마젤란, 바스쿠 다 가마 등 유럽의 항해자들의 초상화와 항로가 표시된 세계지도를 제시하고 있으며, 세계 교역망과 관련해서는 <주제로 보는 역사> 코너에서 2쪽 분량으로 '도자기와 세계 교역망'이라는 주제로 동아시아와 유럽산 도자기 상품 사진을 소개하고 있다.

<비상교육>은 신항로의 개척 과정에서 야기된 유럽인에 의한 아메리카 문명의 파괴 사실을 강조하고 있으며, '세계 교역망의 통합' 관련해서는 대서양이 삼각무역을 서술하면서 <더 알아보기> 코너를 통하여 '죽음의 중간 항해와 노예선'이라는 주제로 16세기에서 18세기에 걸쳐 약 1,200만 명의 흑인이 아메리카에 노예로 팔려갔음을 노예선과 함께 소개하고 있다.

여기에서 한 가지 특이할 만한 사실은, 이슬람 상인들의 교역활동과 몽골 지배하의 동·서 교역망의 확대에 대해서는 교과서 집필자들이 긍정적인 서술을 하고 있지만, 신항로의 개척 이후 서양인들에 의해 주도된 세계 교역망의 통합 과정은 침략, 약탈, 파괴, 착취, 노예, 지배, 전염병 등 비유럽 지역에 끼친 부정적인 영향들이 비중있게 다루어지고 있다는 점이다. 또한, 2013년 검정본과 같이 대단원 안에 교류사와 관련된 별도의 중단원을 편성할 경우 해당 지역사의 일부 내용이 중복 서술될 가능성이 있다. <천재교육>의 경우, '아프로−유라시아 교역망의 통합' 단원의 일부 내용과 몽골 역사를 서술하는 부분에서도 '동서 교역망의 통합'이라는 제목 하에 <표 8>과 같이 동일한 내용이 서술된 사실을 알 수 있다.[21]

---

21) 신유아, 앞의 논문, pp.101~103.

<지도 3> 신항로의 개척 이후 세계의 교역망 지도 비교(금성출판사/천재교육)

지도	출판사	
	금성출판사(p.226/p.208)	천재교육(p.188/p.193)
신항로의 개척	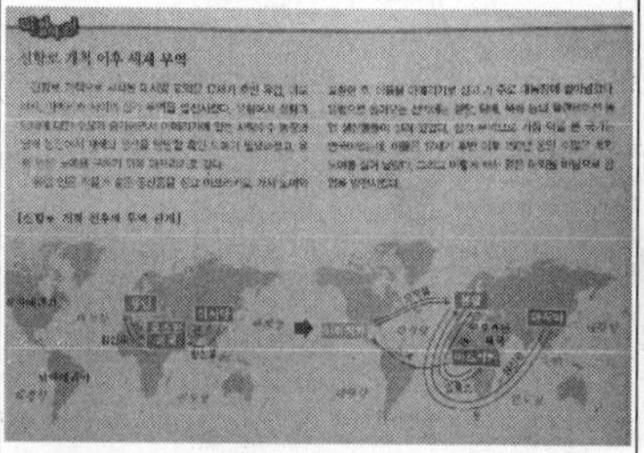	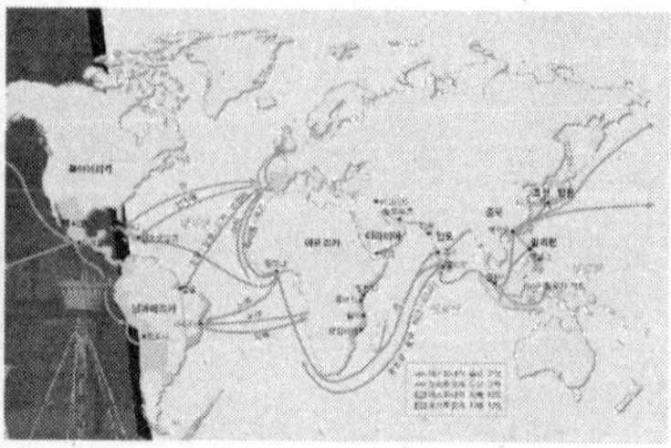
은의 유통	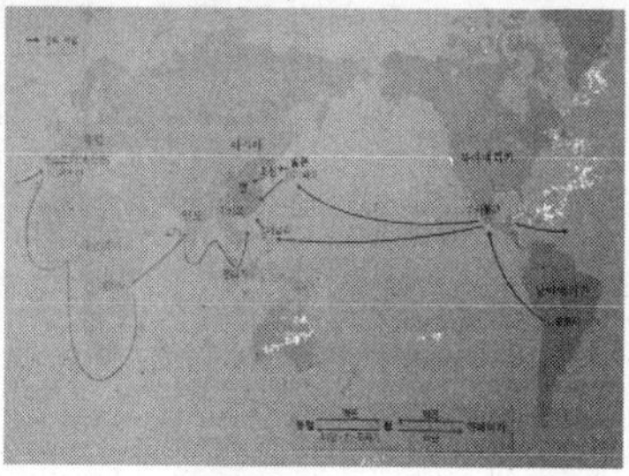	

<표 8> 서술 내용의 중복

천재교육	서술내용	쪽수
몽골 제국과 교역망의확장 (단원 Ⅲ.5.3)	수학과 천문학, 의학, 과학 등의 교류도 활발하여 학문이 발달하였으며, 제지술, 인쇄술, 나침반 등의 기술도 중국 이외의 다른 지역으로 널리 확산되었다. 중국에서는 이슬람 역법을 참고하여 수시력을 만들기도 하고 이슬람 의학을 관장하는 기구도 설립하였다.	P.151
원 제국 (단원 Ⅲ.1.4)	동서 교역망을 통해 중국의 화약, 나침반, 인쇄술 등이 서양에까지 전파되었고, 반대로 이슬람 세계의 천문, 역법, 수학, 의학 등이 중국	P.100

| | 으로 들어와 과학 발전에 기여하였다. 이슬람 역법을 참고하여 만들어진 수시력은 중국의 달력의 정확도를 한층 높였다. | |

Ⅳ. 맺음말

앞에서 언급한 바와 같이, 본 연구의 목적은 동·서양 문명의 교류와 순환성에 입각한 고등학교 <세계사> 교과서의 서술체제와 내용분석이다. 이를 통하여 지역적으로 고립된 동·서양 문명이 교류를 통해 이루어졌던 상호작용과 동·서양 문명의 발전에 대한 핵심적인 배경을 파악할 수 있기 때문이다.

문명과 문명 간의 교류와 순환적 가치가 갖는 의미는 단지 문명의 수용 과정과 이를 변용시켜 토착화시키는 과정만으로 이해해서는 안 된다. 문명의 교류는 문명 간에 상호작용을 야기시키면서, 각 지역 사회와 역사의 발전에 기여한 바가 매우 크다. 일반적으로 인지하지 못하고 있지만, 문명의 전파와 교류적 차원에서 서로가 서로에게 흡수되고 혼용된 요소들은 언어, 종교, 관습, 과학, 제도, 이념 등 이루 헤아릴 수 없이 광범위하게 존재한다. 하지만 시간이 지남에 따라 이런 이질적인 요소들은 토착화 되어 각 문명 속에 용해되어 버리고 말았기 때문에, 이질적 문명 요소였다는 인식이 사라져간다.

따라서 토착화된 이문명적인 요소들도 지역문명의 한 부분으로 인식되고 연구되어왔다. 간단히 예를 들면, 북유럽 게르만의 신화와 고유종교 또는 서양의 기독교와 동양의 불교 등이 그런 경우에 해당된다. 즉, 문명의 전파와 수용을 통해 이뤄진 문화적인 영향과 상호작용은 각 지역문명의 정체성을 파악하기 위한 또 하나의 중요한 수단이 될 수 있다.

이렇듯 문명들은 서로 인지하지 못하는 동안 상호 간에 긍정적 혹은 부정적인 영향을 주고 받으면서 발전해 왔다는 것을 부정할 수 없다. 하지만 문명과 문화의 발전에서 중요한 키워드인 "교류"와 "순환성"에 관한 연구가 미진한 한국 학계의 현실에서 역사 속에 존재했던 혹은 존재하는 문명들을 전체적으로 정확히 파악한다는 것은 어려운 작업이라는 점을 알 수 있는데, 그럼에도 불구하고 현행 고등학교 <세계사> 교과서의 문명과 지역을 연결하는 교류의 역사와 교역로, 교통망에 대한 서술은 고무적이라 할 수 있다.[22]

하지만, 2011 교육과정에 의거하여 2013년 교육부 검정을 통과한 세계사 교과서(천재교육, 비상교육)는 2011년 검정본 교과서(더텍스트, 금성출판사, 교학사)에 비해 단원이 줄어들었고, 교과서 내용 분석에서 살펴본 바와 같이 지역과 문명의 교류와 통합 관련 내용도 축소되었다.

더욱이 2015 개정 역사과 교육과정(안)의 고등학교 세계사 교육과정에는 총 6개 단원이 제시되어 있는데, 이는 현행 교과서의 7개 단원에서 1개가 더 줄어들었음을 보여주고 있다. 교육부는 2015 개정 역사과 교육과정에서 세계사 교과목의 성격을 '동아시아 지역, 서아시아 · 인도 지역, 유럽 · 아메리카 지역이 독자적인 문화권을 형성하는 과정을 다루고, 이어 이들 지역이 교역망의 전 지구적 확대를 통해 하나의 지구촌으로 통합됨으로써 겪게 되는 변화를 탐구한다'고 밝히고 있지만, 세계사 교육의 구체적인 목표에도 2009 개정교육과정에서 강조했던 '지역과 문명 사이의 교류와 교역'에 대한 언급이 없다.[23] 다만, 단원 IV(유럽 · 아메리카 지역의

---

22) [부록 1] 분석 대상 5종 교과서의 시대별 교역로(육로와 해로) 관련 지도 비교표 참조.
23) 교육부가 발표한 2015 개정 교육과정(안) 세계사 교과서 내용 체계는 아래 <표>와 같다.

역사)의 중단원 3(유럽 세계의 변화)에 '신항로의 개척', '유럽 교역망의 확
장'정도가 보일 뿐이다. 교육부가 밝힌 세계사 교과서 내용 체계를 보면,
교역망의 전 지구적인 확대를 통해 하나의 지구촌으로 통합된 시대를 제
국주의 시대로 상정하고 있다는 인상을 받게 된다. 제국주의 이후 시대의
역사는 지역을 초월하여 통합된 세계사를 내용 체계로 하고 있기 때문이
다. 그리고 2015 개정 교육과정(안)에 의거하여 제국주의 이전의 세계사
를 지역별로 구분하여 각 지역이 독자적인 문화권을 형성하는 과정으로
지역사를 서술할 때, '지역과 문명사이의 교류와 교역' 관련 내용은 어느
정도의 분량을 차지하게 될지 자못 궁금하다.

대주제	소주제
인류의 진화와 문명의 탄생	세계사 학습의 필요성
	인류의 진화와 선사 문화
	문명의발생
동아시아 지역의 역사	동아시아 세계의 형성
	동아시아 세계의 발전
	동아시아 세계의 변동
서아시아 · 인도 지역의 역사	서아시아의 여러 제국과 이슬람 세계의 형성
	인도의 역사와 다양한 종교 · 문화의 출현
유럽 · 아메리카 지역의 역사	고대 지중해 세계
	유럽 세계의 형성
	유럽 세계의 변화
	시민혁명과 산업혁명
제국주의와 두 차례의 세계대전	제국주의와 민족운동
	두 차례의 세계대전
현대 세계의 변화	냉전과 탈냉전
	21세기의 세계

[부록 1] 분석 대상 5종 교과서의 시대별 교역로(육로와 해로) 관련 지도 비교표

교과서		출판사				
		더텍스트 (2011)	교학사 (2013)	금성출판사 (2013)	비상교육 (2014)	천재교육 (2014)
단원구분	I					<세계사 연구 보고서 작성하기(항로, 여행길)>(p.29)
	II	<불교의 전파>(p.37) <로마의 도로망>(p.59) <아메리카 원주민의 이동 경로>(p.61)	<동서 문화의 교류>(p.59) <헬레니즘 시대의 경제 교류>(p.60)	<고대 세계의 주요농서교역>(p.34~35) <비단의 서방 전파 길>(p.55) <불교의 전파 경로>(p.60) <2세기경의 인도 교역>(p.61) <고대 동남아시아 세계(해로)>(p.62) <고대 오리엔트 세계의 통일 제국(왕의 길)>(p.66) <스키타이유목기마문화(초원길)>(p.68) <로마 제국의 교역>(p.82) <포이팅거 지도>(p.85)	<진의 중국 통일(도로망)>(p.41) <한의 영역과 장건의 이동 경로>(p.42) <초원길과 비단길>(p.47) <불교의 전파 경로>(p.49) <고대 동남아시아의 교역>(p.51)	<진·한 제국의 영역(장건의 여행로)>(p.51) <고대 인도와 서아시아 세계의 발전(왕의 길)>(p.54) <간다라 미술의 전파>(p.57) <알렉산드로스의 원정과 알렉산드리아(원정로)>(p.66) <불교의 세계 전파>(p.74)
	III	<수의 대운하>(p.69) <6~7세기 무렵의 아라비아>(p.80)	<운하(수나라)>(p.71) <당 중심의 유라시아교통로>(p.75)	<7,8세기경의 세계>(p.92~93) <통일의 물길, 대운하>(p.97)	<인구 이동로(북방 민족)>(p.75) <수의 영역과 대운하>(p.77)	<비단길·바닷길>(p.91) <송대 상공업의 발전교통로>(p.94)

<지도로 파악하기: 지도를 통해 각 지역 문화권의 형성과 교류를 이해해 보자>(p.94)	<제지술의 전파 경로>(p.79) <석굴 사원, 불교와 함께 중앙아시아, 동아시아로 퍼져 나가다>(p.84~85) <혜초가 인도와 중앙아시아를 여행한 경로(p.89)	<장안 중심의 유라시아 교통로>(p.99) <8세기 동아시아 사신 행로>(p.103) <7~9세기의 동남아시아(교통로)>(p.109) <6세기 교역로의 변화(이슬람)>(p.113)	<당의 해외 교역>(p.79) <법현과 현장의 구법 활동>(p.81) <송의 대외 교역>(p.85) <몽골 제국(원정로)>(p.87) <원대의 동서 교통로>(p.89) <7~9세기 동남아시아(교통로)>(p.93) <교역로의 변화(이슬람)>p.95) <이슬람 상인들의 활약>(p.103) <십자군의 원정로>(p.115) <중세 유럽의 교역>(p.116)	<종이의 전파>(p.100) <이슬람교와 힌두교의 전파(경로)>(p.104) <6세기경 교역로의 변화>(p.107) <아프리카와 인도의 이슬람 세력>(p.113) <십자군 전쟁(원정로)>(p.128) <지역 세계 간의 교류와 발전>(p.142) <초원길·비단길·바닷길>(p.145) <사하라 횡단 교역로>(p.147) <지중해를 중심으로 전개된 교역(교통로)>(p.148) <아프로-유라시아 교역망의 통합>(p.151)
IV <동아시아 교역권>(p.106) <이븐 바투타의 여행로>(p.111) <인도양 교역>(p.114) <사하라 횡단 교역권>(p.115) <유럽 교역권>(p.128) <동서교역로(몽골제국)>(p.134) <지도로 파악하기: 지도를 통하	<송 대의 동아시아 교역>(p.122) <인도양 교역>(p.128) <사하라 교역>(p.131) <지중해 교역권>(p.141) <마르코 폴로와 이븐 바투타의 여행로>(p.147) <신드바드가 되어 항해 일기 써 보기>(p.152)	<13,14세기경의 세계(교역권)>(p.142~143) <송대 상공업과 교통의 발전>(p.147) <동아시아 해상 무역>(p.152) <14세기 동아시아 해상교역>(p.158) <원대의 동서 교류>(p.160) <이슬람 상인의 활약>(p.168) <제지법의 전파>	<명·청 시대의 상업>(p.135) <에도 막부 시기 산업의 발달과 조닌 문화(가도, 통신사)>(p.138) <정화의 대항해>(p.139) <일본의 해외 교역>(p.140) <16~18시기의 세계은 유통>(p.141) <신항로 개척>(p.160)	<명의 최대 영역과 정화의 항해로>(p.157) <티무르 왕조의 영역(원정로)>(p.170) <유럽 세계의 팽창(항로)>(p.178) <신항로 개척의 배경>(p.182) <세계 교역의 확장>(p.188) <대서양 삼각무역>(p.191)

여 몽골 제국의 교역망을 알아보자>(p.136)		(p.169) <지중해와 북아프리카에서의 교역(11세기경)>(p.169) <인도양 교역권>(p.170) <중세 유럽의 상업과 교통로>(p.176)	<대서양의 심각 무역>(p.166) <아메리카 은의 유통과 그 영향>(p.167)	<아메리카 은의 유통과 그 영향>(p.193) <새로운 세계의 탐험가들을 만나다>(p.197)
V <정화의 대항해>(p.141) <동남아시아의 화교 분포>(p.142) <신항로 개척>(p.165) <삼각무역>(p.168) <16~17세기 세계 은의 유통>(p.170) <지도로 파악하기: 지도를 통해 각 지역의 교역망을 알아보자>(p.172)	<정화의 항해로와 명 중심의 조공 질서>(p.157) <에도 막부 시대의 일본(조선통신사)>(p.164) <신항로의 개척>(p.178~179) <류큐 왕국의 무역 전개>(p.188) <이슬람 세계의 동사무역 장악>(p.189) <아메리카 은의 유통과 그 영향>(p.191) <중국으로 유입되는 세계의 은>(p.192) <커피의 주요 생산지와 소비지>(p.195) <우리가 따라갈 통신사의 여정>(p.196)	<16,17세기경의 세계(교역망)>(p.194~195) <정화의 원정>(p.198) <명·청대의 산업>(p.207) <동아시아 교역권의 형성>(p.207) <16,17세기 세계 은의 유통>(p.208) <17세기 동남아시아의 해상 무역과 유럽인의 진출>(p.213) <네델란드 동인도 회사의 활동>(p.215) <신항로의 개척>(p.223) <신항로 개척 이후 세계 무역>(p.226) <대서양 삼각 무역>(p.231)		
VI <신항로 개척 이후 무역 관계>(p.182) <미국의 대륙 횡단철도확산>(p.186)	<미국 영토의 팽창(철도)>(p.219)	<세계의 공장 영국(수출입)>(p.271) <미국의 철도>(p.273)	<제국주의 세력의 아시아와 태평양 지역 침략(영국의 무역력)>(p.214)	<청·일 전쟁의 전개 과정(진로)>(p.256) <열강의 중국 내

					세력 범위(철도)> (p.260) <수에즈 운하 개통 전후 무역로의 변화>(p.272)
				<청·일전쟁(이동 경로)>(p.224) <러·일전쟁(진로)>(p.225)	
VII	<개항기의 중국(진로)>(P.225) <신해혁명의 전개(철도이권)>(P.227) <청·일 전쟁의 전개(진로)>(p.229) <수에즈 운하 개통 이후의 항로 이용 빈도>(p.239)	<태평천국 운동(진로)>(P.249) <영국의 침략과 수에즈 운하>(p.272)		<중국의 문호 개방(진로)>(p.297) <태평천국 운동(진로)>(P.298) <수에즈 운하 개통 전후 무역로의 변화>(p.321)	<대중 사회의 출현과 세계화(여행자 수)>(p.312)
VIII	<북벌과 대장정>(p.252) <미국의 해외 직접 투자액>(p.269)				
교통지도	27	25	40	28	30

찾아보기

■ 조병로 pabalo@hanmail.net
전 경기대학교 사학과 교수, 경기대학교 명예 교수,
한국교통사 연구소장, 국학자료원 부설 전통문화 콘텐츠연구소장
『한국역제사』(한국마사회 · 마사박물관, 2002), 『한국근세 역제사 연구』(국학자료원, 2005), 『조선시대 경기지역의 관방과 교통 연구』(국학자료원, 2013) 등.

■ 윤명철 ymc0407@naver.com
동국대학교 다르마칼리지 교수, 유라시아 실크로드 연구소장
『고구려 해양사 연구』(사계절, 2003), 『한국 해양사』(학연문화사, 2003), 『윤명철 해양논문선집(8권)』(학연문화사, 2012), 『해양사연구방법론』(학연문화사, 2012) 등.

■ 김찬수 zzzz1967@hanmail.net
경기대학교 대학원 박사과정 수료, 동원고 교사
「제7차 고등학교 국사교과서의 서술상의 오류」(2004), 「일제하 수원지역의 철도교통」(2005), 「일제의 사설철도 정책과 경춘선」(2010) 등.

■ 한정훈 h313100@hanmail.net
목포대학교 사학과 조교수
『고려시대 교통운수사 연구』(혜안, 2013), 「고려시대 險路의 交通史的 의미」(2010), 「신라통일기 육상교통망과 五通」(2003) 등.

■ 이병희 kalsan@knue.ac.kr
한국교원대 역사교육과 교수
『고려후기 사원경제 연구』(경인문화사, 2008), 『고려시기 사원경제 연구』(경인문화사, 2009) 등.

■ 조성운 choseongwoon@hanmail.net
동국대학교 겸임교수, 경기대학교 강사
『일제하 농촌사회와 농민운동』(혜안, 2002), 『일제하 수원지역의 민족운동』(국학자료원, 2003), 『식민지 근대관광과 일본시찰』(경인문화사, 2011) 등.

■ 최진열 d-choi@hanmail.net
한국전통문화대학교 강사
『북위황제 순행과 호한사회』(서울대학교출판문화원, 2011), 『발해 국호 연구』(서강대학교출판부, 2015) 등.

■ 박재영 adrielius@naver.com
중앙대학교 문화콘텐츠기술연구원 연구전담교수
『세계의 역사교과서 협의』(백산자료원, 2008), 『동서양 역사 속 다문화적 전개 양상』(도서출판 경진, 2012), 『서양 사람들은 어떻게 살았을까』(푸른역사, 2012) 등.

한국교통사연구총서⑤

한국 역사교과서의 교통사 서술과 쟁점

초판 1쇄 인쇄일	2016년 3월 19일
초판 1쇄 발행일	2016년 3월 20일

지은이	조병로 외 공저
펴낸이	정진이
편집장	김효은
편집/디자인	김진솔 우정민 박재원 김정주
마케팅	정찬용 정구형
영업관리	한선희 이선건 최재영
책임편집	우정민
인쇄처	으뜸사
펴낸곳	국학자료원 새미 (주)
	등록일 2005 03 15 제25100-2005-000008호
	서울특별시 강동구 성안로 13 (성내동, 현영빌딩 2층)
	Tel 442-4623 Fax 6499-3082
	www.kookhak.co.kr
	kookhak2001@hanmail.net

ISBN	979-11-86478-75-2 *93900
가격	35,000원